合规小兵／著

全面注册制下投资银行业务
尽职调查
实务解析与操作指引
股权类融资篇

法律出版社 | LAW PRESS
北京

图书在版编目(CIP)数据

全面注册制下投资银行业务尽职调查实务解析与操作指引. 股权类融资篇 / 合规小兵著. -- 北京 : 法律出版社, 2023
ISBN 978-7-5197-7882-8

Ⅰ. ①全… Ⅱ. ①合… Ⅲ. ①投资银行-股权-融资-调查研究-中国 Ⅳ. ①F832.33

中国国家版本馆 CIP 数据核字(2023)第073770号

全面注册制下投资银行业务尽职调查实务解析与操作指引:股权类融资篇
QUANMIAN ZHUCEZHI XIA TOUZI YINHANG YEWU JINZHI DIAOCHA SHIWU JIEXI YU CAOZUO ZHIYIN: GUQUANLEI RONGZIPIAN

合规小兵 著

策划编辑 陈 妮
责任编辑 陈 妮
装帧设计 汪奇峰 鲍龙卉

出版发行 法律出版社
编辑统筹 法治与经济出版分社
责任校对 张翼羽
责任印制 吕亚莉
经 销 新华书店

开本 787 毫米×1092 毫米 1/16
印张 26.25 **字数** 506 千
版本 2023 年 7 月第 1 版
印次 2023 年 7 月第 1 次印刷
印刷 固安华明印业有限公司

地址:北京市丰台区莲花池西里 7 号(100073)
网址:www.lawpress.com.cn
投稿邮箱:info@lawpress.com.cn
举报盗版邮箱:jbwq@lawpress.com.cn

销售电话:010-83938349
客服电话:010-83938350
咨询电话:010-63939796

书号:ISBN 978-7-5197-7882-8
定价:148.00 元

凡购买本社图书,如有印装错误,我社负责退换。电话:010-83938349

撰 稿 人

周卫青	李赛男	项　宁	李结实	赵　晶
郭　耀	王融擎	邢　平	巩　敏	任楚苑
华晓妮	刘　扬	刘雨霏	刘政洁	刘娜娜
刘　莹	刘晓丹	孙　波	李赵力	李智海
杨　帆	吴　凡	吴　杨	吴悦怡	宋一宁
张鲁波	陈佩娜	郑露露	宣　蓉	贺艳峰
贾　璐	钱申婷	郭国辉	唐舟淇	黄　欣
游　冕	谢学敏	廖邦政	谭同举	凡咏齐

序

为传播合规文化、传递合规知识、传承合规经验，合规小兵主要聚焦于投资银行业务尽职调查、证券虚假陈述、金融产品适当性管理、大资管业务管理人责任、利益冲突管理、反洗钱、合规管理等热点难点问题，通过撰写一套有关实务解析与操作指引的书籍，希望对从业人员有所启发和帮助，同时也希望给潜在的从业人员提供一些指导，使其能够积累足够的专业知识，顺利进入行业。

本书为合规小兵出版系列丛书的第二本书。

遥想当年，合规小兵初创，发起之同仁本就是一群业内专业人士，创立之宗旨为“加强证券行业交流、提高从业人员素养、减少合规风险事件”。10多年来，初心未改：一来，合规小兵始终坚持公益属性，秉承开放、分享、包容的理念，形成行业内部的自我约束，守住行业的合规底线，共谋行业发展的合理路径；二来，不断汇聚行业精英，搭建新老读者交流平台，将群聊变成问答汇编，对疑难、复杂、共性问题进行专题研究，组织线上线下交流，吸引优秀人才加入行业，促进人才内部流动。合规小兵从QQ群到微信群、公众号、视频号、小程序等不断完善，关注人数不断增多（目前关注人数已超7万人，占证券从业人员20%），积累了海量专业知识、实操经验并持续更新，为业界交流提供帮助，系列丛书的出版亦为草创宗旨之延伸、专业知识及实操经验之积累。

近期，合规小兵若干草创成员聚会时，一眼望去大多鬓已星星也，但看到同行者更多的是“90后”甚至“00后”朱唇丹脸的年轻一代，遂生前浪入沙、后继有人之感叹。唏嘘之间，我们衷心希望老骥伏枥者仍志在千里、雏凤新声者可清于老凤，合规小兵们可以成长为行业的一批专业骨干、一股正能量、一泓清流。

全面实行证券发行注册制改革于2023年2月正式落地，随着全面注册制实施，证券公司投行业务面临历史性机遇。但也应看到，全面注册制对证券公司投行专业能力、执业质量提出了更高要求，中国证监会易会满主席在2022金融街论坛年会上的主题演讲中强调，“证券公司把真实的公司选出来是底线，把优秀的公司选出来是水平”，无论是选出真实的公司，还是选出优秀的公司，都要求证券公司提高执业质量和尽职调查水平，切实发挥好资本市场“看门人”作用。

不可否认，尽职调查是否勤勉尽责是投行执业的底线问题，是关系证券公司能不能选出真实、优秀的公司，能不能切实发挥“看门人”作用的关键，正如本书所言——“在投资银行业务领域，尽职调查是一个最基础、最重要、有难度并且贯穿项目始终的工作，尽职调查是否真正做到位，关系着投行业务项目的成败，也直接关系着企业客户战略发展目标的实现以及面临的风险敞口”。

为了给各类投行从业人员开展投行业务尽职调查提供操作指引，厘清尽职调查责任边界，更好识别投行业务风险，合规小兵从2019年开始对注册制下投行业务法律责任、尽职调查标准等进行全面、系统研究，积极组织证券公司投行条线相关业务、质控、内核、合规人员开展专题讨论、课题研究和撰写，并陆续在“合规小兵”微信公众号发布了一系列研究成果，引发了同业关注和积极反响。在课题研究过程中，结合部分行业机构和志愿者的意见，我们认为有必要将研究成果体系化，形成一本全面性、针对性和实战性兼顾的投行尽职调查核查工作指南，以使更多机构和人士能从中受益。为此，合规小兵从2022年启动了本书的撰写工作。撰写过程中恰逢全面注册制落地，我们结合全面注册制新规对书稿进一步研究、修订和完善。

作为全面注册制实施以来率先系统介绍投行尽职调查实务的书籍，本书的亮点和特色在于其覆盖全面系统、突出问题导向、理论实操结合。

覆盖全面系统。相较于市面上以IPO业务为主的投行类书籍，本书全面覆盖了公司债券、IPO、ABS、再融资、并购重组等主要投行业务，系统讲述了各类投行业务的概念、发行条件、程序、尽职调查重点及存续期管理等，读者既能掌握各类投行业务尽职调查核心要义，又能了解不同类型业务在尽职调查核查内容、程度上的差异，做到融会贯通。同时，紧扣尽职调查，对尽职调查目标、基本原则、阶段及方法，以及法律责任进行介绍分析；对投行业务工作底稿制作、审核及验收，工作底稿电子化管理等进行了全面总结，对包括证券公司在内的投行业务参与机构做好底稿管理有较好的借鉴意义。

突出问题导向。证券公司在从事投行业务实践中，不同程度面临尽职调查职责边界不清晰、执业标准不细化等问题，中介机构或从业人员执业能力、尽职调查水平存在差异，对同一或同类事项采用尽职调查核查程序、方法或手段不同，都可能产生不一样的尽职调查效果或执业后果。本书突出问题和风险导向，全面系统梳理尽职调查核查中应予关注的重点、难点问题，在总结提炼法律法规、监管规则及审核案例、同业有益经验等的基础上，提出尽职调查核查的标准及范式，为投行从业人员解决尽职调查疑难问题及防范风险提供可行方案和思路。

理论实操结合。本书的核心在于从实务的角度，对各类投行业务的尽职调查核查进行全面、完整、翔实的解析，进而提供具有较高可操作性的尽职调查实务指南。但本书又不拘泥于此，对行业内比较关注的中介机构尽职调查法律责任、合理信赖、底稿证明力等问题开展了深入浅出的理论探讨和实证分析，比如，从证券公司与其他主体法定职责配置、履职差异、责任划分等角度对尽职调查法律责任进行了全面剖析，对明晰职责边界提出了合理建议；回应了理论和实务界都关注的合理信赖问题，对合理信赖产生背景、各方职责边界、合理信赖的条件、标准及后果等问题作了分析阐述，进而多角度提出落实合理信赖制度的建议措施；对投行工作底稿的法律证据价值进行了有益探究。

本书由周卫青担任总牵头人，李赛男、项宁、李结实、赵晶、郭耀担任主要负责人，来自多家证券公司的数十名专业人士参与了本书的研究和撰写，本书还采纳了柏桦关于对赌协议核查、薛志宏及宋颂关于对外担保及诉讼核查的相关内容。在编写过程中，投行业务监管规则不断修订、完善，特别是2023年2月全面注册制相关配套规则发布实施，相关投行业务的审核程序、标准和理念发生较大变化，撰稿人员多次对本书内容进行校对、完善，力求内容的准确性，但由于投行业务监管规则及执业实践不断变化，加之志愿者精力、能力所限，本书个别地方难免存在纰漏。请读者朋友不吝批评指正，以便我们及时改进、持续完善。

在本书付梓之际，感谢老范、胡柚和婉婉的付出，也特别感谢合规小兵的初创者、同行者、志愿者、支持者、关注者及本书的编辑者，是大家的共同携手，合规小兵才能走到现在、行稳致远。

是以为序！

合规小兵

癸卯年仲春

简　　称

全称	简称
《中华人民共和国证券法》	《证券法》
《中华人民共和国公司法》	《公司法》
《中华人民共和国民法典》	《民法典》
《中华人民共和国个人信息保护法》	《个人信息保护法》
《中华人民共和国专利法》	《专利法》
《中华人民共和国专利法实施细则》	《专利法实施细则》
《首次公开发行股票注册管理办法》	《首发注册管理办法》
《国务院办公厅转发证监会关于开展创新企业境内发行股票或存托凭证试点若干意见的通知》	《创新企业发行股票或存托凭证试点意见》
《首次公开发行股票并上市辅导监管规定》	《首发辅导规定》
《上市公司证券发行注册管理办法》	《上市公司发行管理办法》
《上市公司重大资产重组管理办法》	《重组办法》
《上市公司收购管理办法》	《收购管理办法》
《〈上市公司证券发行注册管理办法〉第九条、第十条、第十一条、第十三条、第四十条、第五十七条、第六十条有关规定的适用意见——证券期货法律适用意见第 18 号》	《证券期货法律适用意见第 18 号》
《关于首发及再融资、重大资产重组摊薄即期回报有关事项的指导意见》	《回报指导意见》
《非上市公众公司监督管理办法》	《非上市管理办法》

续表

全称	简称
《北京证券交易所向不特定合格投资者公开发行股票注册管理办法》	《北交所公开发行管理办法》
《北京证券交易所上市公司证券发行注册管理办法》	《北交所上市公司发行管理办法》
《北京证券交易所股票上市规则（试行）》	《北交所上市规则》
《北京证券交易所向不特定合格投资者公开发行股票并上市审核规则》	《北交所上市审核规则》
《上海证券交易所股票上市规则》	《上交所上市规则》
《上海证券交易所股票发行上市审核规则》	《上交所上市审核规则》
《上海证券交易所上市公司自律监管指引第 11 号——持续督导》	《上交所持续督导指引》
《上海证券交易所上市公司自律监管指引》	《上交所自律监管指引》
《科创板首次公开发行股票注册管理办法（试行）》	《科创板首发管理办法》
《上海证券交易所科创板企业发行上市申报及推荐暂行规定》	《科创板上市暂行规定》
《上海证券交易所科创板股票上市规则》	《科创板上市规则》
《深圳证券交易所股票上市规则》	《深交所上市规则》
《深圳证券交易所上市公司信息披露指引第 6 号——保荐业务》	《深交所保荐业务信披指引》
《深圳证券交易所股票发行上市审核规则》	《深交所上市审核规则》
《创业板首次公开发行股票注册管理办法（试行）》	《创业板首发管理办法》
《深圳证券交易所创业板企业发行上市申报及推荐暂行规定》	《创业板上市暂行规定》
《深圳证券交易所创业板股票上市规则》	《创业板上市规则》
《深圳证券交易所创业板股票发行上市审核规则》	《创业板审核规则》
《深圳证券交易所创业板上市公司重大资产重组审核规则》	《创业板重组审核规则》
《〈首次公开发行股票注册管理办法〉第十二条、第十三条、第三十一条、第四十四条、第四十五条和〈公开发行证券的公司信息披露内容与格式准则第 57 号——招股说明书〉第七条有关规定的适用意见——证券期货法律适用意见第 17 号》	《证券期货法律适用意见第 17 号》
《〈上市公司重大资产重组管理办法〉第十四条、第四十四条的适用意见——证券期货法律适用意见第 12 号》	《证券期货法律适用意见第 12 号》
《证券发行上市保荐业务管理办法》	《保荐业务管理办法》
《上市公司并购重组财务顾问业务管理办法》	《并购重组管理办法》

续表

全称	简称
《全国法院民商事审判工作会议纪要》	《九民纪要》
《企业会计准则——收入》（2017 年修订）	新收入准则
中国证券监督管理委员会	中国证监会
中华人民共和国国家发展和改革委员会	国家发改委
全国中小企业股份转让系统有限责任公司	全国股转公司
全国中小企业股份转让系统	全国股转系统
北京证券交易所	北交所
上海证券交易所	上交所
深圳证券交易所	深交所
中国证券业协会	证券业协会
中国证券登记结算有限责任公司	结算公司

目　　录

第一章　IPO 业务尽职调查关注事项之概述

第二章 IPO业务尽职调查关注事项之尽职调查重点关注事项

第三章　IPO业务尽职调查持续督导的职责

第四章　再融资业务尽职调查关注事项

第五章　并购重组业务尽职调查关注事项

第一章

IPO业务尽职调查关注事项之概述

第一节

IPO 业务基本情况介绍

首次公开发行股票（Initial Public Offerings，IPO）指一家非公众企业第一次将它的股份向公众出售。这种公开出售是根据向中国证监会或者国务院规定的证券交易场所出具的招股说明书约定的内容通过证券公司进行公开销售。IPO 完成后，这家公司从一个非公众公司正式变成一个公众的上市公司，其已经发行的股票就可以在证券交易场所挂牌交易。

2023 年 2 月 17 日，中国证监会发布全面实行股票发行注册制相关制度规则。证券交易所、全国股转公司、结算公司、中证金融、证券业协会配套制度规则同步发布实施。这次全面实行注册制制度规则的发布实施，标志着注册制的制度安排基本定型，标志着注册制推广到全市场和各类公开发行股票行为，在中国资本市场改革发展进程中具有里程碑意义。

此次发布的制度规则共 165 部，其中中国证监会发布的制度规则 57 部，证券交易所、全国股转公司、结算公司等发布的配套制度规则 108 部。内容涵盖发行条件、注册程序、保荐承销、重大资产重组、监管执法、投资者保护等各个方面。主要内容包括：

一是精简优化发行上市条件。坚持以信息披露为核心，将核准制下的发行条件尽可能转化为信息披露要求。各市场板块设置多元包容的上市条件。

二是完善审核注册程序。坚持证券交易所审核和中国证监会注册各有侧重、相互衔接的基本架构，进一步明晰证券交易所和中国证监会的职责分工，提高审核注册效率和可预期性。证券交易所审核过程中发现重大敏感事项、重大无先例情况、重大舆情、重大违法线索的，及时向中国证监会请示报告。中国证监会同步关注发行人是否符合国家产业政策和板块定位。同时，取消中国证监会发行审核委员会和上市公司并购重组审核委员会。

三是优化发行承销制度。对新股发行价格、规模等不设任何行政性限制，完善以机构投资者为参与主体的询价、定价、配售等机制。

四是完善上市公司重大资产重组制度。各市场板块上市公司发行股份购买资产统一实行注册制，完善重组认定标准和定价机制，强化对重组活动的事中事后监管。

五是强化监管执法和投资者保护。依法从严打击证券发行、保荐承销等过程中的违法行为。细化责令回购制度安排。此外，全国股转公司注册制有关安排与证券交易所总体一致，并基于中小企业特点作出差异化安排。

Choice 数据库统计显示，2022 年共有 424 家公司登录资本市场，较 2021 年 485 家有所减少，但募资额达到 5868 亿元，创历史新高。具体来看，上交所有 154 家，较 2021 年减少 38.5%，IPO 募资额合计 3589 亿元，同比下降 1.79%。其中 31 家公司登录主板，同比下滑 64%，募资总额为 1069 亿元，同比减少 34%；123 家公司登录科创板，比上年减少 39 家，募资总额同比增加 24.22%。深交所新上市 187 家公司，同比下滑 19.4%，IPO 筹资额合计超 2115.18 亿元，同比提高 24.63%。其中，深市主板共有 39 家公司上市，较上年增加 6 家；创业板上市 148 家，较上年减少 51 家，IPO 筹资额超 1796.36 亿元。另北交所也发布了《2022 年股票市场统计快报》，共有 83 家公司发行上市，发行规模合计为 163.84 亿元。

第二节

IPO 发行条件和上市条件

根据《首发注册管理办法》的规定，发行人申请首次公开发行股票并上市，应当符合相关板块定位。主板突出“大盘蓝筹”特色，重点支持业务模式成熟、经营业绩稳定、规模较大、具有行业代表性的优质企业。科创板面向世界科技前沿、面向经济主战场、面向国家重大需求。优先支持符合国家战略，拥有关键核心技术，科技创新能力突出，主要依靠核心技术开展生产经营，具有稳定的商业模式，市场认可度高，社会形象良好，具有较强成长性的企业。创业板深入贯彻创新驱动发展战略，适应发展更多依靠创新、创造、创意的大趋势，主要服务成长型创新创业企业，支持传统产业与新技术、新产业、新业态、新模式深度融合。

《关于在上海证券交易所设立科创板并试点注册制的实施意见》第 3 条强调准确把握科创板定位，坚持面向世界科技前沿、面向经济主战场、面向国家重大需求，主要服务于符合国家战略、突破关键核心技术、市场认可度高的科技创新企业。重点支持新一代信息技术、高端装备、新材料、新能源、节能环保以及生物医药等高新技术产业和战略性新兴产业，推动互联网、大数据、云计算、人工智能和制造业深度融合，引领中高端消费，推动质量变革、效率变革、动力变革。具体行业范围由上交所发布并适时更新。

《北交所公开发行管理办法》规定，北交所充分发挥对全国股转系统的示范引领作用，深入贯彻创新驱动发展战略，聚焦实体经济，主要服务创新型中小企业，重点支持先进制造业和现代服务业等领域的企业，推动传统产业转型升级，培育经济发展新动能，促进经济高质量发展。

一、发行条件

（一）主板、科创板、创业板发行条件

根据《首发注册管理办法》第2章的规定，主板、科创板、创业板发行条件如下：

1. 发行人是依法设立且持续经营3年以上的股份有限公司，具备健全且运行良好的组织机构，相关机构和人员能够依法履行职责。有限责任公司按原账面净资产值折股整体变更为股份有限公司的，持续经营时间可以从有限责任公司成立之日起计算。

2. 发行人会计基础工作规范，财务报表的编制和披露符合企业会计准则和相关信息披露规则的规定，在所有重大方面公允地反映了发行人的财务状况、经营成果和现金流量，最近3年财务会计报告由注册会计师出具标准无保留意见的审计报告。发行人内部控制制度健全且被有效执行，能够合理保证公司运行效率、合法合规和财务报告的可靠性，并由注册会计师出具无保留结论的内部控制鉴证报告。

3. 发行人业务完整，具有直接面向市场独立持续经营的能力，包括：

（1）资产完整，业务及人员、财务、机构独立，与控股股东、实际控制人及其控制的其他企业间不存在对发行人构成重大不利影响的同业竞争，不存在严重影响独立性或者显失公平的关联交易。

（2）主营业务、控制权和管理团队稳定，IPO并在主板上市的，最近3年内主营业务和董事、高级管理人员及核心技术人员均没有发生重大不利变化；首次公开发行股票并在科创板、创业板上市的，最近2年内主营业务和董事、高级管理人员均没有发生重大不利变化；首次公开发行股票并在科创板上市的，核心技术人员应当稳定且最近2年内没有发生重大不利变化；发行人的股份权属清晰，不存在导致控制权可能变更的重大权属纠纷，首次公开发行股票并在主板上市的，最近3年实际控制人没有发生变更；首次公开发行股票并在科创板、创业板上市的，最近2年实际控制人没有发生变更。

（3）不存在涉及主要资产、核心技术、商标等的重大权属纠纷，重大偿债风险，重大担保、诉讼、仲裁等或有事项，经营环境已经或者将要发生重大变化等对持续经营有重大不利影响的事项。

4. 发行人生产经营符合法律、行政法规的规定，符合国家产业政策。最近3年内，发行人及其控股股东、实际控制人不存在贪污、贿赂、侵占财产、挪用财产或者破坏社

会主义市场经济秩序的刑事犯罪，不存在欺诈发行、重大信息披露违法或者其他涉及国家安全、公共安全、生态安全、生产安全、公众健康安全等领域的重大违法行为。董事、监事和高级管理人员不存在最近3年内受到中国证监会行政处罚，或者因涉嫌犯罪被司法机关立案侦查或者涉嫌违法违规被中国证监会立案调查，尚未有明确结论意见等情形。

（二）北交所

1. 一般要求

根据《北交所公开发行管理办法》的规定，公开发行股票并在北交所上市，应当符合发行条件如下：

（1）发行人应当为在全国股转系统连续挂牌满12个月的创新层挂牌公司。

（2）发行人申请公开发行股票，应当符合下列规定：

①具备健全且运行良好的组织机构；

②具有持续经营能力，财务状况良好；

③最近3年财务会计报告无虚假记载，被出具无保留意见审计报告；

④依法规范经营。

2. 发行人及其控股股东、实际控制人存在下列情形之一的，发行人不得公开发行股票

①最近3年内存在贪污、贿赂、侵占财产、挪用财产或者破坏社会主义市场经济秩序的刑事犯罪；

②最近3年内存在欺诈发行、重大信息披露违法或者其他涉及国家安全、公共安全、生态安全、生产安全、公众健康安全等领域的重大违法行为；

③最近1年内受到中国证监会行政处罚。

二、上市条件

（一）上交所主板上市条件

1. 一般要求

根据《上交所上市规则》的规定，境内发行人申请首次公开发行股票并在上交所上市，应当符合下列条件：

（1）符合《证券法》、中国证监会规定的发行条件。

（2）发行后的股本总额不低于5000万元。

（3）公开发行的股份达到公司股份总数的25%以上；公司股本总额超过4亿元的，公开发行股份的比例为10%以上。

（4）市值及财务指标符合本规则规定的标准。

（5）上交所要求的其他条件。

上交所可以根据市场情况，经中国证监会批准，对上市条件和具体标准进行调整。

2. 市值和财务指标要求

境内发行人申请在上交所上市，市值及财务指标应当至少符合下列标准中的一项：

（1）最近3年净利润均为正，且最近3年净利润累计不低于1.5亿元，最近1年净利润不低于6000万元，最近3年经营活动产生的现金流量净额累计不低于1亿元或营业收入累计不低于10亿元；

（2）预计市值不低于50亿元，且最近1年净利润为正，最近1年营业收入不低于6亿元，最近3年经营活动产生的现金流量净额累计不低于1.5亿元；

（3）预计市值不低于80亿元，且最近1年净利润为正，最近1年营业收入不低于8亿元。

上述净利润以扣除非经常性损益前后的孰低者为准，净利润、营业收入、经营活动产生的现金流量净额均指经审计的数值。预计市值是指股票公开发行后按照总股本乘以发行价格计算出来的发行人股票名义总价值。

3. 红筹企业特殊要求

符合《创新企业发行股票或存托凭证试点意见》等相关规定的红筹企业，可以申请发行股票或者存托凭证并在上交所上市。

（1）红筹企业申请首次公开发行股票或者存托凭证并在上交所上市，应当符合下列条件：

①符合《证券法》、中国证监会规定的发行条件。

②发行股票的，发行后的股份总数不低于5000万股；发行存托凭证的，发行后的存托凭证总份数不低于5000万份。

③发行股票的，公开发行（含已公开发行）的股份达到公司股份总数的25%以上；公司股份总数超过4亿股的，公开发行（含已公开发行）股份的比例为10%以上。发行存托凭证的，公开发行（含已公开发行）的存托凭证对应基础股份达到公司股份总数的

25%以上；发行后的存托凭证总份数超过4亿份的，公开发行（含已公开发行）的存托凭证对应基础股份的比例为10%以上。

④市值及财务指标符合本规则规定的标准。

⑤上交所要求的其他条件。

上交所可以根据市场情况，经中国证监会批准，对上市条件和具体标准进行调整。

（2）已在境外上市的红筹企业，申请发行股票或者存托凭证并在上交所上市的，应当至少符合下列标准中的一项：

①市值不低于2000亿元；

②市值200亿元以上，且拥有自主研发、国际领先技术，科技创新能力较强，在同行业竞争中处于相对优势地位。

（3）未在境外上市的红筹企业，申请发行股票或者存托凭证并在上交所上市的，应当至少符合下列标准中的一项：

①预计市值不低于200亿元，且最近1年营业收入不低于30亿元；

②营业收入快速增长，拥有自主研发、国际领先技术，在同行业竞争中处于相对优势地位，且预计市值不低于100亿元；

③营业收入快速增长，拥有自主研发、国际领先技术，在同行业竞争中处于相对优势地位，且预计市值不低于50亿元，最近1年营业收入不低于5亿元。

前款规定的营业收入快速增长，应当符合下列标准之一：

a. 最近1年营业收入不低于5亿元的，最近3年营业收入复合增长率10%以上；

b. 最近1年营业收入低于5亿元的，最近3年营业收入复合增长率20%以上；

c. 受行业周期性波动等因素影响，行业整体处于下行周期的，发行人最近3年营业收入复合增长率高于同行业可比公司同期平均增长水平。

处于研发阶段的红筹企业和对国家创新驱动发展战略有重要意义的红筹企业，不适用“营业收入快速增长”的上述要求。

4. 存在表决权差异安排的特殊要求

发行人具有表决权差异安排的，市值及财务指标应当至少符合下列标准中的一项：

（1）预计市值不低于200亿元，且最近1年净利润为正；

（2）预计市值不低于100亿元，且最近1年净利润为正，最近1年营业收入不低于10亿元。

拥有特别表决权的股份持有人资格、公司章程关于表决权差异安排的具体规定，应当符合《上交所上市规则》第4章第6节的规定。

5. 上市申请文件

发行人首次公开发行股票经中国证监会予以注册并完成股份公开发行后，向上交所提出股票上市申请的，应当提交下列文件：

（1）上市申请书；

（2）中国证监会予以注册的决定；

（3）首次公开发行结束后发行人全部股票已经中国证券登记结算有限责任公司上海分公司登记的证明文件；

（4）首次公开发行结束后会计师事务所出具的验资报告；

（5）发行人、控股股东、实际控制人、董事、监事和高级管理人员等根据上交所相关规定要求出具的证明、声明及承诺；

（6）首次公开发行后至上市前，按规定新增的财务资料和有关重大事项的说明（如适用）；

（7）上交所要求的其他文件。

发行人及其董事、监事和高级管理人员应当保证向上交所提交的上市申请文件真实、准确、完整，不存在虚假记载、误导性陈述或者重大遗漏。

6. 锁定期要求

发行人首次公开发行股票前已发行的股份，自发行人股票上市之日起1年内不得转让。

发行人向上交所申请其首次公开发行股票上市时，其控股股东和实际控制人应当承诺：自发行人股票上市之日起36个月内，不转让或者委托他人管理其直接和间接持有的发行人首次公开发行股票前已发行的股份，也不由发行人回购该部分股份。发行人应当在上市公告书中披露上述承诺。

自发行人股票上市之日起1年后，出现下列情形之一的，经上述承诺主体申请并经上交所同意，可以豁免遵守上述承诺：

（1）转让双方存在实际控制关系，或者均受同一实际控制人所控制，且受让方承诺继续遵守上述承诺；

（2）因上市公司陷入危机或者面临严重财务困难，受让人提出挽救公司的方案获得该公司股东大会审议通过和有关部门批准，且受让人承诺继续遵守上述承诺；

（3）上交所认定的其他情形。

发行人没有或者难以认定控股股东、实际控制人的，按照相关规定承诺所持首次公开发行前股份自发行人股票上市之日起 36 个月内不得转让的股东，适用前款第 1 项规定。

7. 披露要求

首次公开发行的股票上市申请获得上交所同意后，发行人应当于其股票上市前 5 个交易日内，在符合条件的媒体披露下列文件：

（1）上市公告书；

（2）公司章程；

（3）上交所要求的其他文件。

上述文件应当置备于公司住所，供公众查阅。

发行人在提出上市申请期间，未经上交所同意，不得擅自披露与上市有关的信息。

发行人应当在披露招股意向书或者招股说明书后，持续关注媒体报道、传闻，及时向有关方面了解真实情况。相关媒体报道、传闻可能对公司股票及其衍生品种交易价格或者投资决策产生较大影响的，应当在上市首日披露风险提示公告，对相关问题进行说明澄清并提示公司存在的主要风险。

（二）深交所主板上市条件

1. 一般要求

根据《深交所上市规则》的规定，境内企业申请首次公开发行股票并在深交所上市，应当符合下列条件：

（1）符合《证券法》、中国证监会规定的发行条件。

（2）发行后股本总额不低于 5000 万元。

（3）公开发行的股份达到公司股份总数的 25% 以上；公司股本总额超过 4 亿元的，公开发行股份的比例为 10% 以上。

（4）市值及财务指标符合本规则规定的标准。

（5）深交所要求的其他条件。

深交所可以根据市场情况，经中国证监会批准，对上市条件和具体标准进行调整。

2. 市值和财务指标要求

境内企业申请在深交所上市，市值及财务指标应当至少符合下列标准中的一项：

（1）最近3年净利润均为正，且最近3年净利润累计不低于1.5亿元，最近1年净利润不低于6000万元，最近3年经营活动产生的现金流量净额累计不低于1亿元或者营业收入累计不低于10亿元；

（2）预计市值不低于50亿元，且最近1年净利润为正，最近1年营业收入不低于6亿元，最近3年经营活动产生的现金流量净额累计不低于1.5亿元；

（3）预计市值不低于80亿元，且最近1年净利润为正，最近1年营业收入不低于8亿元。

前述净利润以扣除非经常性损益前后的孰低者为准，净利润、营业收入、经营活动产生的现金流量净额均指经审计的数值。预计市值是指股票公开发行后按照总股本乘以发行价格计算出来的发行人股票名义总价值。

3. 红筹企业特殊要求

符合《创新企业发行股票或存托凭证试点意见》等有关规定的红筹企业，可以申请发行股票或者存托凭证并在深交所上市。

（1）红筹企业申请首次公开发行股票或者存托凭证并在深交所上市，应当符合下列条件：

①符合《证券法》、中国证监会规定的发行条件。

②发行股票的，发行后股份总数不低于5000万股；发行存托凭证的，发行后存托凭证总份数不低于5000万份。

③发行股票的，公开发行（含已公开发行）的股份达到公司股份总数的25%以上；公司股份总数超过4亿股的，公开发行（含已公开发行）股份的比例为10%以上。发行存托凭证的，公开发行（含已公开发行）的存托凭证对应基础股份达到公司股份总数的25%以上；发行后存托凭证总份数超过4亿份的，公开发行（含已公开发行）的存托凭证对应基础股份达到公司股份总数的10%以上。

④市值及财务指标符合本规则规定的标准。

⑤深交所要求的其他条件。

深交所可以根据市场情况，经中国证监会批准，对上市条件和具体标准进行调整。

（2）已在境外上市的红筹企业，申请发行股票或者存托凭证并在深交所上市的，应当至少符合下列标准中的一项：

①市值不低于2000亿元；

②市值200亿元以上，且拥有自主研发、国际领先技术，科技创新能力较强，在同行业竞争中处于相对优势地位。

（3）未在境外上市的红筹企业，申请发行股票或者存托凭证并在深交所上市的，应当至少符合下列标准中的一项：

①预计市值不低于200亿元，且最近1年营业收入不低于30亿元；

②营业收入快速增长，拥有自主研发、国际领先技术，在同行业竞争中处于相对优势地位，且预计市值不低于100亿元；

③营业收入快速增长，拥有自主研发、国际领先技术，在同行业竞争中处于相对优势地位，且预计市值不低于50亿元，最近1年营业收入不低于5亿元。

前款规定的营业收入快速增长，应当符合下列标准之一：

a. 最近1年营业收入不低于5亿元的，最近3年营业收入复合增长率10%以上；

b. 最近1年营业收入低于5亿元的，最近3年营业收入复合增长率20%以上；

c. 受行业周期性波动等因素影响，行业整体处于下行周期的，发行人最近3年营业收入复合增长率高于同行业可比公司同期平均增长水平。

处于研发阶段的红筹企业和对国家创新驱动发展战略有重要意义的红筹企业，不适用“营业收入快速增长”的上述要求。

4. 存在表决权差异安排的特殊要求

发行人具有表决权差异安排的，市值及财务指标应当至少符合下列标准中的一项：

（1）预计市值不低于200亿元，且最近1年净利润为正；

（2）预计市值不低于100亿元，且最近1年净利润为正，最近1年营业收入不低于10亿元。特别表决权股份的持有人资格、公司章程关于表决权差异安排的具体规定，应当符合《深交所上市规则》第4章第6节的规定。

5. 上市申请文件

发行人首次公开发行股票经中国证监会予以注册并完成公开发行后，向深交所提出上市申请的，应当提交下列文件：

（1）上市申请书；

（2）中国证监会予以注册的决定；

（3）首次公开发行结束后，发行人全部股票已经结算公司深圳分公司登记的证明文件；

（4）首次公开发行结束后，会计师事务所出具的验资报告；

（5）发行人、控股股东、实际控制人、董事、监事和高级管理人员等根据本规则及深交所其他有关规定要求出具的证明、声明及承诺；

（6）首次公开发行后至上市前，按规定新增的财务资料和有关重大事项的说明文件（如适用）；

（7）深交所要求的其他文件。

发行人及其董事、监事、高级管理人员应当保证向深交所提交的上市申请文件内容真实、准确、完整，不存在虚假记载、误导性陈述或者重大遗漏。

6. 锁定期要求

发行人首次公开发行股票前已发行的股份（以下简称首发前股份），自发行人股票上市之日起1年内不得转让。

发行人向深交所申请其首次公开发行的股票上市时，其控股股东和实际控制人应当承诺：自发行人股票上市之日起36个月内，不转让或者委托他人管理其直接或者间接持有的发行人首发前股份，也不由发行人回购其直接或者间接持有的发行人首发前股份。发行人应当在上市公告书中公告上述承诺。自发行人股票上市之日起1年后，出现下列情形之一的，经上述承诺主体申请并经深交所同意，可以豁免遵守上述承诺：

（1）转让双方存在实际控制关系，或者均受同一控制人所控制，且受让人承诺继续遵守上述承诺。

（2）因上市公司陷入危机或者面临严重财务困难，受让人提出的挽救公司的方案获得该公司股东大会审议通过和有关部门批准，且受让人承诺继续遵守上述承诺。

（3）深交所认定的其他情形。

发行人没有或者难以认定控股股东、实际控制人的，按照有关规定承诺所持首发前股份自发行人股票上市之日起36个月内不得转让的股东，适用前款第1项规定。

7. 披露要求

首次公开发行的股票上市申请获得深交所同意后，发行人应当于其股票上市前5个交易日内，在符合条件媒体披露下列文件：

（1）上市公告书；

（2）公司章程；

（3）深交所要求的其他文件。

上述文件应当置备于公司住所，供公众查阅。发行人在提出上市申请期间，未经深交所同意，不得擅自披露与上市有关的信息。

发行人应当在披露招股意向书或者招股说明书后，持续关注有关公司的传闻，及时向有关方面了解真实情况。传闻可能对公司股票及其衍生品种交易价格或者投资决策产生较大影响的，应当在上市首日披露风险提示公告，对相关问题进行说明澄清并提示公司存在的主要风险。

（三）上交所科创板上市条件

1. 一般要求

根据《科创板上市规则》第1章第2节中的规定，发行人申请在上交所科创板上市，应当符合下列条件：

（1）符合中国证监会规定的发行条件。

（2）发行后股本总额不低于人民币3000万元。

（3）公开发行的股份达到公司股份总数的25%以上；公司股本总额超过人民币4亿元的，公开发行股份的比例为10%以上。

（4）市值及财务指标符合《科创板上市规则》规定的标准。

（5）上交所规定的其他上市条件。

红筹企业发行股票的，前述第2项调整为发行后的股份总数不低于3000万股，前述第3项调整为公开发行的股份达到公司股份总数的25%以上；公司股份总数超过4亿股的，公开发行股份的比例为10%以上。红筹企业发行存托凭证的，前述第2项调整为发行后的存托凭证总份数不低于3000万份，前述第3项调整为公开发行的存托凭证对应基础股份达到公司股份总数的25%以上；发行后的存托凭证总份数超过4亿份的，公开发行存托凭证对应基础股份达到公司股份总数的10%以上。

上交所可以根据市场情况，经中国证监会批准，对上市条件和具体标准进行调整。

2. 市值及财务指标

发行人申请在科创板上市，市值及财务指标应当至少符合下列标准中的一项：

（1）预计市值不低于人民币10亿元，最近2年净利润均为正且累计净利润不低于人民币5000万元，或者预计市值不低于人民币10亿元，最近1年净利润为正且营业收入不低于人民币1亿元；

（2）预计市值不低于人民币15亿元，最近1年营业收入不低于人民币2亿元，且最近3年累计研发投入占最近3年累计营业收入的比例不低于15%；

（3）预计市值不低于人民币20亿元，最近1年营业收入不低于人民币3亿元，且最近3年经营活动产生的现金流量净额累计不低于人民币1亿元；

（4）预计市值不低于人民币30亿元，且最近1年营业收入不低于人民币3亿元；

（5）预计市值不低于人民币40亿元，主要业务或产品需经国家有关部门批准，市场空间大，目前已取得阶段性成果。医药行业企业需至少有一项核心产品获准开展二期临床试验，其他符合科创板定位的企业需具备明显的技术优势并满足相应条件。

上述所称净利润以扣除非经常性损益前后的孰低者为准，所称净利润、营业收入、经营活动产生的现金流量净额均指经审计的数值。

3. 红筹企业特殊要求

符合《创新企业发行股票或存托凭证式点意见》相关规定的红筹企业，可以申请发行股票或存托凭证并在科创板上市。

营业收入快速增长，拥有自主研发、国际领先技术，同行业竞争中处于相对优势地位的尚未在境外上市的红筹企业，申请在科创板上市的，市值及财务指标应当至少符合下列标准之一：

（1）预计市值不低于人民币100亿元；

（2）预计市值不低于人民币50亿元，且最近1年营业收入不低于人民币5亿元。

前款所称营业收入快速增长，指符合下列标准之一：

①最近1年营业收入不低于人民币5亿元的，最近3年营业收入复合增长率10%以上；

②最近1年营业收入低于人民币5亿元的，最近3年营业收入复合增长率20%以上；

③受行业周期性波动等因素影响，行业整体处于下行周期的，发行人最近3年营业收入复合增长率高于同行业可比公司同期平均增长水平。

处于研发阶段的红筹企业和对国家创新驱动发展战略有重要意义的红筹企业，不适用上述“营业收入快速增长”的要求。

4. 存在表决权差异安排的特殊要求

发行人具有表决权差异安排的，市值及财务指标应当至少符合下列标准中的一项：

（1）预计市值不低于人民币100亿元；

（2）预计市值不低于人民币50亿元，且最近1年营业收入不低于人民币5亿元。

发行人特别表决权股份的持有人资格、公司章程关于表决权差异安排的具体规定，应当符合《科创板上市规则》第4章第5节的规定。

《科创板上市规则》所称表决权差异安排，是指发行人依照《公司法》第131条的规定，在一般规定的普通股份之外，发行拥有特别表决权的股份。每一特别表决权股份拥有的表决权数量大于每一普通股份拥有的表决权数量，其他股东权利与普通股份相同。

5. 上市申请文件

发行人首次公开发行股票经中国证监会同意注册并完成股份公开发行后，向上交所提出股票上市申请的，应当提交下列文件：

（1）上市申请书；

（2）中国证监会同意注册的决定；

（3）首次公开发行结束后发行人全部股票已经结算公司上海分公司登记的证明文件；

（4）首次公开发行结束后，具有执行证券、期货相关业务资格的会计师事务所出具的验资报告；

（5）发行人、控股股东、实际控制人、董事、监事和高级管理人员根据本规则要求出具的证明、声明及承诺；

（6）首次公开发行后至上市前，按规定新增的财务资料和有关重大事项的说明（如适用）；

（7）上交所要求的其他文件。

发行人及其董事、监事、高级管理人员应当保证上市申请文件真实、准确、完整，不存在虚假记载、误导性陈述或者重大遗漏。

6. 披露要求

发行人应当于股票上市前5个交易日内，在指定媒体及本所网站上披露下列文件：

（1）上市公告书；

（2）公司章程；

（3）上交所要求的其他文件。

（四）深交所创业板上市条件

1. 一般要求

根据《创业板股票上市规则》，发行人申请在创业板上市条件如下：

（1）符合中国证监会规定的创业板发行条件。

（2）发行后股本总额不低于3000万元。

（3）公开发行的股份达到公司股份总数的25%以上；公司股本总额超过4亿元的，公开发行股份的比例为10%以上。

（4）市值及财务指标符合《创业板股票上市规则》规定的标准。

（5）深交所要求的其他上市条件。

红筹企业发行股票的，前款第2项调整为发行后的股份总数不低于3000万股，前款第3项调整为公开发行的股份达到公司股份总数的25%以上；公司股份总数超过4亿股的，公开发行股份的比例为10%以上。红筹企业发行存托凭证的，前款第2项调整为发行后的存托凭证总份数不低于3000万份，前款第3项调整为公开发行的存托凭证对应基础股份达到公司股份总数的25%以上；发行后的存托凭证总份数超过4亿份的，公开发行存托凭证对应基础股份达到公司股份总数的10%以上。

深交所可以根据市场情况，经中国证监会批准，对上市条件和具体标准进行调整。

2. 市值及财务指标

发行人为境内企业且不存在表决权差异安排的，市值及财务指标应当至少符合下列标准中的一项：

（1）最近2年净利润均为正，且累计净利润不低于5000万元；

（2）预计市值不低于10亿元，最近1年净利润为正且营业收入不低于1亿元；

（3）预计市值不低于50亿元，且最近1年营业收入不低于3亿元。

3. 红筹企业特殊要求

符合《创新企业发行股票或存托凭证试点意见》等相关规定的红筹企业，可以申请其股票或存托凭证在创业板上市。

营业收入快速增长，拥有自主研发、国际领先技术，同行业竞争中处于相对优势地位的尚未在境外上市的红筹企业，申请在创业板上市的，市值及财务指标应当至少符合下列标准中的一项：

（1）预计市值不低于 100 亿元，且最近 1 年净利润为正；

（2）预计市值不低于 50 亿元，且最近 1 年净利润为正且营业收入不低于 5 亿元。

前述所称营业收入快速增长，指符合下列标准之一：

①最近 1 年营业收入不低于 5 亿元的，最近 3 年营业收入复合增长率 10% 以上；

②最近 1 年营业收入低于 5 亿元的，最近 3 年营业收入复合增长率 20% 以上；

③受行业周期性波动等因素影响，行业整体处于下行周期的，发行人最近 3 年营业收入复合增长率高于同行业可比公司同期平均增长水平。

处于研发阶段的红筹企业和对国家创新驱动发展战略有重要意义的红筹企业，不适用“营业收入快速增长”的规定。

4. 存在表决权差异安排的特殊要求

发行人具有表决权差异安排的，市值及财务指标应当至少符合下列标准中的一项：

（1）预计市值不低于 100 亿元；

（2）预计市值不低于 50 亿元，且最近 1 年净利润为正且营业收入不低于 5 亿元。

发行人特别表决权股份的持有人资格、公司章程关于表决权差异安排的具体要求，应当符合《创业板股票上市规则》第 4 章第 4 节的规定。

前述所称净利润以扣除非经常性损益前后的孰低者为准，所称净利润、营业收入均指经审计的数值。预计市值是指股票公开发行后按照总股本乘以发行价格计算出来的发行人股票名义总价值。

5. 上市申请文件

发行人在境内 IPO 经中国证监会予以注册并完成公开发行后，向本所提出上市申请的，应当提交下列文件：

（1）上市申请书；

（2）中国证监会予以注册的决定；

（3）IPO 结束后发行人全部股票已经结算公司深圳分公司登记的证明文件；

（4）首次公开发行结束后，符合《证券法》规定的会计师事务所出具的验资报告；

（5）发行人、控股股东、实际控制人、董事、监事和高级管理人员根据《创业板股票上市规则》及本所其他相关规定要求出具的证明、声明及承诺；

（6）首次公开发行后至上市前，按规定新增的财务资料和有关重大事项的说明（如适用）；

（7）本所要求的其他文件。

发行人及其董事、监事和高级管理人员应当保证上市申请文件真实、准确、完整，不存在虚假记载、误导性陈述或者重大遗漏。

6. 披露要求

发行人应当于股票上市前5个交易日内，在本所网站和符合中国证监会规定条件的媒体披露下列文件：

（1）上市公告书；

（2）公司章程；

（3）深交所要求的其他文件。

刊登招股意向书或者招股说明书后，发行人应当持续关注媒体（包括报纸、网站、股票论坛、自媒体等）对公司的相关报道或者传闻，及时向有关方面了解真实情况，相关报道或者传闻可能对公司股票及其衍生品种交易价格或者投资决策产生较大影响的，应当在上市首日刊登风险提示公告，对相关问题进行说明澄清并提示公司存在的主要风险。

（五）北交所上市条件

1. 一般要求

根据《北交所上市规则》的规定，发行人申请向不特定合格投资者公开发行股票并在北交所上市的，应当符合下列条件：

（1）发行人为在全国股转系统连续挂牌满12个月的创新层挂牌公司；

（2）符合中国证监会规定的发行条件；

（3）最近1年期末净资产不低于5000万元；

（4）向不特定合格投资者公开发行的股份不少于100万股，发行对象不少于100人；

（5）公开发行后，公司股本总额不少于3000万元；

（6）公开发行后，公司股东人数不少于200人的，公众股东持股比例不低于公司股本总额的25%；公司股本总额超过4亿元的，公众股东持股比例不低于公司股本总额的10%；

（7）市值及财务指标符合《北交所上市规则》规定的标准；

（8）北交所规定的其他上市条件。

北交所可以根据市场情况，经中国证监会批准，对上市条件和具体标准进行调整。

2. 市值及财务指标

发行人申请公开发行并上市，市值及财务指标应当至少符合下列标准中的一项：

（1）预计市值不低于2亿元，最近2年净利润均不低于1500万元且加权平均净资产收益率平均不低于8%，或者最近1年净利润不低于2500万元且加权平均净资产收益率不低于8%；

（2）预计市值不低于4亿元，最近2年营业收入平均不低于1亿元，且最近1年营业收入增长率不低于30%，最近1年经营活动产生的现金流量净额为正；

（3）预计市值不低于8亿元，最近1年营业收入不低于2亿元，最近2年研发投入合计占最近2年营业收入合计比例不低于8%；

（4）预计市值不低于15亿元，最近2年研发投入合计不低于5000万元。

前述所称预计市值是指以发行人公开发行价格计算的股票市值。

3. 负面清单

发行人申请公开发行并上市，不得存在下列情形：

（1）最近36个月内，发行人及其控股股东、实际控制人，存在贪污、贿赂、侵占财产、挪用财产或者破坏社会主义市场经济秩序的刑事犯罪，存在欺诈发行、重大信息披露违法或者其他涉及国家安全、公共安全、生态安全、生产安全、公众健康安全等领域的重大违法行为；

（2）最近12个月内，发行人及其控股股东、实际控制人、董事、监事、高级管理人员受到中国证监会及其派出机构行政处罚，或因证券市场违法违规行为受到全国股转公司、证券交易所等自律监管机构公开谴责；

（3）发行人及其控股股东、实际控制人、董事、监事、高级管理人员因涉嫌犯罪正被司法机关立案侦查或涉嫌违法违规正被中国证监会及其派出机构立案调查，尚未有明确结论意见；

（4）发行人及其控股股东、实际控制人被列入失信被执行人名单且情形尚未消除；

（5）最近36个月内，未按照《证券法》和中国证监会的相关规定在每个会计年度结束之日起4个月内编制并披露年度报告，或者未在每个会计年度的上半年结束之日起2个月内编制并披露中期报告；

（6）中国证监会和北交所规定的，对发行人经营稳定性、直接面向市场独立持续经营的能力具有重大不利影响，或者存在发行人利益受到损害等其他情形；

（7）发行人具有表决权差异安排的，该安排应当平稳运行至少一个完整会计年度，且相关信息披露和公司治理应当符合中国证监会及全国股转公司相关规定。

4. 应当提交文件

发行人公开发行股票经中国证监会注册并完成发行后，应当提交下列文件，向北交所提出股票上市申请：

（1）上市申请书；

（2）中国证监会同意注册的决定；

（3）公开发行结束后，符合《证券法》规定的会计师事务所出具的验资报告；

（4）结算公司北京分公司出具的股票登记相关文件；

（5）保荐机构关于办理完成限售登记及符合相关规定的承诺；

（6）公开发行后至上市前，按规定新增的财务资料和有关重大事项的说明（如适用）；

（7）北交所要求的其他文件。

发行人及其董事、监事、高级管理人员应当保证上市申请文件真实、准确、完整，不存在虚假记载、误导性陈述或者重大遗漏。

综上，将各板块定位及发行条件、上市条件及主要财务指标进行对比，差异如表1－1和表1－2所示：

表 1－1　各板块定位及发行条件的对比

板块	定位	发行条件
主板	主板突出“大盘蓝筹”特色，重点支持业务模式成熟、经营业绩稳定、规模较大、具有行业代表性的优质企业	1. 发行人是依法设立且持续经营 3 年以上的股份有限公司，具备健全且运行良好的组织机构，相关机构和人员能够依法履行职责。 2. 发行人会计基础工作规范，财务报表的编制和披露符合企业会计准则和相关信息披露规则的规定，在所有重大方面公允地反映了发行人的财务状况、经营成果和现金流量，最近 3 年财务会计报告由注册会计师出具无保留意见的审计报告。 3. 发行人业务完整，具有直接面向市场独立持续经营的能力。 4. 发行人生产经营符合法律、行政法规的规定，符合国家产业政策
科创板	面向世界科技前沿、面向经济主战场、面向国家重大需求，主要服务于符合国家战略、突破关键核心技术、市场认可度高的科技创新企业。重点支持新一代信息技术、高端装备、新材料、新能源、节能环保以及生物医药等高新技术产业和战略性新兴产业，推动互联网、大数据、云计算、人工智能和制造业深度融合，引领中高端消费，推动质量变革、效率变革、动力变革	1. 发行人是依法设立且持续经营 3 年以上的股份有限公司，具备健全且运行良好的组织机构，相关机构和人员能够依法履行职责。 2. 发行人会计基础工作规范，财务报表的编制和披露符合企业会计准则和相关信息披露规则的规定，在所有重大方面公允地反映了发行人的财务状况、经营成果和现金流量，最近 3 年财务会计报告由注册会计师出具无保留意见的审计报告。 3. 发行人业务完整，具有直接面向市场独立持续经营的能力。 4. 发行人生产经营符合法律、行政法规的规定，符合国家产业政策
创业板	深入贯彻创新驱动发展战略，适应发展更多依靠创新、创造、创意的大趋势，主要服务成长型创新创业企业，支持传统产业与新技术、新产业、新业态、新模式深度融合。创业板的板块的原则定位也被精简成为“三创四新”	1. 发行人是依法设立且持续经营 3 年以上的股份有限公司，具备健全且运行良好的组织机构，相关机构和人员能够依法履行职责。 2. 发行人会计基础工作规范，财务报表的编制和披露符合企业会计准则和相关信息披露规则的规定，在所有重大方面公允地反映了发行人的财务状况、经营成果和现金流量，最近 3 年财务会计报告由注册会计师出具无保留意见的审计报告。 3. 发行人业务完整，具有直接面向市场独立持续经营的能力。 4. 发行人生产经营符合法律、行政法规的规定，符合国家产业政策

续表

板块	定位	发行条件
北交所	主要服务创新型中小企业，重点支持先进制造业和现代服务业等领域的企业，推动传统产业转型升级，培育经济发展新动能，促进经济高质量发展。科创板定位为符合国家战略、突破关键核心技术、市场认可度高的科技创新企业；创业板定位为“三创四新”型企业，并支持传统产业与新技术、新产业、新业态、新模式深度融合；北交所定位为创新型中小企业，服务“专精特新”企业，即“专业化、精细化、特色化、新颖化”的中小企业	1. 发行人应当为在全国股转系统连续挂牌满12个月的创新层挂牌公司。 2. 发行人申请公开发行股票，应当符合下列规定： （1）具备健全且运行良好的组织机构； （2）具有持续经营能力，财务状况良好； （3）最近3年财务会计报告无虚假记载，被出具无保留意见审计报告； （4）依法规范经营。 3. 发行人及其控股股东、实际控制人存在下列情形之一的，发行人不得公开发行股票： （1）最近3年内存在贪污、贿赂、侵占财产、挪用财产或者破坏社会主义市场经济秩序的刑事犯罪； （2）最近3年内存在欺诈发行、重大信息披露违法或者其他涉及国家安全、公共安全、生态安全、生产安全、公众健康安全等领域的重大违法行为； （3）最近1年内受到中国证监会行政处罚

表1－2　各板块上市条件及主要财务指标的对比

板块	上市条件	主要财务指标
上交所主板	1. 符合《证券法》、中国证监会规定的发行条件。 2. 发行后的股本总额不低于5000万元。 3. 公开发行的股份达到公司股份总数的25%以上；公司股本总额超过4亿元的，公开发行股份的比例为10%以上。 4. 市值及财务指标符合本规则规定的标准。 5. 上交所要求的其他条件	1. 最近3年净利润均为正，且最近3年净利润累计不低于1.5亿元，最近1年净利润不低于6000万元，最近3年经营活动产生的现金流量净额累计不低于1亿元或营业收入累计不低于10亿元； 2. 预计市值不低于50亿元，且最近1年净利润为正，最近1年营业收入不低于6亿元，最近3年经营活动产生的现金流量净额累计不低于1.5亿元； 3. 预计市值不低于80亿元，且最近1年净利润为正，最近1年营业收入不低于8亿元

续表

板块	上市条件	主要财务指标
深交所主板	1. 符合《证券法》、中国证监会规定的发行条件。 2. 发行后股本总额不低于5000万元。 3. 公开发行的股份达到公司股份总数的25%以上；公司股本总额超过4亿元的，公开发行股份的比例为10%以上。 4. 市值及财务指标符合本规则规定的标准。 5. 深交所要求的其他条件	1. 最近3年净利润均为正，且最近3年净利润累计不低于1.5亿元，最近1年净利润不低于6000万元，最近3年经营活动产生的现金流量净额累计不低于1亿元或者营业收入累计不低于10亿元； 2. 预计市值不低于50亿元，且最近1年净利润为正，最近1年营业收入不低于6亿元，最近3年经营活动产生的现金流量净额累计不低于1.5亿元； 3. 预计市值不低于80亿元，且最近1年净利润为正，最近1年营业收入不低于8亿元。本节所称净利润以扣除非经常性损益前后的孰低者为准，净利润、营业收入、经营活动产生的现金流量净额均指经审计的数值
科创板	符合中国证监会规定的发行条件；发行后股本总额不低于人民币3000万元；公开发行的股份达到公司股份总数的25%以上；公司股本总额超过人民币4亿元的，公开发行股份的比例为10%以上；市值及财务指标符合《科创板上市规则》规定的标准；上交所规定的其他上市条件	1. 预计市值不低于人民币10亿元，最近2年净利润均为正且累计净利润不低于人民币5000万元，或者预计市值不低于人民币10亿元，最近1年净利润为正且营业收入不低于人民币1亿元； 2. 预计市值不低于人民币15亿元，最近1年营业收入不低于人民币2亿元，且最近3年累计研发投入占最近3年累计营业收入的比例不低于15%； 3. 预计市值不低于人民币20亿元，最近1年营业收入不低于人民币3亿元，且最近3年经营活动产生的现金流量净额累计不低于人民币1亿元； 4. 预计市值不低于人民币30亿元，且最近1年营业收入不低于人民币3亿元； 5. 预计市值不低于人民币40亿元，主要业务或产品需经国家有关部门批准，市场空间大，目前已取得阶段性成果。医药行业企业需至少有一项核心产品获准开展二期临床试验，其他符合科创板定位的企业需具备明显的技术优势并满足相应条件

续表

板块	上市条件	主要财务指标
创业板	符合中国证监会规定的创业板发行条件；发行后股本总额不低于3000万元；公开发行的股份达到公司股份总数的25%以上；公司股本总额超过4亿元的，公开发行股份的比例为10%以上；市值及财务指标符合《创业板股票上市规则》规定的标准；深交所要求的其他上市条件	1. 最近2年净利润均为正，且累计净利润不低于5000万元； 2. 预计市值不低于10亿元，最近1年净利润为正且营业收入不低于1亿元； 3. 预计市值不低于50亿元，且最近1年营业收入不低于3亿元
北交所	1. 发行人为在全国股转系统连续挂牌满12个月的创新层挂牌公司。 2. 符合中国证监会规定的发行条件。 3. 最近1年期末净资产不低于5000万元。 4. 向不特定合格投资者公开发行的股份不少于100万股，发行对象不少于100人。 5. 公开发行后，公司股本总额不少于3000万元。 6. 公开发行后，公司股东人数不少于200人的，公众股东持股比例不低于公司股本总额的25%；公司股本总额超过4亿元的，公众股东持股比例不低于公司股本总额的10%。 7. 市值及财务指标符合《北交所上市规则》规定的标准。 8. 北交所规定的其他上市条件	1. 预计市值不低于2亿元，最近2年净利润均不低于1500万元且加权平均净资产收益率平均不低于8%，或者最近1年净利润不低于2500万元且加权平均净资产收益率不低于8%； 2. 预计市值不低于4亿元，最近2年营业收入平均不低于1亿元，且最近1年营业收入增长率不低于30%，最近1年经营活动产生的现金流量净额为正； 3. 预计市值不低于8亿元，最近1年营业收入不低于2亿元，最近2年研发投入合计占最近2年营业收入合计比例不低于8%； 4. 预计市值不低于15亿元，最近2年研发投入合计不低于5000万元

注：限于篇幅，发行条件、上市条件及主要财务指标的其他情形详见正文。

第三节

IPO 程序

企业申请 IPO，是一项复杂的系统工程，需要发行人和各中介机构共同配合与努力，往往会历经较长的时间。根据 IPO 各阶段工作侧重点的不同，可将企业 IPO 的过程划分为股改、辅导、申报、股票发行与上市以及持续督导五大阶段。

一、股改

股改，即股份制改造，在本书中是指为符合上市规则对于公司形式的要求，公司组织形式由有限责任公司变更为股份有限公司的过程。我国上市公司的法定主体形式为股份有限公司，因此，改制是企业进入资本市场的起点。通常，公司在确定上市意向后，将聘请证券公司、律师、会计师、评估师等中介机构开展尽职调查并出具股改方案。股改虽然表面上体现为公司组织形式的变更，但其深层逻辑是，公司通过股改应规范其组织架构、公司治理、股权关系、内部控制和财务管理等，对其资产、业务和人员等进行全面整合和优化。股改后公司应运作规范、主营业务突出、具有核心竞争力和可持续经营能力、拥有健全的财务会计制度和内控机制、减少和规范关联交易、不存在构成重大不利影响的同业竞争、不存在重大权属纠纷，为 IPO 做好充分准备。

二、辅导

根据《保荐业务管理办法》和《首发辅导规定》的规定，企业上市前应由担任保荐人的证券公司进行辅导，同时向辅导验收机构申请辅导备案。辅导验收机构，由发行人所在地的证监局担任，但是发行人所在地在境外的，由发行人境内主营业地或境内证券事务机构所在地的证监局负责辅导验收。

辅导的目的是促进发行人具备上市公司应有的公司治理结构、规范的会计基础工作、有效的内控制度；督促发行人及其董事、监事、高级管理人员、持股5%以上股东和实际控制人（或其法定代表人）全面掌握发行上市、规范运作等方面的有关法律法规和规则，知悉信息披露和履行承诺等方面的责任和义务，树立进入证券市场的诚信意识、自律意识和法治意识，以及中国证监会规定的其他事项。

辅导工作经验收机构验收合格后，方可向交易所申报上市申请材料。辅导的基本程序如下。

（一）辅导备案

辅导机构和辅导对象应当签订书面辅导协议，明确约定协议双方的权利义务。签订辅导协议后5个工作日内，辅导机构应当向验收机构进行辅导备案。辅导对象所在地派出机构负责对辅导工作进行监管；辅导对象所在地在境外的，由辅导对象境内主营业地或境内证券事务机构所在地的派出机构进行监管。验收机构应当在收到齐备的辅导备案材料后5个工作日内完成备案，并在完成备案后及时披露辅导机构、辅导对象、辅导备案时间、辅导状态。

（二）辅导与尽职调查

辅导期自完成辅导备案之日起算，至辅导机构向验收机构提交齐备的辅导验收材料之日截止。辅导期原则上不少于3个月。辅导期内，辅导机构应在每季度结束后15日内更新辅导工作进展情况报告，辅导备案日距最近一季末不足30日的，可以将有关情况并入次季度辅导工作进展情况报告。

在辅导阶段，辅导机构须持续进行尽职调查，并同步开展申报材料的准备工作。本阶段，辅导机构应督促发行人持续完善的公司治理结构和内控制度，确定募投项目，并办理必要的审批、备案手续，开展尽职调查，并出具相关专业意见和书面文件，编制上市申请文件获取本次公开发行的内部批准文件并征得国有资产监督管理部门、特殊行业监管部门关于此次公开发行的同意，履行辅导机构关于本次项目的内核程序。

辅导机构应严格按照《保荐业务管理办法》和《首发辅导规定》等法律法规和监管要求，勤勉尽责，审慎履行辅导责任，充分了解辅导对象的经营情况及面临的风险和问题，加强辅导工作的针对性和有效性，充分履行辅导机构的核查责任，避免辅导过程中尽职调查工作形式化，避免辅导工作“走过场”、针对性和有效性不强等问题。

【案例1】

三孚新科（688359）IPO首次辅导验收未通过，辅导机构被责令整改。该公司在2019年4月与辅导机构签订《辅导协议》，并由辅导机构向辅导验收机构进行辅导备案；2020年3月，辅导机构向验收机构报送辅导工作总结报告；同月，验收机构对辅导工作进行验收。验收暴露以下问题：辅导对象在内部控制制度的设计及执行方面存在缺陷，辅导对象在辅导效果检验过程中的态度不够严肃等问题。验收机构向辅导机构在本辅导过程中出现的问题下发书面整改通知，责令辅导机构对此次辅导中暴露的问题进行整改，并决定首次辅导验收不通过。

案例点评 CASE ANALYSIS

对于申请IPO来说，企业接受辅导并获得辖区证监局辅导验收通过是上市过程中的一个重要环节。通过接受辅导，辅导对象应树立正确的上市观念，牢固建立证券市场的诚信意识、自律意识和法治意识。辅导机构在执业过程中，应保持充分的执业审慎，做好扎实的尽职调查工作，执行充分和恰当的核查程序，提高对企业异常情况的敏感度，督促企业持续提高上市观念，督促企业持续健全公司治理和内控制度、重视内控制度的执行。企业存在影响发行上市的问题的，在申报前应彻底解决。

（三）辅导总结验收

辅导机构完成辅导目标，并在IPO并上市通过内核程序后，向验收机构提交辅导验收材料。根据《首发辅导规定》，辅导验收材料符合齐备性标准的，验收机构应当自收到齐备的辅导验收材料之日起20个工作日内出具验收工作完成函，辅导机构根据要求补充、修改材料及进行规范工作时间不计算在内。验收工作完成函有效期为12个月。在验收工作完成函有效期内，辅导对象提交IPO并上市申请前，辅导对象、辅导机构发生可能影响辅导验收结论情况的，应当及时向验收机构报告。

三、申报

注册制下，取消中国证监会股票发行审核委员会制度，辅导完成后，由发行人委托保荐机构向交易所提交发行上市申请文件。注册制 IPO 的发行申请，由交易所审核、中国证监会注册，具体流程如图 1－1 所示：

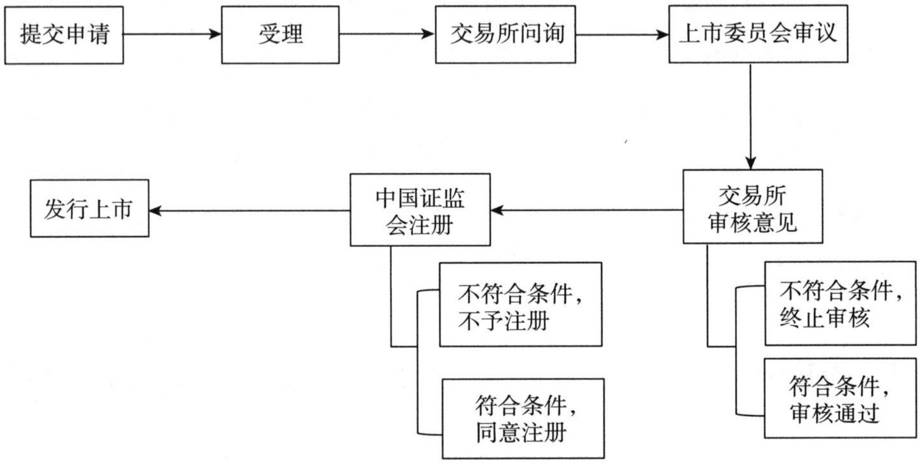

图 1－1　交易所审核和中国证监会注册的具体流程

（一）申请与受理

根据《首发注册管理办法》《上交所上市审核规则》《深交所上市审核规则》《北交所上市审核规则》的规定，发行人申请首次公开发行股票并上市，应当按照中国证监会有关规定制作注册申请文件，依法由保荐人保荐并向交易所申报。根据以上规则，申报环节的重点工作包括：

1. 发行人委托保荐机构通过交易所发行上市审核业务系统，报送发行上市申请文件。

2. 交易所对申请文件的齐备性进行核对，并在 5 个工作日内作出是否受理的决定，相关规则另有规定的除外。

3. 交易所受理发行上市申请文件当日，发行人应当在交易所网站预先披露招股说明书、发行保荐书、上市保荐书、审计报告和法律意见书等文件。

4. 注册申请文件受理后，发生重大事项的，发行人、保荐人、证券服务机构应当及时向交易所报告，并按要求更新注册申请文件和信息披露资料。

5. 交易所受理发行上市申请后至中国证监会作出注册决定前，发行人应当按照发行上市审核规则的规定，对预先披露的招股说明书、发行保荐书、上市保荐书、审计报告和法律意见书等文件予以更新并披露。

6. 交易所受理发行上市申请文件后10个工作日内，保荐人应当以电子文档形式报送保荐工作底稿和验证版招股说明书，供监管部门备查。

（二）审核问询

《首发注册管理办法》第19条规定："交易所设立独立的审核部门，负责审核发行人公开发行并上市申请；设立科技创新咨询委员会或行业咨询专家库，负责为板块建设和发行上市审核提供专业咨询和政策建议；设立上市委员会，负责对审核部门出具的审核报告和发行人的申请文件提出审议意见。交易所主要通过向发行人提出审核问询、发行人回答问题方式开展审核工作，判断发行人是否符合发行条件、上市条件和信息披露要求，督促发行人完善信息披露内容。"根据《首发注册管理办法》《上交所上市审核规则》《深交所上市审核规则》《北交所上市审核规则》的规定，审核问询各主要环节如下：

1. 交易所发行上市审核机构自受理之日起20个工作日内，通过保存人向发行人提出首轮审核问询。

2. 首轮审核问询后，存在下列情形之一的，交易所发行上市审核机构在收到发行人回复后10个工作日内可以继续提出审核问询。

（1）首轮审核问询后，发现新的需要问询事项；

（2）发行人及其保荐人、证券服务机构的回复未能有针对性地回答本所发行上市审核机构提出的审核问询，或者本所就其回复需要继续审核问询；

（3）发行人的信息披露仍未满足中国证监会和交易所规定的要求；

（4）交易所认为需要继续审核问询的其他情形。

3. 发行人及其保荐人、证券服务机构应当按照交易所发行上市审核机构审核问询的要求进行必要的补充调查和核查，及时、逐项回复本所发行上市审核机构提出的审核问询，相应补充或者修改发行上市申请文件。

4. 交易所发行上市审核机构收到发行人及其保荐人、证券服务机构对交易所审核问询的回复后，认为不需要进一步审核问询的，将出具审核报告并提交上市委员会审议。

5. 发行上市审核中，发行人回复交易所审核问询或者发生其他情形，需要更新预先披露文件的，应当修改相关信息披露文件，并在交易所发出上市委员会会议通知前，将修改后的招股说明书、发行保荐书、上市保荐书、审计报告和法律意见书等文件预先披露。

（三）上市委员会审议

根据《上交所上市审核规则》《深交所上市审核规则》《北交所上市审核规则》的规定，交易所设立上市委员会，对发行上市审核机构出具的审核报告和发行上市申请文件进行审议，提出审议意见，主要工作环节包括：

1. 上市委员会召开审议会议进行审议，上市委员会可以要求对发行人及其保荐人进行现场问询。

2. 上市委员会审议时，参会委员就审核报告的内容和发行上市审核机构提出的初步审核意见发表意见，通过合议形成发行人是否符合发行条件、上市条件和信息披露要求的审议意见。存在尚待核实的重大问题，无法形成审议意见的，经会议合议，上市委员会可以对该发行人的发行上市申请暂缓审议，暂缓审议时间不超过 2 个月。对发行人的同一发行上市申请，上市委员会只能暂缓审议一次。

3. 交易所结合上市委员会的审议意见，出具发行人符合发行条件、上市条件和信息披露要求的审核意见或者作出终止发行上市审核的决定。

4. 发行人及其保荐人、证券服务机构在上市委员会审议会议结束后 10 个工作日内汇总补充报送与审核问询回复相关的保荐工作底稿（北交所尚未要求报送工作底稿）和更新后的验证版招股说明书。

科创板、创业板上市项目，自受理发行上市申请文件之日起，交易所审核和中国证监会注册的时间总计不超过 3 个月；北交所上市项目，交易所自受理发行上市申请文件之日起 2 个月内形成审核意见。中止审核、请示有权机关、落实上市委员会意见、暂缓审议、处理会后事项、实施现场检查、要求进行专项核查，并要求发行人补充、修改申请文件等情形，不计算在上述时限内。

（四）证监会注册

根据《首发注册管理办法》的规定，交易所按照规定的条件和程序，认为发行人符合发行条件和信息披露要求的，将审核意见、发行人注册申请文件及相关审核资料报中国证监会注册；中国证监会收到交易所审核意见及相关资料后，基于交易所审核意见，依法履行发行注册程序，并在交易所收到注册申请文件之日起同步关注发行人是否符合国家产业政策和板块定位。《首发注册管理办法》关于证监会注册环节的重要规则包括：

1. 在规定的注册期限内，中国证监会发现存在影响发行条件的新增事项的，可以要求交易所进一步问询并就新增事项形成审核意见。

2. 中国证监会在20个工作日内对发行人的注册申请作出予以注册或者不予注册的决定。发行人根据要求补充、修改注册申请文件，或者中国证监会要求交易所进一步问询，要求保荐人、证券服务机构等对有关事项进行核查，对发行人现场检查，并要求发行人补充、修改申请文件的时间不计算在内。

3. 中国证监会认为交易所对新增事项的审核意见依据明显不充分，可以退回交易所补充审核。交易所补充审核后，认为发行人符合发行条件和信息披露要求的，重新向中国证监会报送审核意见及相关资料，前述注册期限重新计算。

4. 中国证监会作出予以注册决定后、发行人股票上市交易前，发行人应当及时更新信息披露文件内容，财务报表已过有效期的，发行人应当补充财务会计报告等文件。

5. 保荐人以及证券服务机构应当持续履行尽职调查职责；发生重大事项的，发行人、保荐人应当及时向交易所报告。交易所应当对上述事项及时处理，发现发行人存在重大事项影响发行条件、上市条件的，应当出具明确意见并及时向中国证监会报告。

6. 中国证监会作出予以注册决定后、发行人股票上市交易前，发行人应当持续符合发行条件，发现可能影响本次发行的重大事项的，中国证监会可以要求发行人暂缓发行、上市；相关重大事项导致发行人不符合发行条件的，应当撤销注册。中国证监会撤销注册后，股票尚未发行的，发行人应当停止发行；股票已经发行尚未上市的，发行人应当按照发行价并加算银行同期存款利息返还股票持有人。

四、股票发行与上市

《首发注册管理办法》第25条规定：“中国证监会的予以注册决定，自作出之日起1年内有效，发行人应当在注册决定有效期内发行股票，发行时点由发行人自主选择。”发行人在IPO申请取得中国证监会同意注册后，可在注册决定有效期内择机发行股票，并在发行完成后申请发行的股票在交易所上市。发行阶段具体包括刊登招股意向书等发行文件，路演、询价和定价，投资者申购，公布中签号，收取新股认购款，清算交割，募集资金到账与验资等业务环节。上市阶段主要是发行人在本次IPO中发行的股票完成公开发行后，发行人向交易所提出股票上市申请，提交上市申请文件，由交易所决定是否同意上市。交易所在收到发行人完备的上市申请文件后 5 个交易日内，作出是否同意上市的决定。

股票发行与上市阶段保荐机构应当持续关注发行人是否发生可能影响本次发行的重大事项，若在过会后发行上市前保荐机构通过尽职调查发现发行人不再符合发行上市标准，应及时与相关部门进行沟通和汇报，并履行相关的程序。发生可能影响本次发行的重大事项的，中国证监会可以要求发行人暂缓发行、上市；相关重大事项导致发行人不符合发行条件的，应当撤销注册。

五、持续督导

发行人股票上市后，保荐机构应当持续督导发行人履行规范运作、信守承诺、信息披露等义务。根据《上交所上市规则》《深交所上市规则》的规定，首次公开发行股票并主板上市的，持续督导的期间均为股票上市当年剩余时间及其后 2 个完整会计年度。

根据《创业板上市规则》《科创板上市规则》《北交所上市规则》的规定，IPO 并在创业板或科创板上市的，以及股票向不特定合格投资者公开发行并在北交所上市的，持续督导的期间均为股票上市当年剩余时间及其后 3 个完整会计年度。

第四节

各中介机构职责

一、保荐机构

在我国 IPO 制度下，保荐机构是企业改制上市过程中最重要的中介机构，是企业上市的总设计师和总协调人。《保荐业务管理办法》第 17 条规定："保荐机构推荐发行人证券发行上市，应当遵循诚实守信、勤勉尽责的原则，按照中国证监会对保荐机构尽职调查工作的要求，对发行人进行全面调查，充分了解发行人的经营状况及其面临的风险和问题。"保荐机构在发行人上市前应尽职推荐发行人证券发行上市；发行人证券上市后，保荐机构应当持续督导发行人履行规范运作、信守承诺、信息披露等义务。证券公司作为保荐机构，应当指派保荐代表人负责具体保荐工作。根据《保荐业务管理办法》第 7 条第 1 款和第 2 款的规定，同次发行的证券，其发行保荐和上市保荐应当由同一保荐机构承担；证券发行规模达到一定数量的，可以采用联合保荐，但参与联合保荐的保荐机构不得超过 2 家。此外，保荐机构对于其承接项目，应遵守利益冲突管理原则。《保荐业务管理办法》第 41 条规定："保荐机构及其控股股东、实际控制人、重要关联方持有发行人股份的，或者发行人持有、控制保荐机构股份的，保荐机构在推荐发行人证券发行上市时，应当进行利益冲突审查，出具合规审核意见，并按规定充分披露。通过披露仍不能消除影响的，保荐机构应联合 1 家无关联保荐机构共同履行保荐职责，且该无关联保荐机构为第一保荐机构。"因此，拟担任保荐人的证券公司，如与发行人存在关联关系等情形，且不能通过披露消除影响的，该证券公司应联合一家无关联的保荐机构共同担任保荐人，且自身不能担任第一保荐机构。

（一）辅导

保荐机构在推荐发行人 IPO 并上市前，应当对发行人进行辅导。保荐机构应对发行人的董事、监事和高级管理人员、持有 5% 以上股份的股东和实际控制人（或者其法定代表人）进行系统的法规知识、证券市场知识培训，使其全面掌握发行上市、规范运作等方面的有关法律法规和规则，知悉信息披露和履行承诺等方面的责任和义务，树立进入证券市场的诚信意识、自律意识和法治意识。

根据《证券业务示范实践第 3 号——保荐人尽职调查》第 2.2.2 条的规定，保荐机构在辅导阶段的工作职责包括：

1. 制定完善的辅导计划和实施方案，并严格执行；

2. 督促辅导对象规范公司治理结构、会计基础工作、内部控制制度，指导辅导对象对存在的问题进行规范；

3. 引导辅导对象树立参与资本市场必备的敬畏市场、诚实守信、严格自律、遵守法制、回报社会意识；

4. 督促辅导对象及相关人员掌握发行上市、规范运作等方面的法律法规和规则、知悉信息披露和履行承诺等方面的责任、义务以及法律后果；

5. 引导辅导对象充分了解多层次资本市场各板块的特点和属性，掌握拟上市板块的定位和相关监管要求。

（二）推荐

保荐人应在确信本次 IPO 符合法律、行政法规、中国证监会的相关规定的前提下，推荐发行人证券发行上市。保荐人为推荐发行人证券发行上市，需出具发行保荐书、发行保荐工作报告等。提交推荐文件后，保荐人应积极配合交易所和中国证监会的审核或注册程序，组织发行人及其他中介机构对交易所和中国证监会的反馈意见进行答复。

（三）尽职调查与核查

保荐人推荐发行人上市建立在对发行人进行全面调查的基础上，因此保荐人应勤勉尽责，诚实守信，对涉及发行条件或对投资者作出投资决策有重大影响的信息充分尽职调查，充分掌握发行人的经营状况及面临的风险和问题。按照《保荐人尽职调查工作准则》的规定，保荐人的尽职调查范围包括风险因素的调查、对发行人基本情况调查、业务与技术调查、财务与会计调查、业务发展目标调查、募集资金运用调查、公司治理与独立性调查、投资者保护和其他重大事项的调查。按照交易所和中国证监会的要求，保荐人还应对IPO过程中涉及的特定事项进行尽职调查，履行核查职责。对于发行人的申请文件和信息披露文件，保荐人负有审慎核查义务，应当确信该等文件真实、准确、完整，无虚假记载、重大遗漏、误导性陈述。

（四）持续督导

保荐机构的督导职责贯穿于IPO发行上市所有环节。上市前，保荐机构应当督导发行人满足企业上市的规定。上市后保荐机构应持续履行督导责任。在持续督导期内，保荐机构应严格按照《保荐业务管理办法》等相关规定，督导发行人履行规范运作、信守承诺、信息披露等义务。具体工作职责包括但不限于：对上市公司的信息披露文件进行审查；督导上市公司及其董事、监事、高级管理人员遵守法律、法规、规则和准则，切实履行各项承诺；督导上市公司建立健全并有效执行公司治理制度、内控制度；关注社交媒体对上市公司的有关报道，并针对市场传闻进行核查；对上市公司开展定期现场检查，对上市公司存在的问题提出整改建议，现场检查结果应告知上市公司；对上市公司的违法违规行为及时履行报告义务。

二、主承销商

根据《证券法》第26条的规定，证券承销业务采取代销或者包销两种方式。证券代销是指证券公司代发行人发售证券，在承销期结束时，将未售出的证券全部退还给发行人的承销方式；证券包销是指证券公司将发行人的证券按照协议全部购入或者在承销期结束时将售后剩余证券全部自行购入的承销方式。在IPO发行上市过程中，发行证券的主承销商可以由本次IPO项目的保荐机构担任，也可以由其他具有保荐业务资格的证券公司与该保荐机构共同担任。

IPO过程中，证券公司作为承销机构和保荐机构，二者介入项目的时点、工作侧重点均有所差异。通常，IPO申请获得中国证监会注册通过后，主承销商才会实质介入，主承销商的主要工作是路演推介、询价定价、发布投资风险特别公告以及向交易所报备发行与承销方案等，主承销商的工作目标是合理确定股票价格，确保股票发行成功。而如前所述，保荐机构则更侧重于对发行人开展上市前辅导，对发行人进行全面尽职调查，尽职推荐发行人上市，充分核查发行人的信息披露文件、募集文件，并在发行人成功上市后对发行人履行持续督导责任。保荐机构的职责范围较主承销商更为宽泛，其介入项目也更加深入。以下就主承销商的重点职责，简要介绍。

（一）路演推介

路演推介，即主承销商在股票发行前对投资者进行巡回推介的活动，路演推介的形式包括现场、电话、互联网等合法合规的方式。路演推介期间，发行人和主承销商与投资者任何形式的见面、交谈、沟通，均视为路演推介。根据《首次公开发行证券承销业务规则》的规定，采用公开方式进行路演推介的，应当事先披露举行时间和参加方式；IPO 上市申请文件受理后至发行人发行申请经交易所审核通过、并获中国证监会同意注册、依法刊登招股意向书前，主承销商不得自行或与发行人共同采取任何公开或变相公开方式进行与股票发行相关的推介活动，也不得通过其他利益关联方或委托他人等方式进行相关活动；在 IPO 上市申请文件受理后，发行人和主承销商可以与拟参与战略配售的投资者进行一对一路演推介；在 IPO 招股意向书刊登后，发行人和主承销商可以向网下投资者进行路演推介和询价。

（二）定价配售

根据《证券发行与承销管理办法》第 5 条，在深交所、上交所首次公开发行证券，可以通过询价的方式，也可以通过直接定价等其他合法可行的定价方式。根据《证券发行与承销管理办法》第 6 条的规定，在深交所、上交所首次公开发行证券发行数量 2000 万股（份）以下且无老股转让计划的，发行人和主承销商可以通过直接定价的方式确定发行价格。发行人尚未盈利的，应当通过向网下投资者询价方式确定发行价格，不得直接定价。通过直接定价方式确定的发行价格对应市盈率不得超过同行业上市公司二级市场平均市盈率；已经或者同时境外发行的，通过直接定价方式确定的发行价格还不得超过发行人境外市场价格。根据《北京证券交易所证券发行与承销管理细则》第 6 条，北交所上市承销定价方式除直接定价、网下询价外，还包括网上竞价等方式。不同板块、不同定价方式下，配售规则有所不同，限于篇幅，在此不详细展开。

（三）核查

主承销商应对 IPO 承销过程中公开发行募集文件进行全面核查，确保文件真实、准确、完整。根据《证券法》第 29 条第 1 款的规定，主承销商应当对公开发行募集文件的真实性、准确性、完整性进行核查。发现有虚假记载、误导性陈述或者重大遗漏的，不得进行销售活动；已经销售的，必须立即停止销售活动，并采取纠正措施。

（四）信息披露

发行人和主承销商在发行过程中，应当按照中国证监会规定的要求编制信息披露文件，履行信息披露义务。发行人和承销商在发行过程中披露的信息，应当真实、准确、完整、及时，不得有虚假记载、误导性陈述或者重大遗漏。

（五）投资价值研究报告

《证券公司保荐业务规则》第24条规定，“保荐机构作为主承销商的，在发行过程中，应当按照相关规定，加强发行承销过程管理，提高投资价值研究报告质量，引导价值投资理念，加强路演推介和询价申购管理，增强信息披露的易读易解性，保护投资者权益。”《证券发行与承销管理办法》第8条规定：“首次公开发行证券采用询价方式的，主承销商应当遵守中国证券业协会关于投资价值研究报告的规定，向网下投资者提供投资价值研究报告。”

（六）申报备案

《证券发行与承销管理办法》第30条规定，证券公司实施承销前,应当向证券交易所报送发行与承销方案。《证券发行与承销管理办法》第31条规定，投资者申购缴款结束后，发行人和主承销商应当聘请符合《证券法》规定的会计师事务所对申购和募集资金进行验证，并出具验资报告；应当聘请符合《证券法》规定的律师事务所对网下发行过程、配售行为、参与定价和配售的投资者资质条件及其与发行人和承销商的关联关系、资金划拨等事项进行见证，并出具专项法律意见书。首次公开发行证券在证券上市之日起10个工作日内，主承销商应当将验资报告、专项法律意见书、承销总结报告等文件一并通过证券交易所向中国证监会备案。

三、律师事务所

律师在IPO过程中，应当对发行人开展法律尽职调查，对发行上市涉及的相关法律事项进行核查和验证，制作并出具法律意见书、编制律师工作报告、出具文件真实性鉴证意见，协助发行人制作相关公司治理文件、会议文件、公司制度文件。对于中国证监会、交易所提出的有关发行上市申请文件的法律问题的问询，律师事务所应当在充分核查的基础上进行回复并编制补充法律意见书。

在注册制改革强化中介机构职责的背景下，2022 年 1 月，中国证监会、司法部、中华全国律师协会联合发布了《监管规则适用指引——法律类第 2 号：律师事务所从事首次公开发行股票并上市法律业务执业细则》。根据该细则，律师应当恪守律师职业道德和执业纪律，合理、充分地运用查验方法，充分了解发行人的经营情况、存在的法律风险和问题，对发行人首发的相关事项是否符合法律法规、中国证监会和交易所规定进行查验，作出独立判断，保证制作、出具的文件真实、准确、完整，不存在虚假记载、误导性陈述或者重大遗漏。

根据中国证监会发布的《公开发行证券公司信息披露的编报规则第 12 号——公开发行证券的法律意见书和律师工作报告》第 24 条的规定，律师应在进行充分核查验证的基础上，对本次股票发行上市的下列（包括但不限于）事项明确发表结论性意见：

1. 本次发行上市的批准和授权；
2. 发行人本次发行上市的主体资格；
3. 本次发行上市的实质条件；
4. 发行人的设立；
5. 发行人的独立性；
6. 发起人或股东（实际控制人）；
7. 发行人的股本及其演变；
8. 发行人的业务；
9. 关联交易及同业竞争；
10. 发行人的主要财产；
11. 发行人的重大债权债务；
12. 发行人的重大资产变化及收购兼并；
13. 发行人公司章程的制定与修改；
14. 发行人股东大会、董事会、监事会议事规则及规范运作；
15. 发行人董事、监事和高级管理人员及其变化；
16. 发行人的税务；
17. 发行人的环境保护和产品质量、技术等标准；
18. 发行人募集资金的运用；
19. 发行人业务发展目标；

20. 诉讼、仲裁或行政处罚；

21. 原定向募集公司增资发行的有关问题（如有）；

22. 发行人招股说明书法律风险的评价；

23. 律师认为需要说明的其他问题。

四、会计师事务所

会计信息是反映企业运营情况、财务状况、经营成本、现金流状况等的重要数据，企业财务会计信息披露是IPO信息披露的核心内容之一。会计师事务所在核查发行人财务会计信息披露是否真实、准确、完整方面发挥着关键作用，其在企业IPO过程中，承担的主要职责包括以下几方面：

1. 对发行人开展财务尽职调查。

2. 核查发行人发行直接上市申请文件、信息披露文件中财务相关内容。

3. 出具财务相关的报告、说明。会计师事务所在IPO中应当出具的报告、说明，主要包括：

（1）对报告期财务报表出具审计报告。IPO上市的条件之一为，发行人会计基础工作规范，财务报表的编制符合企业会计准则和相关会计制度的规定，在所有重大方面公允地反映了发行人的财务状况、经营成果和现金流量，最近3年财务会计报告由注册会计师出具了无保留意见的审计报告。

（2）出具盈利预测审核报告。发行人披露盈利预测的，应由注册会计师对盈利预测出具审核报告。

（3）出具内部控制鉴证报告。发行人申请IPO，其内部控制在所有重大方面应是有效的，并由注册会计师出具无保留结论的内部控制鉴证报告。

（4）经注册会计师验证的发行人报告期加权平均净资产收益率和非经常性损益明细表。

（5）出具关于发行人主要税种纳税情况说明的鉴证报告。

（6）出具原始财务报表与申报财务报表差异说明。

4. 就中国证监会、交易所关于上市申请文件提出的有关财务问题的问询，进行回复。

五、资产评估机构

资产评估机构在 IPO 项目开展过程中，主要是对发行人股份制改造涉及的资产进行评估。此外，根据资产评估相关规定和监管要求，需要进行复核评估的，发行人应当聘请评估机构出具评估报告。

第二章

IPO业务尽职调查关注事项之尽职调查重点关注事项

第一节

发行人基本情况

一、实际控制人及其变更的认定

IPO实务中关于实际控制人的认定一直都是非常重要的事项，不仅关乎发行人过往控制权的稳定，涉及是否符合发行条件，也关乎发行人上市后控制权的稳定，涉及是否存在同业竞争、关联方的认定、股份锁定等事项。

《首发注册管理办法》第12条第2项规定"首次公开发行股票并在主板上市的，最近三年实际控制人没有发生变更；首次公开发行股票并在科创板、创业板上市的，最近二年实际控制人没有发生变更"。关于实际控制人的认定，通常需要关注以下三个维度：(1) 实际控制人是谁？(2) 认定的实际控制人是如何控制发行人的？(3) 最近3年或2年实际控制人是否发生变更。

(一) 实际控制人的认定

1. 关于实际控制人的含义

《公司法》第216条第3项规定："实际控制人，是指虽不是公司的股东，但通过投资关系、协议或者其他安排，能够实际支配公司行为的人。"

根据《科创板上市规则》第4.1.6条规定，上市公司应当根据股权结构、董事和高级管理人员的提名任免以及其他内部治理情况，客观、审慎地认定控制权归属。具有下列情形之一的，构成控制：(1) 持有上市公司50%以上的股份，但是有相反证据的除外；(2) 实际支配上市公司股份表决权超过30%；(3) 通过实际支配上市公司股份表决权能够决定董事会半数以上成员的任免；（4）依其可实际支配的上市公司股份表决权足以对公司股东大会的决议产生重大影响；（5）可以实际支配或者决定上市公司的重大经营决策、重要人事任命等事项；（6）中国证监会和本所认定的其他情形。

《创业板上市规则》第13.1条规定，实际控制人指通过投资关系、协议或者其他安排，能够实际支配公司行为的人。控制指有权决定一个企业的财务和经营政策，并能据以从该企业的经营活动中获取利益。有下列情形之一的，为拥有上市公司控制权：（1）为上市公司持股50%以上的控股股东；（2）可以实际支配上市公司股份表决权超过30%；（3）通过实际支配上市公司股份表决权能够决定公司董事会半数以上成员选任；（4）依其可实际支配的上市公司股份表决权足以对公司股东大会的决议产生重大影响；（5）中国证监会或者本所认定的其他情形。

2. 实际控制人认定的基本原则

《证券期货法律适用意见第17号》规定，实际控制人是拥有公司控制权的主体。在确定公司控制权归属时，应当本着实事求是的原则，尊重企业的实际情况，以发行人自身的认定为主，由发行人股东予以确认。保荐机构、发行人律师应通过核查公司章程、协议或其他安排以及发行人股东大会（股东出席会议情况、表决过程、审议结果、董事提名和任命等）、董事会（重大决策的提议和表决过程等）、监事会及发行人经营管理的实际运作情况，对实际控制人认定发表明确意见。

发行人股权较为分散但存在单一股东控制比例达到30%的情形的，若无相反的证据，原则上应将该股东认定为控股股东或实际控制人。存在下列情形之一的，保荐机构、发行人律师应进一步说明是否通过实际控制人认定而规避发行条件或监管并发表专项意见：公司认定存在实际控制人，但其他持股比例较高的股东与实际控制人持股比例接近的；公司认定无实际控制人，但第一大股东持股接近30%，其他股东比例不高且较为分散。

实际控制人认定的特殊情形为：

（1）对于发行人控股股东为有限合伙企业的，在实际控制人的认定中需要根据合伙协议的具体约定，综合合伙企业有关事项的决策机制、执行事务合伙人的权限、执行事务合伙人的选任及更换等因素进行综合判断，不能仅依据执行事务合伙人对有限合伙企业的执行事务权利而认定其对有限合伙企业拥有控制权。

（2）对于发行人控股股东为私募基金的，在实际控制人的认定中需要关注认定的实际控制人和私募基金备案时填写的实际控制人是否一致，通常情况下若无相反证据，应当和私募基金备案时填写的实际控制人一致。根据《私募基金管理人登记过程中资产管理业务综合报送平台的填写指引》的规定，关于实际控制人的认定标准共分为五种情况：持股50%以上的；通过行使表决权能够决定董事会半数以上成员当选的；通过投资关系、协议或者其他安排能够实际支配公司行为且表决权持股超过50%的；合伙企业的执行事务合伙人；在无法满足前述认定标准时，可以在系统中填报“第一大股东”，由其第一大股东承担相应的责任。因此，在实际控制人的认定中，中介机构须充分核查或复核，如有充足的依据认为私募基金备案时填写的实际控制人与发行人的情况不符，可以根据首发的监管规定重新认定实际控制人。

保荐机构及发行人律师应当重点关注最近36个月（主板）或者24个月（科创板、创业板）内公司控制权是否发生变化。涉嫌为满足发行条件而调整实际控制人认定范围的，应当从严把握，审慎进行核查及信息披露。

3. 共同实际控制人的认定

《证券期货法律适用意见第17号》第2条规定，发行人主张多人共同拥有公司控制权的，应当符合以下条件：（1）每人都必须直接持有公司股份或者间接支配公司股份的表决权。（2）发行人公司治理结构健全、运行良好，多人共同拥有公司控制权的情况不影响发行人的规范运作。（3）多人共同拥有公司控制权的情况，一般应当通过公司章程、协议或者其他安排予以明确，公司章程、协议或其他安排必须合法有效、权利义务清晰、责任明确，并对发生意见分歧或者纠纷时的解决机制作出安排。该情况在最近36个月（主板）或者24个月（科创板、创业板）内且在首发后的可预期期限内是稳定、有效存在的，共同拥有公司控制权的多人没有出现重大变更。（4）根据发行人的具体情况认为发行人应该符合的其他条件。

法定或约定形成的一致行动关系并不必然导致多人共同拥有公司控制权，发行人及中介机构不应为扩大履行实际控制人义务的主体范围或满足发行条件而作出违背事实的认定。主张通过一致行动协议共同拥有公司控制权但无第一大股东为纯财务投资人等合理理由的，一般不能排除第一大股东为共同控制人。共同控制人签署一致行动协议的，应当在协议中明确发生意见分歧或者纠纷时的解决机制。

实际控制人的配偶、直系亲属，如其持有公司股份达到5%以上或者虽未达到5%但是担任公司董事、高级管理人员并在公司经营决策中发挥重要作用，保荐机构、发行人律师应说明上述主体是否为共同实际控制人。

值得注意的是，股东签署《一致行动协议》的，《一致行动协议》中对意见分歧或纠纷的解决机制的当前主流做法包括：①以一方意见为准；②内部表决并按照持股多数原则为准；③内部表决并按照人数多数原则；④无一致意见时放弃提案或投弃权票、反对票。以上不同的分歧或纠纷解决机制对于实际控制人的认定是不同的，并不必然导致共同控制。

实务中也存在股东之间签署《不一致行动协议》的案例，尤其是对于第一大股东相对持股比例较高但绝对持股比例不高的情形，如其他持股比例较低的股东共同签署《不一致行动协议》，对于第一大股东认定为实际控制人是有利的。

【案例2】

速达股份（833293）因涉嫌通过实际控制人的认定而规避同业竞争于2021年1月创业板IPO未过会。

发行人前身由李某元、郑煤机（601717）、贾某国和李某生共同设立，2014年9月整体变更为股份有限公司。李某元、贾某国和李某生于2014年9月签署《一致行动协议》。截至招股书签署日，李某元、贾某国及李某生分别直接持有发行人30.09%、11.18%及3.73%股份，该三人通过直接持股和间接支配的方式合计控制发行人50.98%的股份，为发行人共同实际控制人。郑煤机直接持有发行人29.82%股权。

创业板上市委员会关注问题包括：(1) 郑煤机对发行人存在重大影响而不构成实际控制的理由；(2) 发行人第一大股东李某元与贾某国、李某生形成一致行动关系的背景，是否系为避免将郑煤机认定为实际控制人或共同实际控制人而进行的相关安排。并请保荐人代表发表明确意见。

【案例3】

金科环境（688466）的共同实际控制人为夫妻关系，股东张某春直接和间接持股34%，并与其他17名股东签署了《一致行动协议》，实现对发行人的控股比例为49.63%，其配偶李某波间接持股7.3%，未在发行人处担任重要职务，最终认定张某春为控股股东，张某春与李某波为共同实际控制人。

【案例4】

奥泰生物（688606）通过签署《一致行动协议》实现共同实际控制，自然人高某控股39.02%，赵某芳控股30.93%，两人通过签订《一致行动协议》确立共同控制地位，其中高某的配偶虽间接持有发行人7.54%股份，但不享有对应表决权的支配权，不参与发行人经营管理，未被认定为实际控制人。

案例点评 CASE ANALYSIS

案例3和案例4虽然均存在夫妻持有发行人股份的同时与其他股东签署了《一致行动协议》的情况，但一个认定为夫妻共同控制，另一个认定为与一致行动人共同控制，两个案例的差异在于金科环境的控股股东张某春的一致行动人持有发行人的股份比例较低，且较为分散，对发行人的经营决策参与度较小，而奥泰生物的实际控制人之一赵某芳持股比例与高某接近，实际参与发行人经营决策，且两人控股比例超过2/3，能够实现对发行人重大决策的控制。

4. 无实际控制人

无实际控制人是指公司不存在能够实际支配公司行为的主体。参照《科创板上市规则》第4.1.6条关于“控制”的认定，无实际控制人指一般同时满足以下情形：(1) 不存在单一股东单独持股或股东及一致行动人合计持股超过50%的情形；(2) 不存在能够决定董事会半数以上成员任免的主体；(3) 不存在能够对公司股东大会或董事会的决议产生重大影响的主体；(4) 不存在能够实际支配或者决定公司的重大经营决策、重要人事任命等事项的主体。

认定发行人为无实际控制人的，审核部门主要关注认定的依据是否充分，是否存在规避发行条件或监管的问题，发行人股权及管理团队的稳定性，以及公司治理的有效性。

无实际控制人的类型主要包括无控股股东和实际控制人，以及有控股股东但无实际控制人。

无控股股东和实际控制人的情形一般体现为股权分散型股权结构，即单一股东持股比例低于30%，普遍持股比例较低。如中芯国际（688981），第一大股东持股比例17%，第二大股东持股比例15.76%，其他股东持股比例均不到5%。此外，还包括股权制衡型股权结构，即前几名股东持股比例接近，且无任意股东持股比例超过 50%，如南微医学（688029），第一大股东控股 32.15%，第二大股东控股 30.18%。

有控股股东但无实际控制人的情形一般体现为发行人控股股东的股权结构分散，导致无法认定最终实际控制人。如信音电子（创业板 IPO 注册中），控股股东为信音控股，信音控股的间接控股股东股权分散，单一股东持股比例不超过 10%，最终信音电子认定为无实际控制人。

（二）实际控制人的变更

1. 视为公司控制权发生变更的情形

《证券期货法律适用意见第 17 号》规定，共同实际控制的情形中，如果发行人最近 36 个月（主板）或者 24 个月（科创板、创业板）内持有、实际支配公司股份表决权比例最高的主体发生变化，且变化前后的主体不属于同一实际控制人，视为公司控制权发生变更。发行人最近 36 个月（主板）或者 24 个月（科创板、创业板）内持有、实际支配公司股份表决权比例最高的人存在重大不确定性的，比照前述规定执行。重点关注实际支配公司股份表决权比例最高的人是否发生变化，如发生变化，则视为公司控制权发生变更。

不属于《证券期货法律适用意见第 17 号》中“关于《首次公开发行股票注册管理办法》第十二条‘实际控制人没有发生变更’和第四十五条控股股东、实际控制人锁定期安排的理解与适用”第 4 项规定的前两款情形的国有股权无偿划转或者重组等导致发行人控股股东发生变更的，视为公司控制权发生变更。[1]

2. 不视为公司控制权发生变更的情形

（1）无实际控制人或实际控制人难以判断的情形

《证券期货法律适用意见第 17 号》规定，发行人不存在拥有公司控制权的人或者公司控制权的归属难以判断的，如果符合以下情形，可视为公司控制权没有发生变更：①发行人的股权及控制结构、经营管理层和主营业务在首发前 36 个月（主板）或者 24 个月（科创板、创业板）内没有发生重大变化；②发行人的股权及控制结构不影响公司治理有效性；③发行人及其保荐机构和律师能够提供证据充分证明公司控制权没有发生

---

〔1〕第 4 项规定的前两款情形详见“……2. 不视为公司控制权发生变更的情形之（2）涉及国有股权无偿划转或重组导致发行人控股股东发生变更的情形”。

变更。

相关股东采取股份锁定等有利于公司股权及控制结构稳定措施的，可将该等情形作为判断公司控制权没有发生变更的重要因素。

（2）涉及国有股权无偿划转或重组导致发行人控股股东发生变更的情形

《证券期货法律适用意见第17号》规定，因国有资产监督管理需要，国务院或者省级人民政府国有资产监督管理机构无偿划转直属国有控股企业的国有股权或者对该等企业进行重组等导致发行人控股股东发生变更的，如果符合以下情形，可视为公司控制权没有发生变更：①有关国有股权无偿划转或者重组等属于国有资产监督管理的整体性调整，经国务院国有资产监督管理机构或者省级人民政府按照相关程序决策通过，且发行人能够提供有关决策或者批复文件；②发行人与原控股股东不存在构成重大不利影响的同业竞争或者大量的关联交易，没有故意规避《首发注册管理办法》规定的其他发行条件；③有关国有股权无偿划转或者重组等对发行人的经营管理层、主营业务和独立性没有重大不利影响。按照国有资产监督管理的整体性调整，国务院国有资产监督管理机构直属国有企业与地方国有企业之间无偿划转国有股权或者重组等导致发行人控股股东发生变更的，比照前款规定执行，但是应当经国务院国有资产监督管理委员会批准并提交相关批复文件。

（3）涉及实际控制人去世的情形

《证券期货法律适用意见第17号》的规定，实际控制人为单名自然人或有亲属关系的多名自然人，实际控制人去世导致股权变动，股份受让人为继承人的，通常不视为公司控制权发生变更。

多名自然人为实际控制人，实际控制人之一去世的，保荐机构及发行人律师应结合股权结构、去世自然人在股东大会或董事会决策中的作用、对发行人持续经营的影响等因素综合判断公司控制权是否发生变更。

【案例5】

中一科技（301150）因继承认定公司控制权未发生变更。发行人原实际控制人汪某平去世后，由其子汪某依据遗嘱继承了汪某平持有的发行人56.38%股份，成为发行人的新实际控制人，并认定公司控股权未发生变更。中一科技2022年3月创业板IPO注册生效。

3. 实际控制人认定中涉及股权代持的情形

《证券期货法律适用意见第 17 号》规定，发行人及中介机构通常不应以股东间存在代持关系、表决权让与协议、一致行动协议等为由，认定公司控制权未发生变动。

（三）关于实际控制人的披露

《证券期货法律适用意见第 17 号》规定，发行人应当在招股说明书中披露公司控制权的归属、公司的股权及控制结构，并真实、准确、完整地披露公司控制权或者股权及控制结构可能存在的不稳定性及其对公司的持续经营能力的潜在影响和风险。

（四）实际控制人锁定期安排

《证券期货法律适用意见第 17 号》明确了如下不同情形的锁定期安排：

1. 控股股东和实际控制人及其亲属的锁定期安排

发行人控股股东和实际控制人所持股份自发行人股票上市之日起 36 个月内不得转让，控股股东和实际控制人的亲属（依据《民法典》相关规定认定）、一致行动人所持股份应当比照控股股东和实际控制人所持股份进行锁定。

2. 无实际控制人情形下的锁定期安排

为确保发行人股权结构稳定、正常生产经营不因发行人控制权发生变化而受到影响，发行人没有或者难以认定实际控制人的，发行人股东应当按持股比例从高到低依次承诺其所持股份自上市之日起锁定 36 个月，直至锁定股份的总数不低于发行前股份总数的 51%。对于具有一致行动关系的股东，应当合并后计算持股比例再进行排序锁定。位列上述应当予以锁定的 51% 股份范围的股东，符合下列情形之一的，可不适用上述锁定 36 个月的规定：

（1）员工持股计划；

（2）持股 5% 以下的股东；

（3）非发行人第一大股东且符合一定条件的创业投资基金股东，具体条件参照创投基金的监管规定。

“符合一定条件的创业投资基金股东”的认定程序为，由创业投资基金股东向保荐机构提交书面材料，经保荐机构和发行人律师核查后认为符合相关认定标准的，在申报时由保荐机构向交易所提交书面材料，交易所在认定时应当征求相关职能部门的意见。

二、关于发行人股权的核查

在科创板和创业板试行注册制的过程中，曾将IPO发行条件中关于发行人股权的要求规定为，控股股东和受控股股东、实际控制人支配的股东所持发行人的股份权属清晰，最近2年实际控制人没有发生变更，不存在导致控制权可能变更的重大权属纠纷。但在2023年2月17日发布的《首发注册管理办法》中，重新将“发行人的股份权属清晰，不存在导致控制权可能变更的重大权属纠纷”作为发行条件。此外，还要求首次公开发行股票并在主板上市的，最近3年实际控制人没有发生变更；首次公开发行股票并在科创板、创业板上市的，最近2年实际控制人没有发生变更。因此，对于拟IPO的发行人，一方面要对发行人的股权做全面的核查，另一方面又强调对不存在重大权属纠纷的范围集中在控股权上。

（一）核查关注事项

1. 股东身份适格性

发行人股东中不得包含法律法规规定不得成为或限制成为公司股东的主体。

（1）禁止类

不适合成为公司股东的主体见表2－1。

表2－1　不适合成为公司股东的主体

身份	法律法规
在职公务员	《中华人民共和国公务员法》第59条第16项规定，公务员应当遵纪守法，不得违反有关规定从事或者参与营利性活动，在企业或者其他营利性组织中兼任职务
党政机关干部和职工	《中共中央、国务院关于进一步制止党政机关和党政干部经商、办企业的规定》第2条规定，机关干部、职工一律不准在各类企业中担任职务
现役军人	《中国人民解放军内务条令（试行）》第105条规定，军人不得经商，不得从事本职以外的其他职业和网络营销、传销、有偿中介活动，不得参与以营利为目的的文艺演出、商业广告、企业形象代言和教学活动，不得利用工作时间和办公设备从事证券期货交易、购买彩票，不得擅自提供军人肖像用于制作商品
事业单位	《中央行政事业单位国有资产管理暂行办法》第29条规定，各部门行政单位和参照公务员法管理的单位，不得将国有资产用于对外投资。其他事业单位应当严格控制对外投资，不得利用国家财政拨款、上级补助资金和维持事业正常发展的资产对外投资

续表

身份	法律法规
高校及党员领导	《教育部关于积极发展、规范管理高校科技产业的指导意见》规定，高校除对高校资产公司进行投资外，不得再以事业单位法人的身份对外进行投资。 《直属高校党员领导干部廉洁自律“十不准”》第5条、第6条规定，不准违反规定在校内外经济实体中兼职或兼职取酬，以及从事有偿中介活动。不准以本人或者借他人名义经商、办企业
工会和职工持股会	《中国证券监督管理委员会法律部关于职工持股会及工会持股有关问题的法律意见》认为，在2000年民政部门不再接受职工持股会的社团法人登记之后，职工持股会不再具备法人资格，不再具备成为上市公司股东及发起人的主体资格，而工会成为上市公司的股东与其设立和活动的宗旨不符。对拟上市公司而言，应要求发行人的实际控制人不属于职工持股会及工会持股。对于工会或职工持股会持有拟上市公司或已上市公司的子公司股份的，可以不要求其清理

（2）限制类

限制成为公司股东的主体如表2－2所示。

表2－2　限制成为公司股东的主体

身份	法律法规
县处级以上离退休公务员	《中华人民共和国公务员法》第107条第1款规定，公务员辞去公职或者退休的，原系领导成员、县处级以上领导职务的公务员在离职三年内，其他公务员在离职两年内，不得到与原工作业务直接相关的企业或者其他营利性组织任职，不得从事与原工作业务直接相关的营利性活动
处级以上领导干部配偶、子女	《中共中央纪律检查委员会关于“不准在领导干部管辖的业务范围内个人从事可能与公共利益发生冲突的经商办企业活动”的解释》规定，省（部）、地（厅）级领导干部的配偶、子女，不准在该领导干部管辖的业务范围内个人从事可能与公共利益发生冲突的经商办企业活动
国有企业领导	中共中央办公厅、国务院办公厅印发的《国有企业领导人员廉洁从业若干规定》第5条规定，国有企业领导人员应当忠实履行职责。不得有利用职权谋取私利以及损害本企业利益的下列行为：个人从事营利性经营活动和有偿中介活动，或者在本企业的同类经营企业、关联企业和与本企业有业务关系的企业投资入股。第6条规定，国有企业领导人员应当正确行使经营管理权，防止可能侵害公共利益、企业利益行为的发生。不得有离职或者退休后三年内，在与原任职企业有业务关系的私营企业、外资企业和中介机构担任职务、投资入股，或者在上述企业或者机构从事、代理与原任职企业经营业务相关的经营活动的行为

续表

身份	法律法规
国有企业领导的配偶、子女与其他特定关系人	中共中央办公厅、国务院办公厅印发的《国有企业领导人员廉洁从业若干规定》第6条规定，国有企业领导人员应当正确行使经营管理权，防止可能侵害公共利益、企业利益行为的发生。不得有本人的配偶、子女及其他特定关系人，在本企业的关联企业、与本企业有业务关系的企业投资入股的行为
国有企业职工	《国务院国有资产监督管理委员会关于规范国有企业职工持股、投资的意见》规定，职工入股原则限于持有本企业股权。严格限制职工投资关联关系企业
资产管理产品、契约型私募投资基金	《监管规则适用指引——发行类第4号》规定，公司控股股东、实际控制人、第一大股东应不属于资产管理产品、契约型私募投资基金。资产管理产品、契约型私募投资基金为发行人股东的，应当依法设立并有效存续，已纳入国家金融监管部门有效监管，并已按照规定履行审批、备案或报告程序，其管理人也已依法注册登记
职工持股会、工会	《证券期货法律适用意见第17号》规定，发行人控股股东或实际控制人及其控制的各级主体存在职工持股会或工会持股情形的，应当予以清理
中国证监会系统离职人员	《证监会系统离职人员入股行为监管指引》规定，证监会系统离职人员存在利用原职务影响谋取投资机会、入股过程存在利益输送、在入股禁止期内入股、作为不适格股东入股、入股资金来源违法违规等情形的属于不当入股。其中，《监管规则适用指引——发行类第2号》明确了入股禁止期是指副处级（中层）及以上离职人员离职后3年内、其他离职人员离职后2年内

《监管规则适用指引——关于申请首发上市企业股东信息披露》规定，发行人在提交申报材料时应当出具专项承诺，说明发行人股东是否存在法律法规规定禁止持股的主体直接或间接持有发行人股份的情形。因此，对发行人股东身份的核查需要穿透至最终持有人。

关于穿透核查的尺度，沪、深交易所《关于股东信息核查中“最终持有人”的理解与适用》规定，除自然人外，“最终持有人”还包括以下类型：上市公司（含境外上市公司）、新三板挂牌公司等公众公司，或国有控股或管理主体（含事业单位、国有主体控制的产业基金等）、集体所有制企业、境外政府投资基金、大学捐赠基金、养老基金、公益基金以及公募资产管理产品。除此之外的外资股东，如果中介机构能以适当核查方式确认其出资人不存在境内主体，并充分认证该外资股东入股发行人的价格不存在明显异常，可将该外资股东视为“最终持有人”。原则上，直接或间接持有发行人股份数量少于10万股或持股比例低于0.01%的，可认定为持股较少，免于穿透核查。

在层层穿透全面核查的基础上，对股东身份适格性的把握原则仍主要集中于发行人控股权。以工会、职工持股会、资产管理产品、契约型私募投资基金为例，《证券期货法律适用意见第17号》规定，考虑到发行条件具有对发行人股权清晰、控制权稳定的要求，发行人控股股东或者实际控制人存在职工持股会或者工会持股情形的，应当予以清理。《监管规则适用指引——发行类第4号》规定，中介机构应核查确认公司控股股东、实际控制人、第一大股东不属于资产管理产品、契约型私募投资基金。

2. 股东人数是否超200人

根据《证券法》第9条的规定，公开发行证券，必须符合法律、行政法规规定的条件，并依法报经国务院证券监督管理机构或者国务院授权的部门注册。未经依法注册，任何单位和个人不得公开发行证券……其中，有下列情形之一的，为公开发行：（1）向不特定对象发行证券；（2）向特定对象发行证券累计超过200人，但依法实施员工持股计划的员工人数不计算在内。

在对发行人股权核查中，需关注发行人是否存在违反《证券法》的规定，具有未经依法注册公开发行的情形，其中满足一定条件的员工持股计划作为一人计算。《证券期货法律适用意见第17号》规定的条件包括：（1）依法以公司制企业、合伙制企业、资产管理计划等持股平台实施的员工持股计划，在计算公司股东人数时，员工人数不计算。（2）参与员工持股计划时为公司员工，离职后按照员工持股计划章程或协议约定等仍持有员工持股计划权益的人员，可不视为外部人员。（3）2019年《证券法》施行之前（2020年3月1日之前）设立的员工持股计划，参与人包括少量外部人员的，可不做清理，在计算公司股东人数时，公司员工人数不计算在内，外部人员按实际人数穿透计算。

3. 出资的真实性和合规性

股东出资的真实性需关注股东出资来源，是否存在代持，代持的原因和背景，是否存在规避股东适当性、外商投资企业管理规定等情形，是否存在抽逃出资的行为等。股东出资的合规性需主要关注股东出资是否取得了必要的授权；用于出资的非货币资产权属是否存在瑕疵，是否进行了评估，以及是否办理了所有权转移手续；如前期有资产出资不实行为，关注不实资产是否已经予以置换；涉及国有企业、集体企业改制的，或发行人主要资产来自国有或集体企业，或历史上曾挂靠集体组织经营的，关注改制的法律依据是否明确，改制程序是否合规等。

对于历史中自然人股东较多的，需关注入股、退股程序是否按照当时有效的法律法规履行了相应程序，是否为真实意思，是否存在纠纷。

随着近年来配套政策的出台，回归A股的境外上市公司或拟上市公司越来越多，出现发行人的实际控制人实现控制的条线存在境外控制架构的情况。对于此类情况，围绕着发行人股权清晰、公司治理健全有效的发行条件，《监管规则适用指引——发行类第4号》规定，保荐机构和发行人律师应对发行人设置此类架构的原因、合法性及合理性、持股的真实性、是否存在委托持股、信托持股、是否有各种影响控股权的约定、股东的出资来源等问题进行核查。说明发行人控股股东和受控股股东、实际控制人支配的股东所持发行人的股份权属是否清晰，以及发行人如何确保其公司治理和内控的有效性。

【案例6】

百合医疗设立时的主要出资人马某某为名义出资人，为代其堂弟黄某持有股权，但未签署代持协议。公司的实际控制人黄某在发行人设立时年仅19岁，自发行人设立至2010年长期未在发行人任职且未参与经营，其父曾任当地副市长，母亲亦为公务员。公司设立及第一次增资时，黄某的出资款均来源于其母亲，第二次和第三次增资的资金来源于黄某其他经营所得。后马某某将部分发行人股份转让给黄某，留有少量股份作为赠与。2017年百合医疗创业板IPO被否，2022年科创板IPO注册阶段撤回材料，发行人两次IPO关注的事项都集中在股份代持的真实性和合规性问题上。

案例点评

CASE ANALYSIS

保荐机构及发行人律师梳理了发行人历次出资、增资的实际出资人和资金来源，取得代持双方、代持人配偶及发行人其他出资人对代持事项的确认函，取得了实控人父母上级主管部门出具的证明文件，证明“不存在公务员经商办企业及违反当时适用的公职人员及其子女经商办企业相关党纪法规的情形”。但发行人设立后的很长时间，黄某并未参与公司的经营管理，且前两次出资来源于其母亲，后两次出资来源于其他主体的经营所得，但其他主体后续纷纷出现经营业绩大幅下滑并注销的情形。对于谁才是真正的出资方，发行人是否存在利益输送成为难以解释清楚的问题。

【案例7】

华秦科技（688281）由原股东深圳振华及79名自然人共同发起设立，深圳振华以其所属分公司的固定资产出资，并安排部分员工到发行人处就业，属于国有企业改制，但公司设立时未制定完整的改制方案并报批、未办理国有股权管理方案批复，存在程序瑕疵。发行人取得现任国有实控人出具的确认文件，确认振华新材设立时已经原股东深圳振华股东会审议通过、取得深圳市人民政府设立批复，同时履行了资产评估及备案、股东大会审议、职工代表大会及职工安置、验资、工商设立等一系列程序，振华新材设立过程中充分维护职工合法权益，不存在国有资产流失及损害职工权益的情形；取得设立时实际控制人贵州省国资委出具的确认函，确认深圳振华已按规定履行了内部决策程序；发行人已就设立及历次国有股权变动通过中国电子向国务院国资委报批，并取得了相关批复。

案例点评 CASE ANALYSIS

根据《监管规则适用指引——发行类第4号》的规定，对于发行人是国有或集体企业改制而来，或发行人主要资产来自国有或集体企业，或历史上存在挂靠集体组织经营的企业，若改制或取得资产过程中法律依据不明确、相关程序存在瑕疵或与有关法律法规存在明显冲突，原则上发行人应在招股说明书中披露有权部门关于改制或取得资产程序的合法性、是否造成国有或集体资产流失的意见。在本案例中，发行人取得了相关确认文件，已于2021年8月科创板IPO注册生效。

4. 股权转让的真实性、合规性和有效性

真实性需关注股权转让是否存在真实的转让行为还是股份代持的还原，是否为转让双方真实意思表示等。股权转让的合规性需关注是否取得授权或审批等。股权转让的有效性需关注股权转让是否合法有效，是否存在股权纠纷的风险。

5. 不当利益输送

不当利益输送一般不会影响发行人控股权的清晰和稳定，但会隐藏着财务造假风险，因此在核查过程中需关注异常身份股东、异常出资作价以及异常出资时点。其中对异常身份股东的核查需关注股东中是否存在与发行人经营和上市密切相关的不当人员，如主要客户、供应商、中介机构人员、证券监督系统人员等。对异常出资价格的核查需关注历次股权变动中的价格是否公允，以及价格明显偏离公允价格的合理性。对异常出资时点的核查需关注上市前12个月内出资或受让发行人股权的股东身份、合理性及是否按照规定进行限售安排。

6. 股权质押、冻结或诉讼仲裁纠纷

发行人控股股东、实际控制人支配的发行人股权出现权利受限、纠纷或者潜在纠纷的，应关注控股股东、实际控制人的财务状况和清偿能力，以及是否存在股份被强制处分的可能性，是否影响发行人控股权的稳定性以及是否满足发行条件。

【案例8】

康乐卫士（833575）控股股东持有发行人股份中1,283,550股存在质押，占其直接持有公司股份比例约为4.25%，占控股股东及其一致行动人所持发行人股份的比例约为3.08%，占发行人股份总数比例约为0.96%。

案例点评 CASE ANALYSIS

保荐机构在回复北交所反馈意见中从股权质押用途，质权实现条件，控股股东的财务状况、清偿能力和资信情况，说明上述质押股份不存在被强制处分的风险，不可能导致控股股东、实际控制人发生变更，康乐卫士已于2023年1月北交所注册生效。

（二）主要核查程序

1. 调取发行人及其控股子公司的工商底档（又称工商内档）。调取工商底档一般要求券商和律师一同前往发行人注册地工商管理部门申请调取打印。以上海为例，目前可以由发行人或者律师在市场监督管理局的官方网站进行线上办理。

2. 取得历次出资和股权变更的相关资料，包括公司章程、出资协议、货币资金出资凭据、资产评估报告或其他定价文件、国有资产核准或备案文件、所有权转移变更登记资料、验资报告（如有）、有权部门的批复（如有）等，核查出资的真实性和程序的合规性。

3. 取得股权转让协议、转让款支付凭证、有权机构的批复，核查股权转让的真实性和程序的合规性。

4. 取得发行人改制方案、个人所得税纳税凭证或符合分期缴纳或缓缴的证明文件等，并对照当时以及当地的法规规定核查改制的合规性。

5. 对控股股东、实际控制人进行访谈，对股权形成及变化情况进行验证。

6. 对股东的基本情况进行调查，包括自然人的个人履历、家庭成员及其任职情况等，法人及其他类别股东的出资人情况等。

7. 发行人历史沿革存在瑕疵的，取得有权部门的证明文件，确认是否构成发行人上市的实质性障碍。

8. 对于存在不适格股东或不规范出资行为而进行清理的，需取得清理相关的审批文件、有权部门的确认意见、股权转让协议、退出股东关于真实意思表示的确认书，核查清理程序的合规性。

9. 取得国有资产管理部门的证明文件，确保发行人改制程序合法，未造成国有或集体资产流失。

（三）瑕疵的解决

虽然发行人的历史沿革中多多少少会存在一些问题，但是绝大部分问题属于程序瑕疵，只要问题梳理得清晰，解决得彻底，很少会成为 IPO 的实质性障碍。下面列举了一些较为共性的问题及解决措施。

1. 股权代持

股权代持是指实际出资人与他人约定，以该他人名义代实际出资人履行股东权利义务的一种股权或股份处置方式。

“股权清晰”是注册制下 IPO 的必备条件，若发行人存在历史过程中的代持行为，需梳理代持原因，获取存在代持的支持性证据，如代持协议、代持双方出具的确认书、实际出资人的出资凭证、实际出资人指示名义股东代为行使股东权利的相关文件、分红支付给实际出资人的凭证等，并将股权持有人还原至实际出资人。

根据《证券期货法律适用意见第 17 号》规定，发行人及中介机构通常不应以股东间存在代持关系、表决权让与协议、一致行动协议等为由，认定公司控制权未发生变动。因此，若股权代持影响对发行人控制权的认定，则建议尽早解除。

2. 股东身份不符合法律法规要求

若发行人历史发展过程中存在股东适格性问题，需梳理股东入股时间、出资来源、在其他单位任职情况、直系亲属任职情况等，并结合当时的法律法规以及有权部门出具的确认文件判断是否构成身份瑕疵，以及身份瑕疵是否构成首发上市的实质性障碍。

【案例9】

晨化股份（300610）由集体企业改制而来，公司实际控制人具有公务员身份，退休前即已在发行人处担任董事长，并实际经营发行人业务。保荐机构及发行人律师取得了发行人所在地的县委员会组织部及中共上级市委员会、市级公务员局出具的情况说明，证明发行人实际控制人获得的公务员身份为历史原因造成，不构成违反地方及国家相关法规的情况。因此，发行人改制程序合规，不存在纠纷。晨化股份于2017年在创业板上市。

3. 非货币资产出资瑕疵

《公司法》第27条、第28条、第82条和第83条规定，股东可以用货币出资，也可以用实物、知识产权、土地使用权等可以用货币估价并可以依法转让的非货币财产作价出资；但是，法律、行政法规规定不得作为出资的财产除外。

非货币资产用于出资应当满足合法所有、价值可计量和可转让的要求，非货币资产出资应当经评估作价和核实，不得高估或者低估作价，并应依法办理财产权转移手续。

非货币出资可能存在的瑕疵主要包括资产所有权瑕疵、出资程序瑕疵和估值瑕疵。

非货币资产所有权瑕疵。若出资人用以出资的非货币资产不具有所有权，或无法提供产权证明文件，则无法认定出资有效。例如，以未经有权审批机关批准的划拨土地使用权作为出资，以无法提供权属证明文件的资产出资，以职务发明出资等。此时，需要解决该等资产的权利瑕疵或以货币资金进行出资置换。同样，若出资人以设有权利负担的资产出资，发行人对该资产的所有权可能因权利负担而丧失，也构成出资瑕疵，需解除权利负担或置换出资。

非货币资产出资程序瑕疵。《公司法》第28条和第83条规定，以非货币财产出资的，应当依法办理其财产权的转移手续。若用于出资的非货币资产未办理转移手续则构成出资瑕疵。《民法典》第209条和第224条规定，不动产物权的设立、变更、转让和消灭，经依法登记，发生效力；未经登记，不发生效力，但是法律另有规定的除外。动产物权的设立和转让，自交付时发生效力，但是法律另有规定的除外。对于以房屋、土地使用权或者需要办理权属登记的知识产权等财产出资的，出资人须依法办理出资财产的权属变更手续。以车辆、机器设备等财产出资的，需实际交付给发行人，否则，将影响公司对该财产的利用和处分，并可能会影响到其他股东或债权人的利益。综上，若股东以非货币资产对发行人出资而未交付的，可能构成出资不实，应补足出资；若资产实际已交付但未履行登记手续的，则应补办登记手续，若自交付到登记期间资产出现了减值，需要补足差额。

《公司法》第 27 条第 2 款规定，对作为出资的非货币财产应当评估作价。若非货币资产出资未进行评估的，则构成出资程序瑕疵，建议补充复核评估，以证明出资的资产价值未被高估。

非货币资产出资估值瑕疵。《公司法》第 27 条第 2 款规定，对作为出资的非货币财产进行评估时不得高估或者低估作价。若资产价值被高估，需补足差额。此外，若用于出资的资产与发行人主营业务关联度不高，从发行人角度来看，该等资产存在减值，构成对出资是否充实的问题。

【案例 10】

斯瑞新材（688102）设立时以机器设备出资 48.1 万元未进行评估，且 1.9 万元货币资金出资凭证遗失。因公司实物出资比较久远且多数已转销报废，无法履行追溯评估程序，为保证公司注册资本充实且可追溯验证，经股东大会同意，由实际控制人以 50 万元货币资金补足，并由会计师出具了《验资复核报告》。

案例点评 CASE ANALYSIS

在本案例中，由于发行人历史中存在出资瑕疵又无法追溯验证的情形，实际控制人以货币资金补足。反馈问到了出资的实物与发行人生产经营的关联性，货币资金补足的合理性以及会计处理方式。因为一般存在出资不实的才以货币资金补足，实物出资瑕疵多以查验实物发票、追溯评估或以等额的货币资金置换瑕疵资产解决，本案例中用于出资的实物与公司经营具有相关性，部分资产已报废，部分资产仍在使用，因追溯评估不具备可行性，因此以货币资金补足，计入资本公积。

三、对赌协议的核查

实践中俗称的“对赌协议”，又称估值调整协议，是指投资方与融资方在达成股权性融资协议时，为解决交易双方对目标公司未来发展的不确定性、信息不对称以及代理成本而设计的包含了股权回购、金钱补偿等对未来目标公司的估值进行调整的协议。从订立“对赌协议”的主体来看，有投资方与目标公司的股东或者实际控制人“对赌”，投资方与目标公司“对赌”，投资方与目标公司的股东、目标公司“对赌”等形式。

近年来，对赌协议的应用在投融资领域已十分常见、成熟。其中，投资方与目标公司的股东或者实际控制人之间签订的对赌协议，如无其他无效事由，就认定为有效并支持实际履行，在实践中并无争议。但对投资方与目标公司之间签订的对赌协议是否有效以及能否实际履行则存在争议。

近年来，较为著名的案件包括：

1. 2012年苏州工业园区海富投资有限公司与甘肃世恒有色资源再利用有限公司及其控股股东增资纠纷的“海富案”。最高人民法院判决投资者与目标公司之间的对赌条款无效，而与目标公司股东之间的对赌条款有效，因为投资者与目标公司本身之间的补偿条款如果使得投资者可以取得相对固定的收益，则该收益会脱离目标公司的经营业绩，直接或间接地损害公司或债权人利益。在那之后司法实践中确立了“投资人与目标公司股东对赌有效，对目标公司对赌无效”的原则。

2. 2019年江苏华工创业投资有限公司与扬州锻压机床股份有限公司、潘某某等增资纠纷的“华工案”。江苏省高级人民法院判决认为，《公司法》并不禁止有限责任公司回购本公司股份，对赌协议约定的股份回购款项的支付不会导致公司资产的减损，不违反公司资本维持原则，亦不会损害公司对其他债务人的清偿能力，故对赌协议具备履行可行性，投资者与目标公司之间的对赌条款有效。

以上两个案件的判决结果大相径庭，使得对赌协议的有效性再度成为投资界争议的焦点。2019年11月，最高人民法院《九民纪要》对投资人与目标公司之间对赌协议的效力及履行作出了权威解读：投资方与目标公司订立的“对赌协议”在不存在法定无效事由的情况下，目标公司仅以存在股权回购或者金钱补偿约定为由，主张“对赌协议”无效的，人民法院不予支持，但投资方主张实际履行的，人民法院应当审查是否符合

《公司法》关于“股东不得抽逃出资”及股份回购的强制性规定，判决是否支持其诉讼请求。

投资方请求目标公司回购股权的，人民法院应当依据《公司法》第35条关于“股东不得抽逃出资”或者第142条关于股份回购的强制性规定进行审查。经审查，目标公司未完成减资程序的，人民法院应当驳回其诉讼请求。

投资方请求目标公司承担金钱补偿义务的，人民法院应当依据《公司法》第35条关于“股东不得抽逃出资”和第166条关于利润分配的强制性规定进行审查。经审查，目标公司没有利润或者虽有利润但不足以补偿投资方的，人民法院应当驳回或者部分支持其诉讼请求。今后目标公司有利润时，投资方还可以依据该事实另行提起诉讼。

股权回购型和现金补偿型对赌条款是两种较为常见的对赌安排。当投资方与目标公司订立对赌协议时，《九民纪要》对于对赌条款的实际履行作出了严格的限定条件，即股权回购型应满足《公司法》有关股份回购（减资）的前置条件且不存在抽逃出资，现金补偿型应满足公司法有关利润分配的前置条件且不存在抽逃出资，否则法院将驳回履行对赌条款的诉讼请求。

现行《公司法》中，无论是有限责任公司还是股份有限公司，减少注册资本和利润分配的议案均需要经过股东（大）会审议通过。对于签订对赌条款的财务投资人而言，受制于大股东自身利益，上述议案在对赌协议发生履行争议时成功率很低。但若不经过股东会议程序，将可能导致债权人的利益受损，从而破坏了资本维持原则。为应对程序性问题，部分投资者选择在股东会议审批增资协议时将股权回购与现金补偿的安排同步提交审批，以确保对赌协议发生法律效力。

正因为投资者与目标公司之间的对赌协议存在有效性和执行可行性方面的争议，为确保发行人的股权清晰以及上市后的股权稳定，关于对赌协议的核查仍然是注册制IPO尽职调查的重要内容之一。

（一）对赌协议的规范性要求

《监管规则适用指引——发行类第4号》就对赌协议（估值调整机制）等类似安排提出了规范性要求，即为保证发行人满足股权清晰的发行条件，原则上要求发行人在申报前清理对赌协议，但同时满足以下要求的可以不清理：

1. 发行人不作为对赌协议当事人；

2. 对赌协议不存在可能导致公司控制权变化的约定；

3. 对赌协议不与市值挂钩；

4. 对赌协议不存在严重影响发行人持续经营能力或者其他严重影响投资者权益的情形。

解除对赌协议应关注以下方面：

1. 约定“自始无效”，对回售责任“自始无效”相关协议签订日在财务报告出具日之前的，可视为发行人在报告期内对该笔对赌不存在股份回购义务，发行人收到的相关投资款在报告期内可确认为权益工具；对回售责任“自始无效”相关协议签订日在财务报告出具日之后的，需补充提供协议签订后最新一期经审计的财务报告。

2. 未约定“自始无效”的，发行人收到的相关投资款在对赌安排终止前应作为金融工具核算。

（二）主要核查程序

上述规定主要出于对发行人股权清晰、经营状况及控制权稳定、防范利益向特定方输送的要求。建议中介机构在履行核查程序时至少使用如下核查手段：

1. 获取并查阅发行人自设立起，历次股权变动涉及的股权转让协议或增/减资协议、公司章程、有权机构的决议/批复、工商（变更）登记资料；检查发行人历年是否存在触发对赌条款的情形以及实际执行情况。

2. 访谈各投资方、发行人治理层及关键管理人员，询问是否涉及上述监管规定所禁止的交易安排、参与各方是否存在争议；获取被访谈人的身份证明文件、访谈影像资料。

3. 取得相关特殊条款失效或自始无效的补充协议，或者针对原对赌协议签署的终止协议，并获取协议签署的影像资料（若可行）；访谈相关各方，确认终止协议的真实性，以及是否存在其他利益安排。

4. 分析、复核相关账务处理是否符合企业会计准则及相关监管规则适用指引的要求，信息披露是否准确、完整。具体而言，涉及的主要规范文件有《企业会计准则第22号——金融工具确认和计量》、《企业会计准则第30号——财务报表列报》、《企业会计准则第37号——金融工具列报》及其应用指南、《监管规则适用指引——会计类第1

号》。涉及以公允价值计量的金融工具，审慎复核发行人管理层使用的估值方法、重要假设及参数等。发行人聘请内、外部估值专家的，了解专家背景、评价专家的专业能力及客观性。

5. 获取发行人及各投资主体已提供所有完整协议的承诺函，查看各方是否已在承诺函中确认：（1）知悉监管规则关于“对赌协议”（或估值调整机制）等类似安排的要求，确认不存在监管规定所禁止的协议条款或交易安排，或者已签署相关条款失效/自始无效的协议或终止协议。（2）已提供截至目前全部、完整的协议。（3）参与各方不存在争议或纠纷。核查人员应注意承诺函覆盖期间，落款时间应当尽可能接近首次申报日，并随申报进度更新签署。

除以上所述主要核查程序外，还可以通过了解发行人用印的内部控制流程，获取发行人（以及各投资方，若可行）的用印台账，对用印台账记录的准确性进行抽样测试，并对所有可能涉及融资交易安排的协议进行排查。

（三）核查关注事项

在核查过程中，建议重点关注：

1. 内部决议及协议的合规性及有效性。

2. 条款是否涉及估值调整机制、回售权、领售权、优先购买权、为股东之间或有的股权回购或现金补偿提供担保或财务资助等可能导致公司控制权变化、严重影响发行人持续经营能力或者其他严重影响投资者权益等特殊条款，以及其行使条件、触发情形。

3. 关注协议约定的内容是否具体、明晰，是否符合商业逻辑，是否能够完整反映交易背景及合同各方的权利义务安排，以对所获取协议的完整性作出适当的判断。

4. 交易安排所反映的经济实质以及金融工具的特征（具备权益工具的特征、金融负债的特征或两者兼而有之），该判断将对发行人的财务报表会计处理产生不同影响。

常见的对赌安排有股份回购和现金补偿。《企业会计准则第 22 号——金融工具确认和计量》及其应用指南对金融负债和权益工具进行了定义，规范了各类金融资产和金融负债的确认和计量、嵌入衍生工具的会计处理、金融工具的减值，以及金融工具所产生的相关利得和损失的会计处理。《企业会计准则第 37 号——金融工具列报》及其应用指南规范了金融负债和与权益工具的区分。在通常情况下，企业不能无条件地避免以交付现金或其他金融资产来履行一项合同义务的，该合同义务符合金融负债的定义。

2020 年 11 月，中国证监会发布的《监管规则适用指引——会计类第 1 号》进一步明确了对于附回售条款的股权投资，若“投资方除拥有与普通股股东一致的投票权及分红权等权利之外，还拥有一项回售权，例如，投资方与被投资方约定，若被投资方未能满足特定目标，投资方有权要求按投资成本加年化 10% 收益（假设代表被投资方在市场上的借款利率水平）的对价将该股权回售给被投资方。该回售条款导致被投资方存在无法避免向投资方交付现金的合同义务”。针对投资方持有被投资方股权比例较低、对被投资方没有重大影响的情形，“从被投资方角度看，由于被投资方存在无法避免的向投资方交付现金的合同义务，应分类为金融负债进行会计处理”。

此外，《企业会计准则第 37 号——金融工具列报》第 12 条中的“但书条款”也应当予以关注：“对于附有或有结算条款的金融工具，发行方不能无条件地避免交付现金、其他金融资产或以其他导致该工具成为金融负债的方式进行结算的，应当分类为金融负债。但是，满足下列条件之一的，发行方应当将其分类为权益工具：（1）要求以现金、其他金融资产或以其他导致该工具成为金融负债的方式进行结算的或有结算条款几乎不具有可能性，即相关情形极端罕见、显著异常且几乎不可能发生。（2）只有在发行方清算时，才需以现金、其他金融资产或以其他导致该工具成为金融负债的方式进行结算。（3）按照本准则第三章分类为权益工具的可回售工具。附有或有结算条款的金融工具，指是否通过交付现金或其他金融资产进行结算，或者是否以其他导致该金融工具成为金融负债的方式进行结算，需要由发行方和持有方均不能控制的未来不确定事项（如股价指数、消费价格指数变动、利率或税法变动、发行方未来收入、净收益或债务权益比率等）的发生或不发生（或发行方和持有方均不能控制的未来不确定事项的结果）来确定的金融工具。”

发行人应当根据《企业会计准则第 30 号——财务报表列报》及其应用指南的规定，对确认为金融负债的部分，根据其流动性分类要求进行恰当列报。核查人员应当记录并保留对上述关注点的核查过程、分析和结论。

关于红筹企业调整协议中的优先权利：上交所于《关于红筹企业申报科创板发行上市有关事项的通知》第 1 条进行了规定，虽允许保留估值调整协议中的约定赎回权等优先权利，但发行人和投资人应当约定并承诺在申报和发行过程中不行使优先权利，并在获准发行上市后及时终止优先权利，转换为普通股。投资人按照其取得优先股的时点适用相应的锁定期要求。

发行人应当在招股说明书中披露优先股的入股和权利约定情况、转股安排及股东权利变化情况，转股对发行人股本结构、公司治理及财务报表等的影响，股份锁定安排和承诺等，并进行充分风险提示。保荐人、发行人律师及申报会计师应当对优先股投资人入股的背景及相关权利约定进行核查，并就转股安排和转股前后股东权利的变化，转股对发行人的具体影响，相关承诺及股份锁定期是否符合要求等发表专项核查意见。

发行人获准发行上市后，应当与投资人按照约定和承诺及时终止优先权利，转换为普通股。发行人应当在向交易所提交的股票或者存托凭证上市申请中，说明转股结果及其对发行人股本结构、公司治理及财务报表等的实际影响。保荐人、发行人律师及会计师应当对优先股转股完成情况及其影响进行核查并发表意见。

5. IPO 实务中对于对赌条款的解决方案多为补充签订自始无效协议或终止协议并设置可恢复条款。对于识别出的对赌约定可恢复条款，建议核查其恢复是否不会对发行人首发上市构成实质性障碍或不利影响，是否不以发行人作为履行回购/补偿义务的当事人，是否能够满足监管规定的可不清理之所有条件。

（四）案例研究

可孚医疗（301087）、极米科技（688696）、四会富仕（300852），以下情况摘录、整理自发行人反馈意见回复或上市招股说明书。

【案例 11】

可孚医疗（301087）于 2021 年 8 月创业板 IPO 注册生效。对赌条款清理情况：发行人已于 2020 年 6 月分别与宁波怀格、湘潭鼎信、广州丹麓、湖南泊富、湖南文旅、长沙鼎信、盐津控股等投资方针对原对赌协议签署了终止协议，该等终止协议自各方完成协议签章之日起生效。协议约定：（1）若公司终止或放弃上市计划，或者公司上市申请被否决，或者公司上市申报材料被撤回，则除本终止协议第 1 条约定的相关条款（豁免条款）不再恢复外，对赌协议的第 2 条至第 5 条即自行恢复，且对失效期间第 2 条至第 5 条投资方的相应权益具有追溯力，有关期间自动顺延。投资方根据上市申报进度等情况书面同意暂缓前述权利自动恢复的除外。或者，（2）若公司终止或放弃上市计划，或者公司上市申请被否决，或者公司上市申报材料被撤回，则对赌协议的效力即自行恢复，且对失效期间的投资方的相应权益具有追溯力，有关期间自动顺延。投资方根据上市申报进度等情况书面同意暂缓前述权利自动恢复的除外。

案例点评 CASE ANALYSIS

对赌协议已终止，发行人与投资者不存在正在执行的对赌协议或者其他类似安排，且相关投资方已豁免承诺人的义务，本次发行上市审核过程不会触发未成功上市恢复条款，涉及未成功上市的相关特殊安排不影响发行人本次发行的实质条件，不构成本次发行的实质障碍。

【案例12】

极米科技（688696）于2021年1月科创板IPO注册生效。对赌条款清理情况：2019年5月18日，极米有限与各股东签署《〈关于成都市极米科技有限公司之股东协议〉的补充协议》（以下简称《股东协议补充协议》），同意解除《股东协议》包括对赌条款在内的所有特殊权利条款的约定。《股东协议补充协议》自签署之日生效，如果发生如下任一情形时恢复效力：（1）通过公司相关决议（董事会、股东大会决议）确认关于股改方案的议案后12个月内，公司没有向相关证券监管部门提交上市申请材料；（2）公司提交上市申请材料后主动撤回或未被受理；（3）提交上市申请材料后被终止审查或被否决的；（4）公司的上市保荐人撤回对公司的上市保荐；（5）经公司券商及公司董事会根据其他客观条件合理认定公司合格上市申请将无法获得通过；（6）公司在其合格上市申请获得中国证监会发行批文后，未能在发行批文有效期内完成在证券交易所上市交易。

案例点评

CASE ANALYSIS

发行人股东之间的对赌条款符合《监管规则适用指引——发行类第 4 号》的相关规定：（1）发行人不作为对赌协议当事人。发行人与其股东及历史上的股东之间签署过的投资协议中的对赌条款中，涉及由发行人作为特殊权利义务承担主体的条款均已彻底终止，发行人不会作为对赌协议当事人承担合同义务。（2）对赌协议不存在可能导致公司控制权变化的约定。即使《股东协议补充协议》约定的效力恢复条款触发，投资人股东要求创始人股东回购股权也不会导致公司的控制权发生变更。（3）对赌协议不与市值挂钩。《股东协议》及其补充协议不涉及发行人市值的约定；如触发创始人股东回购，回购价格系按照协议约定的固定利率计算，未与发行人市值挂钩。（4）对赌协议不存在严重影响发行人持续经营能力或者其他严重影响投资者权益的情形。《股东协议》中约定的特殊股东权利及股份回购等不涉及发行人的生产经营活动，发行人不会因特殊股东权利的行使而承担任何责任。

【案例 13】

四会富仕（300852）于 2020 年 6 月创业板 IPO 核准通过。对赌条款修订情况：2019 年 9 月，公司（发行人）、四会明诚（发行人控股股东）、实际控制人刘某明、温某峰、黄某成以及一鸣投资、天诚同创（实际控制人之一致行动人）与人才基金（新增股东）签署了《四会富仕电子科技股份有限公司股权转让之补充协议二》（以下简称《补充协议二》），主要内容节选包括以下两个方面。(1) 各方一致同意将《补充协议》第 1 条整体修改为：如公司未能在 2021 年 12 月 31 日前实现在上海或深圳证券交易所主板、中小板、创业板公开发行股份上市，或以新增股东同意的估值被上市公司收购、被其他公司整体现金收购，则新增股东有权要求发行人控股股东、实际控制人之一致行动人和/或实际控制人按照以下约定连带受让新增股东届时持有公司全部或部分股份……(2) 自本《补充协议二》生效之日起，《补充协议》的其他特别权利约定（公司治理、相关股东权利、效力等条款）即行终止。各方承诺，除《补充协议》及本《补充协议二》外，不存在其他正有效执行的对股权稳定性有重大影响的相同或类似协议安排或约定。

案例点评

CASE ANALYSIS

修订后的对赌协议符合相关监管要求的规定：（1）《补充协议二》已经解除了公司应该承担的义务，仅为公司股东之间的对赌安排，公司不作为对赌协议当事人，符合发行人不作为对赌协议当事人的规定；（2）本次发行前，公司实际控制人刘某明、温某峰、黄某成三人合计能够实际支配公司86.79%的股份表决权，若履行股权回购义务不会导致公司控制权变化，符合对赌协议不存在可能导致公司控制权变化的规定；（3）公司未能在2021年12月31日前实现在上海或深圳证券交易所主板、中小板、创业板公开发行股份上市，或以人才基金同意的估值被上市公司收购、被其他公司整体现金收购，《补充协议二》约定人才基金有权要求四会明诚、一鸣投资、天诚同创和/或刘某明、温某峰、黄某成回购其持有的股权，上述股权回购不与公司市值挂钩，符合对赌协议不与市值挂钩的规定；（4）《补充协议二》约定股权回购等事宜，不存在严重影响发行人持续经营能力或者其他严重影响投资者权益的情形。

四会富仕案例发生于2020年下半年审核机构收紧对赌监管政策的前夕，故公司在未终止对赌协议的情况下，仍然得以过会。

【案例14】

上交所曾对硕世生物（688399）发出问询函，要求充分披露历史上对赌协议签署及清理情况，以及仍然存续的对赌协议或对赌条款具体内容、触发条件、产生后果等。在证监会注册环节反馈意见也要求披露实控人是否存在大额债务、股份质押，是否存在拟将公司股份用于还债的协议或安排等相关问题进行问询。但硕世生物及保荐机构在相关问询回复中，均未提及仍存在对赌协议。

2021年11月，上交所对硕世生物（688399）首发上市保荐代表人、签字律师作出了监管警示，认定其在对赌协议的核查过程中未能保持职业审慎，未充分关注所获尽职调查资料中相关信息缺漏情况，也未能结合审核问询等开展更审慎、全面的核查，导致发行上市申请文件内容未反映实际情况，出具的核查意见结论不符合实际情况。

第二节

业务与技术

一、对发行人核心竞争力的调查

一般认为，企业核心竞争力这一理念是 20 世纪 90 年代由美国加里·哈默尔（Gary Hamel）和普拉哈拉德（Prahalad）提出，其后由诸多经济学者加以诠释和拓展，核心竞争力的内涵和定义还在发展完善过程中。加里·哈默尔和普拉哈拉德认为有三种方法可以用于检验企业的核心竞争力：一是核心竞争力能够为企业进入多个市场提供方便；二是核心竞争力应当对最终产品为客户带来的可感知价值提供重大贡献；三是核心竞争力难以被竞争对手模仿和超越。按照加里·哈默尔和普拉哈拉德的理解，企业首先有核心竞争力，在此基础上形成核心产品，然后形成面对客户的最终产品。核心竞争力是企业赖以生存和发展的基石与根基，是企业价值实现的本质所在。

价值发现和资源配置是资本市场的基本功能，大浪淘沙、吐故纳新，只有具备核心竞争力的企业才能成为资本市场的宠儿。全面注册制实施后，对于服务资本市场的中介机构而言，除对合规性的核查外，对发行人核心竞争力的调查和投资价值的发掘就成为尽职调查过程中需要解决的重要课题。

核心竞争力的内涵很丰富，不同行业、不同规模的企业核心竞争力的判断存在不同标准，一般可以从如下角度展开。

（一）宏观角度

对一家企业而言，首先要符合国家战略发展需要，尤其业务主要集中在国内的企业。对于大多数行业，我国有相应的行业主管部门和产业政策，在尽职调查过程中，需首先梳理企业所在行业的监管体系、主管部门及地方政府制定的发展规划、相关法律法规及规范性文件，以此判断企业所处行业发展趋势、国家宏观政策对企业经营可能产生的影响。因此，宏观角度的分析是企业核心竞争力判断的“纲”，处于良好宏观环境中的企业更容易获得快速稳定的发展。

宏观分析主要包括图 2－1 中的内容。

图 2－1　宏观分析政策框架

在分析宏观政策的同时，还要结合时代发展趋势来分析发行人所面临的经济环境，据此判断发行人所处行业的发展前景，尤其是新兴行业或传统行业处于技术升级、模式创新的前沿领域，国家宏观政策可能尚未涉及，在这种情形下，对于时代发展趋势的分析判断就尤为重要。

对于特殊行业，政府的监管政策和行政许可是企业无形资产的重要来源，监管政策和行政许可将限制其他企业进入该市场领域，使发行人获得重要的竞争优势。

对于国外业务比例较高的发行人，还需分析业务所在国的宏观经济政策和经济环境。

（二）行业角度

行业规模和竞争态势很大程度上决定了企业发展的空间。在尽职调查过程中，应通过广泛阅读专业文献、行业报告，调研行业协会、行业专家、发行人管理层等方式，了解如下行业信息。

1. 市场环境

在宏观分析的基础上，对发行人所在行业的市场环境进行分析，尤其是对于新兴行业的市场环境进行分析，了解发行人面临的市场环境风险和机会。

2. 市场容量

广义的市场容量主要是指发行人所生产产品或提供服务的行业整体规模，又可分解为狭义的市场容量和潜在市场容量。狭义的市场容量可以理解为一定时间内，一种产品或服务在某个范围内的市场销售额，一般以一年为限；潜在市场容量无时间限制，是指目标客户潜在需求构成的市场容量总和。潜在市场容量和狭义的市场容量均可通过问卷调查、数量模型等方式进行合理估算。

3. 市场细分

对发行人所在行业进行市场细分，通过市场调研和分析，将发行人各类或各个产品的目标市场划分为不同消费群体，实现产品和目标市场的精准对应，分析发行人在目标市场和潜在目标市场的竞争能力。

4. 市场化程度

通过分析市场对供求力量变化反映的敏感程度，来定性判断发行人所在行业的市场化程度，市场化程度高，则产品价格容易达到均衡，发行人核心竞争力也容易在市场变化中产生影响。反之，若市场化程度低，发行人现有的竞争力是否持续存在就需做进一步的研讨。

5. 进入壁垒

管理学大师迈克尔·波特（Michael E. Porter）认为可以从五个方面来观察企业的竞争战略，包括替代品威胁能力、供应商议价能力、新进入企业威胁能力、购买者议价能力、同行竞争能力，其中新进入企业威胁能力被认为是最核心的能力，这种能力即进入壁垒。进入壁垒的主要构成因素在不同行业、不同阶段表现形式不一样，可能体现为无形资产、品牌、供应链、销售网络等诸多方面，要结合具体情况确定其中的关键因素。

6. 竞争状况

在完全自由竞争的市场里，竞争对手最终会侵蚀掉行业的超额利润，但每个行业已有的竞争格局、资源禀赋等因素决定了现实中的市场并不是完全自由竞争的状况，这就决定了市场竞争处于一种动态变化的相对稳定状态。通过分析第 1 名、前 3 名或前 5 名、前 10 名的市场占有率，可大致了解行业目前的竞争格局。

7. 行业利润水平

受宏观政策、进入壁垒、竞争格局、供求状况等多种因素的影响，不同行业之间利润水平存在较大差异，通过分析行业利润水平的变化，可以初步判断所在行业的发展阶段；通过比较发行人和所在行业的利润水平，可以初步判断发行人的竞争地位。

8. 未来变动趋势

行业总是处于发展变化过程中，对于发行人所在行业的认识，既要立足当下，又要具有适当的前瞻性，从过往历史预测研判其未来发展变动趋势。

（三）竞争对手角度

通过横向比较（见表2-3），从竞争对手的角度来分析发行人的核心竞争力是有效途径之一。

表2-3　与竞争对手比较

项目	发行人	竞争者1	竞争者……	竞争者N
发展战略				
目标客户				
专利技术				
……				

还可以在此基础上选取可比公司作进一步的财务分析，既有规模的比较，也有去掉规模因素影响的相关比率、人均数据等的比较（见表2-4）。

表2-4　与可比公司比较

项目	发行人	可比公司1	可比公司……	可比公司N
收入				
成本				
研发投入				
市场占有率				
毛利率				
人均收入				
点均收入				
……				

对于尚未处于行业龙头位置的发行人，龙头企业的发展轨迹、发展战略是重要参照物；对于已经处于龙头位置的发行人，除关注身后紧紧跟随的追赶者外，还需特别关注

代表行业变革前沿的新兴企业，它们可能是行业潜在的颠覆者。

（四）产业链角度

供应链管理对于今天企业发展的重要性与日俱增，除关注发行人自身生产供应链的管理外，也要高度重视发行人所处供应链环境的变化，即通过纵向比较，从合作伙伴、产业生态的角度来考察发行人的核心竞争力。从产业链角度考察分析发行人：一方面要关注发行人对客户、供应商的依赖程度；另一方面也要关注客户、供应商对发行人的依赖程度，可以重点关注发行人原有供应商和原有客户的流失情况、新供应商和新客户的进入情况。

综上，企业竞争优势可以体现在局部，但本质上是企业对各类内外部资源和能力整合而形成的。竞争优势是结构性的，在一定时期内具备稳定性；竞争优势又具有相对性，随着时间和内外部环境的变迁而变迁。

二、特定行业的关注事项

（一）信息技术行业核查

信息技术领域主要包括半导体和集成电路、电子信息、下一代信息网络、人工智能、大数据、云计算、软件、互联网、物联网和智能硬件等，作为科创板最大的一个行业，新一代信息技术产业是未来一个国家实力的象征，与硬科技息息相关。

下面，重点针对近年来监管部门在科创板和创业板信息技术领域拟上市企业审核过程中的关注要点进行分析。

1. 共性问题

（1）行业及定位属性问题

发行人和保荐机构需要围绕《战略性新兴产业重点产品和服务指导目录》《战略性新兴产业分类》，严格按照《上交所上市审核规则》《深交所上市审核规则》《科创板上市暂行规定》《创业板上市暂行规定》的相关规定，尤其是支持方向、行业领域、科创属性指标、创业板定位及相关情形，结合发行人技术先进性进行核查及充分的信息披露。在以往终止的案例中，有很多项目就是由于科创属性或者创业板定位不明确，尤其是发行人主要产品可能属于信息技术领域的上游链条，在分类时却分至信息技术领域，在审核过程中引起交易所关注，在后续问询过程补充说明时又难以说服审核人员，导致被交易所终止审核。

如创业板定位，需要关注发行人的创新、创造、创意特征，业务是否具有成长性，发行人的研发投入及研发转化能力、创新能力。一些被终止案例就存在发行人未能充分说明其“三创四新”特征，以及是否符合成长型创新创业企业的创业板定位要求。

在实际操作过程中，对于不满足相关板块定位要求的，可以通过例外情形进行申报。以科创板为例，如果不满足科创属性要求，可以申请以例外情形进行申报，但是需要进行充分披露和核查，特别是参与的国家重大专项项目，需要关注：准确描述课题的名称和编号；准确介绍各课题参与单位的研究内容及重要性程度，明确自身在项目中的主要职责和作出的贡献；发行人在参与课题中形成的技术成果及所获发明专利情况；相关技术成果和发明专利与目前开展主营业务所使用的技术之间的对应关系。

（2）业务与技术

在交易所审核过程中，发行人业务与技术是重中之重，很多项目在问询过程中多次被要求进行核查及说明，所以需要在项目承做阶段就要进行详细的梳理和核查，尽可能地做细致。

信息披露要严谨，交易所对这一部分的披露也高度关注，表述一定要严谨，要严格按照新颁布实施的《公开发行证券的公司信息披露内容与格式准则第57号——招股说明书》的规定进行准确披露。在过往的审核过程中，很多发行人在审核过程中，均被交易所要求采用简明语言，并结合部分案例，全面修改招股说明书关于核心技术、业务模式的相关内容。

需要关注发行人技术及产品技术先进性水平的认定依据，如存在认定机构，还需要关注认定机构的权威性和准确性。通俗一点说就是话不能说得太满，尤其是出现行业领先、国内领先、国际领先等表述，必须要谨慎，也就是一定要有出处，不能盲目下结论。同时，需要关注发行人核心技术是否为行业内主要企业均具备的通用技术。以半导体行业为例，需要关注发行人工艺制程，制程类型定义上是否属于半导体通用制程。重点要关注如下内容：发行人所述核心技术是否均属于工艺技术；发行人的半导体产品在体积、损耗和性价比上如何体现优于行业主流水平；如涉及功率器件产品，在低容、低阻、低漏电、高性能、小封装方面如何体现优于行业主流水平。

区分不同应用领域，需要分别关注发行人产品的市场规模、市场集中度情况、主要供应商及国产化率、发行人相关产品市场占有率、公司产品占主要客户同类产品的采购比重等，并结合前述情况分析发行人的市场排名及市场地位。应关注报告期内，公司产品应用于不同领域的收入金额、占比变化情况及未来发展安排。在进行核心技术披露的时候，发行人主要产品如果面向的客户在国内知名度较高，那么在一定程度上可以进一步佐证公司核心技术的先进性和公司业务的真实性。

要通过关注发行人主要产品在品种、产量、质量、价格、成本控制等方面与同行业可比公司的比较情况，结合报告期内发行人主要产品在国际市场和国内市场市场份额的占比、变动情况，说明发行人在半导体及集成电路领域中的行业地位，分析公司主要产品是否具有技术先进性和市场竞争力。

此外，还需要说明发行人主要产品的升级换代周期，与行业技术迭代趋势的匹配情况，是否存在临近技术迭代周期的在售产品，是否符合行业主流水平和发展方向。

（3）专利

需要关注发行人在报告期内授权技术产品的收入金额、毛利及占比，发行人后续做了哪些技术改进和自主研发，在申报时点是否完整掌握相关产品的研发生产技术。

也需关注发行人发明专利各自对应的公司产品及占主营业务收入的比重是否满足“应用于主营业务的发明专利 5 项以上”的要求。

还需要关注发行人相关知识产权是否存在质押等权属受限情形，发行人合作研发项目与主营业务的关系，共有专利、继受专利在公司产品中的应用情况，是否涉及核心技术并形成主营业务收入，是否可能对发行人技术研发及市场开拓产生不利影响，不同区域的专利权份额存在差异安排的原因，相关知识产权归属是否存在纠纷及潜在纠纷。

（4）研发费用

需要关注报告期内是否存在员工、机器设备、办公场所既从事或用于研发活动又从事或用于生产活动，若存在，还需要进一步核查相关人员薪酬和相关设备、场所的折旧及摊销在研发投入和非研发投入之间的划分标准、依据、合理性及准确性。需要关注报告期各期研发领料的具体明细、数量、金额、对应的研发项目，是否存在研发样品对外销售的情形及相关会计处理，是否符合企业会计准则的规定，是否存在将生产成本计入研发费用的情形。

需要关注报告期各期具体研发项目名称、归集的职工薪酬、材料加工费、折旧及摊销、技术服务费、办公费。

关注报告期各期研发费用与申请研发费用加计扣除时所用研发费用的差异情况及原因（如有），尤其是研发费用加计扣除，可能与各地的具体政策有很大关系，需要区别对待。在实务中，加计扣除解释口径在税务部门，高新技术企业资格解释口径在科技厅(局)，而研发比例解释口径则是在交易所或中国证监会，需要加以重点关注。特别是对于高新资格，需要根据《高新技术企业认定管理办法》《高新技术企业认定管理工作指引》等规定进行核查，确保满足要求。

2. 半导体、集成电路领域

这是在信息技术领域中技术含量比较高的领域，在审核时，交易所一般会对技术路线、生产模式、业务成本等进行重点关注，需要引起高度重视。

（1）生产经营模式

半导体企业的生产经营模式可分为垂直整合和垂直分工两大模式。

采用垂直整合模式（Integrated Device Manufacture，IDM）的企业可以独立完成芯片设计、晶圆制造、封装和测试等生产环节。垂直分工模式为 Fabless 设计 + Foundry 制造 + OSAT 封测。其中 Fabless 是指芯片设计公司采用无晶圆厂模式，只负责研发设计和销售，将晶圆制造、封装、测试外包出去；Foundry 为晶圆代工厂，仅负责晶圆制造；外包封测企业（Outsourced Semiconductor Assembly and Testing，OSAT）则仅负责封装测试环节。

针对这一部分，需要重点关注发行人的生产模式，尤其是是否符合半导体和集成电路行业发展过程中行业分工进一步细分的趋势。随着行业的逐渐发展，产业链各环节所需的资金投入与研发难度逐渐加大，产业链各环节呈现分化的态势。需要重点关注发行人主要产品的封装测试情况，即具体是通过何种方式进行测试，重点是委托外部封测厂商进行，还是自主封装测试。

（2）生产成本与毛利率

一是需要重点关注生产成本核算方法。尤其是各类产品单位价格、成本和毛利率是否存在差异，如果存在差异较大，还需要分析具体原因。

二是要关注报告期各期发行人各类产品的生产入库、销售和库存量与晶圆等原材料采购量、封装测试量的匹配关系。要根据发行人具体采用的是 Fabless 模式还是 Foundry 模式，关注产品的设计、生产工艺技术的开发及产品质量管控。在此基础上，进一步关注原材料核算方法、委托加工物资核算方法、封测核算方法等，其中对于封测核算方法还需要关注封装生产、测试生产等不同阶段以及产品及库存商品的核算方法。

（3）关于采购

一是采购。需要关注发行人报告期各期采购明细，分别按照不同类别对供应商数量变化进行分析，并比较同类型产品在不同供应商间采购定价是否公允。

二是进销存。以半导体行业为例，具体的生产过程可分为晶圆制造工序、封装工序、测试工序等步骤。其中晶圆制造工序为前道工序，而封装工序、测试工序为后道工序，测试主要分为中测和终测两种。需要关注发行人报告期各类产品的生产入库、销售和库存量与晶圆采购、封装测试采购和自主封装测试的相关数据，分析产品的生产入库、销售和库存量与晶圆采购、封装测试采购和自主封装测试是否匹配，分析采购额变动与销售收入是否匹配。

3. 信息网络、大数据等领域

（1）关于涉密资质及数据安全

信息技术领域涉及的下一代信息网络、互联网与云计算、大数据服务等子领域，都涉及涉密资质及数据安全的问题。尤其在 2021 年和 2022 年多家拟上市公司和上市公司在数据安全领域被立案调查，需要引起高度重视。

一是关注发行人产品研发、生产、销售及使用过程中涉及的数据采集、处理、使用等情况及其合规性，数据内容是否涉及个人隐私或涉密信息，是否获得相关数据主体或主管部门的明确授权许可，是否存在使用范围、主体或期限等方面的限制，发行人是否存在超出上述限制使用数据的情形。特别是一些大数据服务或者是云计算领域平台产品，一般在交易所审核时均会关注数据采集、处理及使用等方面的合规性，以及涉密处理等问题。同时，在审核过程中，如果对于一些非常敏感的涉密信息，在进行信息披露时，也可以提前向交易所提出豁免申请，但还需要进行持续核查。

二是关注发行人是否存在获取、使用相关数据时侵犯个人隐私或其他合法权益的情形，发行人为维护数据安全所采取的措施，是否发生过泄密行为或受到相关行政处罚。在 2021 年 11 月正式实施的《个人信息保护法》要求，处理个人信息应当在事先充分告知的前提下取得个人同意，个人信息处理的重要事项发生变更的应当重新向个人告知并取得同意。在实际工作过程中，需要对此部分内容进行重点核查。

三是关注发行人业务开展是否符合《中华人民共和国数据安全法》《中华人民共和国网络安全法》《个人信息保护法》《关键信息基础设施安全保护条例》《电信和互联网用户个人信息保护规定》等数据安全及信息保护相关法律法规的规定，是否存在纠纷或潜在纠纷，相关风险是否充分揭示。

（2）关于技术路线及市场竞争

一是需要关注发行人技术路线背景，尤其是涉及自研技术的，需要与开源技术进行对比，重点是自研技术的主要特点、突破技术瓶颈、提升产品功能的具体体现。

二是需要结合境内外龙头公司的技术现状、产品布局等，关注行业主流技术是否为开源技术，发行人的自研技术是否存在固有的技术劣势或市场容量有限等风险，发行人是否面临技术迭代风险。

三是如果是数据库类产品，需要按照境内外传统数据库产品、境内外新兴数据库产品、境内外云厂商、境内外信息与通信技术厂商的竞争对手类型，关注发行人与国内外主要竞争对手在收入规模、产品布局、核心技术壁垒及技术升级、产品功能、客户类型、市场拓展等方面的差异，特别是发行人与境内公司相比的产品特点及竞争优劣势，发行人的产品是否仅局限在特定细分领域或应用场景、发行人市场拓展面临的限制及应对措施。

4. 软件、操作系统领域

（1）关于产品

一是关注报告期各期发行人软件产品区分细项产品系列的销售情况及市场竞争状况。重点是要按照产品形态（软硬件一体产品、软件产品）划分的收入构成情况、产销量情况，并分析结构变化情况及原因。

二是关注发行人主要产品的迭代情况、迭代周期，是否符合行业惯例。

三是关注发行人产品在生产端、目标端等实际运用场景中的安装情况，不同软件产品间的使用关系、销售方式及其与统一数据管理平台间的关系。

四是需要关注发行人进行开发的操作系统，目前，国产操作系统基本上都是选择以Linux 操作系统为基础进行二次开发。在尽职调查过程中，需要关注发行人操作系统产品与其他国产操作系统在底层架构、技术开发、行业应用领域等方面的具体区别，结合关键技术指标说明操作系统核心技术的先进性及对产品性能的影响，并从兼容性、安全性、可用性、实时性以及灵活满足用户定制需求或其他可以衡量产品性能的关键指标进一步关注发行人操作系统相较其他竞争对手的优劣势。

（2）关于销售模式

软件行业的销售模式以直销方式为主，采取招投标竞标（包括公开招标、邀标和竞争性谈判等方式）或者直接协商的方式获取销售合同。需关注发行人招投标竞标获取项目的程序是否合法合规，是否存在法律纠纷。直接协商方式获取的项目是否存在须通过招投标竞标方式获取的情形，项目获取是否合法合规；是否存在应履行公开招投标程序而未履行的情形；是否存在不正当竞争或商业贿赂等违法违规行为。

5. 案例

重点对2020年、2021年、2022年信息技术领域被否案例进行分析。

【案例15】

精英数智于2020年9月科创板IPO未过会。被否原因：典型的反面教材，明确了科创板的IPO底线。

审核关注要点：根据发行人披露，发行人业务主要采用项目服务商模式，项目服务商起到协调客户和发行人关系、顺利推进项目并回款等职能。报告期内发行人向项目服务商支付的项目服务费金额分别为1411.94万元、2769.52万元、5743.10万元。发行人项目服务费一般以项目毛利率、所属区域的市场竞争情况、市场成熟度和项目实施复杂度为依据确定费用，项目服务费与销售合同金额之间不具有稳定的量化关系。

审核重点关注：通过项目服务商协助销售的商业合理性以及与最终达成销售交易价格的关系，相关内控制度是否健全有效，是否存在商业贿赂、利益输送或体外资金循环的情形。

科创板上市委员会审议认为：发行人未能充分、准确披露项目服务商所提供服务的内容、项目服务费的计费标准及确定方式，与项目服务商合作的相关内部控制不够健全，不符合当时适用的《科创板首发管理办法》第5条、第11条的规定，不符合当时适用的《科创板上市审核规则》第15条、第28条的规定。

结合科创板上市委员会审议意见，上交所决定对该公司首次公开发行股票并在科创板上市申请予以终止审核。

案例点评 CASE ANALYSIS

这个案例被否决，主要是因为触碰了科创板审核的底线，且在信息披露方面做得也不够完善，特别是还涉及业务相关的内部控制制度不健全，导致最终被否决。

【案例16】

汇川物联于2021年3月科创板IPO未过会。被否原因：物联网的自我定位被质疑不符合科创属性。

审核关注要点：(1) 请发行人代表说明发行人业务实质与物联网定位是否相符，发行人公司名称使用物联网字样是否会对投资人造成误导。请保荐代表人发表明确意见。(2) 请发行人代表说明申报期受让的专利与发行人的主营业务直接相关的表述是否真实、准确。请保荐代表人发表明确意见。(3) 请发行人代表结合目前的行业监管政策变化，说明发行人的行业空间和市场份额是否具有稳定性，发行人是否具有直接面向市场独立持续经营的能力。请保荐代表人发表明确意见。

科创板上市委员会审议认为：根据申请文件，发行人对其物联网业务实质、核心技术及技术先进性的信息披露不充分、不准确，不符合当时适用的《科创板首发管理办法》第5条、第34条及第39条的规定，不符合《科创板上市审核规则》第15条、第19条及第28条的规定。

结合科创板上市委员会审议意见，上交所决定对该公司首次公开发行股票并在科创板上市申请予以终止审核。

案例点评 CASE ANALYSIS

科创板上市企业审核中，监管部门最关注的就是科创属性及定位问题，很多项目在审核反馈或者是现场督导时均被质疑过。此外，这个项目被否的原因还包括针对核心技术的信息披露不充分、不准确。

【案例17】

电旗股份于2022年3月创业板IPO未过会。被否原因：内控不规范，制度不完善。

审核关注要点：一是通信网络优化业务、无线网络工程服务存在偶发性、阶段性、临时性、地域性特点，发行人的劳务采购模式与同行业上市公司通常就近采购的模式存在差异，且前五大供应商集中度大幅高于同行业公司。报告期内，多个劳务供应商主要为发行人提供服务，部分劳务供应商存在成立后即与发行人合作、合作一两年后即注销情形，且相关信息披露与新三板挂牌期间存在差异。

二是发行人劳务采购费金额较大，占营业成本比例较高，对成本核算的准确性有较大影响。报告期内，发行人劳务采购费占营业收入比例持续低于同行业上市公司，且主要工种初级工程师的采购价格低于部分主要业务城市的社会平均工资。

创业板上市委员会审议认为：发行人未能对劳务采购模式的合理性、相关供应商主要为发行人服务的合理性及规范性、劳务采购价格的公允性及劳务采购费的完整性作出合理充分说明，在上述重大方面未能公允反映发行人的财务状况、经营成果和现金流量，不符合当时适用的《创业板首发管理办法》第 11 条、《创业板审核规则》第 18 条的规定。

根据当时适用的《创业板首发管理办法》《创业板审核规则》等相关规定，结合创业板上市委员会审议意见，深交所决定对该公司首次公开发行股票并在创业板上市申请予以终止审核。

案例点评 CASE ANALYSIS

对于信息技术领域核查，因为其技术含量较高，且生产模式、工艺流程等与其他行业领域有很大的不同，在尽职调查过程中需要全面深入地进行核查，尤其是在业务与技术、财务信息方面的核查，既要知其然，还要知其所以然。

（二）医药行业核查

医药行业不仅是关乎国计民生、经济发展和国家安全的战略性产业，还是护佑生命、建设健康中国的基础性保障。近几年在全球蔓延的新冠疫情，更使我们深刻认识到医药行业发展的重要性。从国家发展战略上来说，医药行业始终是我国支持和鼓励发展的行业，在资本市场中，医药行业也一直是一股不容忽视的力量，截至 2022 年 5 月，医药行业上市公司市值达 7.2 万亿元，占 A 股市值比例接近 10%。尤其是我国推行注册制改革以来，建立多层次资本市场结构之后，更是为不同发展阶段的医药企业提供了展示和融资的平台。

其中，科创板重点支持的六大高新技术产业和战略性新兴产业就包括生物医药，具体包括生物制品、高端化学药、高端医疗设备与器械及相关服务等。其中科创板上市标准五“预计市值不低于人民币40亿元，主要业务或产品需经国家有关部门批准，市场空间大，目前已取得阶段性成果。医药行业企业需至少有一项核心产品获准开展二期临床试验，其他符合科创板定位的企业需具备明显的技术优势并满足相应条件”为尚未盈利的医药企业预留了上市通道，2022年6月，上交所发布《上海证券交易所科创板发行上市审核规则适用指引第7号——医疗器械企业适用第五套上市标准》，将科创板上市标准五的适用范围进一步扩大到具有“硬科技”的医疗器械企业，因此，在科创板上市的医药类企业相对集中。截至2022年年末，科创板上市的生物医药类公司已达100多家，占科创板上市公司总数的20%左右。创业板定位为“三创四新”，即创新、创造、创意的成长型企业，以及传统产业与新技术、新产业、新业态、新模式深度融合的企业。自2020年8月首批注册制创业板企业上市至2022年年末，医药行业上市公司共40余家，占同期上市公司总数的10%左右，明显少于科创板的占比。北交所鼓励“专精特新”的细分领域龙头企业。截至2022年年末，医药行业上市公司共13家，占上市公司总数的7%左右。

1. 医药行业简介

（1）细分行业

医药行业按照产品和服务内容可以划分为以下四大类。

①医药制造

狭义的医药行业主要指药品的生产厂商，按照药品的种类可进一步划分为化学药、生物药和中药，其中化学药主要包括创新药、仿制药，医药中间体和原料药。生物制药在近年来发展迅猛，主要包括基因工程药物、单克隆抗体药物和疫苗。中药主要包括中药材、中药饮片和中成药。

②医疗器械制造

医疗器械行业主要包括医疗设备和耗材。其中医疗设备又分为手术相关设备、临床诊疗设备、医学影像设备；耗材主要包括诊疗试剂和耗材等。

③医药流通

医药流通企业主要包括医药零售和医药批发。

④医疗服务

医疗服务行业主要包括三大类，分别为医院、外包服务商和健康管理机构。其中医院按照服务种类可划分为综合性医院和专科医院，按照所有权性质可划分为公立医院和民营医院；外包服务商包括医药研发合同外包服务机构（Contract Research Organization，CRO）、合同加工外包服务商（Contract Manufacture Organization，CMO）、合同定制加工外包服务商（Contract Development and Marmfacturing Organization，CDMO）和第三方检测；健康管理机构主要包括专业化体检机构。

其中CRO也称合同研究组织，是指通过合同形式为制药企业、医疗机构、中小医药医疗器械研发企业、甚至各种政府基金等机构在基础医学和临床医学研发过程中提供专业化服务的一种学术性或商业性的科学机构；CMO也称合同生产组织，主要是接受制药公司的委托，提供产品生产时所需要的工艺开发、配方开发、临床试验用药、化学或生物合成的原料药生产、中间体制造、制剂生产（如粉剂、针剂）以及包装等服务；CDMO也称合同研究和生产组织，是CMO的升级版，除为医药生产企业以及生物技术公司的产品提供生产服务外，还提供商业化定制研发。

（2）行业主管部门

医药行业主要监管部门及其职能如表2－5所示。

表2－5　医药行业主要监管部门及其职能

监管部门	主要职能
国家发改委	主要负责研究拟定医药行业相关的规划和经济技术政策，组织制定行业规章、规范和技术标准等
国家卫生健康委员会	主要负责拟定国民健康政策，协调推进深化医药卫生体制改革，组织制定国家药物政策和基本药物制度，组织落实疾病预防控制规划、免疫规划以及卫生应急工作，制定并监督实施医疗机构、医疗服务行业管理办法，计划生育和人口监测预警，拟订并协调落实应对人口老龄化政策措施等
国家药品监督管理局	由国家市场监督管理总局管理，主要负责药品、化妆品、医疗器械的注册、标准管理、质量管理、安全监督管理、上市后风险管理、监督检查等

续表

监管部门	主要职能
国家医疗保障局	主要负责拟订医疗保险、生育保险、医疗救助等医疗保障制度的政策、规划、标准并组织实施。组织制定并实施医疗保障基金监督管理办法，医疗保障筹资和待遇政策，城乡统一的药品、医用耗材、医疗服务项目、医疗服务设施等医保目录和支付标准，药品、医用耗材的招标采购政策，定点医药机构协议和支付管理办法。完善统一的城乡居民基本医疗保险制度和大病保险制度，建立健全覆盖全民城乡统筹的多层次医疗保障体系

（3）行业政策

医药行业的监管政策以及产业政策众多，无法一一列举，此处只简要介绍相关的主要内容，以供参考。

①医药行业主要监管制度（见表2－6）

表2－6 医药行业主要监管制度

<table>
<tr><th>类别</th><th>制度名称</th><th>主要内容</th></tr>
<tr><td>行业准入许可制度</td><td>《中华人民共和国药品管理法》（2019年修订）</td><td>从事药品生产和经营活动，应当经所在地有权的药品监督管理部门批准，取得药品生产许可证和药品经营许可证，许可证应表明有效期和经营范围，到期重新审查发证</td></tr>
<tr><td rowspan="4">生产经营质量管理制度</td><td>《中华人民共和国药品管理法》（2019年修订）</td><td rowspan="2">明确实施药品上市许可持有人（Marketing Authorization Holder，MAH）制度，药品上市许可持有人依法对药品研制、生产、经营、使用全过程中药品的安全性、有效性和质量可控性负责。明确实施药品追溯制度，国家药品监督管理局信息中心负责药品追溯协同服务平台、药品安全信用档案建设和管理，对药品生产场地进行统一编码，药品上市许可持有人、药品生产企业应当按照规定赋予药品各级销售包装单元追溯标识，通过信息化手段实施药品追溯，及时准确记录、保存药品追溯数据，并向药品追溯协同服务平台提供追溯信息</td></tr>
<tr><td>《中华人民共和国药品管理法实施条例》（2019年修订）</td></tr>
<tr><td>《药品生产质量管理规范》（2010年修订）</td><td rowspan="2">明确了药品生产和经营环节中的质量控制要求</td></tr>
<tr><td>《药品经营质量管理规范》（2016年修正）</td></tr>
</table>

续表

类别	制度名称	主要内容
	《医疗器械生产监督管理办法》（2022年）	根据医疗器械风险程度，对医疗器械生产和经营实施分类管理
	《医疗器械经营监督管理办法》（2022年）	
	《医疗器械生产质量管理规范》（2014年修订）	明确了医疗器械生产和使用环节中的质量控制要求
	《医疗器械使用质量监督管理办法》（2015年）	
注册管理制度	《药品注册管理办法》（2020年）	明确了药物临床试验、药品上市许可、再注册等申请以及补充申请，药品监督管理部门基于法律法规和现有科学认知进行安全性、有效性和质量可控性等审查的程序和要求
	《医疗器械注册与备案管理办法》（已失效）	对医疗器械实行分类注册和备案管理
	《中华人民共和国药典》	是药品研制、生产（进口）、经营、使用和监督管理等相关单位均应遵循的法定技术标准，《中华人民共和国药典》（2020年版）进一步扩大了药品品种和药用辅料标准的收载

②医药行业主要政策改革方向（见表2-7）

表2-7 医药行业主要政策改革方向

改革方向	主要内容
带量采购	从2018年首次提出“4+7”试点城市带量采购到联盟地区带量采购，再到现在的全国药品集中采购，一共分三个阶段。集中采购的目的是提高药品质量、鼓励创新药研发以及降低仿制药价等。随着带量采购范围的不断扩大，对以仿制药为主的医药生产企业现有竞争格局以及经营模式都会带来一定冲击。纳入集中采购的企业将面临成本收益平衡的考验，竞品纳入集中采购范围的企业将面临市场占有率下降的挑战
医保药品范围调整	药品目录调整分为准备、评审、发布常规准入目录、谈判、发布谈判准入目录五个阶段。在谈判阶段，国家医疗保障局组织企业按规定的格式和时限提供谈判材料、组织测算专家通过医保大数据分析以及采用药物经济学等方法开展评估并提出评估意见，谈判专家根据评估意见与企业开展谈判，确定全国统一的医保支付标准和管理政策。纳入医保范围的药品，必然会适当地下调价格，能够提升药品的可及性并扩大销量

续表

改革方向	主要内容
"两票制"	"两票制"要求生产企业到流通企业开一次发票，流通企业到医疗机构开一次发票，旨在减少医药行业流通次数，降低产品价格。但实际执行过程中，原由经销商负责的推广服务基本上很难由厂商自己负责，大部分转为委托专门的推广服务公司开展，实质上并没有实现"两票制"的初衷。"两票制"将导致产品毛利率提高，推广成本增加，实际对利润的影响不大

2. 核查关注要点

（1）监管政策

医药产品及服务关乎生命健康安全，因此医药行业在各国均属于强监管行业，对行业准入及研发、生产、销售管理都有严格的控制。尽职调查中需根据监管政策要求，核查发行人是否已取得从事业务所必要的全部资质、许可或认证，且取得过程是否合法合规，有效期限是否覆盖发行人业务开展期间；核查监管政策变化是否会导致发行人资质到期后不再符合续期条件；发行人产品和服务是否符合消费地国家或地区产品质量、医疗监管等相关法律法规；对比产业政策或最新行业规定分析政策因素对发行人持续经营能力的影响，例如，带量采购政策对仿制药企业及上下游的影响，进入医保目录的政策对发行人盈利能力的影响。

【案例18】

君实生物（688180）于2020年5月科创板IPO注册生效，审核问询函关注问题包括：招股书披露公司产品目前未进入医保目录。请发行人补充披露：①公司产品特瑞普利是否已开展医保谈判、需履行的相关程序、面临的障碍及目前进展情况，已获批上市的其他程序性死亡受体1（programmed cell death protein 1，PD-1）[1] 产品的医保谈判进展情况，发行人产品的竞争位置；②在研生物药同类已上市产品的医保支付情况，最近3年内销售价格和销售量的变动情况，若发行人产品上市后纳入医保目录需履行的程序及面临的障碍，发行人产品的定价策略、是否面临价格天花板及对发行人未来盈利能力的影响；③补充披露医药领域重要政策对发行人的影响情况，包括"两票制"、带量

[1] 根据招股说明书释义，PD-1指programmed cell death protein 1，即程序性细胞死亡蛋白1。

采购扩围、医保目录调整、医保目录谈判、诊断相关分类（Diagnosis Related Groups，DRGs）[1] 试点等。

发行人主要产品拓益参与了医保谈判，但最终未能纳入医保，与发行人产品和在研产品竞争的同类产品较少，且唯一纳入医保的竞争药品的治疗成本并没有明显优势，因此认为竞争药品纳入医保范围对该类产品的竞争格局不构成重大影响。发行人自产生销售以来即实行“两票制”，因此该政策对发行人不存在重大影响，发行人已获批药品均为创新药，不在国家带量采购的试点范围，而 DRGs 付费尚未开始试点。

（2）技术水平

医药行业是一个知识密集的行业，发行人的技术水平与盈利能力息息相关，尽职调查需重点核查发行人的技术来源，是否存在依赖，取得程序是否合法合规；专利技术取得情况，或核心产品临床试验进展和阶段性成果；通过横向对比，核查发行人的技术先进性，与竞品的区别和比较优势。

【案例 19】

海和药物（A04683）于 2021 年 9 月科创板 IPO 未过会，科创板上市委员会审议认为：结合发行人已开展二期以上临床试验的核心产品均源自授权引进或合作研发，发行人报告期内持续委托合作方参与核心产品的外包研发服务等情况，发行人未能准确披露其对授权引进或合作开发的核心产品是否独立自主进行过实质性改进，对合作方是否构成技术依赖，不符合当时适用的《科创板首发管理办法》第 5 条和第 34 条和当时适用的《科创板上市审核规则》第 28 条的规定。

（3）产品质量

医药行业的质量关乎生命健康和安全，因此产品和服务质量至关重要。典型案例为长春生物疫苗事件。作为应对措施之一，三个证券交易所在上市规则中重大违法强制退市标准中增加了涉及国家安全、公共安全、公众健康安全等领域的重大违法行为，应予退市的规定。因此，在尽职调查中需核查发行人与质量控制相关的内控制度的建立及执

[1] DRGs 一般指 DRG，疾病诊断相关分组（Diagnosis Related Groups，DRG），是用于衡量医疗服务质量效率以及进行医保支付的一个重要工具。DRG 实质上是一种病例组合分类方案，即根据年龄、疾病诊断、合并症、并发症、治疗方式、病症严重程度及转归和资源消耗等因素，将患者分入若干诊断组进行管理的体系。

行情况，核查发行人是否存在因为产品的质量问题发生的医疗事故、不良反应或产生的争议和纠纷；是否存在因产品质量问题被处罚的情况，以及处罚事项是否构成重大违法违规。

【案例20】

稳健医疗（300888）于2017年10月主板IPO被否决，否决原因主要包括因环保、产品质量、产品进出口管理、税收申报、劳工保护等问题而接连受到环保、食品药品监督等部门的多起行政处罚和较大影响的会计差错更正影响较大等。第二次创业板IPO于2020年8月完成注册，在第二次IPO审核过程中，监管部门关注问题仍包括报告期内发行人是否因产品质量问题受到相关处罚，根据法律意见书披露，发行人在前次申报被否后针对《不予核准决定书》中提及的行政处罚涉及的违法行为进行了积极整改，通过一系列的整改措施，在第二次申报报告期内受到行政处罚的数量和处罚金额均显著减少，且不存在因重大违法违规行为而受到行政处罚的情形。

（4）销售模式及“两票制”

医药产品有市场分散的特点，过去医药制造企业多采用多层经销模式，将渠道建设、产品推广的职能让渡给代理商，但“两票制”实施后，药企不得不自建营销团队或外购营销服务，这就将原本通过代理商隔绝的风险重新纳入自身经营管理，而销售推广模式又存在多样性，如销售折扣、买赠、免费试用等。因此，核查中需重点关注发行人的销售方式是否符合当地“两票制”的规定，产品的货物流和现金流，外购营销服务合同中约定的主要权利义务条款，收入确认时点是否合规。

（5）商业贿赂

医药行业发展始终伴随商业贿赂问题，近几年新修订的《中华人民共和国药品管理法》、《中华人民共和国反不正当竞争法》、药品集中带量采购制度、“两票制”等制度较大地压缩了商业贿赂的空间，但受医药行业商业贿赂手段隐蔽、多样化的特点的影响，仍然是核查过程中需要关注的重点。其中回扣强调的是账外、暗中原则，与明示、入账的折扣应予以区分。此外，商业贿赂的常见手段还包括低价或免费提供医疗设备以获取试剂、耗材的商业机会，学术会议赞助等。尽职调查中需重点核查发行人商业机会的获取方式是否合法合规，期间费用构成及支付对象，归集核算是否准确、完整，判断是否存在商业贿赂等违法违规行为。

（6）持续盈利能力

持续盈利能力对于各个行业都至关重要，对于医药行业具有以下两方面的意义：一方面，已经生产、销售的企业能否保持持续盈利的能力。尽职调查中需关注发行人的主要产品受专利保护的剩余期限，是否存在单一产品依赖，是否受到集中采购等行业政策的冲击，是否符合技术发展趋势，是否存在被更新迭代的风险。另一方面，尚未实现盈利的企业未来能否依靠自身实力实现盈利。尽职调查中需核实发行人的技术先进性，在研产品的阶段性成果，评估研发失败的可能性，未来产品的市场空间，并进行公正、客观、谨慎的信息披露。

【案例21】

吉凯基因于2021年9月科创板IPO未过会，科创板上市委员会关注到：①发行人提供服务的可替代性。②发行人靶标筛选和验证方面的核心技术是否为行业内常规技术，是否具备较高的技术壁垒。③CHAMP平台[1]和细胞治疗平台目前研发的产品大部分是否针对常规成熟靶点，发行人技术优势和相应的研发能力。④根据申请文件，同行业可比公司主要客户为制药企业、生物技术公司等，而发行人主要客户为研究型医生等个人客户。研究型医生是否为国内从事靶标发现研究的主流群体，其采购发行人产品是否涉及买卖数据、数据造假、编造研究过程等医学科研诚信事件。⑤报告期各期公司销售费用率远高于同行业公司的原因及合理性，报告期第三方回款占营业收入比例在50%以上的原因及合理性。请保荐代表人发表明确意见。⑥发行人报告期持续亏损且亏损幅度扩大，毛利率持续下降，期间费用率远高于同行业可比公司。靶标筛选及验证服务业务收入下降幅度较大的原因。⑦公司服务的群体特殊且范围有限，公司经营情况改善是否有核心技术和市场空间方面的支撑。⑧公司2020年12月确认的向普米斯生物转让项目收入是否符合收入确认条件，公司是否符合《科创属性评价指引（试行）》对收入及增长率的要求。请保荐代表人对公司持续经营能力发表明确意见。

发行人主要业务为靶标发现及其衍生业务，2018年至2020年发行人的收入呈增长趋势，却持续亏损，且亏损额从4080.55万元扩大到7245.70万元。分析收入构成，发行人核心业务——靶标筛选及验证服务的收入占比从86.78%持续下降到65.21%，毛利

[1] 根据招股说明书释义，CHAMP指基于细胞的抗膜蛋白抗体高通量平台（Cell-based High-throughput platform for Antibody against Membrane Protein），公司特有的膜蛋白抗体开发平台。

率从95.16%下降到63%，同时，发行人的期间费用率高居不下，始终保持在收入的86%~88%。根据招股说明书披露，发行人以RNAi技术[1]为核心，同时也通过CRISPR/Cas9、[2]基因过表达等其他基因操作技术，开展药物靶标发现及其衍生业务，但RNAi技术和基因过表达技术在国内并无专利限制，属于通用技术，CRISPR/Cas9技术为发行人获授权的专利技术，同时，发行人委托科研服务成本逐年增加，均构成对发行人技术先进性的质疑。此外，与同行业可比公司主要客户为制药企业、生物技术企业不同，发行人主要客户为研究型医生等个人，非主流研究群体也限制了发行人的发展空间。综上，发行人因为持续经营能力受到质疑而未能成功上市。

【案例22】

君实生物（688180）于2020年5月科创板IPO注册生效，科创板上市委员会现场问询问题与以下内容相关：目前发行人营业收入主要来自拓益，产品较为单一，市场竞争激烈；开发共计20项在研药品，其中部分采用合作研发模式。请发行人代表就以下问题予以说明。①结合在研产品的预算、投入及预计收入情况，说明相关资金安排是否匹配，对发行人未来经营和财务状况的影响；②说明合作研发合同是否约定清晰，部分合同未约定里程碑付款的条件的原因，是否能够按照合同约定完成，是否存在潜在纠纷；③说明发行人尚未盈利且最近一期存在累计未弥补亏损，前述状况对未来是否可实现盈利的前瞻性信息披露是否充分、是否合规。

君实生物申请上市时尚未盈利，是适用科创板第五套发行条件的发行人，在几轮问询中，审核人员均十分关注发行人的研发能力，在研产品的进展，以及未来可实现盈利的预测是否具有合理性。

（7）安全生产

部分药品制造和研发企业需要使用危险化学品，核查中需重点关注危险化学品的采购、保管、使用、销毁的内控制度及执行情况，核查发行人报告期内是否出现过安全生

---

[1] 根据招股说明书释义，RNA干扰（RNAi）指通过双链RNA特异序列相互结合，从而特异性地抑制或关闭特定基因表达的现象，是基因转录后沉默的一种方式，在基因功能研究和基因药物应用中具有广泛前景。

[2] 根据招股说明书释义，CRISPR/Cas9指Clustered Regularly Interspaced Short Palindromic Repeats（规律成簇的间隔短回文重复），一种基因编辑技术，Cas9指与CRISPR相关的蛋白。该技术能够通过目标细胞的DNA切除以治疗多种疾病。

产事故，是否因违法违规受到过处罚，若有则需要对照相关规定判断事故和处罚的严重程度，并取得相关监管部门的认定证明。

【案例23】

博瑞医药（688166）于2019年10月科创板IPO注册生效，审核问询函关注问题之一为：发行人子公司广泰生物曾因危险化学品渗漏事件，未将事故隐患排查治理情况如实记录，受到行政处罚，处罚金额为2.2万元。发行人子公司博瑞泰兴曾因可燃气体报警探测器未按规定维护保养，受到行政处罚，处罚金额为3.875万元。请发行人补充披露以下相关信息。广泰生物的危险化学品渗漏事件是否导致严重环境污染；发行人日常生产经营是否存在安全隐患，报告期内是否发生重大安全生产事故；发行人有关安全生产的内控制度是否健全并得到有效执行。

（8）环境保护

根据《国家危险废物名录》的规定，医疗废物属于危险废物。因此，医药企业的尽职调查需核查发行人所从事的业务是否需取得排污许可资质及期限情况；主要污染物种类和排放情况是否符合监管许可，环保设施的处理能力及实际运行情况；环保投入和相关费用支出，环保投入与排污量的匹配情况；是否将危险废弃物交由具有资质的专业机构进行处理；报告期是否因环境污染受到过处罚，如有需论证是否构成重大违法违规，并争取取得生态环境保护部门出具的认定说明。

【案例24】

艾力斯（688578）于2020年11月科创板IPO注册生效，审核问询函关注问题之一为：发行人在报告期内因违规处置危险废物被处以罚款13万元。上述事项的整改措施，委托处理危险废物单位的资质情况，危险废物的转移运输是否需要得到生态环境保护部门的批准；相关内部控制制度是否健全并得到有效执行。

根据发行人回复，发行人曾经因将医药中间体研发过程中产生的危险废物委托给无经营许可证的个人进行收集处置受到行政处罚。虽然发行人无须取得专门的危险废物、污染物处理资质，但根据我国对危险废物的管理要求，发行人作为危险废物的产生者，应将产出的危险废物委托有处置资质的单位处置。

（9）个人信息保护

《个人信息保护法》出台后，对医药企业核查时需确认发行人是否建立了个人信息采集、存储、使用、对外提供等环节的管理制度并在申报文件中进行披露，确保个人敏感信息的合规使用。

【案例25】

达嘉维康（301126）于2021年10月创业板IPO注册生效。达嘉维康是一家主要从事药品、生物制品、医疗器械等产品的分销及零售业务的区域性医药流通企业，在上市审核过程中，审核人员曾问及发行人关于保障患者信息的管理措施，相关内部控制的有效性。

（三）零售行业核查

零售行业是消费品生产者（供应商）与消费者之间的纽带，指百货商店、超级市场、专门零售商店、品牌专卖店、售货摊等主要面向最终消费者（如居民等）的销售活动，以互联网、邮政、电话、售货机等方式的销售活动，还包括在同一地点，后面加工生产，前面销售的店铺（如面包房）；谷物、种子、饲料、牲畜、矿产品、生产用原料、化工原料、农用化工产品、机械设备（乘用车、计算机及通信设备除外）等生产资料的销售不作为零售活动；多数零售商对其销售的货物拥有所有权，但有些则是充当委托人的代理人，进行委托销售或以收取佣金的方式进行销售。

关于对零售行业的界定，不同的用途、不同的口径可能会作出完全不同的界定。从IPO审核的实践来看，零售行业也没有一个明确的范围。在此，我们将最终客户为个人消费者的行业认定为广义的零售行业。

从零售行业的业态看，国内主要业态包括：百货商场、超市、便利店、连锁专卖店、购物中心和电商等。多数零售商对其销售的货物拥有所有权，但有些则是充当委托人的代理人，进行委托销售或以收取佣金的方式进行销售。

百货商场是零售业的传统业态，电商则是零售业的新型业态。

百货商场和电商业务模式如表2－8所示。

表 2 -8　百货商场和电商业务模式

零售行业业态	业务模式	具体内容
百货商场	自营模式	百货商场向生产厂家或者经销商采购或者开发自有品牌，依靠购销差价盈利。自营模式虽然能获得较高的利润，但存在较大的收入弹性和价格弹性缺陷，风险较高。该模式下，主要由百货商场委派营业员进行商品的销售，并负责相关商品的保管、出售、调配、下架，承担丢失或毁损风险，拥有未售商品的所有权。百货商场负责对商品统一定价、统一收款，如果需办理退换货的，那么百货商场可自行决定为客户办理退换货赔偿等事项；如果属于商品质量问题，那么可以向供应商追偿
	联营模式	百货商场与供应商（如制造商或其经销商、代理商）之间，按照合同约定各自独立经营，其权利和义务由合同约定，各自承担民事责任。由于联营模式只需要百货商场提供经营场地，不需要占压百货商场的自有资金，从而大大降低了百货商场的商品采购和经营风险，因而在国内百货业中被广泛采用，成为我国百货业态的主流盈利模式。在该模式下，供应商在百货商场指定区域设立专卖店，提供商品并委派营业员销售商品，在商品管理上，供应商负责专柜里商品保管、出售、调配或下架，承担丢失和毁损风险及实际定价销售。销售前，百货商场一般不取得商品所有权；商品出售时，所有权以百货商场名义向顾客转移。百货商场为供应商提供经营场地以及相应的综合管理，监督进店的商品，负责导购、统一收银开具发票等服务，供应商向百货商场缴纳联营扣点
	租赁模式	百货公司向商户提供经营场所和配套服务，通过向商户收取租金来获得收入。按租金的计算方式划分，租赁模式分为三种：一是固定租金，即双方在租赁合同中约定租赁面积、期限和单位租金；二是浮动租金，即约定入驻商户支付营业额的一定比例作为租金给公司；三是保底租金与分成租金孰高，其中保底租金按季度支付，分成租金为商户年度收入的一定比例，每个租约年年底，双方计算年度分成租金，如分成租金多于该租约年保底租金的，则商户将多于保底租金的部分支付给公司
电商	中间商	该种模式即平台模式，典型的如淘宝平台，中间商为商家建立销售平台，顾客通过平台购买商家产品，平台根据商家的销售额获得一定比例抽成。对于平台电商而言，由于其不直接销售商品，只是为买卖双方提供交易的平台，所以其主要收入包括收取的交易佣金、提供增值服务的收入以及网络广告收入等
	自营商	连接制造商和消费者之间的批发商、经销商或者零售商。对于自营电商而言，其主要收入来源为商品销售收入，如京东自营、当当自营等
	独立电商	自己独立拥有一个网站，拥有自己的品牌，只经营平台自己的商品，如凡客（vancl）、小米商城等

由于零售行业竞争激烈，销售业务形式多样，发行人业务较多涉及线上销售、经销商模式等特殊经营模式，因此对于经销和线上销售的真实性核查是IPO核查时的重点和难点。

1. 经销模式核查

发行人采取经销商销售模式的，中介机构应重点关注其收入实现的真实性，详细核查经销商具体业务模式及采取经销商模式的必要性，经销商模式下收入确认是否符合企业会计准则的规定，经销商选取标准、日常管理、定价机制（包括营销、运输费用承担和补贴等）、物流（是否直接发货给终端客户）、退换货机制、销售存货信息系统等方面的内控是否健全并有效执行，经销商是否与发行人存在关联关系，对经销商的信用政策是否合理等。

发行人应就经销商模式的相关情况进行充分披露，主要包括：经销商和发行人是否存在实质和潜在关联关系；发行人同行业可比上市公司采用经销商模式的情况；发行人通过经销商模式实现的销售比例和毛利是否显著大于同行业可比上市公司；经销商是否专门销售发行人产品；经销商的终端销售及期末存货情况；报告期内经销商是否存在较多新增与退出情况；经销商是否存在大量个人等非法人实体；经销商回款是否存在大量现金和第三方回款。

出现下述情况时，发行人应充分披露相关情况：发行人通过经销商模式实现的销售毛利率和其他销售模式实现的毛利率的差异较大；给予经销商的信用政策显著宽松于其他销售方式，对经销商的应收账款显著增大；海外经销商毛利率与国内经销商毛利率差异较大。

保荐机构、律师和申报会计师应对经销商业务进行充分核查，并说明发行人经销商销售模式、占比等情况与同行业上市公司是否存在显著差异及原因。对经销商业务的核查方式、核查标准、核查比例、核查证据等应足以支持核查结论。

保荐机构、律师及申报会计师应当合理利用电话访谈、合同调查、实地走访、发询证函等多种核查方法进行综合判断，核查发行人报告期内经销商模式下的收入确认原则、费用承担原则及给经销商的补贴或返利情况、经销商的主体资格及资信能力，核查关联关系，结合经销商模式检查与发行人的交易记录及银行流水记录、经销商存货进销存情况、经销商退换货情况。保荐人、律师和申报会计师应对经销商模式下收入的真实性发表明确意见。

2. 信息系统核查

传统审计程序不具有针对性，导致核查成本较高，为了有效应对线上销售收入真实性风险，应结合运用信息系统核查等手段，使核查更具有针对性。

对于主要通过互联网开展业务的申请首发企业，保荐机构和申报会计师在信息系统核查方面，应做好下列工作。

部分申请首发企业，如电商、互联网信息服务、互联网营销企业等，其业务主要通过互联网开展。此类企业中报告期任意一期通过互联网取得的营业收入占比或毛利占比超过30%的，原则上，保荐机构和申报会计师应对该类企业通过互联网开展业务的信息系统可靠性分别进行专项核查并发表明确核查意见。

发行人应向保荐机构和申报会计师完整提供报告期应用的信息系统情况，包括系统名称、开发人、基本架构、主要功能、应用方式、各层级数据浏览或修改权限等；应向保荐机构和申报会计师核查信息系统数据开放足够权限，为其核查信息系统提供充分条件。

对于直接向用户收取费用的此类企业，如互联网线上销售、互联网信息服务、互联网游戏等，保荐机构和申报会计师的核查应包括但不限于以下方面：经营数据的完整性和准确性，是否存在被篡改的风险，与财务数据是否一致；用户真实性与变动合理性，包括新增用户的地域分布与数量、留存用户的数量、活跃用户数量、月活用户数量、单次访问时长与访问时间段等，系统数据与第三方统计平台数据是否一致；用户行为核查，包括但不限于登录互联网协议（Internet Protocol，IP）地址或媒体访问控制（media access control，MAC）地址的信息、充值与消费的情况、重点产品消费或销售情况、僵尸用户情况等，用户充值、消耗或消费的时间分布是否合理，重点用户充值或消费是否合理；系统收款或交易金额与第三方支付渠道交易金额是否一致，是否存在自充值或刷单情况；平均用户收入、平均付费用户收入等数值的变动趋势是否合理；业务系统记录与计算虚拟钱包（如有）的充值、消费数据是否准确；互联网数据中心（Internet Data Center，IDC）或带宽费用的核查情况，与访问量是否匹配；获客成本、获客渠道是否合理，变动是否存在异常。

对用户消费占整体收入比较低，主要通过展示或用户点击转化收入的此类企业，如用户点击广告后向广告主或广告代理商收取费用的企业，保荐机构和会计师的核查应包括但不限于以下方面：经营数据的完整性和准确性，是否存在被篡改的风险，与财务数据是否一致；不同平台用户占比是否符合商业逻辑与产品定位；推广投入效果情况，获客成本是否合理；用户行为真实性核查，应用软件的下载或激活的用户数量、新增和活跃的用户是否真实，是否存在购买虚假用户流量或虚构流量情况；广告投放的真实性，是否存在与广告商串通进行虚假交易；用户的广告浏览行为是否存在明显异常。

如因核查范围受限、历史数据丢失、信息系统缺陷、涉及商业秘密等原因，导致无法获取全部或部分运营数据，无法进行充分核查的，保荐机构、会计师应考虑该等情况是否存在异常并就信息系统可靠性审慎发表核查意见，同时，对该等事项是否构成本次发行上市的实质性障碍发表核查意见。

发行人日常经营活动高度依赖信息系统的，保荐机构和申报会计师应参照上述内容对信息系统可靠性进行专项核查并发表明确核查意见。

此外，发行人主要经营活动并非直接通过互联网开展，但其客户主要通过互联网销售发行人产品或服务的，如发行人该类业务营业收入占比或毛利占比超过30%，保荐机构和申报会计师应核查该类客户向发行人传输交易信息、相关数据的方式、内容，并以可靠方式从发行人获取该等数据，核查该等数据与发行人销售、物流等数据是否存在差异，互联网终端客户情况（如消费者数量、集中度、地域分布、消费频率、单次消费金额分布等）是否存在异常。对无法取得客户相关交易数据的，保荐机构和申报会计师应充分核查原因并谨慎评估该情况对发表核查意见的影响。

【案例26】

张小泉（301055）——关于经销和线上销售的真实性核查

【问询问题1】关于经销

经销收入是发行人收入增长的主要来源。

请发行人补充说明拓展经销网络的方式，是否存在多级经销商的情况；补充披露对经销商销售指标的设置政策，返利政策的设置原则，前十大经销商客户销售金额变动较大的原因及合理性，经销商返利金额与销售额的匹配性，以及各级经销商最终销售的实现情况；补充说明经销模式下对于实际销售中发生的营销费用的分担是否有明确约定；除某些报告期内持续合作的经销商，其他经销商变动较为频繁的原因；发行人选取小熊电器和北鼎股份作为可比公司对比经销模式比例及毛利率的依据，是否具有可比性。

根据发行人的回复，发行人不存在对经销商下游客户进行签约或直接管理的情况。

发行人报告期内前10大经销商客户变动较大，某些经销商因销售模式、销售平台、推广力度等原因使其对外终端销售规模逐年上升从而增加对公司采购额所致。

报告期内公司经销商对外销售金额基本大于当期向公司采购金额，不存在大量积压库存的情况。

【问询问题2】 关于线上销售

发行人线上直销模式主要通过淘宝天猫及京东平台直销店进行销售。(1) 请发行人结合行业内通用指标，补充披露报告期线上销售运营指标及数据，包括但不限于各平台(包括微信小程序) 流量指标、销售转化指标、客户指标、产品数量指标和市场竞争情况指标等，说明相关指标或数据是否有效、完整。(2) 补充说明报告期各期线上销售模式下，各平台（包括微信小程序）买家的画像、行为分析情况，包括账号注册时间（是否为当期新增账号)、账户活跃度、购买金额区间分布、地区分布、停留页面时间；补充说明同一买家对应收件人和收件地址集中度、订单地址和收件人集中度、买家一定期间退换货集中度、快递包裹重量等是否存在异常情形。销售转化指标、市场竞争情况指标、账号注册时间、账户活跃度、购买金额区间、地区分布、布面对应和收件地址等，保荐机构及发行人会计师随机选择报告期内每期样本，抽查对卖家实际发送的包裹重量与订单信息之间的差异情况。

发行人采用的系统为市场通用系统，不存在修改订单数据的风险。

(四) 技术服务行业核查

专业技术服务业，是指由专门为客户或社会提供职业化和科技服务活动的机构所组成的现代服务行业，这些活动要求有高度的专业技能和培训。专业技术服务行业作为新兴服务业的重要组成部分，在整个服务业中发挥着越来越重要的作用。近年来，我国专业技术服务行业发展迅速，形成了较为完善的产业体系。

从市场准入的角度来看，专业技术服务业可以分为两类：第一类是需要由政府授予执业资格的；第二类则无须政府批准即可执业。

专业技术服务行业主要包括系统工程技术及规划管理、工程管理服务、工程勘察设计、技术检测、环境监测、测绘服务、气象服务、地震服务、海洋服务、规划管理、其他专业技术服务等。

专业技术服务行业特点如表2－9所示。

表2-9 专业技术服务行业特点

行业特点	具体内容
项目型特点	各类专业技术服务基本以项目承接为主要业务模式。通过承接不同的项目，提供专业技术服务，向客户收取服务费。普遍存在履约执行合同期限长、金额高的特点
劳动密集型特点	专业技术服务业也具备服务业的特点，基本依赖各类人才来完成专业技术服务，人才是否完备是专业技术服务质量的关键因素
管理难度大	由于专业技术服务业均依赖于项目人员的水平和能力，且服务区域遍及全国各地，因此沟通不方便，管理难度也较制造业大得多

专业技术服务行业的核查难点为收入确认，实践中，收入核查的重点难点问题是收入确认方法的正确选择和应用。

专业技术服务行业因普遍存在履约执行合同期限长、金额高的特点，对该类业务采用某一时点确认收入还是以某一时段确认收入对发行人影响重大，如处理不当，可能影响其发行上市条件。发行人在确认其具体业务收入确认方法时，建议重点考虑以下内容，如表2-10所示。

表2-10 企业会计准则判断收入确认方法重点考虑内容

新收入准则第11条规定，满足下列条件之一的，属于在某一时段内履行履约义务；否则，属于在某一时点履行履约义务	具体判断情形
客户在企业履约的同时即取得并消耗企业履约所带来的经济利益	发行人在判断其收入属于某一时点确认还是以某一时段确认时，应结合其合同所涵盖的各项业务的商业实质和商业合理性、合同具体条款约定，并对比同行业公司相关收入确认政策及差异情况，综合分析业务特点、具体履约过程、交付方式、收款约定等核心要素，逐条比照某一时段内履行履约义务的3种情形，充分分析论证后作出合理判断。相关业务满足新收入准则在某一时段内履行履约义务的3种情形之一的，即可采用时段法确认收入

续表

客户能够控制企业履约过程中在建的商品	对于新收入准则在某一时段内履行履约义务的情形二的论证分析中，关键在于判断客户是否控制在建商品，即客户是否能够主导在建商品并获得几乎所有经济利益。若相关事实表明，企业履约过程中形成的阶段性成果及最终交付成果均形成客户的一项资产（有形或无形），且在履约过程中如更换为其他企业履约，后续履约企业可在前期企业已完成的工作基础上继续履行剩余合同事项，无须重复执行前期已完成履约部分，意味着客户可主导使用履约过程中形成的阶段性成果，并获得几乎全部的经济利益。具体合同或项目是否符合上述条件，应综合考虑企业业务模式、技术特点、可替代性等因素综合判断。若发行人提供的相关商品或服务技术壁垒较低，技术和实施程序标准化程度较高，合同或项目实施对前期完成部分依赖程度较低，发行人在执行合同过程中若终止履约，客户皆可替换其他企业继续履约，且无须重复执行发行人已履约部分，则发行人相关业务收入确认属于情形二适用范畴
企业履约过程中所产出的商品具有不可替代用途，且该企业在整个合同期间内有权就累计至今已完成的履约部分收取款项（合格收款权）	对于新收入准则在某一时段内履行履约义务的情形三的论证分析中，除提供的商品具有不可替代用途外，原则上还需要在合同中明确约定企业在合同履约过程中的任何时点，因非企业自身原因导致合同终止，企业均有权就累计至今完成的履约部分收取款项，包括已履约部分发生的成本和合理利润。如果发行人相关业务合同中没有类似合同条款，原则上相关业务收入确认不属于情形三适用范畴。此外，企业在履约完毕前已收取较高比例的项目款并不一定代表企业具有合格收款权，还应重点论证企业有权收取的款项能否覆盖其已发生的成本并获得的合理利润

【案例27】

尤安设计（300983）于2021年3月创业板IPO注册生效。发行人收入确认采用完工百分比法，报告期内发行人对收入确认的会计政策进行了变更，完工进度的确认方法由“标准节点法”变更为“合同节点法”。

其中“标准节点法”是将设计业务流程分为不同阶段，并为每个阶段确定固定进度比例，所有合同执行统一的履约进度标准，而“合同节点法”为根据合同约定的阶段金额确认收入。

鉴于建筑设计业务具有较高的创新创意特点，不同项目具体设计要求及各阶段的工作任务、工作成果往往存在一定的差异，进而不同项目各合同节点约定的工作量及其相应的合同收款金额亦存在一定的差异。因此，如果按照标准节点及其固定比例确认所有项目的完工进度，并不能够完全客观公允地反映不同项目的实际完工进度，亦与发行人合同约定的履约义务及其合同收款权利存在差异。

案例点评 CASE ANALYSIS

发行人根据合同履约节点，向客户提交合同约定的阶段性设计成果，取得经第三方审核或客户签署的成果确认文件；此时，根据合同约定，发行人具有收取该阶段设计成果对应合同款项的收款权利，客户负有根据合同约定付款的履约义务，即发行人阶段性设计成果收入确认时点与该等阶段结算款项时点具有一一对应关系。因此，发行人按照合同节点法确认收入时，各项目收入确认时点具有充分的支撑性证据，各项目收入确认金额与合同节点约定的履约义务及其合同收款金额完全匹配，能够更加客观公允地反映发行人各项目的完工进度以及合同履约进度。

（五）环保行业核查

随着我国经济的持续快速发展，城市化进程和工业化进程的推进，环境污染问题日益突出，国家对环保的重视程度越来越高，近年来发布了诸多促进节能环保行业发展的产业政策和法规，环保产业自“十三五”规划提出以来进入快速发展阶段。

例如，2016年《“十三五”国家战略性新兴产业发展规划》提出了推动新能源汽车、新能源和节能环保产业快速壮大，构建可持续发展新模式的规划要求；同年《“十三五”节能环保产业发展规划》提出到2020年，节能环保产业成为国民经济的一大支柱产业；2021年《“十四五”节能减排综合工作方案》提出实施节能减排重点工程，包括对污染行业推进节能改造和污染物深度治理，引导工业企业向园区集聚，推动工业园区整体优化和综合治理，推进低碳城市、“无废城市”建设，推动绿色出行节能减排工程；同年《“十四五”工业绿色发展规划》提出以碳达峰碳中和目标为引领，以减污降碳协同增效为总抓手，统筹发展与绿色低碳转型，深入实施绿色制造，加快产业结构优化升级，大力推进工业节能降碳，全面提高资源利用效率，积极推行清洁生产改造，提升绿色低碳技术、绿色产品、服务供给能力，构建工业绿色低碳转型与工业赋能绿色发展相互促进、深度融合的现代化产业格局。

那么，环保行业到底包括哪些具体的细分行业？

1. 环保行业范围

（1）原国家质量监督检验检疫总局和国家标准化管理委员会发布的《国民经济行业

分类》（GB/T 4754－2017）中涉及环保行业的分类主要包括 C3591 环境保护专用设备制造、E486 节能环保工程施工、L7245 环保咨询、M7461 环境保护监测、M751 技术推广服务、N772 环境治理业等。

（2）国家统计局发布的《节能环保清洁产业统计分类（2021）》阐明节能环保清洁产业涵盖节能环保产业、清洁生产产业和清洁能源产业。其中，节能环保产业是指以实现高效节能、先进环保和资源综合利用为目的，提供相应产品或服务的产业。该产业包括高效节能产业、先进环保产业、资源循环利用产业、绿色交通车船和设备制造产业等 4 大领域。清洁生产产业，是指为企业在生产经营活动中提供清洁生产技术、装备和服务的产业，包括提供清洁生产技术服务的、生产低毒低害或无毒无害原辅材料的、为企业生产过程提供过程减排技术与装备的及末端废物资源化利用的产业。该产业包括清洁生产原料制造业、清洁生产设备制造和设施建设业、清洁生产技术服务业等 3 大领域。清洁能源产业是指为全社会提供清洁能源产品或服务的产业。该产业包括核电产业、风能产业、太阳能产业、生物质能产业、水力发电产业、智能电网产业、其他清洁能源产业、传统能源清洁高效利用产业等 8 大领域。

（3）《科创板上市暂行规定》将节能环保行业列为鼓励的 6 大产业之一，并明确节能环保领域主要包括高效节能产品及设备、先进环保技术装备、先进环保产品、资源循环利用、新能源汽车整车、新能源汽车关键零部件、动力电池及相关服务等。

综合以上不同规定中对环保行业的界定，并结合现有上市公司情况，可将环保行业划分为便于理解的水处理、大气治理、固废处理、环境监测、节能环保和新能源汽车多个领域，主要产品和服务包含环保设备制造、环保工程和环保运营等。相应的环保行业上市公司代表情况如表 2－11 所示。

表 2－11 环保行业上市公司代表及分类

环保领域	主营业务	上市公司代表
水处理	设备	中建环能（300425）、沃顿科技（000920）
	工程	江南水务（601199）、碧水源（300070）、津膜科技（300334）、兴源环境（300266）、创业环保（600874）
	运营	重庆水务（601158）、巴安水务（300262）、首创环保（600008）、武汉控股（600168）、国中水务（600187）、中山公用（000685）、海峡环保（603817）、洪城环境（600461）

续表

环保领域	主营业务	上市公司代表
大气治理	设备	中创环保（300056）、龙净环保（600388）、清新环境（002573）、菲达环保（600526）、威孚高科（000581）、雪浪环境（300385）
	工程	德创环保（603177）
	运营	永清环保（300187）、远达环保（600292）
固废处理	设备	福龙马（603686）
	工程	启迪环境（000826）、维尔利（300190）、上海环境（601200）、万德斯（688178）
	运营	瀚蓝环境（600323）、伟明环保（603568）、东江环保（002672）、旺能环境（002034）、高能环境（603588）
环境监测	设备	雪迪龙（002658）
	运营	聚光科技（300203）、盈峰环境（000967）、汉威科技（300007）
节能环保	设备	中材节能（603126）
	工程	神雾节能（000820）
	运营	海新能科（300072）、迪森股份（300335）
新能源汽车	设备	宁德时代（300750）、比亚迪（002594）、亿纬锂能（300014）

2. 环保行业审核关注重点

（1）监管政策变化

环保行业属于政策驱动型行业，对污染物排放、治理的标准的不断提高推动环保从业企业提升自身的研发能力和技术水平，如无法满足政策变化的新要求，将面临发展瓶颈或无法继续经营的风险。在尽职调查中应当关注发行人经营地区及产品销售地区的产业政策变化趋势，以及发行人是否具备应对能力。

【案例28】

奥福环保（688021）于2019年10月科创板IPO注册生效。奥福环保是一家从事蜂窝陶瓷技术的研发与应用的上市公司，主要为客户提供蜂窝陶瓷系列产品及以蜂窝陶瓷为核心部件的工业废气处理设备，属于“节能环保领域”的“先进环保技术装备、先进环保产品”范畴。公司深耕于柴油车用蜂窝陶瓷载体的研发和生产，在重型柴油车用大尺寸蜂窝陶瓷载体方面拥有较为明显的竞争优势。

科创板上市委员会审核中，重点关注问题之一为：发行人业务发展深受机动车排放标准的影响，我国多个地区已提前实施国六标准，发行人获取国六重型柴油车型式检验公告的车型数量目前为零，而主要境内外竞争方已取得多个的原因，对发行人现有产品、未来竞争力的影响以及应对措施，发行人存货跌价准备计提是否充分。

奥福环保在回复中阐述了自身已储备了适应国六标准的技术，且已批量生产出口至北美市场，在国内正在有序推进国六重型柴油车型式检验公告，不会影响产品的上市，在过渡期内，发行人国五标准的产品受到冲击较小，对存货跌价准备计提不构成重大影响。

（2）创新能力

环保行业属于技术密集型行业，技术创新能力是推动环保企业发展的关键因素。核查中需关注发行人核心技术的先进程度，是否具有技术门槛，被替代的风险以及快速迭代的风险，与竞争对手的主要技术差异等。

【案例29】

天地环保于2021年9月科创板IPO未过会。天地环保主要从事大气污染治理业务及固废处理业务，业务范围包括超低排放及挥发性有机物（Volatile Organic Compounds，VOCs）整体解决方案、船舶脱硫系统研发与制造、脱硫特许经营、固体废弃物综合利用以及催化剂研发与生产、水处理等。报告期净利润实现了从2.5亿元、4.6亿元到6.6亿元的跨越式发展，盈利能力及成长性较为亮眼，然而，科创板上市委员会审核中重点关注了发行人几大主要业务的收入是否属于核心技术相关收入，是否依靠核心技术经营，上述业务所涉技术是否具有先进性，以及发行人关联交易的公允性问题，最终于2021年9月被否决。

（3）业务模式

环保行业具有公共事业属性，对资本投入和技术水平要求较高。早期环保项目的发展对政府投入的依赖较大，在政策的强力驱动下，PPP、第三方治理模式的推进助力环保产业快速发展，多种业务模式逐渐发展成熟。按照产品和服务类型划分，环保企业可以分为环保设备类、环保工程类或环保运营类公司。其中工程类环保企业的业务模式主要为工程总承包（Engineering Procurement Construction，EPC）；运营类环保企业的主要业务模式包括委托运营（Operation and Maintenance，O&M）和“转让—运营—转让”（Transfer-Operate-Transfer，TOT）；工程和运营相结合的环保企业的主要业务模式包括“建造—运营—移交”（Build-Operate-Transfer，BOT）和“建设—拥有—运营”

（Building-Owning-Operation，BOO）。

EPC 也称交钥匙工程模式，发行人一般需提供设计、采购、施工、安装等全部或部分服务。

O&M 运营方仅提供经营服务，项目的建造成本由业主方承担。

TOT 与 BOT 最重要的区别是 TOT 不参与项目建设，发行人从政府或所有人处购买一定时期内的经营权。

BOT 模式是比较常见的政府资本与社会资本相结合的业务模式，通常应用于市政类项目中，实现政府小投入做大项目的目的，社会资本方通过运营期向使用者收费，实现对建造和运营成本的覆盖和盈利。

BOO 模式中环保企业根据政府赋予的特许权，建设并经营具体的项目，并最终持有项目的所有权。

核查中需梳理发行人的业务模式，与同行业进行比较，并核查与财务核算的匹配性，关注异常模式的合理性，联合竞标、分包和转包的合规性，是否存在利益输送等。

（4）客户构成和获取方式

环保行业具有公共属性，尤其是市政类环保业务，如生活污水处理，生活垃圾处置等，直接客户为政府部门，客户集中度较高；从事工业类环保业务的，如环保设备、环保工程建设等，客户变动较为频繁。核查中需关注发行人客户集中或变动频繁的风险，经营的稳定性，参与招投标程序的合规性。

【案例 30】

军信环保（301109）于 2022 年 1 月创业板 IPO 注册生效。军信环保是一家从事生活垃圾、垃圾渗滤液（污水）、市政污泥、飞灰等城市固体废弃物处理业务，集投资建设、技术研发、运营管理于一体的专业化环保企业。客户主要为长沙市城市管理和综合执法局和国网湖南省电力有限公司，报告期收入占比 90% 以上。

创业板上市委员会审核意见：发行人客户和业务区域集中度较高。请发行人结合业务结构、技术储备、市场竞争格局等，说明业务是否具有成长性与可持续性，为降低客户和业务区域集中度所采取的具体措施。

（5）收入确认

由于环保行业多涉及工程，受新收入准则的影响，需关注发行人提供的服务符合时点履约义务还是时段履约义务，确认收入的依据是否充分，成本是否可计量，内控措施是否有效，分包是采用总额法还是净额法确认收入等。

【案例31】

万德斯（688178）于2019年12月科创板IPO注册生效，万德斯主要从事垃圾污染治理和水污染治理业务，服务模式以提供环境问题整体解决方案为主，以委托运营模式、BOT模式为辅。

在科创板上市审核过程中，审核人员要求说明发行人是否建立与运用完工百分比法相关的项目预算管理制度及其运行情况，是否按项目核算与其相关的收入和成本，预计项目总成本并归集实际发生的成本、费用，按完工进度结转累计发生成本；采用总额法确认收入的合理性，相关收入、成本的核算是否符合企业会计准则的要求，分析新收入准则对发行人报表的影响；发行人各阶段确认收入的金额与各阶段工作量的匹配关系。

三、主要业务环节的核查

（一）对销售的核查

对销售的核查要解决的是深入了解发行人的销售模式和销售真实性问题。

1. 销售模式的核查

市场上运用较多的销售模式主要包括直销、代销和经销，其中直销为发行人直接将产品销售给最终客户，核查难度相对简单，代销和经销因为有代理商和经销商参与到发行人销售环节中，因此核查难度和要求也相对较高。

发行人采用代销或经销模式的，应重点关注具体业务模式及采取代销或经销模式的必要性，代理商或经销商选取标准、日常管理、定价机制、物流（是否直接发货给终端客户）、退换货机制、销售返利补贴、代理商或经销商及其关联方同发行人及其关联方是否存在关联关系及其他特殊关系、代理商或经销商是否存在大量个人非法人实体等。经销模式下，还需特别关注其终端销售收入实现的真实性。不仅要对经销商进行核查，还要对最终端进行核查，此外，还需核查是否存在第三方回款及现金回款，经销商应收账款是否显著增大，销售存货信息系统等方面的内控制度是否健全并有效执行，对经销商的信用政策是否合理等。

【案例32】

心脉医疗（688016）于2019年7月科创板IPO注册生效。保荐机构及申报会计师对于经销模式的终端销售核查。

执行的相关程序如下：

（1）通过抽凭的方式，核查了发货单、发票、银行回款等多项外部证据；通过内部控制测试，核查了发行人内部控制的有效执行。

（2）查阅了发行人与经销商签订的合同，通过公开资料查询全部经销商工商信息、经营资质等信息。

（3）就销售收入及应收账款余额向经销商独立发送函证。

（4）基于重要性原则并结合随机方式选取部分经销商进行了走访和访谈，重点核查经销商的基本情况、经销商与发行人的业务合作及货款结算情况、与发行人是否存在关联关系、是否存在利益输送、采购发行人产品的类别和采购规模、经销商对应的授权医院、发行人产品的市场竞争力等信息。

（5）通过核查经销商向终端医院开具的增值税发票，核查经销商向终端医院销售的产品名称、规格、数量及金额。

（6）通过核查经销商进销存情况，核对发行人销售清单与经销商进销存的匹配性，从而核查经销商进销存清单准确性；根据主要经销商进销存核查发行人产品的最终销售情况。

（7）通过核查经销商库存情况，确认主要经销商是否存在报告期末异常提高库存水平的情形，是否存在经销商突击压货的情形。

（8）通过产品唯一识别号将植入数据与销售出库时的产品记录进行核对，为发行人产品销售最终实现情况提供佐证。

（9）对终端医院医生进行走访和访谈。

经核查，保荐机构及申报会计师认为：现有核查程序能够充分支持"发行人对经销商的销售情况与经销商对终端医院的销售情况匹配"的结论，销售收入具备真实性。

2. 销售真实性核查

销售的真实性是IPO尽职调查的基础。销售的真实性核查，就是核查发行人报告期内销售业务是否真实存在，是否存在虚构业务、虚增收入情况。

针对销售业务的真实性，应进行如下核查：获取重要客户工商信息查询资料（特别注意甄别客户的实际控制人及关键经办人员与发行人是否存在关联关系）、实地走访资料、访谈客户资料、函证、盘点、银行对账单、纳税申报表、访谈销售负责人和财务负责人记录、实地查看记录、收入穿行测试［包括但不限于招投标文件、中标文件、销售订单、销售合同、出库单、第三方货运单（运费金额较大的，必要时可对承运单位进行走访）、验收单、销售发票、项目组直接取自发行人财务系统的销售明细账、银行回款单据］，分析程序（销量和运费匹配性分析、收入与成本匹配性分析、报表各项目勾稽分析、收入财务信息与其他非财务信息印证、发行人报告期收入变动分析、与同行业上市公司比较分析），采取的其他替代核查程序等。

此外，针对销售真实性的核查，应关注以下几点：

（1）走访和访谈作为销售核查的重要手段与方式，在核查销售业务背景及真实性、财务数据真实性、关联关系、重大舞弊方面发挥着重要作用。对发行人客户走访和访谈时，走访和访谈人员应安排熟悉项目情况及走访、访谈目的的项目组成员，禁止实习生参与走访和访谈；否则，流于形式的走访和访谈无法达到核查目的。

（2）销售真实性核查获取底稿的充分性、有效性值得项目组特别注意，不能仅依赖发行人提供的说明、承诺等底稿，而是与其他内外部客观证据结合，去综合验证，比如，函证事项是否完整、准确；回函盖章主体是否为收函方；是否存在回函不符，如有，能否合理解释并执行替代程序；访谈事项是否全面、准确；访谈记录与实际情况是否存在不一致，如有，是否能够合理解释，并执行替代程序；被访谈对象是否签章或签名。

（3）对于销售及收入的核查，保荐机构尤其不能完全依赖会计师的判断，要对会计师的核查结果进行复核和独立判断，关注对销售合同条款的认真梳理和研读，不完全依赖会计师对合同条款的理解来确定收入确认方法；关注与会计师获取的收入重要单据是否一致。

【案例 33】

国缆检测（301289）于 2022 年 3 月创业板 IPO 注册生效，保荐人和申报会计师对于收入真实性核查的主要程序如下：

（1）访谈管理层、业务和财务相关人员，对销售与收款循环执行穿行测试和内控测试程序，测试收入相关的内控设计及执行有效性。

（2）对收入执行截止性测试。

对发行人报告期末前后1个月确认的收入执行截止性测试，获取收入明细账，从中抽取记账凭证，并与客户合同、订单、运输单据、签收记录等支持性单据进行核对，核查收入确认是否记录在正确的会计期间。

（3）对收入进行细节测试，以抽样方式检查并核对报告期内发行人与检验检测及计量收入确认相关的原始凭据，核查的主要内容包括但不限于客户合同、订单、运输单据、签收记录、发票、回款单据等。

（4）按照重要性原则抽取发行人客户执行函证程序，对发行人报告期内收入确认的真实性、准确性、完整性进行核查，函证内容包括销售金额、付款金额、往来余额等。

（5）采用视频访谈、实地走访等方式核查报告期内发行人收入的真实性、准确性、完整性。

（6）银行流水核查如下所述。

对一定金额以上的银行流水进行双向核查。取得发行人客户名单，与大额资金流水的交易对手方进行比对，核查销售与收款的真实性。

3. 境外销售的核查

针对出口外销，核查时建议关注下列问题：

（1）发行人出口收入确认政策（报关、结关、提单），判断是否符合企业会计准则的规定，且在报告期内保持一致；

（2）出口收入增长趋势是否存在异常，前后期出口业务的各品种毛利率波动情况是否存在异常；

（3）发行人的信保系统中对境外销售的投保数据与发行人境外销售数据是否一致；

（4）发行人出口销售业务的计算机销售与物流信息管理系统，与账面的销售记录是否一致；

（5）发行人相关出口合同、信用证、销售发票、装箱单、发货单（出库单）与出口报关单、货运提单、销售发票、收款凭证是否一致；

（6）发行人海关出口金额与当期出口收入是否一致；

（7）发行人出口销售额与出口免抵退纳税申报表是否一致；

(8) 实地走访境外客户或聘请第三方机构履行真实性核查。

【案例34】

九州风神于创业板IPO审核不通过，对发行人境外收入的真实性及经销收入的最终销售情况，保荐人、申报会计师履行了如下核查程序：

(1) 财务核查相关程序

①获取发行人与境外客户签署的销售合同，对销售合同具体条款进行审阅。

②与发行人业务部门相关负责人进行访谈，了解发行人与境外客户合作方式以及合作历史；获取境外客户中信保资信报告，了解报告中记载的客户基本情况及资信评级情况。

③对报告期内的客户收入进行发函确认，函证内容包括报告期各期间的销售收入、各期末的应收账款情况，函证程序由保荐人及申报会计师独立进行，并对不相符情况进行进一步核查确认。

④获取境外主要经销商客户报告期期末的库存数据，并与发行人向上述客户的销售数据进行比对；其中获取库存方式为保荐人项目组通过保荐人公司邮箱获取。

⑤对发行人报告期内的收入进行穿行测试，选取报告期各期境外前四十大客户，抽取并验证部分交易的合同、订单、发货单、提单、回款等原始凭证，评价收入确认内部控制设计的合理性和执行的有效性；对收入确认进行截止性测试，抽取报告期末截止日前后的收入凭证，核查是否存在收入跨期的情形。

⑥获取海关电子口岸数据、出口退税数据，并将其与发行人报告期内各期间的境外销售数据进行对比分析。

⑦核查公司、公司实际控制人及其近亲属、董事（不含独立董事）、监事、高级管理人员以及关键岗位人员的银行流水，重点关注上述人员与发行人境内外客户是否存在资金往来。

(2) 走访相关程序

保荐人的现场走访和视频访谈使用同一类型的访谈问卷，问卷分为受访人基本情况、受访公司基本情况、业务往来情况和与九州风神关联关系情况等四个部分。访谈问卷主要问题为：被访谈人身份及职位，被访谈公司主营业务、股东、高管、销售规模以及客户分布，被访谈公司与九州风神间建立业务时间、业务流程、业务模式、淡旺季情况、采购数量及金额、退换货情况、产品质量纠纷、定价纠纷、信用结算方式、三方支付情况以及库存情况，确认发行人、发行人股东、发行人董监高与被访谈客户间是否存在关联关系等。

①现场走访相关程序

针对现场走访客户的销售收入真实性以及最终销售情况，保荐人项目组执行程序如下：

A. 访谈过程中与客户确认基本情况、客户与发行人间合作关系、报告期各期间销售数据、最终销售数据、各期末库存数量等；访谈开始前确认客户办公场所、客户身份是否存在异常。

B. 走访客户仓库，确认客户仓库中的发行人产品情况；与仓库管理人员确认发行人产品仓储情况；争取客户同意进行仓库抽盘。

C. 走访客户下游经销商以及零售店铺；保荐人通过客户获得部分下游经销商以及零售店铺信息，对下游经销商以及零售店铺进行独立现场走访，走访内容包括询问工作人员是否销售发行人产品、销售时间等，若无货物陈列，则通过现场下单提货方式确认发行人产品销售情况。

上述三类走访程序均获取照片、名片以及其他辅助证据。

②视频访谈相关程序

针对境外客户，保荐人执行了视频访谈程序，具体如下：

A. 访谈中确认被访谈人身份信息。

B. 访谈中确认报告期内客户向发行人采购金额、库存数量以及最终销售数量。

C. 访谈完成后，要求被访谈人对访谈记录进行签字，并与客户注册文件、被访谈人身份文件以及库存情况等一并快递至保荐人办公地址。

(3) 特殊性事项

①视频访谈对被访谈人身份核查方式

视频访谈过程中，中介机构通过下列程序进行多重比对，以验证被访谈人身份：

A. 访谈前向发行人业务部门人员获取被访谈人基本身份信息，包括姓名、职位等；

B. 访谈过程中的第一个问题为要求对方出示身份证明（护照、身份证等）或名片、工作证，在其出示后，与访谈前了解到的访谈人员身份信息进行对比；

C. 访谈后由保荐人向被访谈人员的企业邮箱发出访谈记录，并要求其确认后签字，与附件材料如访谈人名片或工作证明材料等一并邮寄至保荐人地址；

D. 保荐人收到被访谈人邮寄纸质材料后，再次核对被访谈人员姓名、邮箱信息、名片信息及寄件地址信息等。

核对无误后，确认相关视频访谈被访谈人身份有效性并将相关资料保存至底稿中。此外，中介机构还在访谈提纲中及访谈后要求被访谈人员提供客户注册文件、客户与发行人签订的合同以及客户的仓库现场照片（包含发行人产品）等辅助佐证文件，以进一步证明其与客户的关系。

②被访谈人员在客户办公场所、个人居所以及其他场所接受访谈

发行人的境外客户视频访谈时间主要集中在境外新冠疫情较为严重的时间，部分客户雇员根据当地政府政策要求强制居家办公，因此部分视频访谈的被访谈人员未在其居所进行访谈。

后续，保荐人、申报会计师对部分主要境外客户针对上次访谈后与发行人的合作情况进行补充访谈，并明确要求补充访谈必须于客户办公场所完成。

在补充访谈完成后，发行人主要客户的访谈主要于办公场所完成，对应的销售收入占比较高。

保荐人对个人居所访谈的被访谈人员执行了身份验证程序，未发现被访谈人员身份异常情况。

③通过地图软件等核查外销客户门店数量、门店面积等情况，通过客户网站核查其销售发行人产品具体情况

保荐人通过客户官方网站介绍，并结合谷歌地图、百度地图以及 Yandex 地图等方式综合查询，确认客户门店数量。

客户官网信息及地图软件等公开信息未载明无法获取上述客户的店铺面积数据。

发行人主营产品为电脑硬件产品，其中电脑散热器等产品对展示区域面积需求较低，且上述客户均非发行人独家经销商，而是兼营其他电子产品，店铺经营面积与发行人产品销售量无完全对应关系。

保荐人通过客户提供以及网络检索方式对报告期各期前十大外销客户的网站信息进行核查。

除 OEM/ODM 类型客户外，上述客户官方网站均可查找到发行人产品销售信息或发行人为合作伙伴信息。

④获取客户库存信息的独立性及执行的程序说明

发行人境外客户库存信息数据均由中介机构通过电子邮箱独立获取，为保证邮件回复

可靠性所执行的程序包括以下方面。

A. 获取发行人境外客户联系人员的邮箱地址，通过保荐人企业邮箱向客户问询或确认所获得的库存数据准确性，比对客户收件人与回复人的邮箱或邮箱后缀信息是否一致。

B. 获取并查阅发行人业务人员与境外客户日常的业务往来邮件记录，确认与库存信息邮件回件人的邮箱地址或邮箱后缀是否一致。

C. 对比客户收件人员和回复人员邮箱地址、邮箱后缀及邮件内所附名片信息与客户名称或基本信息是否一致；多重比对函证邮箱地址、回复访谈记录的邮箱地址及人员信息、访谈记录中客户提供的名片中的邮箱地址及人员信息、中国出口信用保险公司提供的客户资信报告中相关人员信息、客户官网记载的邮箱后缀与客户库存数据邮件的收件人员和回复人员信息、邮箱地址以及邮箱后缀是否有关联。

⑤对于规模较大境外客户，通过客户的供应商管理平台查询的销售情况

【案例35】

云里物里（872374）于2022年10月北交所上市注册生效。云里物里报告期各期境外销售占公司主营业务收入的比例分别为80.87%、70.83%和71.33%，公司境外业务收入占比较大且境外客户较为分散。

针对发行人客户集中度相对较低、小客户众多、客户分布多个国家和地区的特点，中介机构主要采取了以下核查措施：

（1）执行访谈程序

结合客户销售金额排序及客户所在地域选取境外客户进行视频访谈，访谈境外客户销售额占报告期各期境外销售收入的比例分别为66.17%、65.19%、71.93%。对于报告期内存在异常变动的5个境外客户，由境外律师进行实地走访，保荐机构、申报会计师及发行人律师同步视频参与。

保荐机构共选取54家境外客户进行视频访谈，覆盖北美洲、南美洲、大洋洲、亚洲、欧洲共计24个国家或地区。为保障视频访谈效力：①选定的访谈对象为客户的执行董事、采购经理或产品经理等，熟悉客户业务、充分了解与发行人的业务往来情况，访谈对象在正式访谈之前展示身份证明或客户品牌标志，访谈结束后访谈文件确认及签署亦直接与上述对象通过邮件方式往来。②比对视频访谈文件签署的收件人邮箱后缀与受访客户名称及官网显示的企业邮箱后缀、或公司日常业务往来邮件的邮箱后缀是否一致；通过互联网资

料等查询核实受访人在客户单位的实际任职情况。③视频访谈过程由中介机构独立进行询问和记录。

针对被访谈对象的身份核实，保荐机构执行了以下多种程序：

①在视频访谈过程中与访谈对象确认其姓名、所任职公司基本情况及所担任的公司职务等基本信息，获取访谈对象的名片、工作牌、身份证明、居住证、健康保健证或护照等文件，复核相关文件上姓名与受访人所使用的公司邮箱所显示姓名或前缀是否一致；

②查看发行人业务人员与受访人往来的日常沟通邮件，确认受访人为发行人日常业务往来中存在的客户处任职人员；

③通过 LinkedIn、客户官方网站等公开渠道检索个人信息，复核其入职公司、职级身份或其他身份信息。

（2）执行函证程序

对报告期内累计交易金额 20 万元以上的客户全部函证，累计交易金额 20 万元以下的客户，采取按金额分层并同时考虑客户区域广泛性抽样函证，报告期各期的回函比例分别为 66.02%、69.73%、80.90%。

为保证函证发出及回函执行过程的有效性，中介机构执行了如下控制程序：第一，对于纸质函件，中介机构独立发出并要求客户回函至中介机构办公地点而非发行人处，核对发函地址、回函地址、工商注册地址的一致性，核对客户收件人、发件人的姓名和手机号码是否与发行人员工存在重合。第二，对于境外电子函证，发函及回函过程控制程序主要包括：①由发行人提供被函证单位的邮箱地址，比对邮箱后缀与被函证单位名称、被函证单位官网显示的企业邮箱后缀或与公司日常业务往来邮件的邮箱后缀是否一致；通过 LinkedIn、ZoomInfo 等查询资料核实函证邮件联系人在被函证单位的实际任职情况。如公开渠道无法获取邮件联系人资料，则通过公司日常业务往来邮件核实邮件联系人为该客户单位联络人。②电子函证邮箱确认后，中介机构将发行人盖章的询证函扫描件独立发出，并保留发函邮件截图等工作底稿；经被函证单位签字或盖章确认后，将回函扫描件直接发送至中介机构邮箱。③核对邮件回函内容是否与发函内容一致，回函邮件附件内容是否存在涂改的痕迹等异常情况，相关回函附件内容的签字或盖章情况是否存在异常。第三，对于回函差异，中介机构通过与客户往来邮件直接沟通、查询发行人销售记录等形式核对差异原因。针对未回函证的客户执行替代程序，检查对应的合同、出库单、签收记录、发票和报关单等原始单据。

（3）调查中国出口信用保险公司资信报告及第三方商业资信

中介机构获取了66份境外客户的中国出口信用保险公司资信报告，对客户注册地址、注册资本、经营范围、股权结构和设立时间等信息进行核查，核查其与公司之间是否存在关联关系；并结合境外客户的官网网站、公开渠道可查询信息，了解发行人境外客户的基本信息情况及主营业务是否与发行人销售的产品相匹配，核查比例占发行人报告期各期间境外销售收入的比例分别为72.18%、70.91%、76.53%。因发行人境外客户分布区域较广，保荐机构通过Dun & Bradstreet、Crunchbase等第三方商业资信网站对不同国家客户进行抽样，共获取报告期内195个客户的网站公示信息或报告，覆盖发行人涉及业务分布所在的83个国家和地区，核实客户存在的真实性及其从事业务的相关性。

（4）出口退税数据及报关数据核对

获取发行人报告期出口退税汇总申报表及出口退税明细账，测试并核查发行人销售收入与出口退税数据的匹配性。

比对海关报关数据与发行人自身数据的匹配性，保荐机构独立导出海关电子口岸报关数据，并与发行人自身数据进行逐条记录的匹配核对，匹配核对内容包括金额核对及数量核对。

具体过程如下：①独立导出海关报关明细信息

对于自主报关的外销收入，现场逐月导出海关数据并进行汇总。海关数据导出来源及过程如下：海关数据导出来源为中国电子口岸出口退税联网稽查系统（网址：https://i.chinaport.gov.cn/deskserver/sw/deskIndex?menu_id=rtx），逐月导出为XML格式，发行人无法修改及编辑。导出数据后通过生产企业离线出口退税申报软件（国税总局官网下载）进行逐月转换为EXCEL格式。上述导出及转换过程由保荐机构独立完成。

②逐条匹配销售出库及海关报关明细

对ERP导出销售出库记录与海关导出的报关明细（以下简称“两表”）进行逐条匹配核对。逐条匹配核对内容包括：“两表”的外币金额、折算人民币金额及货品数量。

③抽样细节测试

完成上述表与表核对后，每年随机抽取销售明细核对记录执行细节测试，以验证“两表”核对的真实性，验证检查内容包括：每条记录对应报关单、发票、合同（采购订单、形式发票、商业发票）、装箱单、内地海关及香港特别行政区海关陆路进出境载货清单、境外航段物流底单、通关无纸化出口放行通知书等。

（5）核查境外客户所购产品的应用场景

发行人客户群体主要包括从事各大物联网应用领域的生产企业及物联网整体解决方案提供商。保荐机构结合客户访谈、中信保获得的客户工商信息资料、客户官网及全网公开渠道，对客户单位主营业务与发行人销售产品的匹配性进行分析比对，共进行39个客户应用场景分析匹配，覆盖报告期前30名外销客户，完成核查的外销客户收入占报告期各期外销收入的比例分别为64.58%、62.06%及65.59%。

（6）核查境外主要客户合作往来记录

中介机构收集并整理境外销售累计交易额前31名客户的邮件等日常合作沟通记录，核查发行人与境外客户接洽、技术商定、价格谈判、下单、发货、收货等环节的沟通过程。核查合作往来记录的销售收入占外销收入的比例报告期内分别为64.55%、62.51%及63.08%。

（7）对小客户实施电话回访等核查程序

中介机构在前述相关核查程序基础上，针对报告期内累计成交金额小于20万元的境内外客户的核查程序还包括：第一，对发行人客户分散情况、客户结构情况进行分析性复核，论证发行人存在众多成交金额较小客户的合理性。第二，执行函证、访谈、客户资信背景调查、细节测试、大额资金流水核查、截止性测试等程序时，充分考虑客户所在区域特点及销售金额分层情况。第三，报关单逐条匹配金额及数量核查程序，对全部外销业务自主报关收入进行逐条销售匹配复核并完成抽样检查。第四，执行电话回访程序，分层抽样核查小客户交易真实性等。

（8）核查大额资金流水

中介机构独立获取发行人报告期内银行对账单、网银流水，与银行存款日记账进行核对；对单笔大额资金流水进行逐笔核查，核对内容包括交易对手、交易金额、交易日期、交易摘要等，覆盖报告期内银行流水发生额的86.86%。

4. 第三方回款的核查

第三方回款通常是指发行人收到的销售回款的支付方（如银行汇款的汇款方、银行承兑汇票或商业承兑汇票的出票方或背书转让方）与签订经济合同的往来客户（或实际交易对手）不一致的情况。

考虑到第三方回款与经营模式、行业特点等密切相关，目前监管不对第三方回款比例进行“一刀切”。总体来说，第三方回款重点落脚在相关收入的真实性核查上，即是否构成影响发行条件事项，以及应充分考虑经营实务、可验证性、可控性。

第三方回款，应重点核查以下问题：第三方回款的真实性；第三方回款形成收入占营业收入的比例；第三方回款的原因、必要性及商业合理性；发行人及其实际控制人、董监高或其他关联方与第三方回款的支付方是否存在关联关系或其他利益安排；境外销售涉及境外第三方的，其代付行为的商业合理性或合法合规性；报告期内是否存在因第三方回款导致的货款归属纠纷；如签订合同时已明确约定由其他第三方代购买方付款，该交易安排是否具有合理原因；资金流、实物流与合同约定及商业实质是否一致。

【案例36】

2017年、2018年、2019年和2020年1~6月，明月镜片（301101）发行人第三方回款占当期销售商品、提供劳务收到的现金比例分别为58.86%、50.38%、37.62%和32.90%，第三方回款占当期营业收入的比例分别为55.68%、51.49%、38.72%和28.72%。

问询函要求发行人：(1) 补充披露报告期各期，不同销售模式下第三方回款的金额和比例，是否存在变相通过经销商、自然人及发行人员工代收客户货款的情形，是否系变相规避第三方回款的情形；结合经销商的性质说明经销模式下第三方回款比例较高的原因及合理性。(2) 补充披露第三方回款比例高是否符合同行业惯例，发行人对第三方回款未进行整改和规范的原因和合理性；第三方回款中合作关系和其他的具体定义和构成，是否在合同中明确约定。

针对第三方回款，保荐机构、申报会计师履行的核查程序如下：

(1) 对发行人第三方回款内部控制流程进行了解和穿行测试，验证第三方回款相关内控措施执行的有效性。

(2) 获取第三方回款明细表、涉及的银行汇款单及相关凭证，取得上述主要客户与发行人和第三方付款方签订的委托付款协议，核查第三方回款涉及的客户与付款方的关系、委托付款原因、回款金额等信息。

(3) 查阅涉及第三方回款相关销售的合同、发货单、物流单、发票等交易原始凭证，确认交易的真实性。

(4) 取得发行人控股股东、实际控制人、董监高的关联关系调查表，逐一核查与客户和第三方付款方是否存在关联关系。

（5）查阅发行人及其控股股东、实际控制人、董监高银行账户明细及资金流出情况，核查其是否与涉及第三方回款客户及其代付方存在资金往来。

（6）访谈发行人销售人员、客户等，了解业务及第三方回款发生背景，就第三方回款的原因、必要性及商业合理性进行核查，确认是否存在因第三方回款导致的货款归属纠纷。

经核查，保荐人、会计师认为：

（1）报告期内发行人第三方回款真实，不存在虚构交易或调节账龄的情形；

（2）第三方回款具备商业合理性，发行人及其实际控制人、董事、监事、高级管理人员及其他关联方与第三方回款方不存在关联关系或其他利益安排；

（3）境外销售涉及境外第三方的，其代付行为具有商业合理性或合法合规性；

（4）报告期内，发行人不存在因第三方回款导致的货款归属纠纷；

（5）发行人已对第三方回款制定了相关内部控制制度且能得到有效执行；

（6）发行人已在招股说明书中完整披露第三方回款的相关内容，第三方回款不影响发行人销售的真实性，不构成影响发行条件的事项。

（二）对采购的核查

在IPO尽职调查过程中，对采购的核查与对销售的核查同等重要，在采购核查过程中，需重点关注事项分析如下。

1. 供应商依赖

关于供应商依赖，根据《公开发行证券的公司信息披露内容与格式准则第57号——招股说明书》的要求："向单个供应商的采购比例超过总额的50%的、新增属于前五名供应商或严重依赖于少数供应商的，应披露其名称或姓名、采购比例。"监管审核时一般会关注依赖的原因、可能带来的风险以及发行人为降低供应商依赖程度而采取的措施。

发行人及保荐机构应当合理说明供应商集中情形的商业逻辑，只要逻辑自洽，这个问题并不代表或导致发行人财务数据造假，但可能会影响发行人采购的独立性以及持续经营能力、持续盈利能力。具体可以从以下几方面考量：

（1）主要原材料较为贵重，单价较高，导致采购金额较大，占比较高；

（2）上游行业处于初期发展阶段或者进入壁垒较高，本身集中度就较高；

（3）供应商具备行业领先优势，生产工艺、良率及交货周期等因素满足发行人的采购需求；

(4) 主要原材料属于定制化产品，由单一供应商提供有利于供应稳定以及质量保证；

(5) 随着发行人业务规模的增长，发行人未来将拓展其他供应商渠道，进一步减少对单一供应商的依赖，同时，替换供应商不存在障碍，不会导致成本大幅增加；

(6) 发行人是否享有单一供应商就主要原材料的优先购买权，或者单一供应商独家向发行人供应主要原材料且不存在向发行人之外的客户销售主要原材料的情形；

(7) 发行人采购流程内部控制制度健全并且执行有效，发行人采购价格经过了合法合规的招标程序。

【案例37】

多瑞医药（301075）和晶晨股份（688099）在IPO审核中关于供应商集中的问询及回复情况见表2－12。

表2－12　多瑞医药和晶晨股份问询及回复

案例名称	问询关注问题	回复
多瑞医药（301075）	披露希悦尔（中国）有限公司是否为多层共挤膜的独家供应商，如是，请说明发行人是否对其存在依赖	该家供应商确实是发行人多层共挤输液用膜的独家供应商。 发行人从以下几方面解释了是否存在依赖：(1) 多层共挤输液用膜属于药品常用包装材料；(2) 列举了多家已在国家药品监督管理局药品审评中心登记公示的多层共挤输液用膜供应商，说明市场供应充足；(3) 未来发行人新增供应商只需要履行合格供应商备案程序，不存在明显障碍
晶晨股份（688099）	发行人对所述供应商是否存在重大依赖，是否能够向其他供应商采购相关内容，是否对发行人的持续经营能力造成影响	发行人主要从以下几方面进行了解释： (1) 最近3年，公司向所述供应商采购金额占公司总采购额比例虽然超过50%，但是整体呈下降趋势。(2) 向所述供应商采购占比较高的原因，主要包括：①晶圆本身价格高昂；②晶圆制造企业投入巨大；③全球范围内，所述供应商拥有最先进的晶圆生产线，满足公司代工需求；④双方合作多年，合作关系稳定

2. 供应商入股

在拟上市企业中，供应商/客户入股的情况较为常见，但提到供应商/客户入股时，都会让人对其中是否存在利益输送产生合理怀疑，因而供应商/客户入股也一直是IPO监管问询中关注的重点问题。

监管机构对于拟上市企业供应商/客户入股事项普遍关注的问题有以下几点：供应商/客户与发行人的合作历史情况、入股的合理性、入股形式及持股比例、入股前后业务（包括但不限于采购/销售金额、定价、产品数量、收付款政策等）上是否发生明显变化、是否影响发行人的生产经营与独立性、入股价格的公允性、与其他投资者是否存在显著差异、是否涉及股份支付、有无潜在利益安排或者其他特殊安排、是否存在利益输送等。

中介机构可通过访谈发行人实际控制人、入股供应商/客户的实际控制人或相关人员，结合过往合作情况、企业未来发展战略、行业趋势等进行分析，重点关注供应商/客户入股的逻辑性、合理性。

《监管规则适用指引——发行类第5号》中针对供应商/客户入股的核查重点作了较明确的规定。

（1）发行人供应商/客户入股的，应综合考虑购销交易公允性、入股价格公允性等因素判断。购销交易价格与第三方交易价格、同类商品市场价等相比不存在重大差异，且发行人未从此类客户、供应商获取其他利益的，一般不构成股份支付。

①供应商/客户入股价格未显著低于同期财务投资者入股价格的，一般不构成股份支付；

②供应商/客户入股价格显著低于同期财务投资者入股价格的，可能会引起利益输送的合理怀疑，是上市委员会重点关注的问题之一，应重点核查供应商/客户入股价格的合理性与公允性。可通过参考比对同次或近期入股的其他股东的入股价格，如无其他股东，可根据实际情况参考公司最近一次增资、股权转让价格或发行人每股净资产价格及入股原因综合判断。此外，对于报告期内供应商/客户入股价格低于同期外部投资人或被认为入股价格明显偏低，需要考虑进行股份支付处理，并关注是否存在突击入股的情况。

（2）根据《公司法》、《企业会计准则第36号——关联方披露》及上市规则等相关规定，直接或者间接持有公司5%以上股份的企业或自然人应认定为关联方，因此入股比例关系到供应商/客户入股后是否认定为关联方，但在IPO的实操中，对于部分供应商/客户的持股比例略低于5%，但存在其他关联关系或属于发行人重要供应商/客户的，应当按照实质重于形式及审慎性原则，对其进行关联方核查披露，相关交易需比照关联交易进行披露。

(3) 拟上市企业在供应商/客户入股前后的交易应保持一贯性及稳定性，注意供应商/客户入股后业务往来中交易的公允性，是否存在供应商/客户入股股东协助拟上市企业虚增收入、利润的情形。

【案例38】

格科微(688728)于2021年6月科创板IPO注册生效。招股说明书披露，发行人申报前一年新增上海橙原、中电华登、常青藤藤科等22名股东。其中上海橙原、中电华登与老股东华登美元基金之间存在关联关系，常青藤藤科部分合伙人为发行人的客户和供货商、客户和供货商的股东、高级管理人员。请发行人披露：常青藤藤科中合伙人的身份，并比照《招股说明书准则》关于关联交易的信息披露要求，补充披露与对应供货商、客户的交易情况。请发行人说明：(1)申报前6个月的股份调整(包括优先股转普通股、股份分拆等)对各股东锁定期的影响、是否符合相关监管规定。(2)上海橙原是否需要办理私募基金备案，如无须办理，说明理由及依据。(3)客户和供货商及股东、高级管理人员入股发行人价格是否公允、是否涉及股份支付、对发行人财务状况的影响，是否对发行人的生产经营和独立性产生重大影响，发行人向其销售、采购的产品定价、数量、收付款政策等在入股前后是否发生变化，与其他供货商、客户是否一致，对比分析采购/销售价格的公允性，有无潜在利益安排、是否存在其他特殊条款。(4)是否还存在其他供货商、客户及其股东、高级管理人员入股发行人的情形，若有，请按照(3)进行分析并在招股说明书中披露。请保荐机构和申报会计师对(3)(4)进行核查，说明核查手段、核查过程和核查结论；请保荐机构、发行人律师对上述事项进行核查并发表明确意见，说明核查过程、核查方式；同时按照当时适用的《上海证券交易所科创板股票发行上市审核问答(二)》问题2的规定，对新增股东进行核查并发表明确意见。

3. 供应商与客户重叠

发行人存在供应商与客户重叠的购销业务，即企业既向对方销售商品，也向对方采购商品。监管审核时主要关注重叠情形的合理性和必要性、是否符合商业惯例，是独立的购销业务还是委托加工、采用总额法还是净额法核算，是否存在关联关系、异常资金往来、共同投资等情形。

核查要点包括以下内容。

（1）合理性和必要性。经查阅近期通过审核的多个案例，发行人及保荐机构主要通过以下方式比较说明了供应商与客户重叠的合理性和必要性。

获取报告期各期客户和供应商交易清单，汇总发行人与相关客户、供应商的采购、销售情况；对发行人重叠的客户和供应商进行实地访谈，询问企业相关人员，了解发行人的客户与供应商存在重叠的原因、定价机制及定价的公允性，并判断是否合理、是否存在利益输送；对发行人客户和供应商发函确认。

同时，建议列表披露以下内容：对重叠的情形按照原因予以分类，列示每一类型下重叠的数量、交易金额及其占收入或采购总额的比重；分年度、分类型列示主要重叠公司的销售/采购内容、销售/采购金额、占销售/采购比重、单价与数量情况。

（2）是否存在关联关系、异常资金往来、共同投资等情形。保荐机构及发行人会计师可以采取的核查程序包括以下内容。

获取发行人部分客户和供应商出具的声明，获取相关客户、供应商工商资料，通过企查查等平台进行查询，核查发行人的相关客户、供应商与发行人、发行人主要股东、董监高、其他核心人员、离职员工是否存在关联关系，是否存在共同投资的情形。

对发行人部分客户和供应商进行实地访谈确认，获取发行人、主要股东、主要董监高及核心技术人员等银行流水，核查发行人的相关客户、供应商与发行人、发行人主要股东、董监高、其他核心人员、离职员工是否存在异常资金往来。

4. 供应商返利

供应商返利政策在医药医疗、白酒、家电等行业领域较常见，供应商通常以发行人完成采购任务情况、回款情况为基础给予一定的返利。监管审核时主要关注供应商返利政策、返利金额及对经营业绩的影响、会计核算是否准确。

核查要点主要包括：根据供应商返利政策重新匡算返利金额，判断是否存在异常或者勾稽不一致的情形；供应商对公司的年度考核与返利策略是否均依照供应商的市场推广整体策略确定，发行人享受的返利政策与其他第三方从供应商获得的返利政策是否一致；各期返利金额与主营业务收入变化趋势是否基本一致；各期返利金额占当期利润的比例是否重大；供应商返利通常是根据发行人向供应商实际采购量来确定，可能存在时间上的错配，是采用权责发生制还是收付实现制确认返利（实践中，两种处理方法均有案例，需要结合返利政策的实际情况说明合理性，具体情况见表2－13）。

表2－13 供应商返利的会计处理案例

上市公司	会计处理	处理原则
达嘉维康（301126）	以收现款方式收到补差时，借记“银行存款”（正数金额）、借记“应交税费——应交增值税（进项税额转出）”（负数金额）、贷记“主营业务成本——补差价”（正数金额）；以供应商票面折扣方式收到补差时，借记“主营业务成本——补差价”（负数金额）、贷记“应交税费——应交增值税（进项税额转出）”（正数金额）、贷记“应付账款”（负数金额）	收付实现制，收到时冲减成本
老百姓（603883）	公司返利的收取方式包括现金返利、发票折扣和实物返利等方式，其中发票折扣为主要方式。公司依据与供应商约定的返利政策及采购情况，与供应商沟通后确定应该收取的返利金额。由供应商在出具的增值税专用发票上进行金额折扣或出具专门的负数增值税专用发票，公司按照确定的返利金额扣减应付供应商的采购款，并将返利入账。公司与供应商商定的返利金额，实际上为供应商对公司已完成的商品采购所作出的商业折扣。对于公司而言，此商业折扣相应降低了公司该批次的采购价款，最终影响公司的采购成本。因公司的存货周转较快，返利最终影响公司的销售成本。所以，公司将其所确认的供应商返利相应冲减主营业务成本	收付实现制，收到时冲减成本
益丰药房（603939）	根据公司与供应商签署的采购合同，返利收入一般以季度和年度为主，由于在签署合同时无法预计采购量是否达到标准，故均在满足条件收到供应商返利后再确认进行会计处理。公司收到供应商返利后，由于公司产品的存货周转率较高，目前均是在收到供应商返利的当月冲减相应的销售成本	收付实现制，收到时冲减成本
大参林（603233）	根据公司与供应商签订的年度购销合同，返利收入一般以季度和年度为主，由于在签署合同时无法预计采购量是否达到标准，故均在满足条件收到供应商返利后再确认进行会计处理。公司收到供应商返利或基本确定可以收到供应商返利后，由于公司产品的存货周转率较高，均是在收到供应商返利的当月冲减相应的销售成本，同时减少当期增值税进项税金	收付实现制，收到时冲减成本
柳化股份（600423）	供应商返利政策设计一般较为复杂，返利的确认依据为购销合同、协议等约定的相关条款、促销政策等，并主要以当期实际完成的销售量为基础。在满足前述返利条件时，发行人采取了如下的会计处理方式：供应商在给发行人开具正常销售发票的同时，将返利作为销售折让在销售发票上注明，发行人依据抵减返利后的金额即按净额确认存货的采购成本及增值税进项税额	收付实现制，收到时冲减成本

续表

上市公司	会计处理	处理原则
鹭燕医药（002788）	根据存在单价补偿药品的销售流向，与供应商核对后，按照协议规定的单价补偿的计算公式或明确的补偿价格，分供应商、分货品计算应收补差金额，做补差计提分录：借记“主营业务成本——补差价”（负数金额）、借记“库存商品”（正数金额）。收取补差的方式分为收现款和供应商票面折扣，以收现款方式收到补差时，借记“银行存款”（正数金额）、借记“应交税费——应交增值税（进项税额转出）”（负数金额）、借记“主营业务成本——补差价”（负数金额）；以供应商票面折扣方式收到补差时，借记“应付账款”（正数金额）、借记“主营业务成本——补差价”（负数金额）、借记“应交税费——应交增值税（进项税额）”（正数金额）。以这两种方式收到补差的当月还需冲销以前月份已计提补差，做计提补差冲回分录：借记“主营业务成本——补差价”（正数金额）、借记“库存商品”（负数金额）	权责发生制
东利机械（301298）	发行人在与供应商签署采购协议时，即考虑自身业务发展情况，与供应商约定较为可行的返利条件。因此，发行人按照权责发生制的原则，对供应商返利的会计核算进行了规范，即根据采购金额和约定的返利比例，在采购当期确认返利。 具体会计处理如下： （1）采购入库时 借：原材料 其他流动资产——待抵扣返利（预估返利） 应交税费——应交增值税 贷：应付账款 （2）年度终了，根据双方对账确定的返利金额在当年度调整计提差额 借：原材料/营业成本 贷：其他流动资产——待抵扣返利（预估返利） （3）次年实际发放返利时 借：应付账款 贷：其他流动资产——待抵扣返利（预估返利）	权责发生制

核查程序包括：（1）检查发行人与供应商的采购协议、沟通邮件中关于相关返利的具体约定及计算金额；（2）检查并复核供应商返利结算的相关交易及依据；（3）访谈返利供应商或取得相关返利供应商对返利政策的邮件确认，了解发行人享受的返利政策与其他第三方从该供应商获得的返利政策是否一致；（4）选取样本检查发行人与供应商返利结算依据并复核相关金额计算的准确性；（5）对供应商进行函证，函证内容包括报告期内返利的发生及结算情况；（6）结合企业会计准则及上市公司返利案例，对供应商返利的会计处理进行分析，并检查发行人相关会计处理在报告期内是否保持一致等；（7）实施期后查验，确保返利核算的截止准确性。

5. 劳务外包

劳务外包作为企业节约成本、提高管理效率的重要手段，是许多企业在经营管理过程中的重要环节之一。但在实际业务执行中存在部分企业利用劳务外包规避用工单位义务的情形或将劳务派遣包装成劳务外包，以规避相关规定。因此，发行人的劳务外包情况成为 IPO 审核中的主要关注点之一。

根据《证券业务示范实践第 3 号——保荐人尽职调查》的规定，首发企业存在将较多的劳务活动交由专门劳务外包公司实施的情况，中介机构应当充分关注以下方面：

对于劳务外包，保荐人要重点分析劳务外包的合理性及必要性，通过查阅劳务外包合同、结算单据等，关注主要服务内容、服务定价、用工风险安排以及费用结算等条款，并核查劳务外包公司是否与发行人存在关联关系，核查劳务外包合法合规性。

核查要点提示：

（1）对于劳务资质的审查，需注意不同行业在不同省份关于劳务外包资质的要求，根据首发企业业务开展地的具体政策进行核查。

（2）获取发行人、控股股东、实际控制人、董事、监事、高级管理人员及关键采购人员的资金流水账户，关注提供劳务收到的现金的增减变化情况是否与发行人销售收入变化情况相符，关注交易产生的经济利益是否真正流入企业，是否存在劳务外包商向发行人实际控制人、董监高等输送利益、体外循环等情况。

（3）对发行人劳务采购人员、劳务外包商进行访谈，详细了解发行人进行劳务外包的合理性与必要性，劳务外包商的选择标准、业务背景、合作情况，关注发行人是否制定关于劳务外包的内控制度；查阅报告期内发行人与劳务外包服务商签署的相关协议、工时记录、结算单据及劳务外包费用支付凭证等资料，了解发行人劳务外包业务的具体内容、管理方式、费用结算是否存在跨期核算等情况。

（4）对于发行人重要的劳务外包商或短期内发行人劳务公司的构成发生较大变动的，着重对上述劳务外包商进行股权穿透核查，并与发行人实际控制人、董监高等人员填写的调查表、员工花名册、银行流水等材料进行交叉比对，核查主要劳务外包服务商与发行人及其关联方的关联关系、资金往来等情况。

（5）与同行业上市公司进行对比，了解发行人劳务外包的定价机制及定价的公允性，关注与其他可比公司对劳务外包商的定价是否存在显著差异。

【案例 39】

关于美邦股份（605033）。报告期内，发行人存在劳务外包的情况。请发行人代表说明：(1) 劳务外包公司与发行人及其关联方是否存在关联关系或其他利益安排。(2) 相关事项认定为劳务外包而非劳务派遣的依据是否充分，是否存在以劳务外包形式规避劳务派遣相关法律义务的情况。(3) 劳务外包费用大幅波动以及劳务外包计件单价持续下降的原因，劳务外包人员数量及费用变动是否与发行人经营业绩相匹配。(4) 发行人劳务外包费用占比较大的原因及合理性，劳务外包对发行人业务、资产独立性和完整性是否构成重大影响，是否对劳务外包单位构成重大依赖。

【案例 40】

关于龙高股份（605086）。报告期内，发行人采场劳务与工程、加工劳务主要采用外包方式，且龙岩地区客户及供应商占比较高。请发行人代表说明：(1) 报告期内采场劳务与工程、加工劳务主要采用外包方式是否符合行业惯例，是否对劳务外包存在重大依赖。(2) 是否存在利用劳务外包规避环保、安全生产情形以及职工五险一金缴纳义务；报告期内主要供应商是否存在环保、安全生产、劳动用工违法违规或被行政处罚情形及其对发行人的影响。(3) 发行人与主要客户及供应商关于产品及劳务定价依据及标准，是否符合行业惯例，报告期内是否保持一致，定价是否公允。(4) 龙岩地区与其他地区客户及供应商在定价机制、产品结构、收款和结算等方面是否存在显著差异，是否存在为发行人支付成本、分担费用或其他利益输送的情形。

6. 原材料采购

关键原材料直接影响发行人供应链的安全，采购情况会直接影响产品的成本，进而影响其他财务数据。而近几年，随着新政策、新规定的颁布，监管机构的审核关注要点在不断发生变化，IPO 问询中关于原材料采购相关的比重逐渐增多。

（1）根据《保荐人尽职调查工作准则》的规定，科创板、创业板、北交所招股说明书信息披露内容与格式准则及近期 IPO 项目的反馈意见中，监管审核机构对于原材料采购重点关注以下几点：

①主要产品或主要原材料价格波动情况、是否过度依赖某一些重要原材料或产品，对发行人生产经营是否产生重大影响，是否影响发行人持续经营能力；

②关于原材料采购、主营业务成本中直接材料与存货等科目之间的勾稽关系；

③报告期内发行人主要原材料采购价格是否与行业均价或同行业可比上市公司存在差异；

④发行人与主要原材料的主要供应商是否存在关联关系，是否存在依赖并因此影响独立性，采购的真实性、采购价格的公允性及是否存在利益输送等。

（2）核查要点提示如下所述：

①一般来讲，发行人关键原材料采购的集中度反映了其对关键原材料供应商的依赖程度，特别是在供应商产能受限、市场需求不断增长的情况下，发行人将面临关键原材料短缺或价格大幅上涨等风险，可能对发行人持续经营能力、经营业绩造成重大影响。对于上述情况，保荐机构应结合发行人所在行业特点及发展情况、原材料市场情况、上游主要供应商的综合实力及集中程度、发行人及供应商的库存情况、发行人是否对原材料波动制定应对措施或替代方案等方面，综合判断对公司业绩的影响。

②关于原材料采购、主营业务成本中直接材料与存货等科目之间的勾稽关系，在一般情况下可根据进销存的勾稽逻辑，以表格形式列示。以原材料期初余额为基础，加上本期原材料的采购，减去原材料期末余额，并扣除本期非生产用途领料，即为生产成本——直接材料的当期发生额；同时再考虑期初期末存货中的直接材料结存情况，即为营业成本——直接材料的当期发生额；并根据发行人报告期业务发展情况分析差异。

③访谈公司相关部门人员及主要供应商，了解原材料的市场定价依据，并重点关注发行人是否建立了健全的采购内控制度，是否严格按照内控制度执行了采购询价、比价等流程，以确保采购价格的公允性。

④保荐机构应对发行人主要供应商进行股权穿透核查，并与发行人及其控股股东、实际控制人、董监高等人员填写的调查表、员工花名册、银行流水等材料进行交叉比对，核查主要供应商与发行人及其关联方的关联关系、资金往来等情况；查验发行人报告期内相关三会运行记录文件，核查发行人报告期内关联交易是否均履行了相关决策程序；保荐机构应通过核查发行人向不同供应商采购的价格、同一行业产品价格的变化趋势、供应商向不同客户销售的价格等，多个维度论述关联采购的合理性、必要性，关联采购价格的公允性。

【案例41】

关于帕瓦股份（002643）。根据申请文件，发行人报告期内主要原材料采购价格低于上海有色金属网均价及同行业可比上市公司采购价格，公司销售定价模式为“主要原料成本+加工费”。请发行人具体分析说明：（1）相比2020年，2021年净利润涨幅大幅超过收入涨幅是否主要因前期购进价格较低的原材料库存，该等增长是否可持续；（2）在金属钴、镍和锰的价格波动剧烈的产业大环境下，发行人如何应对原材料价格波动的风险；（3）公司2019年、2020年的第一大供应商上海年威在2021年没有进入前五名供应商的原因，供应商华友钴业等从事发行人类似业务对发行人未来采购的影响；（4）2022年公司浮动价格具体模式及预计占比情况。

【案例42】

关于绿的谐波（688017）。根据招股说明书披露，公司产品的原材料主要包括钢材、刀具、检具、铝材等。报告期内原材料采购金额及占比变化主要受到公司产销量变化、市场供需关系及备库需求因素等影响。报告期第一大供应商为苏州科美斯特贸易有限公司。请发行人说明：（1）结合主要供应商的合作年限、供应商股东结构、注册资本、资产规模、主营业务说明是否存在异常采购的情况，发行人与主要供应商是否存在关联关系，并具体说明发行人与苏州科美斯特贸易有限公司的合作背景、采购内容、采购额较大的原因；（2）结合市场价格及其变动趋势，分析发行人报告期内向主要供应商采购的价格是否公允；（3）结合产品结构变化等原因分析报告期内公司原材料采购结构的变动原因；（4）原材料采购金额和采购结构与主营业务成本中直接材料金额和结构的勾稽关系、与各期末存货余额和结构的关系。请保荐机构和申报会计师对以上事项核查并发表明确意见，说明对供应商核查的具体情况，包括核查方法、核查过程、核查比例和结论。

（三）对生产的核查

1. 委托加工

外协加工是IPO企业在生产模式中采用的一种普遍方式，以完成自身较难生产的产品或降低成本。在委托外单位加工产品的情况下，对外协产品质量的把控、对外协厂商的依赖等问题都成为影响发行人业务独立性、完整性的关键因素；此外，外协产品定价的公允性及与外协厂商的关联关系等都易对发行人产生利益输送的怀疑。因此，外协加工成为审核机构关注的一项重点问题。

（1）在IPO申报中，发行人存在外协加工情形的，监管机构普遍关注的问题有以下几点：

①审核外协加工的原因与必要性，是否与发行人业务模式相匹配；发行人自主生产、外协和外购设备部件各自所占比例，外协生产环节是否涉及发行人产品的核心技术或核心生产环节，对外协厂商是否存在重大依赖。

②对外协成本和自身成本进行比较，并结合市场可比价格，说明外协产品的定价依据，以及是否公允。

③外协加工方是否与发行人控股股东、实际控制人、主要股东以及董事、监事、高级管理人员之间存在关联关系，是否存在为发行人代垫成本费用、代为承担成本或转移定价等利益输送情形。

④外协涉及的具体工序是否为发行人生产中的核心或关键环节，是否存在特殊资质要求，是否存在进入门槛；外协厂商是否存在规避环保核查的情形。

⑤关注发行人与主要外协厂商合同的主要条款，发行人对外协产品质量的控制程序，报告期内是否存在重大质量问题或纠纷，如存在，是否具备相应的应对措施。

（2）核查要点提示包括如下内容：

①对于外协加工价格的形成机制、定价依据，应结合发行人报告期内前五大外协厂商的加工内容、数量、单价、交易金额及占比，通过与市场公允价格对比或比较自身成本和外协成本说明定价公允性，并量化主要产品中外协成本占产品总成本的比例，分析采购成本和自身加工成本的差异情况，说明外协加工的必要性。复核发行人对外协加工方式的会计处理，判断是否符合企业会计准则的相关规定。

②对于发行人重要的外协厂商进行实地走访，查看其生产厂房，了解外协厂商产能产量，取得外协厂商的工商资料，判断外协生产环节是否涉及发行人产品的核心技术或核心生产环节；此外，需关注发行人外协加工的生产模式是否涉及核心技术或关键工序泄露的风险。

③访谈发行人生产、运营部门及重要外协厂商的负责人等相关人员，获取发行人供应商管理制度，了解公司有关采购模式、供应商比选的内部控制制度，检查内部控制制度是否得到有效执行，并关注公司对外协产品质量把控的具体措施及公司与外协方关于产品质量责任分摊的具体安排。

④对发行人及其控股股东、实际控制人、董监高的银行流水进行核查，重点关注是否与外协供应商或其主要人员存在资金往来，是否存在为发行人代垫费用、代为承担成本或转移定价等利益输送情形。需要特别注意的是，外协厂商是否属于发行人员工或前员工控制的企业，必要时可针对个别外协厂商的相关人员发放关联方调查表，以核查外协厂商与发行人的关联关系。

【案例43】

关于宝明科技（002992）。根据2019年7月出具的《北京市金杜律师事务所关于深圳市宝明科技股份有限公司首次公开发行股票并上市之补充法律意见书（一）》之“十三、外协加工”，报告期内，发行人外协加工费用分别为93.06万元、102.51万元、4027.71万元。请发行人补充披露：(1)报告期内外协加工大幅增加的原因，发行人外协加工的内容、合作模式、必要性，主要外协厂商的基本情况，是否将主要生产工序委外加工，外协厂商是否主要为发行人提供加工服务，发行人对外协厂商是否形成依赖。(2)外协厂商曾经或现在是否为发行人控制或与发行人及其实际控制人、董事、监事、高级管理人员存在关联关系、亲属关系，是否与发行人保持独立；如存在关联关系，请说明交易价格的公允性，是否为发行人代为承担费用。请保荐机构、发行人律师发表明确意见。

【案例44】

关于弘信电子（300657）。招股说明书披露，终端客户为保证电路装连（surface mount technology，SMT）后产品整体的良率和一致性，要求挠性印制电路板（flexible printed circuit，FPC）厂商在裸板上完成电路装连工序后再交付成品。而发行人大部分电路装连需通过外协加工完成。报告期内电路装连外协加工金额分别为1662.40万元、3087.97万元、3386.75万元，占比分别为5.99%、6.29%、6.32%。请发行人：(1)补充披露在大部分电路装连仍需通过外协加工完成的情况下，终端客户将电路装连工序交由发行人完成的原因，通过外协加工是否符合终端客户的要求，报告期内电路装连业务（包括外协）的收入、占比及对发行人收入增长的贡献情况；(2)补充披露外协加工挠性印制电路板的数量、平均单价及其与发行人产销量之间的关系，发行人自行完成电路装连工序成本与外协完成电路装连工序的成本差异以及差异产生的原因；(3)补充说明外协的运营模式、外协良率、如何控制外协产品质量，并说明外协的会计处理过程、税收缴纳是否符合企业会计准则和税法的相关规定；(4) 补充说明报告期内前五大外协厂商的加工内容、数量、单价、交易金额及占比，并结合市场可比价格，说明外协定价的公允性；(5) 结合外协和自有电路装连业务，说明电路装连业务量与发行人产品产量、业务规模的匹配关系；(6) 补充说明报告期内主要外协厂商变化的原因，与发行人是否存在关联关系；(7) 鑫联信既是发行人的电路装连设备供应商又是外协厂商，请发行人说明与鑫联信的交易内容、交易数量、单价、金额及占同类业务占比，并说明与鑫联信交易的公允性，以及鑫联信租用发行人厂房的租赁价格的公允性；(8) 补充说明与弘信通信的交易内容、交易数量、单价、金额及占同类业务占比，并说明交易的公允性；(9) 补充说明外协加工方是否与发行人股东、实际控制人以及董事、监事、高级管理人员之间存在关联关系，是否存在为发行人代垫费用、代为承担成本或转移定价等利益输送情形。请保荐机构、发行人律师、申报会计师核查并发表明确意见。

2. 生产产能

对于生产型企业在拟上市过程中，监管机构对其业务层面进行核查时，产能产量几乎是上市审查不可回避的问题。《公开发行证券的公司信息披露内容与格式准则第57号——招股说明书》《保荐人尽职调查工作准则》《证券业务示范实践第3号——保荐人尽职调查》等相关政策中，对于发行人产能产量的核查均有明确要求。

（1）通过近期制造企业IPO案例分析，审核机构关于产能产量的重点问题主要围绕以下5点：①产能与公司产供销的匹配关系；②产能利用率不足的情况下募投新增产能如何消化；③进一步新增产能对独立性的影响；④上下游或相关行业产能过剩对公司的影响；⑤超产能生产的合法合规性。

（2）核查过程中需重点关注以下几点内容。

①对于产能与公司产供销的匹配关系，在一般情况下两者为正相关的走势，且产量不会超过产能，产能与当地政策、厂房设备、原材料供给、人员技术、能源供给等多方因素相匹配；而销量则因发行人库存等原因，可能会出现略微超过产能的情形。保荐机构应结合发行人业务开展的实际情况分析上述三者的匹配关系。

②当发行人出现产能利用率不足且募投新增产能的情况，通常可以根据发行人实际业务开展情况、市场容量、市场地位、市场份额、未来市场发展趋势及行业政策导向、同行业竞争情况、技术储备、在手订单及新客户拓展情况、产能利用率与产销率、产能

消化措施等方面进行充分论证。

③对于产能过剩的问题，需要对发行人的行业地位或发行人所处行业的经营环境、上下游行业可能发生的变化进行详细分析，以证明公司持续经营能力不会受到影响。

④对于发行人因各种原因存在超产能生产的情形，应重点关注该情况是否符合发行人业务特点或行业惯例，超产能生产是否符合安全、环保等相关部门的政策规定，是否存在被处罚的风险，上述情况对发行人生产经营是否产生重大影响，是否在上市前完成整改，并在招股说明书中充分披露相关风险提示。

⑤新增产能是否会增加关联交易，是否构成对发行人独立性的不利影响，是否会导致发行人对关联方存在依赖。

【案例 45】

关于祖名股份（003030）。发行人主要销售区域位于江浙沪地区，2019 年销售额占江浙沪地区比例为 5.26%，占全国市场比例为 0.86%。发行人在市场占有率存在提高空间而产能利用不足的情况下，募集资金项目主要用于年产 8 万吨生鲜豆制品生产线技改项目。请发行人：（1）结合生鲜豆制品的销售半径、目标市场的市场容量，说明募投项目实施之后公司生鲜豆制品的产能利用率、盈利预测的准确性；（2）结合在手和意向订单情况，说明募投项目新增产能消化措施的有效性。请保荐代表人说明核查依据、过程，并发表明确核查意见。

【案例 46】

关于华翔股份（603112）。报告期内，发行人存在较大的固定资产投入，但部分产品产能利用率不足，且对部分订单及工序存在外协采购和加工的情况。请发行人代表：（1）说明各年度细分产品的产能、产量、产能利用率与同期设备投入的匹配关系；（2）结合产能利用率情况，说明外协采购和加工的必要性、合理性，是否符合行业惯例；（3）说明外协厂商的选取程序、标准，与发行人及其实际控制人、董事、监事、高级管理人员等是否存在关联关系，是否存在主要为发行人服务或发行人前员工控制的外协商，相关内控制度是否健全有效；（4）说明外协采购和加工的定价依据及其公允性，外购成品平均成本低于自制成品平均成本的原因及合理性，外协商是否保留了合理的盈利空间，是否存在为发行人分担成本、费用等利益输送情形。请保荐代表人说明核查依据、过程，并发表明确核查意见。

（四）对专利的核查

专利集中体现了发行人的研发能力，在一定程度上代表发行人的技术进步性。企业申请专利（专利是研发成果最直接的表现，尚未形成研发成果的通常为在研项目）的数量、质量直观反映了企业的创新能力，享有专利情况是发行人技术竞争力、创新驱动发展能力的重要体现。对发行人拥有专利情况的核查，是保荐机构开展拟申报上市企业尽职调查的重要工作之一。

1. 关于专利核查的主要规定

《首发注册管理办法》 第12条第3项，发行人应不存在涉及主要资产、核心技术、商标等的重大权属纠纷，重大偿债风险，重大担保、诉讼、仲裁等或有事项，经营环境已经或者将要发生重大变化等对持续经营有重大不利影响的事项。

《监管规则适用指引——发行类第4号》 "4－10　资产完整性"：发行人租赁控股股东、实际控制人房产或者商标、专利来自控股股东、实际控制人授权使用的，保荐机构和发行人律师通常应关注并核查以下方面：相关资产的具体用途、对发行人的重要程度、未投入发行人的原因、租赁或授权使用费用的公允性、是否能确保发行人长期使用、今后的处置方案等，并就该等情况是否对发行人资产完整性和独立性构成重大不利影响发表明确意见。

如发行人存在以下情形之一的，保荐机构及发行人律师应当重点关注、充分核查论证并发表意见：一是生产型企业的发行人，其生产经营所必需的主要厂房、机器设备等固定资产系向控股股东、实际控制人租赁使用；二是发行人的核心商标、专利、主要技术等无形资产是由控股股东、实际控制人授权使用。

《监管规则适用指引——发行类第4号》 "4－9　诉讼或仲裁"：涉及主要产品、核心商标、专利、技术等方面的诉讼或仲裁可能对发行人生产经营造成重大影响，或者诉讼、仲裁有可能导致发行人实际控制人变更，或者其他可能导致发行人不符合发行条件的情形，保荐机构和发行人律师应在提出明确依据的基础上，充分论证该等诉讼、仲裁事项是否构成本次发行的法律障碍并审慎发表意见。

《监管规则适用指引——发行类第5号》 "5－7　持续经营能力"发行人存在以下情形的，保荐机构及申报会计师应重点关注是否影响发行人持续经营能力……发行人因自身因素影响存在重大不利变化风险，如……5. 对发行人业务经营或收入实现有重大影响的商标、专利、专有技术以及特许经营权等重要资产或技术存在重大纠纷或诉讼，已经或者将对发行人财务状况或经营成果产生重大不利影响……保荐机构及申报会计师应重点关注是否影响发行人持续经营能力。

为落实科创板定位，支持和鼓励硬科技企业在科创板上市，中国证监会和上交所分别制定并发布了《科创属性评价指引（试行）》《科创板上市暂行规定》，明确科创属性认定标准，现行适用的指标为“4＋5”科创板属性具体指标：“4”指科创板公司必须同时满足的四项条件，即四项常规评价指标；“5”指在不满足四项常规评价指标的情况下，满足五项条件之一的企业，即五项例外评价指标。科创属性评价指标具体为：

（1）四项常规评价指标（发行人应当同时满足）：

①最近三年研发投入占营业收入比例5%以上，或最近三年研发投入金额累计在6000万元以上；

②研发人员占当年员工总数的比例不低于10%；

③应用于公司主营业务的发明专利5项以上；

④最近三年营业收入复合增长率达到20%，或最近一年营业收入金额达到3亿元[1]。

（2）五项例外评价指标（不满足常规评价指标但满足以下指标之一）：

①拥有的核心技术经国家主管部门认定具有国际领先、引领作用或者对于国家战略具有重大意义；

②作为主要参与单位或者核心技术人员作为主要参与人员，获得国家自然科学奖、国家科技进步奖、国家技术发明奖，并将相关技术运用于主营业务；

③独立或者牵头承担与主营业务和核心技术相关的国家重大科技专项项目；

④依靠核心技术形成的主要产品（服务），属于国家鼓励、支持和推动的关键设备、关键产品、关键零部件、关键材料等，并实现了进口替代；

⑤形成核心技术和应用于主营业务的发明专利（含国防专利）合计50项以上。

2. 专利尽职调查主要问题

（1）发明专利认定

根据《专利法》第39条的规定，发明专利权自公告之日起生效。《专利法实施细

[1] 采用《科创板上市规则》第2.1.2条第1款第5项规定的上市标准申报科创板的企业，或按照《关于开展创新企业境内发行股票或存托凭证试点的若干意见》等相关规则申报科创板的已境外上市红筹企业，可不适用上述第4项指标的规定；软件行业不适用上述第3项指标的要求，研发投入占比应在10%以上。

则》第54条规定："国务院专利行政部门发出授予专利权的通知后，申请人应当自收到通知之日起2个月内办理登记手续。申请人按期办理登记手续的，国务院专利行政部门应当授予专利权，颁发专利证书，并予以公告。期满未办理登记手续的，视为放弃取得专利权的权利。"因此，国家知识产权局发出授权通知书和办理登记手续通知书后，发行人需要按照通知书的要求缴纳专利授权当年的年费、专利证书印花税等税费后才能取得专利证书。在尽职调查过程中，应注意核查专利权公告情况，如发行人仅取得《授予发明专利通知书》，则不得认定为已取得发明专利。

（2）发明人认定

《专利法实施细则》第13条规定："专利法所称发明人或者设计人，是指对发明创造的实质性特点作出创造性贡献的人。在完成发明创造过程中，只负责组织工作的人、为物质技术条件的利用提供方便的人或者从事其他辅助工作的人，不是发明人或者设计人。"确定发明人是确立发明专利权利的基础，涉及与专利相关权利的诸多方面，如判断职务发明、非职务发明，专利申请权、专利权的权属，以及获得利益和报酬的权利。发明人可以是一人，也可以是多人。《最高人民法院关于审理技术合同纠纷案件适用法律若干问题的解释》第6条第1款中将"创造性贡献"细化为"人民法院在对创造性贡献进行认定时，应当分解所涉及技术成果的实质性技术构成。提出实质性技术构成并由此实现技术方案的人，是作出创造性贡献的人"，可见只有对发明创造的实质性特点作出创造性贡献、提出实质性技术构成并由此实现技术方案的人才属于发明人。因此发明人不得随意指定，中介机构应关注发明人的认定或变动是否符合《专利法》的规定，是否存在潜在纠纷，发行人存在对发明人进行删减变更情形的，中介机构应特别关注。

【案例47】

华夏天信（2019年10月撤回科创板IPO申请）截至首轮审核问询回复签署日（2019年8月14日）拥有发明专利7项，其中受让取得发明专利4项，自主研发发明专利2项，合作研发发明专利1项。针对发行人部分专利的发明人变更问题：一是发行人在受让上述4项发明专利时将公司工作人员变更为发明人；二是发行人删除了某专利中部分发明人（被删除的发明人从公司离职）。审核机构要求发行人说明其获得相关专利时将公司工作人员变更为发明人的原因，以及该等人员是否实际参与相关专利的发明工作；说明其删除某专利部分发明人的原因，以及发明人离职对发行人技术的影响。

发行人回复，发行人在受让专利时将公司工作人员登记为发明人，但公司工作人员并未参与所受让专利的发明创造。发行人向国家知识产权局递交了发明人变更申请，申请从4项受让专利的发明人中剔除上述工作人员。对于将离职人员从某专利的发明人中删除的原因，发行人解释为该人员离职后，发行人对发明专利作出了实质性修改，增加了多项创新性内容，发明专利的后期修改过程不包含离职人员的工作内容。

案例点评 CASE ANALYSIS

发明人的变更，需要向国家专利主管部门申请办理著录项目变更手续，通常适用于发明人更改姓名、漏填或者错填、资格纠纷的情形。发明人是指对发明创造的实质性特点作出创造性贡献的人，因此对于某个具体的专利而言发明人具有特定性，企业申请发明人变更的，应基于合理的理由据实提交变更申请，而不得为了凸显公司人员的研发能力，或者仅出于发明人离职的事实，或者基于其他原因，脱离发明人应对发明专利作出创造性贡献的本质特征，随意增加或删减发明人。在本案例中，对于受让的4项发明专利，发行人的工作人员未能参与其发明创造过程，发行人最终将公司工作人员从发明人中删除，修正了不当增加受让专利的发明人的行为。

对于发行人将离职人员从某专利的发明人中删除事宜，发行人认为，删除的主要理由是发明专利的后期修改过程不包含离职人员的工作内容。而根据我国《专利法》第33条的规定，申请人可以对其专利申请文件进行修改，但是对发明专利申请文件的修改不得超出原说明书和权利要求书记载的范围，因此发行人所称的“后期修改”能否排除离职人员对发明创造的实质贡献有待进一步考量，发行人上述理由能否成立有待商榷。

【案例48】

芯碁微装（688630，2021年2月2日科创板注册生效）申请IPO过程中，审核机构关注到发行人发明专利的主要发明人为三人，包括两名财务会计人员和一名研发中心人员，且以上发明人未被列为发行人核心技术人员。根据发行人出具的首轮审核问询回复，上述发明专利属于发行人公司集体智慧成果，其实际所有权归属于发行人；在初创期公司的研发制度等各项规章制度尚处于完善之中，研发团队成员也存在动态变化过程，因此公司实际控制人指定财务人员为公司发明专利的名义登记人。同时，为激发研发团队的工作积极性，增强其主观能动性及荣誉感，根据研发人员的具体贡献，由产品研发中心指定的人员作为相关专利的名义发明人。在第二轮审核问询中，审核机构要求发行人说明初创期研发团队成员动态变化的具体过程，实际发明人及参与研发的主要人员背景、是否具备相应的研发能力，专利权属是否存在瑕疵等问题。

案例点评 CASE ANALYSIS

发明专利具有极强的专业性、创造性，发明专利的发明人一般是具有一定业务背景、实践经验、专业能力或科研能力的人员。在本案例中，发行人的主要发明人为财务会计人员、研发中心人员，且不属于核心技术人员，在此背景下，发行人的技术来源如何，发明专利的权属是否清晰，是否侵犯他人知识产权，是否会引发专利权纠纷，都是值得关注的问题。

（3）职务发明创造、非职务发明创造

非职务发明创造的专利申请权人为发明人或设计人，职务发明创造的专利申请权归于所在单位。根据《专利法》第6条第1款、《专利法实施细则》第12条，执行本单位的任务所完成的发明创造，或者主要是利用本单位的物质技术条件所完成的发明创造为职务发明创造。执行本单位的任务所完成的发明创造是指在本职工作中完成的发明创造；或履行本单位交付的本职工作之外的任务所作出的发明创造；或退休、调离原单位后或者劳动、人事关系终止后1年内作出的，与其在原单位承担的本职工作或者原单位分配的任务有关的发明创造。以上“本单位”一般指确立了劳动关系的工作单位，包括兼职工作单位、临时工作单位在内。

在发行人的核心技术、专利进行尽职调查的过程中，应注意核查发行人研发资金投入、研发设备与场地、专利技术成果取得情况，核查发行人实际控制人、董事和高级管理人员、核心技术人员在同行业公司、高校、科研院所任职情况，调查发行人核心技术、专利是否涉及研发人员曾任职单位、兼职单位的职务成果，是否侵犯研发人员原单位、兼职单位知识产权，是否存在权属纠纷或潜在纠纷风险。

同时，建议核查发行人研发人员简历、任职情况，发行人研发人员是否违反竞业禁止义务。

（4）委托研发、合作研发

根据《专利法》第8条以及《民法典》第859条、第860条的规定，当事人未明确约定的，委托研发发明创造的专利申请权属于受托人；合作研发的发明创造申请权由合作开发当事人共有，且合作开发的当事人一方不同意申请专利的，另一方或者其他各方不得申请专利。因此，在无明确约定的情况下，发行人与受托人之间的委托研发、与合作方之间的合作研发技术成果属于受托人，或者与合作研发者共同享有，因此发行专利技术的完整性可能存在瑕疵。

发行人涉及委托研发、合作研发的，应核查研发背景，关注发行人与受托方、合作方是否明确约定研发人员聘用、研发费用投入、利益分配、研发成果权属归属问题。专利权属方面，应关注是否存在限制。

发行人对专利实施利用、使用收益、对外许可的情形，进而影响发行人专利技术完整性和独立性。费用承担方面，建议核查发行人与受托方、合作方约定的合作对价是否公允，是否明晰发行人向对方支付研发报酬或者发行人承担合作研发成本的义务，是否存在科研院所代为承担研发成本或者发行人低价取得专利技术的情况。人员方面，应核查委托合同、合作开发协议是否明确了受托方、合作方委派的技术人员名单，以有利于排除职务技术成果权属争议隐患。

（5）受让的专利

核查发行人受让专利申请权、专利权的背景及合法合规性，专利权转让协议约定的转让对价是否公允，转让方为发行人控股股东、关联方的，应核查发行人与其是否存在其他业务资金往来、利益输送或其他利益安排。

（6）共有专利权

发行人与他人共有专利权一般产生于发行人与其他单位或个人合作研发并共同作为专利申请权人享有的专利权，或者根据合同约定由发行人与他人共同享有的专利权，或者发行人受让部分权利并形成发行人与他人共同享有的专利权情况。涉及共有专利权相关的法律法规见表2－14。

表2-14　共有专利权相关的法律法规

法律名称	法律条文
《专利法》	第8条　两个以上单位或者个人合作完成的发明创造、一个单位或者个人接受其他单位或者个人委托所完成的发明创造，除另有协议的以外，申请专利的权利属于完成或者共同完成的单位或者个人；申请被批准后，申请的单位或者个人为专利权人。 第14条　专利申请权或者专利权的共有人对权利的行使有约定的，从其约定。没有约定的，共有人可以单独实施或者以普通许可方式许可他人实施该专利；许可他人实施该专利的，收取的使用费应当在共有人之间分配。 除前款规定的情形外，行使共有的专利申请权或者专利权应当取得全体共有人的同意
《民法典》	第860条　合作开发完成的发明创造，申请专利的权利属于合作开发的当事人共有；当事人一方转让其共有的专利申请权的，其他各方享有以同等条件优先受让的权利。但是，当事人另有约定的除外。 合作开发的当事人一方声明放弃其共有的专利申请权的，除当事人另有约定外，可以由另一方单独申请或者由其他各方共同申请。申请人取得专利权的，放弃专利申请权的一方可以免费实施该专利。 合作开发的当事人一方不同意申请专利的，另一方或者其他各方不得申请专利。 第861条　委托开发或者合作开发完成的技术秘密成果的使用权、转让权以及收益的分配办法，由当事人约定；没有约定或者约定不明确，依据本法第五百一十条的规定仍不能确定的，在没有相同技术方案被授予专利权前，当事人均有使用和转让的权利。但是，委托开发的研究开发人不得在向委托人交付研究开发成果之前，将研究开发成果转让给第三人
《国家知识产权局公告第461号——关于〈专利权质押登记办法〉的公告》	第11条　专利权质押登记申请经审查合格的，国家知识产权局在专利登记簿上予以登记，并向当事人发送《专利权质押登记通知书》。经审查发现有下列情形之一的，国家知识产权局作出不予登记的决定，并向当事人发送《专利权质押不予登记通知书》： …… （八）以共有专利权出质但未取得全体共有人同意且无特别约定的

根据《专利法》第14条的规定，共有专利权在实施或许可实施方面，如共有人无约定，则具有下列法律效果：共有人可单独实施该专利；共有人可以普通许可方式许可他人实施该专利；许可他人实施该专利的，收取的使用费应当在共有人之间分配；共有人单独实施该专利的，其他共有无权主张专利实施收益。

基于上述，有必要对共有专利的实施情况进行核查，确认发行人的专利资产是否存在瑕疵、业务是否完整，并对瑕疵共有专利进行规范，具体方式如下所述：

①取得共有专利的独占实施权，保证发行人使用共有专利不存在限制，确保发行人资产完整性和业务独立性。可由发行人与共有人达成专利使用和收益分配的具体安排，签订技术转让合同或由发行人享有共有专利独占实施权的协议，明确约定其他共有人不以生产经营为目的使用相关专利，未经所有权利人一致同意不可许可他人实施共有专利权。其他共有人不可撤销地承诺，不向第三人转让相关专利，不以自己名义、关联组织名义或其他方式使用共有专利开展生产经营。

【案例 49】

科汇股份（688681）于2021年4月科创板IPO注册生效，就发行人分别与山东理工大学、中国石油大学（华东）共同拥有的专利，山东理工大学、中国石油大学（华东）出具说明：①确认发行人对共有专利的独占使用权，确认发行人在生产经营中使用共有专利无须向该等院校支付任何费用；②承诺除用于教学或科研目的外，该等院校不允许任何第三方使用上述共有专利；③发行人与山东理工大学、中国石油大学（华东）不存在任何利益或权益的潜在纠纷；④确认发行人在共有专利基础上形成的后续知识产权，由发行人单独独自享有，该等院校在共有专利基础上形成的后续知识产权，发行人在同等条件下有优先受让权。

案例点评 CASE ANALYSIS

对于发行人与他人合作研发形成的共有专利，应重点关注共有专利有无权属纠纷，是否存在影响发行人专利资产和业务完整性的情形。在本案例中，发行人根据《专利法》的规定，就共有专利取得了高校的书面说明，明确了发行人对共有专利的独占使用权，并对基于共有专利所形成的后续知识产权作出了相应安排。

②确认非具有独占实施权的专利，是否影响发行人持续经营能力。对于共有专利存在权利限制的，分析共有专利在发行人收入和毛利中的贡献占比，分析共有专利是否为发行人的核心专利和技术、共有专利权利限制是否会对发行人的生产经营产生重大不利影响。

【案例 50】

中控技术（688777）于 2020 年 10 月科创板 IPO 注册生效，根据首轮审核问询回复，发行人与浙江大学共有 48 项专利，其中，2 项专利具有较强的行业影响力，4 项是对应主要产品的核心技术，合计占中控技术全部专利数量的比重仅为 2.21%，占全部发明专利数量的比重仅为 3.51%。同时，发行人说明中控技术已经拥有相关的技术储备或实现了技术升级，其核心产品对共有专利无依赖性，因此中控技术与浙江大学共有专利的重要性程度总体较小，不会影响发行人的持续经营能力。除以上 48 项与浙江大学共有专利外，中控技术其余 5 项与他人共有的专利，均为非核心专利。

案例点评　CASE ANALYSIS

在本案例中，发行人与共有专利权人未就共有专利进行专门约定，因此根据《专利法》的规定发行人对共有专利无独占实施权，发行人和共有专利权人均可以单独实施或者以普通许可方式许可他人实施该类专利。在审核问询回复中，发行人论证了共有专利占比较低，重要性程度总体较小，或者为非核心专利，发行人的核心产品对共有专利无依赖性，发行人的持续经营能力不会受到影响。

（7）核查专利许可和授权使用情况

发行人存在专利许可和授权使用情形的，建议核查签署相关许可使用协议情况及合法合规性，专利授权方的基本情况，授权的长期性与稳定性。发行人的专利、主要技术由控股股东、实际控制人授权使用的，还应结合相关专利、技术的具体用途、对发行人经营的重要性，被授权使用的专利、技术未投入发行人的原因，授权许可使用费用是否公允性，费用是否支付，发行人能否长期使用等，分析授权使用情况是否对发行人资产完整、独立性构成重大不利影响。

（8）专利是否形成主营业务收入

在尽职调查过程中，应关注核心技术、专利、产品、主营业务四者的关系，核查专利、核心技术和主营业务关系的密切度。如主营业务依赖个别专利或核心技术的，则应考虑是否存在较大被替代的风险。如发行人在申报前突击购买专利的，应注意核查突击购买专利与主营业务的相关性。

（9）境外专利

发行人涉及境外业务而未申请境外专利的，则建议关注境外专利申请情况，“未形成海外知识产权的原因，以及发行人产品是否存在海外侵权风险”。对于海外同族专利，建议关注境内外专利是否为同一技术在不同国别申请的专利，海外专利产品是否在对应境外区域进行销售。

【案例51】

爱威科技（688067，2021年5月11日科创板注册生效）招股说明书、反馈回复显示，其适用《科创属性评价指引》中的“形成核心技术和主营业务收入的发明专利（含国防专利）合计50项以上[1]”科创属性指标。发行人拥有6项境外已授权发明专利（3项由美国授权、1项由土耳其授权、2项由俄罗斯授权）；报告期内，发行人在美国、俄罗斯未实现收入，在土耳其实现的收入分别为8.27万元、8.53万元、0.96万元，6项境外已授权发明专利中，仅1项土耳其授权的发明专利对应的产品在土耳其实现销售。境内发明专利中9项未取得收入。爱威科技说明在剔除暂未取得收入的境内9项发明专利，即使不统计所有的境外发明专利，公司形成核心技术和主营业务收入的发明专利达到54项，符合科创板定位指标要求。

案例点评 CASE ANALYSIS

在本案例中，发行人拥有的境外发明专利均在境内发明专利的基础上申请，且仅1项境外发明专利在对应的国家实现了收入，发行人被问询其专利技术的来源，发明专利对应的技术、产品、收入的具体情况，以及发行人是否满足科创板定位。在回复问询的过程中，发行人说明即使剔除境外发明专利，发行人形成的核心技术和主营业务收入的专利数量，也符合科创属性指标要求。

（10）专利年费缴纳的核查

《专利法实施细则》第98条规定：“授予专利权当年以后的年费应当在上一年度期满前缴纳。专利权人未缴纳或者未缴足的，国务院专利行政部门应当通知专利权人自应

[1] 2022年12月30日，中国证监会发布修订后的《科创属性评价指引》，将该指标修改为“形成核心技术和应用于主营业务的发明专利（含国防专利）合计50项以上”。

当缴纳年费期满之日起6个月内补缴，同时缴纳滞纳金；滞纳金的金额按照每超过规定的缴费时间1个月，加收当年全额年费的5%计算；期满未缴纳的，专利权自应当缴纳年费期满之日起终止。”专利权人应在上一年度届满前缴纳上一年度的专利年费，如未按规定缴纳，国务院专利行政部门给予6个月的宽限期；宽限期届满后仍未缴纳的，专利权自应当缴纳年费期满之日终止，终止状态不可逆。因此，在尽职调查过程中应核查发行人专利年费缴纳情况，避免因缴费问题带来的专利终止风险。

（11）专利诉讼纠纷

对于专利诉讼纠纷，保荐机构应当基于纠纷对发行人财务状况、持续经营能力的影响，综合判断可能对发行条件产生的影响。从涉案专利对应的发行人产品范围、产销量、收入、毛利及占比的重大性等方面，分析涉诉专利是否涉及发行人核心技术，是否在发行人核心技术体系、产品或服务中的具有重大性，按照“最坏结果原则”预计败诉的不利后果，综合判断纠纷是否对发行人财务、生产经营、业务发展等产生重大不利影响，是否影响发行人的持续经营能力。例如，按照“最坏结果原则”，即使发行人败诉，法院可能判决的赔偿金额占发行人收入和毛利的比例较小，也不会对发行人财务状况、持续经营能力造成重大不利影响，则基本不会实质影响发行条件。

3. 核查手段

（1）取得发行人已获授权专利、在审专利清单、专利质押情况说明、批量专利法律状态证明，向专利登记机关申请专利登记簿副本信息，通过国家知识产权局专利官网“专利检索及分析”功能点、中国及多国专利审查信息查询网（http：//cpquery. cnipa. gov. cn/）查询发行人专利，核查专利申请权、专利权取得方式，专利权申请时间、授予时间，专利申请权、专利权的数量、类型、地域分布、技术领域，核查专利权是否合法有效存续。

（2）取得专利质押合同、质押登记文件，确认专利质押情况，包括专利质押率。

（3）取得发行人研发项目立项、结项、研发技术资料，确认发行人研发布局、进展及成果，研发项目清单及其对应主要参与人员、专利和产品明细；取得发行人实际控制人、董事、高级管理人员、核心技术人员、研发团队名单、履历，确认发行人研发人员构成情况、核心技术人员背景情况；查阅发行人财务费用支出，确认专利技术形成过程。

（4）查询中国裁判文书网、中国执行信息公开网，查阅发行人诉讼费用支付情况，走访必要的审判仲裁机关、知识产权主管部门，确认发行人涉及专利纠纷的情况。

（5）取得发行人合作研发协议、委托开发协议、专利权转让协议、专利权质押协议及其补充、修订协议，以及其他与专利相关协议、书面函件，查阅发行人合同台账，确认发行人专利申请权、专利权不存在重大权属纠纷。

（6）取得发行人股东以专利出资的书面协议、评估报告、缴付专利出资的证明文件，查阅发行人工商档案，确认股东以专利出资的合规性。

（7）访谈发行人管理层、研发部门负责人、核心技术人员、研发受托单位、合作研发单位、专利转让方，了解发行人技术来源、原始技术的后续拓展成果；了解专利技术保护情况；了解核心技术与发行人专利技术的对应关系；了解研发模式和机制；了解发行人业务开展过程中技术研究应用情况；了解发明专利在核心技术和主营业务产品中的应用情况，确认发行人专利申请权、专利权不存在重大权属纠纷。

注意事项：尽职调查结束后后续申报阶段应持续更新核查。如正在申请的专利已经通过了审核获得授权，则需通过持续核查进行更新。

4. 案例

【案例52】

汇川物联于2021年3月科创板IPO未过会。汇川物联科创板IPO于2020年6月受理，当时该公司仅拥有13项发明专利，其中3项为原始取得，另有10项发明专利系2019年12月汇川物联从闽江学院处受让取得。2020年10月13日、2021年3月3日，汇川物联分别以原始取得方式获得2项和1项发明专利。截至2021年3月15日披露《招股说明书（上会稿）》之日，汇川物联共拥有专利45项，其中发明专利16项、实用新型专利24项、外观专利16项。发明专利中6项为原始取得，其余10项为转让取得。

根据问询回复材料及《招股说明书（上会稿）》披露，汇川物联受让取得的10项发明专利中有8项已在报告期各期由公司产业化使用并形成了主营业务收入。

就外购专利，在首轮问询中，审核机构要求发行人说明外购与自研专利的区别、发挥的作用、是否已发挥作用并形成产品收入、是否存在技术研发障碍。第二轮审核问询，审核机构要求说明外购专利对应的核心技术对公司产品功能的具体体现，与公司业务的相关性。

在首次上会审议中，科创板上市委员会要求其说明申报期受让的专利与公司主营业务直接相关的表述是否真实、准确。核心产品的技术指标是否有第三方权威机构的检定。根据上交所《关于终止福建汇川物联网技术科技股份有限公司首次公开发行股票并在科创板上市审核的决定》，科创板上市委员会审议认为根据申请文件，发行人对其物联网业务实质、核心技术及技术先进性的信息披露不充分、不准确；上交所决定对发行人首次公开发行股票并在科创板上市申请予以终止审核。

案例点评 CASE ANALYSIS

根据当时适用的《科创属性评价指引（试行）》第1条的规定，即“支持和鼓励科创板定位规定的相关行业领域中，同时符合下列3项指标的企业申报科创板上市：（1）最近三年研发投入占营业收入比例5%以上，或最近三年研发投入金额累计在6000万元以上；（2）形成主营业务收入的发明专利5项以上；（3）最近三年营业收入复合增长率达到20%，或最近一年营业收入金额达到3亿元”。基于以上“形成主营业务收入的发明专利5项以上”的上市标准，本案例中外购专利与主营业务之间的关系，是审核关注的重点之一，也是判断发行人是否符合科创板上市标准的关键问题之一。纵观发行人历次回复，发行人未能清晰地说明外购专利与其主营业务之间是否有实质关联，降低了对企业科创属性的证明力。需提醒注意的是，《科创属性评价指引（试行）》已于2022年12月修订，将“形成主营业务收入的发明专利5项以上”修改为“应用于公司主营业务的发明专利5项以上”。

【案例53】

禾信仪器（688622）在2019年申请科创板IPO后撤回材料，第二次申请首发上市于2021年7月科创板IPO注册生效。禾信仪器的2名实控人及部分高管（同时为核心技术人员）等在发行人处任职的同时，在暨南大学大气环境研究所或上海大学某学院担任职务。第二次IPO第二轮反馈、上市委员会审议均关注核心技术人员兼职和职务发明问题。

保荐机构通过核查：以上兼职人员参与的项目涉及发行人和高校共同申报或承担的，发行人与合作研发的高校签署了书面协议，对合作单位的参与人员、研发任务、研发成果的归属等进行了明确约定。发行人能够清晰区分高校兼职人员的科研成果是因高校职务行为还是公司职务行为或合作研发而取得，进而区分高校兼职人员的科研成果属于高校职务行为还是公司职务行为而取得。

以上人员参与的已授权专利中，构成高校职务发明专利的，属于高校职务发明创造，其他知识产权不属于高校的职务发明创造。针对与上海大学共有专利，发行人与上海大学签署有明确的权利归属协议，上海大学仅拥有专利的署名权，发行人拥有包含署名权、实施权、许可权和转让权在内的所有权利，上海大学确认就该等专利与发行人不存在权利纠纷或潜在纠纷。此外，兼职人员、禾信仪器与高校签署《三方协议》，对未来研发过程中相关人员职务行为的认定和科研成果的归属进行了明确约定。

案例点评

CASE ANALYSIS

在国家鼓励创新的大背景下，企业也越来越重视科研能力的提升，从高校引进科研人员或者与高校合作研发，在有效带动企业科研创新水平方面发挥着重要作用。与此同时，也可能导致职务发明侵权、发行人实施共有专利的权利受限等问题，甚至导致发生专利纠纷、诉讼，影响企业上市进程。对于拟申请 IPO 的发行人来说，应提前做好规划，梳理人员兼职情况，并以必要的书面协议明确公司与兼职人员原单位、合作研发单位之间的权利义务关系等，规范公司核心技术和专利的权属和使用，避免出现核心技术或专利存在权属不清、缺乏独立性，甚至影响发行人独立经营能力等问题。

【案例 54】

光华股份（001333）（2021 年 1 月 25 日因发行人撤回申请，上交所终止其发行上市审核；2022 年 12 月 8 日在深交所主板上市）科创板 IPO 审核过程中，三轮审核问询均涉及专利相关事项。

招股说明书、发行人问询回复显示，发行人拥有发明专利 7 项，其中 6 项发明专利已形成主营业务收入，且 2 项形成主营业务收入的发明专利系 2020 年 3 月（申报前两个月）自第三方受让取得。

三轮审核问询中，审核机构关注的专利相关问题包括但不限于：

（1）发行人 2020 年 3 月购买发明专利 2 项，其原因如何；受让的专利的使用情况，所形成的产品及其与公司产品之间的联系；受让的专利应用于公司产品所实现销售收入的具体客户，该客户与发行人股东之间是否存在关联关系，或者其他应披露的关系。

（2）发行人形成主营业务收入的发明专利的具体情况，及所属领域（设备、工艺流程或产品领域等)。

(3) 根据设备所属领域，细化专利与设备、工艺或产品的对应关系：设备领域专利，其对应设备的台数、金额、占固定资产的比重、投入使用时间、用途、主要承担的作用、设备先进性；工艺、产品领域专利，其所对应的工艺环节、使用专利的产品收入及占比。

(4) 各项形成主营业务收入的发明专利分别对应的产品及其收入。

(5) 对于发行人披露的利用专利进行改造的设备，是否均结合相应专利予以改造并有改造记录，改造具体内容、时间。

(6) 发行人关于生产、销售情况与专利相关性的披露是否准确。

(7) 设备改造与对应的专利之间的关系：发行人披露的应用专利对设备进行改造情况，与现场督导发现的相关设备运行台账显示的信息前后存在矛盾原因（发行人在首轮回复中，提及发行人运用某专利改造3台污水处理设备，设备投入时间2018年。但现场督导发现发行人有3台污水处理装置，其中1台污水处理装置运行台账显示了改造信息，未显示设备改造与相关专利的关系，保荐机构亦无相关试验资料说明该专利对污水处理作用的情况)。

案例点评 CASE ANALYSIS

在本案例中，发行人披露的资料显示，其形成主营业务收入的专利共6项，[1]其中2项系申报前夕外购取得。审核机构关注发行人是否符合科创板定位，问询了发行人各项形成主营业务收入的发明专利分别对应的产品及其收入；就外购的2项专利，重点问询发行人外购专利的原因及合理性，外购专利在设备改造、产品和生产工艺中的运用情况等。同时，现场督导发现发行人披露的专利应用于设备改造的情况，与现场设备台账记录的信息之间存在差异，对于该等信息不一致问题交易所在第三轮审核中进行了问询。

(五) 对环境保护的核查

自原环境保护部于2014年10月19日发布《关于改革调整上市环保核查工作制度的

[1] 《科创属性评价指引》将“形成主营业务收入的发明专利”指标修改为“应用于公司主营业务的发明专利5项以上”。

通知》后，开展10余年的上市环保核查工作停止执行。通知明确要求各级生态环境保护部门不再开展上市环保核查工作。但对于拟IPO企业，中国证监会或交易所对于环保问题的审核态度从未放松，环境保护亦是中介机构的重点核查或者关注问题。而且审核部门对环保事项关注的内容随着政府部门关于环保的政策、理念与时俱进。

1. 环保核查事项和披露要求

《监管规则适用指引——发行类第4号》较为明确地列示了关于环保事项的披露和核查要求。上交所发布的《上海证券交易所科创板发行上市审核业务指南第2号——常见问题的信息披露和核查要求自查表》和深交所发布的《深圳证券交易所创业板发行上市审核业务指南第2号——创业板首次公开发行审核关注要点》也有类似的披露和核查要求。具体如下所述：

发行人应当在招股说明书中充分做好相关信息披露，包括：生产经营中涉及环境污染的具体环节、主要污染物名称及排放量、主要处理设施及处理能力；报告期内，发行人环保投资和相关费用成本支出情况，环保设施实际运行情况，报告期内环保投入、环保相关成本费用是否与处理公司生产经营所产生的污染相匹配；募投项目所采取的环保措施及相应的资金来源和金额等；公司生产经营与募集资金投资项目是否符合国家和地方环保要求，发行人若发生环保事故或受到行政处罚的，应披露原因、经过等具体情况，发行人是否构成重大违法行为，整改措施及整改后是否符合环保法律法规的有关规定。

保荐机构和发行人律师应对发行人的环保情况进行核查，包括：是否符合国家和地方环保要求，已建项目和已经开工的在建项目是否履行环评手续，公司排污达标检测情况和生态环境保护部门现场检查情况，公司是否发生环保事故或重大群体性的环保事件，有关公司环保的媒体报道。

在对发行人全面系统核查基础上，保荐机构和发行人律师应对发行人生产经营总体是否符合国家和地方环保法规和要求发表明确意见，发行人曾发生环保事故或因环保问题受到处罚的，保荐机构和发行人律师应对是否构成重大违法行为发表明确意见。

2. 中介机构核查方式

对发行人环境保护的核查可以采用以下核查方式：

（1）查阅排污许可证、发行人内部环境管理体系文件、环境管理制度等文件；（2）查阅发行人历次建设项目和募投项目的环评批复和竣工验收文件；（3）查阅环境监测站的监测报告、环保主管部门证明文件；（4）访谈发行人环保主管部门；（5）访谈发行人管理层、安环部负责人、发行人车间工人、周边居民、周边企业、辖区行政主管单位（如需）；（6）实地查看发行人清洁生产、环保设施及其运行情况；（7）检索发行人环境保护情况公开信息；（8）查阅第三方环保核查机构出具的环境评估报告（如有）；（9）查阅发行人的环保支出有关的会计凭证、银行回单、污水处理费缴纳明细、审计报告等；（10）核查报告期内的营业外支出明细；（11）核查发行人的主要产品、原材料是否被列入《环境保护综合名录（2021年版）》，如是，核查相关产品所产生的收入及占发行人主营业务收入的比例，是否属于发行人主要产品，以及发行人指定的压降计划；（12）核查发行人已建、在建项目和募投项目是否满足项目所在地能源消费双控要求，是否按规定取得固定资产投资项目节能审查意见，发行人的主要能源资源消耗情况以及是否符合当地节能主管部门的监管要求等。

3. 特殊情形的核查或关注点

（1）报告期存在行政处罚或环境纠纷

发行人最近36个月内因违反环保方面的法律、法规及规范性文件而受到行政处罚的，需要核查环保违规事项的原因、经过、是否缴纳罚款、整改措施及整改后是否符合环保法律法规的有关规定。保荐机构和发行人律师在前述核查的基础上，根据发行人被处罚所依据的法规条文，结合有权机关出具的证明文件（如有），对违法行为的情节严重程度进行论证，判断是否构成重大违法行为。

发行人存在环保事故、环保纠纷或投诉事项的，如涉及行政处罚，需要核查前述行政处罚涉及情形。另外，可补充以下核查方式：访谈或走访发行人车间工人、周边居民、周边企业、辖区行政主管单位、发行人环保事项负责人等。

（2）对于危险废物处理的核查

发行人报告期内存在危险废物［纳入《国家危险废物名录（2021年版）》中的废物］的，危险废物通常由第三方有资质的单位处置。中介机构应核查危险废物处置协议、费用支出凭证、处置单位资质证明及其他备案文件（如危险废物处置联单）等，并应获取发行人的危险废物台账，核查发行人报告期内的危险废物是否均已妥当处置。

【案例55】

保立佳（301037）于2021年6月创业板IPO注册生效。保立佳主要从事涂料原料和图层原料的研发、生产和销售，属于化工行业，在其IPO审核过程中，审核机构关注到：发行人曾委托无资质的物流公司和无资质的处置商运输和处置危险化学品。发行人和保荐机构在回复中承认发行人曾经存在上述不规范行为，但无资质的物流公司和无资质的处置商均将相关业务转委托给有资质的物流公司和处置商，在报告期内没有发生危险化学品事故，未对环境产生不利影响，且在报告期内完成规范，不再与无资质的物流公司和处置商签订业务合同。报告期内发行人未因上述事项受到处罚，并在招股说明书中补充了风险提示。公司实际控制人出具承诺，若未来发行人及其子公司因上述事项被处分，造成经济损失的，将由实际控制人全额补偿。

（3）产品涉"双高"问题

"双高"是指"高污染、高环境风险"。"高污染"产品是指在生产过程中污染严重、难以治理的产品；"高环境风险"产品是指在生产、运贮过程中易发生污染事故，危害环境和人体健康的产品。2007年6月，原国家环境保护总局发布《"高污染、高环境风险"产品名录》，后将名称修改为《环境保护综合名录》。

2021年10月25日，生态环境部办公厅发布《环境保护综合名录（2021年版）》，提出坚决遏制高耗能、高排放项目盲目发展，引导企业绿色转型，推动行业高质量发展。《环境保护综合名录（2021年版）》包含"高污染、高环境风险"产品名录和环境保护重点设备名录，其中有932项"双高"产品。932项"双高"产品中，具有"高污染"特性产品326项，具有"高环境风险"特性产品223项，具有"高污染"和"高环境风险"双重特性产品383项。

通过查询公开披露文件，关于"双高"的问题普遍出现在"化学原料和化学制品制造业"以及其他污染较重行业的拟上市企业的反馈或问询问题中，其中对于属于化工行业的企业，"双高"问题几乎是必问问题，不同企业的"双高"反馈或问询问题具有高度相似性，具体如下：

发行人生产的产品是否属于《"高污染、高环境风险"产品名录（2017年版）》/《"高污染、高环境风险"产品名录（2021年版）》[1] 中规定的"高污染、高环境风险"产品，如发行人生产的产品涉及名录中的"高污染、高环境风险"产品，请说明相关产

[1] 为《环境保护综合名录（2017年版）》/《环境保护综合名录（2021年版）》之"一、'高污染、高环境风险'产品名录"。

品所产生的收入及占发行人主营业务收入的比例，是否为发行人生产的主要产品；如发行人涉及生产名录中的相关产品，请明确未来压降计划。

产品属于《“高污染、高环境风险”产品名录（2017年版）》/《“高污染、高环境风险”产品名录（2021年版）》中“高环境风险”的，请说明发行人是否满足环境风险防范措施要求，应急预案管理制度是否健全，近1年内是否未发生重大特大突发环境事件等情况。

产品属于《“高污染、高环境风险”产品名录（2017年版）》/《“高污染、高环境风险”产品名录（2021年版）》中“高污染”的，请说明发行人是否满足国家或地方污染物排放标准及已出台的超低排放要求、是否达到行业清洁生产先进水平、近1年内是否未因环境违法行为受到重大处罚等情形。

经查询公开披露文件，《环境保护综合名录（2021年版）》发布后，拟上市企业的问询问题中甚至出现原材料是否涉及“双高”的问题，比如，发行人现有项目及募投项目的原材料中存在属于《环境保护综合名录（2021年版）》中的“高污染、高环境风险”产品。请发行人说明使用相关“高污染、高环境风险”产品相关环保、安全生产的内控措施及执行情况以及是否存在因使用上述“高污染、高环境风险”原材料而导致污染事故的情形等。

经查询公开披露文件，涉及“双高”问题的常见回复思路包括：涉及名录中的“高污染、高环境风险”产品非发行人的主要产品；发行人使用清洁生产工艺且制定完备的环保及应急预案制度；发行人报告内污染物排放符合排放标准；生态环境保护部门出具证明文件；发行人已制订压降计划。

从已过会案例来看，发行人产品涉及“双高”，并不会成为首次公开发行的实质性障碍，但除个别收入占比极低的情形外，几乎都制定了压降计划或其他替代措施。

【案例56】

鑫甬生物于2022年5月创业板IPO未予注册。根据中国证监会2021年12月28日的公告，中国证监会主要关注到发行人核心产品、募投项目、主要原材料均涉及“高污染、高环境风险”产品且无法提出有效的压降方案，以及信息披露存在严重错误的问题，与当时适用的《创业板首发管理办法》第13条、第33条相关规定不符。

鑫甬生物的核心产品、募投项目、主要原材料均涉及“高污染、高环境风险”产品且无法提出有效的压降方案，或许并非其被否的充分条件，但也可就此看出审核部门对于“双高”问题的审核态度。

【案例 57】

亚香股份（301220）于 2022 年 4 月创业板 IPO 注册生效。亚香股份在审核中经历了交易所 3 轮问询，前两轮问询中均关注了发行人香兰素相关产品是否属于《“高污染、高环境风险”产品名录（2017 年版）》所列产品，发行人及保荐机构在前两轮回复中均论证了发行人生产的香兰素相关产品不属于“高污染、高环境风险”产品。中国证监会在第三次问询中直接指出：“根据生态环境部发布的《环境保护综合名录（2021 年版）》，发行人香兰素相关产品属于‘高污染、高环境风险’产品。请依据我会 2021 年 6 月提出的注册阶段问询问题，披露未来对该类产品的压降计划，并结合报告期内相关产品销售收入占比、预期压降目标以及当前中央和地方环保政策要求，披露对发行人未来经营是否造成重大不利影响。”亚香股份在注册阶段第三轮问询回复中，承认了其生产的主要产品香兰素相关产品被列入《“高污染、高环境风险”产品名录（2021 年版）》并制订了压降计划，同时在招股说明书中披露了“（十二）发行人执行香兰素产品压降计划引致业绩下降的风险”。

（4）高耗能、高排放问题

2021 年 5 月，《生态环境部关于加强高耗能、高排放建设项目生态环境源头防控的指导意见》指出，为全面落实党的十九届五中全会关于加快推动绿色低碳发展的决策部署，坚决遏制高耗能、高排放项目盲目发展，推动绿色转型和高质量发展。

高耗能、高排放问题也经常同“双高”问题一起出现在“化学原料和化学制品制造业”企业的反馈或问询问题中。不同企业的高耗能、高排放反馈或问询问题具有高度相似性，具体如下：

①说明发行人的生产经营是否符合国家产业政策和纳入相应产业规划布局，生产经营和募投项目是否属于《产业结构调整指导目录（2019 年本）》中的限制类、淘汰类产业，是否属于落后产能等。

②说明发行人已建、在建项目和募投项目是否满足项目所在地能源消费双控要求，是否取得固定资产投资项目节能审查意见，发行人的主要能源资源消耗情况以及是否符合当地节能主管部门的监管要求等。

③说明发行人募投项目是否涉及新建自备燃煤电厂，如是，是否符合《关于加强和规范燃煤自备电厂监督管理的指导意见》中关于禁止新建燃煤自备电厂的相关要求等。

④说明发行人现有工程是否符合环境影响评价文件要求，是否落实污染物总量削减替代要求；发行人的已建、在建项目和募投项目的环境影响评价是否符合法规要求等。

⑤说明发行人是否存在大气污染防治重点区域内的耗煤项目。以及是否履行应履行的煤炭等量或减量替代要求。

⑥说明发行人已建、在建项目或者募投项目是否位于各地城市人民政府根据《高污染燃料目录》划定的高污染燃料禁燃区内以及是否完成整改（如需）等。

⑦说明发行人是否按规定取得排污许可证或者超越排污许可证范围排放污染物等情况，以及是否违反《排污许可管理条例》第 33 条的规定并已完成整改（如需）等。

第三节

公司治理与独立性

一、同业竞争的核查

同业竞争在IPO业务中一直都是监管层重点关注的问题。根据《首发注册管理办法》《证券期货法律适用意见第17号》等相关法律法规的规定，同业竞争是指控股股东、实际控制人及其所控制的其他企业从事与公司相同或相似的业务，以致双方构成或可能构成直接或间接的竞争关系。根据监管理念的变化，同业竞争的核查范围、规范程度等问题在实务中也存在多次变更。与之前的同业竞争相关政策相比并未有新增规定，由“不存在同业竞争”调整为“不存在对发行人构成重大不利影响的同业竞争”，同业竞争不再是审核红线。

（一）同业竞争相关法规

1.《公司法》

第148条第5项规定，董事、高级管理人员不得有下列行为：未经股东会或者股东大会同意，利用职务便利为自己或者他人谋取属于公司的商业机会，自营或者为他人经营与所任职公司同类的业务。

2. 法规

《首发注册管理办法》第12条规定，发行人“资产完整，业务及人员、财务、机构独立，与控股股东、实际控制人及其控制的其他企业间不存在对发行人构成重大不利影响的同业竞争，不存在严重影响独立性或者显失公平的关联交易”。在同步印发的《证券期货法律适用意见第17号》中“关于《首次公开发行股票注册管理办法》第十二条‘构成重大不利影响的同业竞争’的理解与适用”作了明确规定，详细回答了对同业竞争的核查要求：

（1）核查范围

中介机构应当针对发行人控股股东、实际控制人及其近亲属全资或者控股的企业进行核查。如果发行人控股股东、实际控制人是自然人，其配偶及夫妻双方的父母、子女控制的企业与发行人存在竞争关系的，应当认定为构成同业竞争。发行人控股股东、实际控制人的其他亲属及其控制的企业与发行人存在竞争关系的，应当充分披露前述相关企业在历史沿革、资产、人员、业务、技术、财务等方面对发行人独立性的影响，报告期内交易或者资金往来，销售渠道、主要客户及供应商重叠等情况，以及发行人未来有无收购安排。

（2）判断原则

同业竞争的“同业”是指竞争方从事与发行人主营业务相同或者相似的业务。核查认定该相同或者相似的业务是否与发行人构成“竞争”时，应当按照实质重于形式的原则，结合相关企业历史沿革、资产、人员、主营业务（包括但不限于产品服务的具体特点、技术、商标商号、客户、供应商等）等方面与发行人的关系，以及业务是否有替代性、竞争性、是否有利益冲突、是否在同一市场范围内销售等，论证是否与发行人构成竞争；不能简单以产品销售地域不同、产品的档次不同等认定不构成同业竞争。竞争方的同类收入或毛利占发行人主营业务收入或毛利的比例达30%以上的，如无充分相反证据，原则上应当认定为构成重大不利影响的同业竞争。

《公开发行证券的公司信息披露内容与格式准则第57号——招股说明书》第66条规定：“发行人应结合公司主营业务、生产经营规模、财务状况、技术条件、管理能力、发展目标等情况，披露募集资金投资项目的确定依据，披露相关项目实施后是否新增构成重大不利影响的同业竞争，是否对发行人的独立性产生不利影响。”

第73条规定：“发行人应分析披露其具有直接面向市场独立持续经营的能力：（五）业务独立方面。发行人的业务独立于控股股东、实际控制人及其控制的其他企业，与控股股东、实际控制人及其控制的其他企业间不存在对发行人构成重大不利影响的同业竞争，以及严重影响独立性或者显失公平的关联交易。”第74条规定：发行人应披露是否存在与控股股东、实际控制人及其控制的其他企业从事相同、相似业务的情况。如存在，应对不存在对发行人构成重大不利影响的同业竞争作出合理解释，并披露发行人防范利益输送、利益冲突及保持独立性的具体安排等。

《公开发行证券的公司信息披露内容与格式准则第 46 号——北京证券交易所公司招股说明书》第 47 条规定，发行人应充分披露报告期内发行人、控股股东、实际控制人、持股 5% 以上股东以及发行人的董事、监事、高级管理人员等责任主体所作出的重要承诺及承诺的履行情况，以及其他与本次发行相关的承诺事项，如规范或避免同业竞争承诺、减持意向或价格承诺、稳定公司股价预案以及相关约束措施等。第 58 条与《公开发行证券的公司信息披露内容与格式准则第 57 号——招股说明书》第 74 条相同。

《北交所上市规则》第 4. 3. 8 条规定，控股股东、实际控制人及其控制的企业不得在公司上市后新增影响公司独立持续经营的同业竞争。

综上，在发行条件方面，均对原有的公开发行条件进行大幅精简优化，将原来的“一刀切”即不允许存在同业竞争变更为对同业竞争的限制即明确为“重大不利影响的同业竞争”，而其中对于“重大不利影响”的解释和认定是需要注意的重点。在认定同业竞争是否构成重大不利影响时，保荐机构及发行人律师应结合竞争方与发行人的经营地域、产品或服务的定位，同业竞争是否会导致发行人与竞争方之间的非公平竞争、是否会导致发行人与竞争方之间存在利益输送、是否会导致发行人与竞争方之间相互或者单方让渡商业机会情形，对未来发展的潜在影响等方面，核查并出具明确意见。竞争方的同类收入或毛利占发行人该类业务收入或毛利的比例达 30% 以上的，如无充分相反证据，原则上应认定为构成重大不利影响。

（二）核查步骤

《保荐人尽职调查工作准则》第 69 条对同业竞争尽职调查步骤提出明确要求：取得发行人改制方案，分析发行人、控股股东或实际控制人及其控制的企业的历史沿革、资产、人员、财务报告及主营业务构成等相关情况，必要时取得上述单位相关生产、库存、销售等资料，并通过询问发行人及其控股股东或实际控制人、实地走访生产或销售部门等方法，调查发行人控股股东或实际控制人及其控制的企业实际业务范围、销售区域、业务性质、客户对象、供应商、核心技术、商标商号、与发行人产品的可替代性、竞争性等情况，按照实质重于形式的原则判断是否构成同业竞争，分析和判断同业竞争情况对发行人的影响，并核查发行人控股股东或实际控制人是否对避免同业竞争作出承诺以及承诺的履行情况。

如发行人控股股东或实际控制人是自然人，参照上述方法，核查控股股东、实际控制人亲属所控制企业是否与发行人完全独立，报告期内与发行人是否存在交易或资金往来，销售渠道、主要客户及供应商是否存在重叠或潜在利益关系，以及发行人未来有无收购安排。

结合前述法规核查要求，尽职调查过程中应对发行人、控股股东或实际控制人（如控股股东、实际控制人为自然人，应包含亲属）及其控制的企业按照前述步骤进行尽职调查；对于存在同业竞争但已解除的，应核查解除同业竞争的相关资料，判断是否实质性解决；对于疑似存在同业竞争的，应对同业竞争是否属于重大不利影响进行充分论证及说明。

（三）审核关注问题

1. 存在同业竞争的处理方式

判断存在同业竞争情形的，一般采取如下处理方式：(1) 收购合并，将存在同业竞争的关联方资产装入拟上市公司/上市公司主体中；(2) 实际转让给不关联的第三方；(3) 签订承诺协议，主要存在于上市之后规范运作过程中，承诺不以任何方式直接或间接地从事或参与和上市公司竞争的任何业务活动。

总体来看，监管机构在同业竞争的问题审核上更强调实质重于形式，且审核的容忍度较之前有所放松。但在实务中，同业竞争仍为监管机构的重点关注方向，主要原因是防止发行人上市后，实际控制人通过对发行人和“竞争方”的控制或其他重大影响，在两者之间进行利益输送，甚至掏空上市公司，侵害上市公司利益，最终对广大中小投资者利益造成严重损害。

2. 竞争程度

在实务中，“同业竞争”与“同业不竞争”较难区分，中国证监会也强调不应简单地以产品销售地域不同、产品的档次不同等直接认定为不构成同业竞争。《证券期货法律适用意见第 17 号》中明确，需从实质重于形式的角度出发，结合相关企业历史沿革、资产、人员、主营业务（包括但不限于产品服务的具体特点、技术、商标商号、客户、供应商等）等方面与发行人的关系，以及业务是否有替代性、竞争性、是否有利益冲突、是否在同一市场范围内销售等方面进行论证。

全面注册制下，发行注册管理办法中将竞争程度有所放开，强调“与控股股东、实际控制人及其控制的其他企业间不存在对发行人构成重大不利影响的同业竞争”，而其中重大不利影响的认定标准是“竞争方的同类收入或毛利占发行人主营业务收入或毛利的比例达30%以上的，如无充分相反证据，原则上应认定为构成重大不利影响”。

3. 参股公司的同业竞争

参股公司存在同业竞争情况的，一般从以下几个方面进行核查及论证：(1) 主营业务与发行人相比是否具有替代性、竞争性、是否有利益冲突。(2) 报告期内是否与发行人存在人员、技术、业务或资金往来，销售渠道、主要客户及供应商是否存在重叠。(3) 股权架构/权益结构及主要经营数据，产品结构，有无销售发行人同款或类似产品，主要客户是否存在重叠情况，与发行人的业务协议情况，双方权利义务如何约定。(4) 进一步论证实际控制人对参股公司不构成控制的依据，是否符合实际情况，进而是否构成同业竞争。(5) 根据法律法规、参股公司章程等关于公司治理方面的规定，参股公司报告期内三会运作、决策机制的实际运行情况，并结合前述规则和公司治理情况说明发行人是否控制参股公司；三会运作、决策机制是否存在实际控制人及其近亲属与经营管理团队表决不一致的情况，如历史上表决均一致，双方是否存在共同控制的意思表示，是否构成一致行动关系。(6) 参股公司董事会成员的提名情况，经营管理团队占的董事席位是否由发行人实际控制人及其亲属提名；提名股东的控制权情况及经营管理团队董事席位是否也由发行人实际控制人及其近亲属控制的公司提名。(7) 参股公司经营管理团队的具体人员是否包括发行人实际控制人及其亲属，经营管理团队成员持有参股公司的股份情况，发行人实际控制人及其亲属在参股公司是否担任董事以外经营管理职务或承担研发工作。(8) 发行人关于其实际控制人不控制参股公司的论述是否与相关媒体报道、投资者的认知相符。(9) 存在竞争关系的产品收入金额，如构成同业竞争，是否存在重大不利影响。

4. PE基金作为拟上市企业第一大股东在IPO审核中的同业竞争

对于私募股权投资（Private Equity，PE）基金控制的企业是否与发行人存在同业竞争，可以从以下角度核查及论证：

(1) PE基金控制的除发行人之外的其他企业与发行人是否存在同业竞争；

(2) 对于主要从事创业投资业务的PE基金，要求论证其实际控制的从事创业投资、创业投资咨询和资产管理等业务的其他企业也均未从事与发行人相同或相似业务，包括在历史沿革、资产、人员、业务和技术等方面与发行人的关系，以及采购销售渠道、客户、供应商等方面是否影响发行人的独立性，而不能简单地以经营区域、细分产品、细分市场的不同来论述不构成同业竞争。

（四）案例研究

1. 被否案例

近年来，因监管标准明确，如发行人及保荐机构在项目承做阶段发现同业竞争问题较多会在申报前进行规范。发行人被否决的原因存在一定综合性，同业竞争可能并非唯一导致否决的因素。以下被否案例可作为监管关注方向予以参考。

【案例 58】

速达股份于 2021 年 1 月创业板 IPO 未过会。2015 年速达股份申请新三板挂牌时，股东郑州煤矿机械集团股份有限公司曾出具了《关于避免同业竞争的说明及承诺函》，承诺解决下属子公司与速达股份存在同业竞争的问题。然而速达股份申请 IPO 之前，其股东大会审议通过郑州煤矿机械集团股份有限公司变更《关于避免同业竞争的说明及承诺函》的议案，变更后，郑州煤矿机械集团股份有限公司下属子公司综机公司仍可继续从事与发行人相同的业务，与发行人存在竞争关系。关于同业竞争的问题在速达股份 IPO 审核过程中被持续追问，发行人称综机公司的少数股东为职工持股会，职工持股会对综机公司业务发展方向有较强的控制力，因此难以兑现原先出具的承诺。直到审核中心审核时，仍在要求发行人说明首发申报前变更郑州煤矿机械集团股份有限公司关于避免同业竞争承诺的原因及合理性，是否存在刻意规避发行条件的动机，发行人和综机公司业务差异仅为主要经营地域不同，产品或服务的定位不同，认定不存在同业竞争的理由是否充分。最终同业竞争连同独立性和持续经营能力等问题成为速达股份未能过会的原因。

2023 年 2 月底，发行人再次提交创业板 IPO 申报，根据本次申报文件，郑州煤矿机械集团股份有限公司通过收购综机公司的少数股东股权并进行减资，并且在综机公司完成在手订单后变更了其经营范围，彻底解决了与速达股份的同业竞争问题。

案例点评 CASE ANALYSIS

注册制对同业竞争问题给予了一定包容度，但若对发行人构成重大不利影响，则应当尽早解决。在本案例中，发行人两次申报就同业竞争问题采取了不同的处理方式，首次申报时解释了不能解决同业竞争的原因，以及从多种维度说明对发行人业务的影响，但最终仍未能过会，而第二次申报前彻底解决了同业竞争问题，虽然第二次申报还没有最终结果，但相信同业竞争将不会再成为 IPO 的障碍。

2. 解决同业竞争问题案例

【案例 59】

长城信息于2022年9月创业板IPO过会。上市委会议在问询时指出：报告期内，发行人存在与控股股东及关联方共有专利、租赁房产、使用商标、客户与供应商重叠、关联存款、资金拆借、共用办公软件管理系统等情形，还存在部分董事、监事在控股股东及关联方兼职情形。请发行人说明：(1) 上述情形是否影响资产、人员、财务和业务的独立性，是否满足《上市公司分拆所属子公司境内上市试点若干规定》有关独立性的监管要求；(2) 为增强独立性采取的整改措施及最新进展。

在回复问询意见时，发行人表示：一是公司主动停止现金类自助设备业务以解决同业竞争问题，不会对公司的经营业绩和未来发展构成重大不利影响。二是中国电子和中国长城已出具承诺，将公司作为中国电子和中国长城控制企业范围内从事非现金机具研发、制造、销售的唯一平台，将尽一切合理努力保证其控制企业（不含公司）不从事与公司形成竞争的业务。

案例点评 CASE ANALYSIS

这个项目能够顺利过审，很大一个原因还是发行人主动承诺放弃一些业务，避免同业竞争问题。当然，也离不开发行人股东的支持，将集团范围内相关业务直接交由发行人完成，直接从源头上控制同业竞争。

【案例60】

华利集团（300979）于2021年4月创业板上市。招股说明书以及中介机构核查报告显示，发行人实际控制人控制的5家企业从事运动鞋履相关业务，按照相关规则计算已达到“重大不利影响”的标准。为解决同业竞争问题，2018年发行人通过香港全资子公司收购了前述5家企业的资产。按照2017年年度财务数据测算，所有收购的企业资产总额占发行人比重为748%，营业收入占发行人比重为734%，利润占发行人比重为553%。由于相关收购行为属于同一控制下的企业合并，且对发行人营业收入、资产、净利润等财务指标均超过重组前发行人相应项目100%，属于同一控制下重大资产重组，按照《〈首次公开发行股票并上市管理办法〉第十二条发行人最近3年内主营业务没有发生重大变化的适用意见——证券期货法律适用意见第3号》第3条第1项的规定，发行人重组后运行一个会计年度后方可申请发行。发行人申请创业板发行上市时，已运行了2019年一个完整的会计年度，符合《证券期货法律适用意见第3号》要求。

案例点评 CASE ANALYSIS

在本案例中，发行人通过重组解决同业竞争问题，监管在审核中还关注了相关重组行为的合法合规性、价格公允性、是否存在纠纷等问题。发行人和中介机构在相关回复中对重组过程进行了较为完整的披露并发表了明确结论，得到了监管的认可。

【案例61】

新天绿能（600956）2020年6月主板上市。该项目发审委会议提出询问的同业竞争相关问题为：控股股东下属火力、水力、光伏发电业务与发行人风力、光伏发电业务是否构成同业竞争，控股股东是否违反与发行人签署的《避免同业竞争协议》及公开承诺，目前避免同业竞争的措施是否有效。

招股说明书中关于“同业竞争”的说明如下：公司的主营业务为天然气销售及风力发电业务。公司控股股东河北建投持有公司本次发行前总股本的50.50%，本次发行完成后，河北建投持有公司股份比例将不低于48.73%，仍为公司控股股东。河北建投不直接从事具体业务的经营，与公司之间不存在同业竞争。除发行人及其下属子公司外，其他企业均未从事发行人所从事的风力发电或天然气业务，与发行人主营业务不构成同业竞争。在电力行业，除发行人及其控制的企业外，河北建投控制的其他企业主要从事火力发电、水力发电业务，其中河北建投设立了怀拉涅河水电控股份有限公司，拟投资老挝怀拉涅河水电站项目，该项目处于境外，目前仍处于前期筹备阶段，与公司不存在同业竞争。河北省人民政府国有资产监督管理委员会持有公司控股股东河北建投100%股权，为公司的实际控制人，与公司之间不存在同业竞争。

案例点评 CASE ANALYSIS

在本案例中，发行人从业务种类、经营地域等方面论证发行人与相关方不存在实质同业竞争，也是得到了监管部门的认可。

二、关联方与关联交易的核查

关联方的认定和关联交易的核查一直是IPO审核过程中的关注重点。关联方和关联交易事项不但会影响信息披露的准确性和完整性，而且可能涉及利益输送、粉饰报表、体外资金循环等一系列问题，是判断发行人独立性和真实盈利能力的重要依据。下文主要从关联方的认定，关联交易的必要性、合理性、公允性，关联交易中的特殊关注问题和规范建议几个方面加以论述。

（一）关联方的认定

《监管规则适用指引——发行类第4号》第11条明确要求，发行人应当按照《公司法》、企业会计准则和中国证监会的相关规定认定并披露关联方。对于关联方的认定标准，不同的规定略有差异，主要分为以下三大类别，如下所述：

1.《公司法》

第216条第4项对关联关系进行了原则上的规定，即关联关系是指公司控股股东、实际控制人、董事、监事、高级管理人员与其直接或者间接控制的企业之间的关系，以及可能导致公司利益转移的其他关系。同时明确例外情形，同受国家控股的企业之间不必然存在关联关系。

2. 财政部企业会计准则

《企业会计准则第36号——关联方披露》第4条列举了构成关联方的条件，主要如下：（1）该企业的母公司、对其实施共同控制或施加重大影响的投资方；（2）该企业的合营企业、联营企业和子公司；（3）与该企业受同一母公司控制的其他企业；（4）该企业主要投资者个人、该企业或其母公司的关键管理人员及与其关系密切的家庭成员；（5）该企业主要投资者个人、关键管理人员或与其关系密切的家庭成员控制、共同控制或施加重大影响的其他企业。

《企业会计准则解释第13号》第1条对构成关联方的条件进行了补充：（1）企业与其所属企业集团的其他成员单位（包括母公司和子公司）的合营企业或联营企业；（2）企业的合营企业与企业的其他合营企业或联营企业；（3）第36号准则中所指的合营企业或联营企业，包含自身及其子公司。

仅与企业存在下列关系的各方，不构成企业的关联方：（1）与该企业发生日常往来的资金提供者、公用事业部门、政府部门和机构。（2）与该企业发生大量交易而存在经济依存关系的单个客户、供应商、特许商、经销商或代理商。（3）与该企业共同控制合营企业的合营者。（4）仅同受国家控制而不存在其他关联方关系的企业。（5）两方或两方以上同受一方重大影响的，不构成关联方。

3. 中国证监会和交易所规则

《上市公司信息披露管理办法》《上交所上市规则》《深交所上市规则》等多个中国证监会和交易所规则对于关联方范围的认定标准基本一致，相比《公司法》细化了关联法人和关联自然人的具体条件。

关联自然人包括：（1）持股5%以上的自然人及其关系密切家庭成员；（2）上市公司的董事、监事、高级管理人员及其关系密切家庭成员；（3）控制上市公司的法人的董事、监事、高级管理人员。

关联法人包括：（1）控制上市公司的法人及其控制的组织；（2）关联自然人控制的，或者担任董事（不含同为双方的独立董事）、高级管理人员的组织；（3）持股5%以上的法人及其一致行动人。

对于在过去12个月内或者根据相关协议安排在未来12月内，存在上述情形之一的，认定为关联方。其他情形包括，根据实质重于形式的原则认定的其他与上市公司有特殊关系，可能或者已经造成上市公司对其利益倾斜的法人或自然人。

中国证监会和交易所规则的相关规定和企业会计准则规定的范围略有差异，但根据《监管规则适用指引——发行类第 4 号》的要求，在尽职调查工作中应以最大范围进行核查。

4. 核查手段

关联方认定需要重点核查认定的完整性，主要核查手段如下所述。

（1）访谈发行人董监高人员、查阅发行人及其控股股东或实际控制人的股权结构和组织结构、查阅发行人重要会议记录和重要合同，获取持股 5% 以上自然人、董监高人员声明及调查文件、对外投资企业网络查询等，以及通过有资质的第三方商业信用机构查询或调档查阅关联方的市场主体登记资料。

（2）获取发行人主要客户、供应商（含外协）的成立时间、注册资本、注册地址、实际经营场所、股权结构、董监高人员、联系方式、市场主体登记经办人员等信息，适用访谈、网络查询以及交叉信息比对等方式，调查发行人主要供应商、客户与发行人是否存在关联关系。核查方式不应仅限于查阅书面资料，应采取实地走访，核对工商、税务、银行等部门提供的资料，甄别客户和供应商的实际控制人及关键经办人员与发行人（含发行人实际控制人、董监高人员关系密切的家庭成员）是否存在关联方关系。

（3）调查发行人董监高人员及其他核心人员是否在关联方任职、领取薪酬，是否存在由关联方直接或间接委派等情况。

（二）关联交易的必要性、合理性、公允性

1. 关联交易的内容与披露

根据招股说明书格式指引，发行人应根据交易的性质和频率，按照经常性和偶发性分类披露关联交易及关联交易对其财务状况和经营成果的影响。

对于购销商品、提供劳务等经常性关联交易，应分别披露报告期内关联方名称、交易内容、交易价格的确定方法、交易金额、占当期营业收入或营业成本的比重、占当期同类型交易的比重以及关联交易增减变化的趋势、与交易相关应收应付款项的余额及增减变化的原因，以及上述关联交易是否仍将持续进行等情况。

对于偶发性关联交易，应披露关联方名称、交易时间、交易内容、交易金额、交易价格的确定方法、资金结算情况、交易产生的利润及对发行人当期经营成果的影响、交易对公司主营业务的影响。

发行人应披露报告期内所发生的全部关联交易的简要汇总表。

2. 关联交易的核查要求

（1）交易必要性

在核查中应关注关联交易产生的背景和原因，是否具有商业实质；关注向关联方销售产生的收入占发行人主营业务收入的比例、向关联方采购额占发行人采购总额的比例，分析是否达到了影响发行人经营独立性的程度。交易内容原则上应在双方的主营业务范围内，交易双方具有稳定的合作关系，不存在重大依赖，双方交易是市场化选择的结果。产品质量或价格与第三方相比没有明显异常，不存在与关联方之间代垫成本费用或利益输送的情形。

（2）定价公允性

在核查定价公允性时，建议优先选用同类产品与无关联关系的第三方交易价格或可比公开市场价格作为判断基础，若无同类交易或可比公开市场价格，可比较关联交易的毛利率和同类交易非关联交易的毛利率，是否明显属于单方获利性交易。仍无法找到可比对象的，可以论证产品定价方式的公允合理，如成本加成比例、是否通过公开招投标方式报价等。适度地高于或低于可比价格，若有合理的解释理由，符合商业逻辑，在审核过程中也是可以接受的。

公允性不仅针对交易价格，还应考虑其他合同约定，如交货方式、结算条款、保修条件、信用政策及逾期情况等，对营运资金的占用或其他为完成交易产生的必要支出，实质上都是交易成本，会对公司的利润水平产生一定影响。

（3）偶发性与经常性

对于购销商品、提供劳务等经常性关联交易，分析增减变化的原因及是否仍将持续进行，关注关联交易合同重要条款是否明确且具有可操作性以及是否切实得到履行；对于偶发性关联交易，分析对当期经营成果和主营业务的影响，关注交易价格、交易目的和实质，评价交易对发行人独立经营能力的影响。

3. 与控股股东、实际控制人的关联交易

控股股东、实际控制人与发行人之间关联交易对应的收入、成本费用或利润总额占发行人相应指标的比例较高（如达到30%）的，发行人应结合相关关联方的财务状况和经营情况、关联交易产生的收入、利润总额合理性等，充分说明并摘要披露关联交易是否影响发行人的经营独立性、是否构成对控股股东或实际控制人的依赖，是否存在通过关联交易调节发行人收入利润或成本费用、对发行人利益输送的情形；此外，发行人还应披露未来减少与控股股东、实际控制人发生关联交易的具体措施。

4. 关联交易的决策程序

招股说明书应当披露章程中有关关联交易决策程序的规定，中介机构应核查发行人关联交易管理制度是否完善，取得与关联交易相关的管理制度和会议资料，判断是否按照公司章程或其他规定履行了必要的批准程序，决策过程是否与章程相符，关联股东或董事在审议相关交易时是否回避表决，独立董事对关联交易履行的审议程序是否合法及交易价格是否公允是否发表了明确意见，发行人是否已制定未来减少关联交易的有效措施等。

（三）关联交易中的特殊关注问题

1. 发行人与关联方共同对外投资

《监管规则适用指引——发行类第 4 号》中对发行人与控股股东、实际控制人或董事、监事和高级管理人员的相关共同投资行为给出了明确的披露和核查要求。

（1）发行人应当披露相关公司的基本情况，包括但不限于公司名称、成立时间、注册资本、住所、经营范围、股权结构、最近 1 年又一期主要财务数据及简要历史沿革。

（2）中介机构应当核查发行人与上述主体共同设立公司的背景、原因和必要性，说明发行人出资是否合法合规、出资价格是否公允。

（3）如发行人与共同设立的公司存在业务或资金往来的，还应当披露相关交易的交易内容、交易金额、交易背景以及相关交易与发行人主营业务之间的关系。中介机构应当核查相关交易的真实性、合法性、必要性、合理性及公允性，是否存在损害发行人利益的行为。

（4）如公司共同投资方为董事、高级管理人员及其近亲属，中介机构应核查说明公司是否符合《公司法》第 148 条规定，即董事、高级管理人员未经股东会或者股东大会同意，不得利用职务便利为自己或者他人谋取属于公司的商业机会，自营或者为他人经营与所任职公司同类的业务。

2. 关联交易非关联化

报告期内由关联方变为非关联方的，应比照关联交易的要求持续关注与原关联方的后续交易情况，以及相关资产、人员的去向，关注已转让资产或业务的受让方的基本情况、股权转让是否真实、转让价格是否公允、受让方与发行人及其主要客户和供应商是否存在特殊关系等，核查非关联化的真实性。

对于缺乏明显商业理由的交易，实质与形式明显不符的交易，交易价格、条件、形式等明显异常或显失公允的交易，与报告期内的非关联化的关联方持续发生的交易，与非正常业务关系单位或个人发生的偶发性或重大交易等，应当予以重点关注，分析是否为虚构的交易、是否实质上是关联交易，调查交易背后是否还有其他安排。

（四）规范建议

1. 降低关联交易比例、承诺

关联交易本身不构成 IPO 审核过程中的实质性障碍，但关联交易的收入、成本、利润等占比过高，或对单一关联方存在重大依赖，将会影响对发行人面向市场独立持续经营能力的判断。

与控股股东、实际控制人发生的关联交易，应尽量减少和规范，并要求控股股东、实际控制人出具承诺；确有合理商业理由继续存在的关联交易，可以建立制度性安排使关联交易处于逐年下降的趋势或稳定在较低水平。根据《公司法》第 21 条的规定，公司的控股股东、实际控制人、董事、监事、高级管理人员利用关联关系损害公司利益，给公司造成损失的，应当承担赔偿责任。

2. 健全关联交易制度

建立健全资金管理制度、关联交易管理制度，明确关联交易的决策权限、决策程序和定价机制，规定有关股东和关联董事的回避表决制度并严格执行。

3. 通过并购重组方式进行业务整合和剥离

对于与发行人业务高度相关且存在大量关联交易的关联方，可考虑通过业务重组方式将其纳入合并报表范围；与发行人主营业务关联度较低、无协同作用的控股或参股公司，可将其剥离发行人主体，有助于发行人聚焦于主业，增强独立性。

（五）否决案例

以下被否案例中，发审委问询了关联方认定及关联交易等相关问题，可作为监管关注方向予以参考。

1. 关联方认定

【案例62】

扬瑞新材于2021年12月创业板IPO未过会。奥瑞金（002701）系发行人多年以来的第一大客户，报告期的销售占比一直在30%以上，其持有发行人4.90%的股份。奥瑞金也是发行人实际控制人陈某控制的博瑞特系列公司的主要客户，山东博瑞特与奥瑞金股东之间存在资金拆借行为。报告期内，陈某与奥瑞金高管存在大额资金往来。审核机构关注：(1) 奥瑞金入股发行人是否影响发行人的业务独立性；(2) 发行人与奥瑞金高管之间存在大额资金往来的原因，是否存在代持入股、商业贿赂等利益输送或特殊利益安排的情形；(3) 陈某控制的常州博瑞特、福建博瑞特、山东博瑞特与奥瑞金控股股东原龙控股以及奥瑞金之间资金借贷的必要性和商业合理性；(4) 发行人未按“实质重于形式”的要求将奥瑞金认定为关联方并披露的原因。

报告期内，发行人第二大股东郑某珍持有发行人18.20%的股份，其丈夫陈某任昇兴股份（002752）子公司昇兴昆明总经理，其姐夫林某伶曾任昇兴北京、昇兴山东经理，现任昇兴安徽的三片罐总经理。昇兴股份是发行人的前五大客户之一。审核机构关注：(1) 郑某珍、陈某、林某伶与昇兴集团及其董事长林某贤之间的关系，以及是否存在利益输送或其他特殊的利益安排；(2) 发行人未按“实质重于形式”的要求将昇兴股份认定为关联方并披露的原因。

报告期内，陈某控制的山东博瑞特及子公司与发行人存在较多客户重叠的情形，请发行人说明是否存在陈某或关联方替发行人承担成本、费用，以及其他利益输送的情形。请保荐人发表明确意见。

2. 关联交易与独立性

【案例63】

华泰永创于2021年11月创业板IPO未过会。发行人报告期内关联交易种类较多、金额较大。此外，发行人报告期内多次向实际控制人控股的公司拆出大额资金，且事先未履行相应决策程序。审核机构关注：发行人的业务独立性；关联交易的必要性及价格公允性；是否采取有效措施规范和减少关联交易；与关联方资金拆借相关的内部控制制度是否被有效执行。

【案例64】

天地环保于2021年9月科创板IPO未过会。根据申请文件，报告期内固废处理业务公司向关联方采购粉煤灰及脱硫石膏等固体废弃物金额占同类交易比例为98.03%、99.21%和98.82%，大气污染治理综合解决方案关联销售占同类交易的比例为92.01%、74.25%和73.98%；脱硫特许经营全部为关联电厂服务且报告期内委托关联电厂经营。相关业务毛利率高于同类非关联业务或其他可比公司相应毛利率。审核机构关注上述交易的公允性及发行人相关业务独立性。

【案例65】

速达股份于2021年1月创业板IPO未过会。报告期内，发行人与股东郑煤机（601717）存在较多关联交易，且客户、供应商存在重叠，发行人为郑煤机客户提供免费的质保期服务，并接受郑煤机派驻的财务人员。审核机构关注：发行人与郑煤机关联交易的定价依据及合理性，相关交易是否公允；发行人直接面向市场独立获取订单的能力；发行人对郑煤机的依赖是否对发行人的持续经营能力构成重大不利影响。

3. 关联交易非关联化

【案例66】

康鹏科技于2021年3月科创板IPO未过会，2022年6月再次申请科创板IPO已过会。根据前次IPO申请文件，泰兴康鹏原与发行人被同一实际控制人控制，前者因委托无资质方处置危险废物构成污染环境罪。审核机构关注：泰兴康鹏上述犯罪行为相关业务与发行人业务是否紧密关联，发行人与其外协定价是否公允，上述模式是否降低了泰兴康鹏和发行人相应环保成本和风险；发行人实际控制人是否对泰兴康鹏犯罪行为存在管理或其他潜在责任，此后将泰兴康鹏剥离给张某彦是否存在关联交易非关联化情形。

第四节

财务与会计

一、内控有效性核查

《首发注册管理办法》的发行条件中要求发行人内部控制制度健全且被有效执行，能够合理保证公司运行效率、合法合规和财务报告的可靠性，并由注册会计师出具无保留结论的内部控制鉴证报告。

《国务院关于进一步提高上市公司质量的意见》明确提出“严格执行上市公司内控制度，加快推行内控规范体系，提升内控有效性”。《国务院办公厅关于进一步规范财务审计秩序促进注册会计师行业健康发展的意见》要求“进一步明确会计核算、内部控制、信息化建设等要求”。内部控制特别是财务报告内部控制，是加强财会监督、遏制财务造假、提高上市公司会计信息质量的重要基础。IPO 企业应按照上市公司标准执行内控要求，不断健全企业内部控制规范体系。

（一）内部控制环境

《上市公司治理准则》第 94 条第 1 款要求上市公司应当建立内部控制及风险管理制度，并设立专职部门或者指定内设部门负责对公司的重要营运行为、下属公司管控、财务信息披露和法律法规遵守执行情况进行检查和监督。

1. 总体要求

内部控制应能够涵盖发行人的全部重要活动，由公司的决策委员会、董监高和全体员工共同参与实施，旨在合理保证企业经营管理合法合规、资产安全、财务报告及相关信息真实完整，提高经营效率和效果，促进企业实现发展战略。

招股说明书应披露公司管理层对内部控制完整性、合理性及有效性的自我评估意见以及注册会计师对公司内部控制的鉴证意见。注册会计师指出公司内部控制存在缺陷的，应披露改进措施。

2. 内控鉴定

报告期内内部控制存在缺陷的，应核查有关情形发生的原因及性质、时间及频率、金额及比例等因素，是否对内控制度有效性构成重大不利影响，是否属于舞弊行为，是否构成重大违法违规，是否存在被处罚情形或风险，是否满足相关发行条件；如涉及资金占用或往来，可核查验证相关资金来源或去向，充分关注相关会计核算是否真实、准确，与相关方资金往来的实际流向和使用情况，判断是否通过体外资金循环粉饰业绩或虚构业绩。

核查发行人是否已通过收回资金、纠正不当行为、改进制度、加强内控等方式积极整改，是否已针对性建立内控制度并有效执行，且未发生新的不合规行为；核查有关行为是否存在后续影响，是否存在重大风险隐患。发行人已完成整改的，应结合对此前不规范情形的轻重或影响程度的判断，全面核查、测试，判断测试样本量是否足够支撑其意见，并核查发行人整改后的内控制度是否已合理、正常运行并持续有效，不存在影响发行条件的情形。

核查首次申报审计截止日后，发行人是否存在内控制度不规范或不能有效执行的情形。

取得注册会计师关于发行人内部控制的鉴证报告，与发行人聘请的注册会计师进行沟通，核查发行人内部控制制度是否完整、合理和有效。如会计师提出了改进建议，应对不足的方面进行特别关注，跟踪发行人改进的措施及效果。

3. 业务控制

保荐机构应与发行人相关业务管理及运作部门进行沟通，查阅发行人关于各类业务管理的相关制度规定，了解销售与收款、采购与付款、生产与存货、研发、货币资金、投资与筹资等各类业务循环过程和其中的控制标准、控制措施，包括授权与审批、复核与查证、业务规程与操作程序、岗位权限与职责分工、相互独立与制衡、应急与预防等措施。根据控制点控制频率选择一定数量的控制活动样本，采取验证、观察、询问、重新操作、控制测试等测试方法，评价发行人的内部控制措施是否有效实施。

调查发行人是否接受过政府审计及其他外部审计，如有，核查该审计报告所提问题是否已得到有效解决。调查发行人报告期及最近一期的业务经营操作是否符合监管部门的有关规定，是否存在因违反市场监督管理、税务、审计、环保、劳动保护等部门的相关规定而受到处罚的情形及对发行人业务经营、财务状况等的影响，并调查该事件是否已改正，不良后果是否已消除。保荐人应就发行人经营合规事项依法独立核查并发表意见，主要通过审阅发行人提供的材料、发行人出具声明、公开渠道查询验证等方法进行核查，政府部门的证明文件仅是必要情况下的辅助核查手段，不应将政府部门的证明文件作为尽职调查工作底稿的必备内容。

对发行人已发现的由风险控制不力所致的损失事件进行调查，了解事件发生过程及对发行人财务状况和经营成果的影响，了解该业务环节内部控制制度的相关规定及有效性，事件发生后发行人所采取的紧急补救措施及效果，追踪发行人针对内控的薄弱环节所采取的改进措施及效果。

【案例67】

精英数智于2020年9月科创板IPO未过会。审核机构关注：(1) 分析采用项目服务商方式开展业务的商业合理性，以及与项目服务商建立合作关系、确定双方分工及收费的具体流程；(2) 是否已建立与项目服务外包业务相关的内部控制制度，包括对外包服务商的资质要求、选择流程、与回款相关义务的落实、避免在合作过程中发生体外资金循环、商业贿赂及不正当竞争等情况；(3) 期末应收账款余额中逾期款项占比较高，项目服务商与回款相关的履约义务是否未能切实履行、相关合同条款是否流于形式。

4. 信息系统控制

保荐机构应了解发行人信息系统建设情况、管理制度、操作流程和风险防范制度。通过访谈发行人董监高人员和员工，查阅发行人相关业务规章制度等方法，评价信息沟通与反馈是否有效，包括是否建立了能够涵盖发行人的全部重要活动，并对内部和外部的信息进行搜集和整理的有效信息系统；是否建立了有效的信息沟通和反馈渠道，确保员工能充分理解和执行发行人政策和程序，并保证相关信息能够传达到应被传达到的人员。在此基础上，评价发行人信息系统内部控制的完整性、合理性及有效性。

5. 会计管理控制

保荐机构应收集发行人会计管理的相关资料，核查发行人的会计管理是否涵盖所有业务环节，是否制定了专门的、可操作性强的会计制度，各级会计人员是否具备了专业素质，是否建立了持续的人员培训制度，有无控制风险的相关规定，会计岗位设置是否贯彻“责任分离、相互制约”原则，是否执行重要会计业务授权规定，是否按规定组织对账等，分析评价发行人会计管理内部控制制度的完整性、合理性及有效性。

发行人报告期内财务总监或会计负责人离职的，关注具体原因及离职后去向，核查离任财务总监或会计负责人是否对其任职期间发行人财务数据情况存在异议的情形，发行人会计管理及与财务报表相关的内部控制制度是否持续稳定运行。

（二）财务内控有效性

根据《监管规则适用指引——发行类第5号》的规定，发行人申请上市成为公众公司，需要建立、完善并严格实施相关财务内部控制制度，保护中小投资者合法权益，在财务内控方面存在不规范情形的，应通过中介机构上市辅导完成整改（如收回资金、结束不当行为等措施）和建立健全相关内控制度，从内控制度上禁止相关不规范情形的持续发生。

招股说明书中应披露报告期内是否存在资金被控股股东、实际控制人及其控制的其他企业以借款、代偿债务、代垫款项或者其他方式占用的情况，或者为控股股东、实际控制人及其控制的其他企业担保的情况。

1. 财务内控不规范的主要情形

发行人财务内控不规范的主要情形如下：

（1）在无真实业务支持情况下，通过供应商等取得银行贷款或为客户提供银行贷款资金走账通道（简称“转贷”行为）；

（2）向关联方或供应商开具无真实交易背景的商业票据，通过票据贴现后获取银行融资；

（3）与关联方或第三方直接进行资金拆借；

（4）频繁通过关联方或第三方收付款项，金额较大且缺乏商业合理性；

（5）利用个人账户对外收付款项；

（6）出借公司账户为他人收付款项；

（7）违反内部资金管理规定对外支付大额款项、大额现金借支和还款、挪用资金；

（8）被关联方以借款、代偿债务、代垫款项或者其他方式占用资金；

（9）存在账外账；

（10）在销售、采购、研发、存货管理等重要业务循环中存在内控重大缺陷。

发行人存在上述情形的，中介机构应考虑是否影响财务内控健全有效。

发行人确有特殊客观原因，认为不属于财务内控不规范情形的，需提供充分合理性证据，如外销业务因外汇管制等原因确有必要通过关联方或第三方代收货款，且不存在审计范围受到限制的情形；连续12个月内银行贷款受托支付累计金额与相关采购或销售（同一交易对手或同一业务）累计金额基本一致或匹配等；与参股公司（非受实际控制人控制）的其他股东同比例提供资金。

首次申报审计截止日后，发行人原则上不能存在上述内控不规范和不能有效执行的情形。

2. 核查要求

（1）中介机构应根据有关情形发生的原因及性质、时间及频率、金额及比例等因素，综合判断是否对内控制度有效性构成重大不利影响。

（2）中介机构应对发行人有关行为违反法律法规、规章制度情况进行认定，判断是否属于舞弊行为，是否构成重大违法违规，是否存在被处罚情形或风险，是否满足相关发行条件。

（3）中介机构应对发行人有关行为进行完整核查，验证相关资金来源或去向，充分关注相关会计核算是否真实、准确，与相关方资金往来的实际流向和使用情况，判断是否通过体外资金循环粉饰业绩或虚构业绩。

（4）中介机构应关注发行人是否已通过收回资金、纠正不当行为、改进制度、加强内控等方式积极整改，是否已针对性建立内控制度并有效执行，且未发生新的不合规行为；有关行为是否存在后续影响，是否存在重大风险隐患。发行人已完成整改的，中介机构应结合对此前不规范情形的轻重或影响程度的判断，全面核查、测试，说明测试样本量是否足够支撑其意见，并确认发行人整改后的内控制度是否已合理、正常运行并持续有效，不存在影响发行条件的情形。

（5）中介机构应关注发行人的财务内控是否持续符合规范要求，能够合理保证公司运行效率、合法合规和财务报告的可靠性，不影响发行条件及信息披露质量。

3. 信息披露

发行人应根据重要性原则，充分披露报告期内的财务内控不规范行为，如相关交易形成原因、资金流向和用途、违反有关法律法规具体情况及后果、后续可能影响的承担机制，并结合财务内控重大缺陷的认定标准披露有关行为是否构成重大缺陷、整改措施、相关内控建立及运行情况等。

审计截止日为经审计的最近一期资产负债表日。

4. 核查方式

（1）与发行人相关业务部门进行访谈，查阅各类业务管理、流程的相关制度文件，了解销售与收款、采购与付款、生产与存货、研发、货币资金、投资与筹资等各类业务循环过程和内部控制流程。

（2）与会计师进行沟通，结合对发行人内部控制的了解，确定各类业务循环的关键控制点，了解会计师进行内部控制测试的范围、样本选取方法及数量；并对内部控制执行穿行测试，复核评价发行人的内部控制运行是否有效。

（3）若发行人主要采用互联网销售（取得收入或毛利占比超过 30%）或其客户主要采用互联网销售，日常经营活动高度依赖信息系统，则通过了解信息系统运行情况及管理情况，专项核查信息系统的可靠性、有效性。必要时保荐人和申报会计师可聘请第三方专家参加核查工作；在确保第三方专家胜任能力和独立性的基础上，可以合理采用第三方专家意见，并对第三方专家意见履行审慎关注和必要复核程序。

（4）查询中国裁判文书网、国家信用信息公示系统等公开网站，调查发行人或董监高最近 3 年内是否存在重大民事纠纷或诉讼仲裁事项，纠纷或诉讼仲裁事项是否由发行人内部控制薄弱或相关机制不健全所致。

5. 相关案例

（1）通过个人银行卡支付员工薪酬及费用

【案例 68】

芯碁微装（688630）于 2021 年 2 月科创板注册生效。报告期内，公司存在通过个人银行卡支付员工薪酬及费用的情形。审核机构关注：①公司通过个人银行卡支付员工薪酬及费用的具体情况，包括个人卡所有者、资金来源、资金如何进入个人卡、支付对象、支付时间及具体金额。②通过个人银行卡支付员工薪酬及费用履行的决策程序和相关内控制度及执行情况，相关事项的会计处理。③具体整改措施，整改开始时间及实施效果，与资金管理相关的内部控制制度是否健全以及执行情况。④是否存在其他通过相关方代垫成本费用的情形。

（2）研发费用内控有效性

【案例69】

珈创生物于2021年4月科创板IPO未过会。发行人主要从事细胞检定业务，报告期研发费用分别为272.09万元、456.03万元和508.06万元，增加较快，但仍远少于同行业可比公司，研发人员数量分别为13人、9人和14人，未有明显增加，审核机构关注了发行人是否存在将非研发费用计入研发费用的情形，以及研发费用相关的内部控制是否完善。

（三）典型问题

1. 现金交易

开展零售业务、农业等交易的企业由于其行业特点或经营模式等原因，在销售或采购环节存在一定比例的现金交易，难以追踪资金流向，中介机构对于交易的真实性、核算准确性的核查难度较大。

发行人报告期存在现金交易或以大额现金支付薪酬、报销费用、垫付各类款项的，保荐机构及申报会计师通常应关注并核查以下几个方面：

（1）现金交易或大额现金支付的必要性与合理性，是否符合发行人业务情况或行业惯例，现金交易比例及其变动情况是否处于合理范围。

（2）现金交易的客户或供应商情况，是否涉及发行人关联方。

（3）相关收入确认及成本核算的原则与依据，是否涉及体外循环或虚构业务。

（4）现金管理制度是否与业务模式、内部管理制度匹配，与现金交易、现金支付相关的内部控制制度是否完备、合理并执行有效。

（5）现金交易流水的发生与相关业务发生是否真实一致，是否存在异常分布。

（6）实际控制人及发行人董事、监事、高管等关联方以及大额现金支付对象是否与客户或供应商及其关联方存在资金往来。

（7）发行人为减少现金交易采取的改进措施及进展情况。

（8）现金交易占比达到重要性水平的，相关风险是否充分披露。

保荐机构及申报会计师应详细说明对发行人现金交易、大额现金支付的核查方法、过程与证据，对发行人报告期现金交易、大额现金支付的真实性、合理性和必要性及相关内控有效性发表明确意见。

【案例70】

超达装备（301186）于2021年11月创业板IPO注册生效。①招股说明书披露，2017年、2018年度发行人存在通过现金方式支付采购款、加工费以及收取废品处置款项的情形，其中现金销售、采购金额分别为134.19万元、740.21万元。②保荐工作报告显示，报告期内发行人现金贷方发生额分别为1988.62万元、887.21万元及10.66万元。在前次发行人申报创业板IPO的报告期内，发行人存在持续现金支付加工费、采购费、工资及报销费用等情形。2018年6月，发行人完善并有效执行《货币资金管理制度》后，现金收支规模显著降低。

审核机构关注：①补充披露前次申报报告期内发行人使用现金支付加工费、采购费、员工工资和报销款等款项的金额、期间、原因及整改情况，本次申报报告期内是否依然存在上述情形；②报告期内发行人现金科目贷方发生额的主要内容；③报告期内发行人现金管理内控制度是否完善，如何对关键流程节点实现有效管控以及实际执行情况、效果等；④发行人是否符合当时适用的《创业板首发管理办法》第11条关于“会计基础工作规范”“内部控制制度健全且被有效执行”的发行条件要求。

2. 第三方回款

第三方回款通常是指发行人收到的销售回款的支付方（如银行汇款的汇款方、银行承兑汇票或商业承兑汇票的出票方或背书转让方）与签订经济合同的往来客户（或实际交易对手）不一致的情况。

发行人报告期存在第三方回款的，保荐机构及申报会计师通常应重点核查以下几个方面：

（1）第三方回款的真实性，是否虚构交易或调节账龄。中介机构需核查的内容包括但不限于：抽样选取不一致业务的明细样本和银行对账单回款记录，追查至相关业务合同、业务执行记录及资金流水凭证，获取相关客户代付款确认依据，以核实委托付款的真实性、代付金额的准确性及付款方和委托方之间的关系，说明合同签约方和付款方不一致的合理原因及第三方回款统计明细记录的完整性，并对第三方回款所对应营业收入的真实性发表明确意见。

（2）第三方回款有关收入占营业收入的比例，相关金额及比例是否处于合理范围。

（3）第三方回款的原因、必要性及商业合理性，是否与经营模式相关、符合行业经营特点，是否能够区分不同类别的第三方回款。与经营模式相关、符合行业经营特点的第三方回款情况包括但不限于：①客户为个体工商户或自然人，通过家庭约定由直系亲属代为支付货款；②客户为自然人控制的企业，该企业的法定代表人、实际控制人代为支付货款；③客户所属集团通过集团财务公司或指定相关公司代客户统一对外付款；④政府采购项目指定财政部门或专门部门统一付款；⑤通过应收账款保理、供应链物流等合规方式或渠道完成付款；⑥境外客户指定付款。

（4）发行人及其实际控制人、董事、监事、高管或其他关联方与第三方回款的支付方是否存在关联关系或其他利益安排。

（5）境外销售涉及境外第三方回款的，第三方代付的商业合理性或合规性。

（6）报告期内是否因第三方回款导致货款归属纠纷。

（7）合同明确约定第三方付款的，该交易安排是否合理。

（8）资金流、实物流与合同约定及商业实质是否一致。

第三方回款是否具有可验证性，是否影响销售循环内部控制有效性的认定。

【案例 71】

明月镜片（301101）于2021年11月创业板IPO注册生效。报告期内，客户付款方式除客户使用公司账户及法定代表人或其配偶个人账户付款的方式外，其他回款方式均认定为第三方回款。审核机构关注：请发行人按照并非来自签订经济合同的客户回款来认定第三方回款，并区分销售模式、客户类型披露报告期内第三方回款的情况。请保荐人、申报会计师说明对发行人报告期内第三方回款、现金交易实施核查的具体情况、取得的主要证据及其结论。

二、会计政策、会计估计及会计差错更正

对于IPO企业，报告期内发生会计政策、会计估计变更或会计差错更正必须要谨慎，会计估计变更和会计差错更正要有充分、合理的证据及其合理性，并且能够公允地反映发行人的财务状况、经营成果和现金流量。

发行人报告期存在重大会计政策和会计估计变更、会计差错更正的，相关的会计处

理必须符合《企业会计准则第 28 号——会计政策、会计估计变更和会计差错更正》的规定，并应披露变更或更正的具体内容、理由及对发行人财务状况、经营成果的影响。

在实务中，符合如下条件的会计政策变更、会计估计变更和会计差错更正通常是被允许的。

第一，因会计准则变化导致的会计政策变更。

第二，变更后的会计政策、会计估计能够更加准确地反映发行人的业务实质，不存在滥用政策或估计的情形；财务差错更正后符合企业会计准则的规定，不存在欺骗、隐瞒或舞弊等行为。

第三，会计差错更正不构成发行人“会计基础薄弱、内控重大缺陷”，如会计机构不健全、核算随意，发生经常性核算错误、会计差错更正以及因内控重大缺陷导致的不得不进行差错更正的情形。具体可参考科创板对于“会计基础薄弱、内控重大缺陷”的认定标准：导致会计差错更正累积净利润影响数达到当年净利润的 20% 以上（如为中期报表差错更正则以上一年度净利润为比较基准）或净资产影响数达到当年（期）末净资产的 20% 以上。

第四，真实、准确、完整地披露相关变更或更正。

此外，在实务中，需要关注发行人重大会计政策或会计估计与可比公司是否存在较大差异，如果存在的，应分析该差异产生的原因及对发行人的影响。而对于会计差错更正，除需要对更正原因、范围、追溯调整等予以关注并充分核查外，还要对更正后原有差错是否已经完成“纠错”等进行核查。在实际过程中，出现过在会计差错更正后原有会计差错依然存在错误，被监管终止审核的情形。

（一）会计政策的适用及会计估计的选择

会计政策和会计估计的选择是中介机构进场后需要首先梳理并确定的事项之一。会计政策具有强制性，原则上没有选择空间，会计估计则需要根据发行人的业务实际情况及既往经验作出选择，以确保能够提供真实、可靠的财务信息。

报告期内发行人会计政策和会计估计应保持一致性，不得随意变更。中介机构在核查中应当在业务核查的基础上，判断发行人的会计政策和会计估计的准确性和适当性，关注与同行业横向对比是否存在重大差异，以及差异解释的合理性。会计估计的选择应以能够提供真实、可靠的财务信息为原则，而不能仅以谨慎性作为选择依据，否则就犯了本末倒置的错误。

变更时，保荐人及申报会计师应关注是否有充分、合理的证据表明变更的合理性，并说明变更会计政策或会计估计后，能够提供更可靠、更相关的会计信息的理由；对会计政策、会计估计的变更，应履行必要的审批程序。如无充分、合理的证据表明会计政策或会计估计变更的合理性，或者未经批准擅自变更会计政策或会计估计的，或者连续、反复地自行变更会计政策或会计估计的，会被视为滥用会计政策或会计估计，在监管审核中会被重点关注甚至会导致现场检查。此外，在中国证监会通报的2022年首发企业现场检查有关情况中，针对发行人存在问题部分，专门指出了在现场检查过程中，发现发行人对会计政策的披露与实际执行情况存在重大不一致的情形。

在实务中，还需关注发行人是否结合自身业务活动实质、经营模式特点及关键审计事项等，披露对公司财务状况和经营成果有重大影响的会计政策和会计估计，针对性披露相关会计政策和会计估计的具体执行标准，而不应简单重述一般会计原则。

（二）会计政策及会计估计变更

1. 变更的原因、必要性及合理性

如前面所述，会计政策具有强制性，原则上没有选择空间。因此一般会计政策变更主要受会计准则变化的影响，或者因发行人经营模式发生变化而变更。核查中需关注会计政策变更的合理性，追溯调整的范围以及正确性。

企业会计估计的变更需要重点核查是否符合准则的规定，是否存在没有客观原因的随意变更或频繁变更的情形。例如，发行人在外部宏观形势、市场环境和自身经营没有重大变化的情况下，将坏账准备的会计估计比例或方法进行变更，从而增加当期利润；在没有技术改造等客观变化的情形下，将重要设备等固定资产可使用年限进行重新调整以延长使用年限；在没有充分基础信息和依据的情况下，将重要生产设备由加速折旧法改为直线法，从而通过减少折旧计提而增加收益；科创企业进行研发费用资本化政策变更不审慎，导致研发费用和支出确认不严谨，影响当期损益；在没有任何前置条件的情况下，投资性房地产后续计量模式由原有的成本法变更为公允价值模式，不再计提折旧和摊销，并以资产负债表日投资性房地产的公允价值为基础调整其账面价值，将公允价值与原账面价值之间的差额计入当期损益，导致当期利润增加等。上述情形均不符合准则的一致性要求，会产生利润操纵的嫌疑。

根据交易所和中国证监会网站公布的相关信息，目前申报IPO的企业涉及的会计估计变更主要以应收款项计提坏账准备政策的变更和研发费用资本化政策调整等为主，从合理性角度，只要变更后与同行业可比上市公司不存在较大差异，一般进行充分的信息披露以及在审核问询阶段进行合理解释还是可以接受的。

2. 关注会计估计变更对利润的影响

一般会计估计的变更对利润影响较大，会涉嫌操纵盈利，所以变更原因合理性的解释也要结合对利润的影响进行阐述。

3. 关注内控制度的有效性

需要关注发行人的会计基础工作是否规范，尤其是相关的内部控制制度是否健全且被有效执行，会计政策和会计估计变更是否过于随意，是否存在重大缺陷。

【案例72】

科拓股份2022年8月创业板IPO审核未予通过，其中在财务方面被否的核心原因是发行人内部控制制度是否健全且被有效执行，是否能够合理保证公司运行效率、合法合规和财务报告的可靠性。

发行人2017年曾经就申报过一次IPO，后撤回；2021年6月再次申报，2022年8月30日被否决。发行人第一次IPO申报撤回是因为业绩小，而2022年8月IPO被否除了业绩下滑问题，更重要的是内控不完善和中介机构核查不到位的“红线瑕疵”。此外，毫无意外，由于交易所在审核过程中对内控及中介机构核查等存疑，该项目接受了现场督导，现场督导针对发行人内部控制出具了多项意见。因此，在第二轮问询意见中，审核人员用了非常大的篇幅披露了现场督导涉及的五大核心问题，且出现“现场督导期间，保荐人无法完整确定各期冲减的施工成本对应的原成本所述期间，无法测算该跨期调整对各期成本的影响”等表述。

案例点评　CASE ANALYSIS

不难想象，现场督导涉及的五个方面问题都存在瑕疵，那这个企业的财务数据根本没有任何信赖的基础了，也就导致最终被否决。

【案例 73】

宝兰德（688058）于 2019 年 10 月科创板 IPO 注册，该公司 2017 年创业板 IPO 审核过程中，代理销售收入确认政策受到中国证监会多次关注，且相关解释未能获得认可，成为最终未予通过的主要原因之一。在创业板申报被否决后，公司针对代理销售收入确认政策进行了认真分析，对公司业务情况进行了梳理，并结合业务运作实质、会计信息外部证据的可取得性等因素，对该类收入确认政策进行了审慎变更，具体如下：

一是变更后的收入确认方法更符合软件销售业务特点；二是变更后的收入确认方法符合软件行业近期做法；三是变更后的收入确认方法提供的会计信息更可靠。

在上述变更的基础上，发行人、保荐人及相关中介机构进行了认真的核查，相关解释得到了监管部门的认可，在后续的审核中顺利通过了监管部门的审核。

案例点评 CASE ANALYSIS

这个案例就是典型的发现错误及时改正错误的典型，在首次申请被否后，积极进行整改，尤其是相关业务领域的收入政策进行审慎变更，最终得到了监管部门的认可。

（三）会计差错更正

2022 年，A 股主板、科创板、创业板及北证共计过会 526 家。其中申报后的审核问询阶段中进行了会计差错更正的共计 66 家，涉及 86 个事项。此外，科创板及创业板在注册阶段进行会计差错更正的共计 14 家，涉及 16 个事项。从统计数据中不难看出，无论是在申报前以及申报中问询阶段，还是注册阶段均会出现会计差错更正，需引起高度重视，要重点关注其更正的原因及对发行人的影响程度；同时，还需要关注更正后会计差错是否已纠正。对于回复反馈阶段和注册阶段发生的差错更正，尤其要慎重，不能出现纠错不到位的情形，否则会给审核人员以发行人会计基础薄弱的印象。

1. 核查内容

《监管规则适用指引——发行类第 5 号》提到，发行人申报后出现会计差错更正事项的，保荐机构及申报会计师应重点核查以下几个方面并发表明确意见：（1）差错更正事项的时间、内容和范围，对发行人的影响；（2）差错更正事项的性质、原因及依据，是否合规，是否符合审慎原则；（3）差错更正事项是否因会计基础薄弱、内控重大缺陷、盈余操纵、未及时进行审计调整的重大会计核算疏漏、滥用会计政策或者会计估计以及恶意隐瞒或舞弊行为，是否反映发行人会计基础工作薄弱或内控缺失；（4）差错更正事项是否已准确、充分披露。

在实务中，科创板在试点注册制阶段曾将会计差错更正累计影响数达到20%视为不符合发行条件，其中累计影响数因会计基础薄弱、内控不完善、必要的原始资料无法取得，审计疏漏等原因造成（并不是累计影响数达到20%即为不符合发行条件）。全面注册制下取消了这一标准，而是结合性质和金额进行综合判断。

2. 核查关注点

关于会计差错更正事项，在发行人会计基础规范及内部控制制度健全且有效执行的前提下（发行条件），相关认定应从实际情况出发，基于相关事项发生的事实依据，并遵循企业会计准则，按照准则及审核问答要求充分考虑差错更正的原因、性质、重要性与累积影响程度等，对需要发表明确意见的事项进行充分核查论证并履行相应的信息披露。

核查中需要关注会计差错更正是否符合《企业会计准则第28号——会计政策、会计估计变更和会计差错更正》的规定，是否反映出发行人存在故意遗漏或虚构交易、事项或者其他重要信息，滥用会计政策或者会计估计，操纵、伪造或篡改编制财务报表所依据的会计记录等情形；结合会计差错更正对业绩的影响，关注所发生的会计差错是否属于重大会计差错更正，是否反映了发行人存在会计基础薄弱、内控重大缺陷的情形。

【案例74】

九州风神2022年3月创业板IPO审核未予通过，其中在财务方面被否的核心原因是报告期内会计差错较多，涉及范围较广，且未能及时调整入账。

通过进一步分析发现，发行人财务电子账套数据未按经审计数进行审计调整和差错更正，内控制度未有效得到执行，相关中介机构未及时督导发行人进行审计调整。其中，涉及资产负债表科目19个，涉及利润表科目12个。会计师出具的审计报表数据和企业电子账套报表数据差异明细达467页。此外，2020年，发行人对历史上因个人卡结算而导致的会计差错进行了更正，部分会计差错更正存在错误。

案例点评

CASE ANALYSIS

该项目被否，发行人一方面出现差错没有及时更正到位；另一方面，部分已经进行过差错更正的地方存在更正错误。由于存在上述问题，发行人被创业板上市委员会终止审查。

当然，在实务过程中，任何一家企业出现差错更正都属于很正常的现象，只要发行人能够在日常的财务管理过程中能够管理到位，及时发现并更正，且涉及范围不要太广，那么一般只要按要求在招股说明书中对差错更正情况及相关核查情况进行如实披露，在交易所审核过程中还是会被认可的。

【案例 75】

中国证监会在出具的诺泰生物（688076）《注册阶段反馈意见落实函》中关注了如下问题：报告期内，发行人在新三板挂牌期间曾于 2018 年 4 月 27 日、2019 年 5 月 1 日、2020 年 6 月 10 日、2020 年 10 月 13 日多次进行前期会计差错更正，其中 2020 年 6 月 10 日对公司 2017 年、2018 年财务报表中涉及 25 个会计科目的会计差错事项进行了更正及追溯调整。请发行人说明：(1) 报告期内历次会计差错更正发生的背景及原因；(2) 相关会计差错事项是否对各期财务报表构成重大影响；(3) 详细说明公司财务会计制度、内控制度制定及执行情况，是否存在会计基础工作不规范、内控制度薄弱情形；(4) 公司于 2020 年 4 月 1 日变更审计机构的原因。请保荐机构、申报会计师说明核查程序并发表明确意见。

公司采取的整改措施包括以下内容。

一是针对疏忽、错误及会计政策理解等原因，公司做了以下整改措施：了解差错的原因，对涉及的金额等情况进行逐项分析形成的原因，对差错相关人员作出指导教育，并进行全面整改；就相关事项对公司财务人员进行专项培训，进一步加强财务人员力量，聘任具有扎实专业知识和丰富经验的财务人员；加强与完善财务核算各环节的复核流程；聘请专业的外部机构进行辅导培训和财务梳理，了解最新的企业会计准则的执行情况及相关案例。

二是针对单据流转不及时等原因，公司作了以下整改措施：加强对业务、研发、财务等相关领域的信息化、流程化建设，保证公司的内部控流程更加完善，更加完全；加强公司各部门的沟通及监督，产生各部门协同效应，保证财务数据披露的真实、准确、及时。

虽然发生了多次会计差错更正，但是由于诺泰生物解释合理，而且积累程度不重大，并及时进行了整改，监管机构认可其解释和采取的相应整改措施，最终于2021年4月注册生效。

案例点评 CASE ANALYSIS

监管针对问题企业并非全盘否定，更多的还是在观察这个企业针对存在的问题是如何应对？只要不是涉及财务造假等底线问题，且相关企业积极整改且有成效，一般都还是会被认可的。

三、收入的核查

注册制IPO尽职调查中收入的核查一般包括：销售与收款内部控制、收入的真实性、收入确认政策、销售模式、收入跨期、收入的产品构成、收入的变动、收入的可持续性等。

收入核查的两个主要方面为：第一，虚构业务类，即虚构销售业务，虚增业绩，系统性财务舞弊；第二，操纵会计政策类，即销售业务真实存在，会计处理不合规。

（一）收入确认政策

收入确认政策是指企业在收入确认、计量和报告中所采用的原则、基础和会计处理方法。收入确认政策的核查，需关注发行人报告期内是否存在操纵会计政策的情形。

新收入准则本身仍带有会计准则天然的可选择性，在实务中经常需要运用重大的会计判断。只要存在重大会计判断，就存在利用准则进行业绩粉饰的嫌疑。

收入确认政策强调收入准则运用的正确性、可控性和谨慎性，核查时建议关注以下问题。

1. 关注新收入准则下的合同梳理。实践中，不少项目组忽视对销售合同内容的研读，完全依赖于会计师对合同内容的理解确定收入确认方法，建议项目组全面梳理销售合同条款。如设备销售合同存在安装、指导安装、调试、试运行条款，合同约定初验、终验等多道验收环节，客户可无条件退货时，收入确认时点是否准确为重点关注事项。存在类似条款时，应结合合同约定情况、产品特点及安装服务的复杂程度，历史情况及行业惯例等准确判断控制权的转移时点。

2. 发行人关于收入确认政策的说明要区分不同业务类型，具有针对性，切忌按照会计准则中收入准则描述模板化。发行人具体收入确认政策说明要与其业务实质一致，另外关注同行业上市公司收入确认的具体政策，发行人与其是否存在显著差异。发行人有些业务类型在新收入准则下未必可以简单延续旧准则下的会计处理方法，关注各类业务在新收入准则下运用的正确性。例如，旧准则下，系统集成合同既属于“建造合同”的范畴，也可视为交付某种系统产品。新收入准则下需分析是属于时点履约义务还是时段履约义务，若系统集成合同符合交付整体系统的时点履约义务，则于客户验收后一次性确认收入更具有可控性。

3. 关注收入确认方法和收入确认时点：是否与合同约定、业务实质相符；是采用时点法还是时段法，总额法还是净额法；是否符合会计准则的规定。

新收入准则的应用更强调可控性和谨慎性，时点法和时段法、总额法和净额法的正确适用尤其重要。

（1）时点法和时段法的适用

采用时点法和时段法的判断实质在于区分发行人履约义务是时点履约还是时段履约。在新收入准则下，企业应当在履行了合同中的履约义务，客户取得相关商品的控制权时确认收入。新收入准则下，满足下列条件之一，属于在某一时段内履行履约义务，应采用时段法确认收入：①客户在企业履约的同时即取得并消耗企业履约所带来的经济利益（同时消耗）；②客户能够控制企业履约过程中在建的商品（客户控制）；③企业履约过程中所产生的商品具有不可替代用途，且该企业在整个合同期间内有权就累计至今已完成的履约部分收取款项（合格收款权）。

（2）总额法和净额法的适用

采用总额法与净额法的判断实质在于区分发行人在从事交易时为主要责任人还是代理人，是否控制商品。不应局限于合同法律形式，应考虑所有事实，主要包括：发行人是否承担转让商品的主要责任，在转让商品前后是否承担存货风险，是否有权自主决定价格。

4. 关注收入确认政策变化：可通过抽查方式核查报告期内发行人收入确认政策具体执行上是否发生变化；如有变化，该变化属于会计政策变更还是前期收入确认政策错误导致的会计差错更正，是否存在会计基础工作薄弱和内控缺陷。

（1）执行新收入准则后，不同产品在选择具体收入确认方法时，首先要符合准则的规定。

IPO中最常见的几类销售业务在新收入准则下的收入确认方法如下，实际确认方法还应结合业务合同具体分析。

一般产品：对于合同存在产品安装条款的，如果与产品本身不属于重大整合，需将安装条款作为单项履约义务，可以先确认产品收入再确认安装收入；反之，则将产品加安装作为单项履约义务于安装完毕后一次性确认收入。

系统集成：系统集成中的硬件、软件和安装是作为多项履约义务还是单项履约义务。客户需要企业交付的是一项完整的系统，而非单独的硬件和软件，故一般应将其视为一项履约义务。因此，通常将系统集成合同视为交付整体系统的时点履约义务，于客户验收后一次性确认收入。

软件开发或工程设计业务：视为交付整体开发或设计产品的时点履约义务，于客户验收后一次性确认收入。

建造合同：适用时段履约义务的建造合同主要是工程施工合同和EPC总承包合同，这两类合同符合确认时段履约义务的第二项条件即客户能够控制企业履约过程中在建的商品，按照履约进度确认收入。

关注发行人关于不同销售模式的划分及披露是否准确，不同销售模式下的定价方法和原则、结算模式、退换货政策、控制权转移时点、权利义务的承担是否有实质性区别，销售模式的划分是否符合行业惯例，与同行业可比公司是否一致。

（2）发行人在不同销售模式下收入确认方式核查如下所述。

发行人采用经销商或加盟商模式的，应当关注发行人频繁发生经销商或加盟商加入及退出的情况，以及发行人申报期内经销商或加盟商收入的最终销售实现情况。同时，应考虑发行人收入确认会计政策是否符合企业会计准则的规定。

发行人采用直销模式的，应当检查销售协议中收入确认条件、退换货条件、款项支付条件等是否能够证明商品控制权已经发生转移。

发行人存在其他特殊交易模式或创新交易模式的，应当合理分析盈利模式和交易方式创新对经济实质和收入确认的影响。只有充分、适当的证据能够证明商品控制权已经转移时，发行人才能确认销售收入。

【案例76】

关于科捷智能（688455）。发行人的智能输送系统和智能分拣系统中皮带输送类集成摆轮分拣设备的收入以初验作为收入确认时点。

1. 以初验确认收入的合同约定及执行情况对比如表2-15所示

表2-15 以初验确认收入的合同约定及执行情况

项目阶段	合同约定	执行情况
所有权/风险报酬转移	所有权/风险转移时点：货物的毁损、灭失等风险，货物所有权自甲方出具初验合格达到试运行条件的文件后转移	发行人于初验完成时均已获取初验合格达到试运行条件的确认文件，验收文件均有客户相关负责人签字，已完成对设备安全达成状况、功能性能达成状况、设备、备件清点状况、设备其他技术验收状况等情况的检查测试，即已满足所有权/风险报酬转移的要求
付款条款	预付款30%（合同签订并生效之日起）； 到货款30%（设备经乙方运抵项目现场并正式开始现场施工及收到确认函和发票后）； 初验通过20%（全部设备安装调试完毕后经甲方初验合格达到试运行条件及收到初验单和发票后）； 终验通过15%（设备运行结束并最终验收合格收到终验单和发票后）； 质保金5%（合同价5%的余款作为质保金）	根据实际执行情况来看，报告期内前五大初验确认收入项目的主合同实际收款比例（截至2021年9月30日）均已达到80%或以上
验收条款	设备初验测试：乙方提前7天提出初验申请并经甲方/甲方关联方同意后，由甲方/甲方关联方组织进行逐项验收，乙方配合甲方/甲方关联方测试验收，初验合格，由甲方/甲方关联方及时出具设备初验合格证明文件给乙方	合同执行过程中，主要的验收内容如下： （1）技术指标：项目关键绩效指标（Key Performance Indicator，KPI）测试通过，符合技术性能指标及外观、安全等其他要求，满足现场投入使用条件，具备交付条件； （2）到货检验：设备到货及备件清单齐全，产品型号、数量、配置与合同一致； （3）切换运行：必须场地切换运营且已投入使用固定时间（因场地性质及客户需求不同，此固定时间各异）； （4）人员培训：提供并完成场地设备人员需求、技术培训需求及相关技术资料需求

2. 发行人以初验验收而非终验验收作为收入确认时点的原因，收入确认时点是否谨慎

（1）从合同约定的角度看，合同验收条款中约定了货物的毁损、灭失等风险，货物的所有权自初验合格达到试运行条件后转移，发行人按照初验验收节点确认收入符合会计准则的规定；初验完成时，合同的实质性履约义务已完成。

（2）从行业惯例的角度来看，以初验验收作为确认收入的时间点与同行业可比公司不存在差异。

（3）从发行人收款情况的角度来看，在初验时点，发行人能够获得几乎全部产品有关的经济利益。

（4）从项目实际运行的角度来看，在初验时点客户已经在正常使用，产品的风险报酬/控制权在初验时点转移已实质完成，收入确认时点具有谨慎性。

综上，发行人以初验验收而非终验验收作为收入确认时点具有合理性和谨慎性。

3. 是否符合企业会计准则的规定

公司收入确认方法和时点符合企业会计准则的规定，具体分析如表2－16所示。

表2－16 收入确认方法和时点符合企业会计准则的规定

新收入准则第13条规定	公司具体情况
企业就该商品享有现时收款权利，即客户就该商品负有现时付款义务	根据合同约定，发行人按照阶段收取款项，截至初验时点发行人按照合同可以收取80%左右的款项。客户能够主导该产品的使用，并且能够主导该商品的使用并从中获得几乎全部经济利益
企业已将该商品的法定所有权转移给客户，即客户已拥有该商品的法定所有权	根据原《中华人民共和国物权法》第23条①的规定："动产物权的设立和转让，自交付时发生效力，但法律另有规定的除外。"按照合同约定，货物的毁损、灭失等风险，货物所有权自甲方出具初验合格达到试运行条件后转移，即客户已拥有该商品的法定所有权
企业已将该商品实物转移给客户，即客户已实物占有该商品	初验后，发行人已将系统实物转移给客户，客户现场接管并有效控制系统，系统接入客户网络系统，在客户多名操作工人的操作下开始运行，客户完全实物占有该商品

续表

新收入准则第13条规定	公司具体情况
企业已将该商品所有权上的主要风险和报酬转移给客户，即客户已取得该商品所有权上的主要风险和报酬	初验后，相关系统已经稳定运行，系统接入客户网络系统，在客户多名操作工人的操作下进行快递包裹的输送分拣，正式作为客户运营流程的一部分开始运转，客户能够主导系统的使用并从中获得全部的经济利益。企业已将该商品所有权上的主要风险和报酬转移给客户
客户已接受该商品	初验合格意味着系统有效运行，客户可独立控制系统，达到客户商业可使用状态，客户已在实质上接受该商品

① 现为《民法典》第224条。

综上所述，发行人的收入确认时间及依据与合同约定、公司收入确认政策相符，收入确认时点谨慎，符合企业会计准则的规定，不存在提前确认收入的情形。

【案例77】

关于华是科技（301218）。报告期内，公司系统集成业务采用终验法作为收入确认时点的合理性具体如下：

1. 公司系统集成业务属于在某一时点履行履约义务，而非在某一时段内履行履约义务

（1）公司系统集成业务在验收交付给客户之后客户才开始使用，因此不满足“客户在企业履约的同时即取得并消耗企业履约所带来的经济利益”的条件。

（2）在项目的实施过程中，公司的监控设备、电线电缆等存货由现场的项目经理进行统一管理，且公司在项目验收之前，公司均有权对系统集成内容的设备、安装等内容进行调整，在验收交付之前，客户对公司履约过程中形成的存货并无控制权。因此，公司系统集成业务不满足“客户能够控制企业履约过程中在建的商品或服务”的条件。

（3）公司系统集成项目实施过程中，通常会根据施工工程进度收取项目进度款，视不同项目的区别，在未完成竣工验收之前工程进度款总额通常为合同价的50%～70%，无法覆盖项目发生的存货成本。因此公司系统集成业务不满足“企业履约过程中所产出的商品具有不可替代用途，且该企业在整个合同期间内有权就累计至今已完成的履约部分收取款项”的条件。

（4）公司系统集成业务涉及硬件安装、软件开发、软硬件调试、整体试运行等工作，直至项目验收完成，交付客户使用之后公司才完成合同约定的工作。因此，公司认为系统集成业务属于在某一时点履行履约义务。

综上所述，公司系统集成业务不满足“在某一时段内履行履约义务”的条件。

2. 公司系统集成业务以项目完成终验为标志，完成合同中的主要履约义务，并同时将相关商品控制权移交给客户，因此公司以终验法确认收入

（1）以项目终验为时点，公司在此时点将系统集成项目的使用权及控制权移交给客户。

（2）客户对系统集成项目进行最终验收，表明客户已接受公司系统集成服务的内容，公司对项目的修改、调整已结束，公司为此项目的投入已基本完成。

（3）项目验收之后，公司对该项目享有占合同金额绝大部分的收款权利。

综上所述，公司选择以项目终验时点作为收入确认时点具有合理性。

配合客户的特殊需求，符合项目实际实施情况，不存在公司通过缩短实施周期，人为调节收入确认时点的情形。

由于公司以取得客户签章的验收报告作为收入确认的依据，以验收时间作为收入确认的时点，且公司客户主要为政府机关、事业单位、国有企业及上市公司等，公司无法控制客户出具验收报告的时间，收入确认时点真实，因此不存在人为调节收入确认时点的情况。

【案例78】

关于国科恒泰（创业板IPO注册阶段）。发行人院端直销业务无须备货，相关货物由供应商直接将货物配送至医院；发行人称公司承担了存货风险，能够控制相关商品，公司应被认定为主要责任人，按照总额法确认收入符合会计准则的要求，分析如下：

（一）院端直销模式下的物流、资金流、单据流流转情况，产品定价方式，合同具体条款

1. 院端直销模式下的物流、资金流和单据流流转情况

（1）物流流转情况如下所述

从2020年下半年开始，公司陆续要求上游供应商将存货规模化存放于公司的自有仓库，与此前在医院进行交接存货的方式类似，公司在自有仓库收货后能够控制该存货并承担该存货的相关风险。后续，公司根据医院的手术订单需求，由公司对存货进行配台、打包并自公司的仓库配送至医院。

资金流：下游客户根据与公司签署的销售合同或订单，将货款支付至公司指定的银

行账户；公司根据与上游供应商签署的合同约定，将采购款支付至供应商指定的银行账户。

单据流流转情况如下所述。①采购订单和销售订单：公司在收到下游客户医院的采购需求后，向上游供应商提交采购订单，同时向下游客户医院出具销售订单；②随货同行单：随货同行单随货物一同移交至医院的指定科室；③发票：医院消耗完后，供应商根据公司的实际采购额向公司开具销售发票，公司根据对医院的销售额向医院开具销售发票。

（2）院端直销模式下的产品定价方式

公司院端直销模式下的销售价格通常为中标价格，或参考当地医疗器械/耗材阳光采购网公布的最低采购价格。公司与上游供应商的采购价格主要系根据公司对下游客户的销售价格，并综合考虑自身的议价能力、在销售过程中提供的服务内容、承担的医院回款账期长短等因素，与上游供应商协商确定。

（3）院端直销模式下的合同具体内容

根据公司与医院签署的合同，公司独立承担与销售活动相关的产品交付责任及回款方回款风险，独立与下游客户进行定价。

根据与供应商签署的合同，公司在转让商品之前承担了该商品的存货风险，在向客户转让商品前能够控制该商品；公司与供应商的结算，承担了部分的信用风险。

2. 院端直销业务下发行人能够控制相关商品的依据充分

根据新收入准则的相关规定，企业向客户转让商品前能够控制该商品的情形包括：

（1）企业自第三方取得商品或其他资产控制权后，再转让给客户；

（2）企业能够主导第三方代表本企业向客户提供服务；

（3）企业自第三方取得商品控制权后，通过提供重大的服务将该商品与其他商品整合成某组合产出转让给客户。

在具体判断向客户转让商品前是否拥有对该商品的控制权时，企业不应仅局限于合同的法律形式，而应当综合考虑所有相关事实和情况，这些事实和情况包括：

（1）企业承担向客户转让商品的主要责任；

（2）企业在转让商品之前或之后承担了该商品的存货风险；

（3）企业有权自主决定所交易商品的价格；

（4）其他相关事实和情况。

院端直销模式下，公司承诺向医院提供商品，承担向医院提供货物符合医院要求的责任，承担因商品不符合质量标准而产生的赔偿责任。因此，公司作为首要的义务人，承担提供商品的主要责任。

根据公司在院端直销模式下与供应商签订的合同，供应商将货物交付到公司的指定地点（通常为医院）后，公司在销售商品前取得了该商品的控制权，公司需要承担货物相应的存货风险。因此，认定公司在将货物销售给客户之前已取得了该商品的控制权符合会计准则的规定。

（二）院端直销模式下发行人各期末不保有相关存货，发行人采用总额法确认收入符合新收入准则等相关规则的规定

具体分析如下：

1. 新收入准则第34条规定

企业应当根据其在向客户转让商品前是否拥有对该商品的控制权，来判断其从事交易时的身份是主要责任人还是代理人。企业在向客户转让商品前能够控制该商品的，该企业为主要责任人，应当按照已收或应收对价总额确认收入；否则，该企业为代理人，应当按照预期有权收取的佣金或手续费的金额确认收入，该金额应当按照已收或应收对价总额扣除应支付给其他相关方的价款后的净额，或者按照既定的佣金金额或比例等确定。

2. 《〈企业会计准则第14号——收入〉应用指南》中主要责任人或代理人的判断原则

企业在判断其是主要责任人还是代理人时，应当根据其承诺的性质，也就是履约义务的性质，确定企业在某项交易中的身份是主要责任人还是代理人。企业承诺自行向客户提供特定商品的，其身份是主要责任人；企业承诺安排他人提供特定商品的，即为他人提供协助的，其身份是代理人。

首先应当识别企业向客户提供的特定商品，其次应当评估特定商品在转让给客户之前，企业是否控制该商品。将特定商品转让给客户之前控制该商品的企业为主要责任人；相反，特定商品转让给客户之前不控制该商品的企业为代理人。

3. 《上市公司执行企业会计准则案例解析》（2019）案例6－01大宗商品贸易收入总额法案例解析

“本案例中，不能简单按照签订合同的先后顺序评估特定商品在转让客户之前企业是否能控制该商品。贸易公司承诺向客户提供大宗商品或者代表提货权的仓单，并非承

诺安排他人向客户提供商品。在特定的商品转让给客户之前，贸易公司先控制了该商品，然后转让商品，虽然控制商品时间很短。因此，贸易公司在向客户转让商品之前控制商品。

“从客户的角度看，贸易公司是其供应商并承担提供商品的主要责任，虽然贸易公司可能因承担商品质量责任向其供应商追索。

“以销定采、零存货是贸易公司的内部管理手段，也是当前技术条件下企业降低成本的先进管理方法，不能将其作为判断总额法和净额法的依据。如果合同明确表明贸易公司与客户和供应商单独签订合同，就货物质量向客户承担责任，很难仅依据毛利较低、购货合同与销货合同数量相同、与客户和供应商交割时间几乎一致，否认贸易公司在向客户转让特定商之前控制特定商品。

“就本案例而言，贸易公司采用总额法确认收入是合理的。”

4.《监管规则适用指引——会计类第 1 号》中关于按总额或净额确认收入的相关指引

根据收入准则的相关规定，企业向客户销售商品或提供劳务涉及其他方参与其中时，应当根据合同条款和交易实质，判断其身份是主要责任人还是代理人。企业在将特定商品或服务转让给客户之前控制该商品或服务的，即企业能够主导该商品或服务的使用并从中获得几乎全部的经济利益，为主要责任人，否则为代理人。在判断是否为主要责任人时，企业应当综合考虑其是否对客户承担主要责任、是否承担存货风险、是否拥有定价权以及其他相关事实和情况进行判断。企业应当按照有权向客户收取的对价金额确定交易价格，并计量收入。主要责任人应当按照已收或应收的对价总额确认收入，代理人应当按照预期有权收取的佣金或手续费（净额）确认收入。

综上，院端直销业务收入符合总额法确认的要求，具体分析如下所述。

院端直销模式下，公司承诺向医院提供商品，承担向医院提供货物符合医院要求的责任，承担因商品不符合质量标准而产生的赔偿责任。因此，公司作为首要的义务人，承担提供商品的主要责任。

根据公司在院端直销模式下与供应商签订的合同，供应商将货物交付到公司的指定地点，公司在销售前取得了该商品的控制权，公司需要承担货物相应的存货风险。根据采购合同关于采购价格的约定，供应商无法决定销售价格，以及不能主导公司的商品销售活动。公司向医院销售产品的价格通常为中标价格，根据合同，如果公司中标价格发生变化，公司需要承担销售价格变化的风险。在商品转让给客户之前，公司先控制了该商品，然后转让商品，虽然控制商品时间很短。

因此，公司应被认定为主要责任人，按照总额法确认收入符合会计准则的要求。

（二）收入核查手段——收入穿行测试

监管机构在IPO现场检查和现场督导中，对收入确认及内控提出全流程穿行测试的核查要求，建议项目组对收入核查时进行全流程穿行测试，用穿行测试的理念来执行细节测试。

与收入循环相关的内部控制是否存在重大缺陷，核查时建议关注以下几点：(1) 发行人的行业特点和业务模式是否存在较大的内在风险；(2) 发行人是否建立了内控制度以应对各风险环节；(3) 内控制度是否有效设计，是否得到切实执行，是否存在管理层凌驾于控制之上的情况。

销售与收款循环的大致流程包括“招投标—定标—销售合同签订—出库—物流—验收—对账—发票开具—回款”。收入穿行测试核查中关注以下各项信息是否核对一致：(1) 对客户的合同管理——是否都签订合同，约定的返利是否有书面协议；(2) 回款管理与发票管理——合同客户、发票客户、回款客户是否一致；(3) 纸质出库单中记录的送货地址与外部物流结算单中显示的送货地址是否一致；(4) 自提货物销售客户是否在发货单上签字；(5) 发货单或物流单是否存在缺失；(6) 验收单是否经客户验收签字；(7) 销售订单制单与审核权限是否分离；(8) 客户在不同文件加盖的公章是否相同；(9) 收入跨期问题。

仅对收入简单抽凭不是真正意义的收入穿行测试，实践中，很多投行从业人员并不了解穿行测试而是简单地进行收入抽凭，笔者认为，收入穿行测试是从合同签订到回款的全过程抽样，这对收入的真实性核查效果更好；但穿行测试应避免仅形式上收集了一堆底稿，实质上疏于对获取的各底稿间的分析（参考上文穿行测试各项信息核对是否一致）。

关注单据的合理性和可靠性。有些发行人取得的验收单仅是对数量外观的形式验收，类似于签收，并非实质性对产品质量的验收。在此情况下收入确认的单据是否充分合理，收入确认时点是否合理需进一步论证；收入确认单据与其他内外部证据需相互佐证，如验收单与回函、访谈记录的差异，发货、出库、物流、验收单之间日期、数量和金额的逻辑矛盾等。

关注单据的完整性。单据的完整性是进行财务数据审计和核查的基础。业务资料大量缺失或要素不完整的情形下，无法对财务数据依赖的业务数据的来源和依据进行验证。对发行人而言，各期的业务单据应妥善保管和留存，内部控制体系应尽早建立和完善，应足以支撑财务报告的真实性、准确性和可靠性。如果重要单据签章确实存在客观现实困难，是否有其他核查程序佐证确认，如内部单据的验证、第三方物流单据的验证、与客户的书面或电子沟通记录等。

【案例79】

莱恩精工于2022年7月创业板IPO撤回。现场检查发现保荐人部分销售环节的穿行测试流于形式：销售与收款循环抽取的发货单不完整，保荐机构工作底稿中未保存原始运输单据。

事项1：销售与收款循环抽取的发货单不完整。

回复显示，在报告期2018～2021年，保荐机构分别抽取50笔、50笔、50笔和52笔销售收入作为核查样本，核查范围覆盖发行人前10大客户和主要业务类型为标准，主要获取合同、订单、发运单、报关单、提货单、财务凭证、银行回单等资料，验证收入的真实性和准确性。

保荐机构在执行相应程序时，发现发行人关键控制节点执行有效、内控体系健全；同时抽查发现发行人在实际销售业务中存在一笔销售收入对应多次发货，产生多张发货单的情况，导致同一笔销售收入的发货单数量过于庞大。综合考虑核查程序的效率和效果，保荐机构采取抽查的方式对测试样本发货单的发货信息和收入确认凭证（内销为签字的发货单，外销为报关单）信息进行匹配核查，因此底稿中存在抽取发货单不完整的情况。

事项2：工作底稿中未保存原始运输单据。

回复显示，发行人在实际内销业务中存在较多自有车辆进行运输的情况，且存在一笔销售对应多次发货的情形。保荐机构核查了内部货车出车登记表，发现出车登记表只记录了送货人员、送货时间和送货目的地，无运送货物的数量和金额信息，导致在核查运输单据时，只能确认送货时间和送货地点，无法做到与销售记录中的货物数量和金额一一核对。保荐机构认为出车登记表无法核对数量金额，且作为发行人内部单据，不会实质影响对销售与收款的真实性与准确性的判断。因此，保荐机构未将获取的出车登记表作为原始运输单据放入销售环节穿行测试核查的工作底稿中。

经现场检查后，保荐机构对上述问题进行了整改。

（三）收入跨期

收入跨期即发行人未将销售业务相关的交易活动记录到正确的会计期间。

收入截止即销售交易和事项已记录于正确的会计期间，IPO 审核中经常会关注中介机构对发行人收入的截止性测试的执行情况。收入截止性测试可以了解发行人是否将经济业务相关的交易活动记录到正确的会计期间，是否造成收入的“跨期”，是否导致报表财务数据失真，是否通过“截止性认定”操纵调节利润。

收入截止性测试应进行以下核查：选取发生在临近报告期期初及期末时点的销售进行细节测试，查验发行人是否将收入计入正确的会计期间。

收入的跨期核查应关注以下几点：

1. 实践中，截止性测试周期的选择尤其重要。截止性测试周期（测试基准点前后应覆盖的时间范围）应根据所测试科目相关项目从货物发出至签收的实际周期进行合理制定。切忌简单粗暴地选取测试时点前后固定期间的样本，或选取测试时间点前后固定数量的样本。

2. 突击确认收入问题。报告期最后一年第 4 季度或 12 月收入占比远高于其他年度的，关注销售事项所对应的签订合同时间、发货时间、验收时间、收入确认时间，报告期产品交付客户后的安装、调试及试运行的平均时长，该时长报告期各期是否发生较大变化、是否明显缩短，与同行业是否存在较大差异，是否存在突击确认收入的情形。

【案例 80】

关于英诺激光（301021）。发行人报告期各期 12 月的销售收入占比分别为 12.26%、13.37%、22.53%，2019 年 12 月收入占比较其他年度更高，涉及弘信电子等 4 家客户。

发行人从 2019 年 12 月收入占比较高的原因，公司 2020 年与上述客户业务往来情况、在手订单情况、销售稳定性情况，2019 年 12 月发行人对相关客户的销售是否真实、是否实现最终销售、期后是否回款、是否存在收入跨期确认等方面进行了回复。

保荐机构执行了以下核查程序：

（1）对上述 4 家客户进行实地走访，了解上述客户的业务、产品及客户情况，采购发行人产品的原因及用途、采购后最终销售情况或自用情况、期后回款等情况，分析上述4家客户采购发行人产品与其需求及需求时点是否匹配，取得上述客户出具的专项说明、采购后最终销售相关证明材料（包括销售合同、产品出库单等），对于采购后自用的，实地查看自用现场并拍照取证。

（2）取得发行人报告期内的销售明细清单，复核各期销售收入的月度、季度分布情况。访谈发行人管理层，了解发行人销售收入存在一定季节性特征的原因，了解2019年12月收入占比较高的原因。

（3）取得上述4家客户2019年12月收入对应的销售合同、发票、出库单、签收单或验收单等资料，核查收入的真实性及收入确认时点的准确性；获取报告期内同类型产品收入确认时长明细表，并进行比较，核查是否存在提前确认收入和收入跨期情形；取得发行人2020年的出入库记录，核查期后是否存在大额销售退货情况；取得上述4家客户期后回款统计表，查看大额应收账款回款凭证、资金流水，在实地走访时就未及时回款原因访谈客户。

（4）查阅发行人2020年期间与弘信电子等4家客户后续交易的销售单据，包括销售合同、发票、出库单等资料，核查销售持续性、稳定性；访谈发行人管理层，查看弘信电子公开披露信息了解其发行可转债募集资金投资项目和其他项目建设情况，查阅发行人与弘信电子洽商新合同的信息沟通记录、出差单据等，获取发行人与弘信电子等4家客户新签订的合同或订单，核实在手订单情况。

四、成本与存货的核查

（一）关于成本核算的核查

对于IPO企业来说，成本核算不精细、不准确，容易造成产品毛利分析不准确、公司盈亏原因不明确，进而影响上市审核。成本归集准确和完整亦是IPO审核问询的常见问题。

1. 核查关注要点

（1）复核分析材料领扣料是否存在异常，公司是否制定了相关控制以保证物料清单（Bill of Material，BOM）的准确及执行；报告期内公司主要原料的标准耗用与实际耗用差异率。

（2）产品成本包括直接材料、直接人工、制造费用等归集以及核算方法。

（3）是否严格管控进销存仓储系统：进销存仓储系统数据与财务系统数据是否一致；是否存在原材料的直接购买且直接领用而没有经过系统申请、入库、出库等仓储管理流程；是否存在原材料先领用而后补入库出库流程的情况；是否存在产成品没有经过入库操作管理而先送于客户后补入库出库手续的现象；是否设置了采购部门、研发部门、生产部门、销售部门、财务部门使用进销存系统的操作权限等。

2. 对成本核算的主要核查程序如下

（1）访谈发行人财务人员以及生产管理人员，了解与成本相关的关键内部控制，评价其设计是否健全，并测试其内部控制的运行有效性；了解发行人生产流程和成本核算方法，评价成本核算方法是否符合发行人实际经营情况、是否符合企业会计准则的要求；并检查其报告期内是否保持一贯性。

（2）获取并复核发行人报告期各期成本计算表，检查料、工、费归集与分配方式是否合理；对主要存货实施计价测试程序，检查存货结转的准确性。

（3）获取发行人原材料收发明细账，实施细节测试，核对其采购合同、订单、供应商送货单、发票、入库单等是否与账面一致。

（4）访谈发行人管理层以及采购人员，并查阅公开资料，获取发行人主要原材料市场价格及同类供应商采购价格，分析发行人采购价格的公允性。

（5）对发行人报告期内主要供应商实施函证、实地走访、视频访谈等程序，确认报告期内主要原材料采购的真实性及准确性。

（6）获取并复核发行人报告期内各材料单耗明细，分析其变动原因及匹配关系。

（7）获取发行人工资表以及员工花名册，了解生产人员数量和薪酬，并分析生产人员数量与人工成本、营业收入的匹配性；查阅同行业可比公司公开数据，比较报告期内生产人员薪酬与同行业、同地区可比公司的差异并分析差异原因。

（8）获取制造费用明细表，了解其明细科目设置的合理性、各项明细费用性质及变动的原因，对报告期期间费用的发生情况执行分析性程序；实施对费用的细节测试，抽取并检查合同、发票、费用报销单、付款单等原始凭据，并与账面记录进行核对，检查费用发生的真实性、准确性；实施对费用的截止性测试，抽取资产负债表日前后入账的交易，抽取合同、发票等原始凭据，检查费用是否计入恰当的会计期间，核实费用发生的完整性。

（9）获取并复核发行人报告期各期成本倒轧表，并与原材料、直接人工和制造费用的发生额进行勾稽，检查成本结转的准确性和完整性。

（10）获取发行人报告期各期存货盘点表；对发出商品进行函证，确认是否账实相符。

（二）关于存货的核查

1. 发出商品核查

发出商品通常存在无法正常盘点的问题，因而存货的核查就比较困难，既然核查困难就容易引发舞弊风险。同时，发出商品和收入确认密切相关，需要关注发行人是否将发出商品作为调节利润的“蓄水池”。

（1）核查关注点

①发出商品是否真实存在：报告期各期末发出商品的分布情况，盘点方法、盘点覆盖率以及盘点盈亏情况，是否与第三方提供的存货清单存在数量、品种差异；是否可函证回函。

②发出商品是否存在退货、过期、减值风险：是否存在不做退换货处理而虚增利润的情形。

③发出商品的验收与收入的确认：发行人发出商品的金额确定与收入确认政策是否保持一致；发出商品的库龄，结算情况，是否存在发出存货一直未结算的情况；发行人客户对于产品的安装验收周期一般是多长，发行人将货物交付客户后等待有效确认的时长是否必要、合理；结合应收账款的变动情况，关注发行人内控制度如何保障合理评估客户付款能力，减少无法收回货款的情况发生。

（2）主要核查程序

①评价、测试与存货相关的内部控制的设计和运行的有效性。

②获取公司报告期各期末发出商品明细，复核发出商品对应的订单情形，并查验期后已通过验收的设备的验收单；检查公司与对手方之间的存货对账记录。

③复核报告期内营业收入确认的依据，包括不限于发货单、签收单、验收单等，并结合发出商品实施截止测试。

④了解存货存放地点及状态，取得公司盘点计划，评估盘点计划的恰当性。

⑤对公司盘点进行监盘，对已盘点的存货进行抽盘。

⑥对无法盘点的发出商品进行函证。

参考案例如博众精工（688097）、强瑞技术（301128）。

2. 存货盘点和监盘

（1）存货盘点和监盘程序是核查存货真实性的重要方式之一，监管机构审核中经常会问询存货盘点和监盘的执行情况，关注要点如下：

①发行人存货盘点制度、具体方法及盘点的过程，盘点结果及相关账务处理；

②报告期实施的存货监盘程序、监盘比例及监盘结果；

③对难以监盘的存货是否执行了替代程序；

④监盘过程中如何辨认存货的真实性、可使用性，是否具有相关的专业判断能力，是否聘请了外部专家，即可随机抽查发行人的质量检测报告，进一步确认存货的可使用性；

⑤对于尽职调查程序开展之前、报告期前期的盘点情况无法再进行监盘的，保荐机构应当对发行人的盘点程序进行复核。

（2）主要核查程序。

①复核公司管理层制订的存货的盘点计划，分析其盘点计划中时间、人员、地点、范围的安排是否合理，与实际仓库分布、仓储条件、存货期末存储情况进行对比，确认监盘范围。

②了解公司存货盘点制度和相关内部控制的有效性；监盘过程中，观察实际盘点安排和盘点计划是否一致，重点关注盘点过程中的内部控制是否有效。

③了解存货的内容、性质、各存货项目的重要程度及存放场所。

④评估与存货相关的重大错报风险和重要性，制订监盘计划。

⑤监盘过程中，密切关注公司盘点过程，对盘点的品种、数量、重量、位置、生产日期及存货标识进行复核。

⑥监盘过程中，同步对存货进行复盘和抽盘，对摆放较高、摆放靠内、摆放箱子特别整齐、库龄较长的存货予以重点关注和开箱检查，对其品种、重量、数量及库龄进行复核。

⑦监盘后，及时收集盘点表，并再次核对盘点范围和盘点记录，观察存货盘点后的移动情况是否存在异常。

⑧通过复核公司盘点工作底稿，确定公司盘点人员是否遵守盘点计划；确定公司盘点人员是否准确地记录存货的数量和状况。

⑨从存货盘点记录中选取存货进行监盘，由盘点记录追查至存货实物，以测试盘点记录的准确性。

⑩从存货实物中选取物料进行监盘，由实物追查至存货盘点记录，以测试存货盘点的完整性。

⑪特别关注存货的状况，观察公司是否已经恰当区分所有毁损、陈旧、过时及残次的存货。

⑫获取盘点日前后存货收发及移动的凭证，检查库存记录与会计记录期末截止是否一致。

⑬取得并复核公司盘点记录，同时根据监盘结果完成存货监盘报告。

⑭对发出商品与委托加工物资，主要通过执行必要的函证程序确认，并抽取必要的样本检查相关交易的合同订单、出入库单据、运输记录及签收等原始证据，以及期后确认收入的证据和记录。

3. 生产废料

废料的归集和销售很容易成为企业“藏污纳垢”的重灾区，主要反映企业的内控制度是否健全，关键人员是否具备合规意识。

（1）核查关注要点

①关于废料的内部控制：发行人是否具有完善的废料处置内部控制流程和制度，对入库登记、询价、出库等各环节是否进行了明确规定；生产部门、仓储部门以及财务部门是否设置了相关岗位职责，对废料金额及重量进行交接，是否账实相符。

②会计处理方式：是否符合公司实际生产经营情况，是否符合《企业会计准则第1号——存货》的相关规定。

③关注各期原材料投入和废料产出的匹配关系，报告期内波动情况；与同行业可比性。

④关注废料销售对应的客户、是否与发行人存在关联关系以及废料定价的公允性。

（2）主要核查程序

①访谈公司总经理、财务总监、采购负责人、生产总监、销售总监，了解公司指定原材料客户情况以及相应的会计处理方法；获取报告期内指定原材料客户的销售合同、采购合同，分析判断公司指定原材料销售的会计处理方法是否符合会计准则相关规定。

②访谈公司的总经理、生产总监、财务总监，了解公司生产活动实际经营情况以及生产成本归集、分配的核算流程，判断成本核算是否符合公司业务实际及会计准则相关规定；获取公司编制的成本计算表，对成本计算表进行重新计算和执行分析性程序；获

取公司生产车间原材料、机物料消耗的生产领用单、发票等资料，分析计入生产成本的原材料成本、机物料金额归集和分配是否准确、及时；获取公司水、电费结算单据，分析计入生产成本的相关能耗归集和结转是否准确、及时；获取公司固定资产清单及折旧摊销表，分析计入生产成本的折旧归集和分摊是否准确、及时。

③获取了公司财务报告及相关资料、废料处置制度、废料台账、废料销售记录、销售发票、银行回单等相关材料；访谈公司总经理、财务总监、生产总监、销售总监，了解废料的具体内容、会计处理方法及废料相关的内部控制制度，结合上市公司公开披露信息，关注废料会计处理是否符合企业会计准则相关规定、是否符合行业惯例，并执行废料收入穿行测试；对主要废料客户实施函证、访谈等核查程序。

④获取废料回收商的信息，必要时与废料回收商进行访谈，通过网络查询等方式检索其工商信息，获取并匹配发行人实际控制人、董监高人员及其关联方、员工花名册等信息。

⑤检查实际控制人、董监高人员及其关联方的银行流水。

⑥查询废料的市场价格，检查主要废料回收商的报价资料。

参考案例如力量钻石（301071）、雪龙集团（603949）、利通电子（603629）。

五、研发支出的核查

科技创新是引领新兴产业发展，助推传统产业升级的重要动力，而研发投入则是科技创新的保障。我国资本市场始终致力于促进优质企业做大做强，在近年来推出的科创板和北交所均设置了“市值＋收入＋研发投入”的上市条件，更加注重企业的科技创新能力，允许符合板块定位、尚未盈利或存在累计未弥补亏损的企业上市。因此，研发支出核算的准确性，不仅影响IPO企业相关重要会计科目和财务指标的准确性，在注册制下，还会对判断选择适用包含研发投入标准上市条件的发行人是否符合IPO上市条件构成重大影响。

（一）研发支出核查的依据

1.《保荐人尽职调查工作准则》第37条第2款、第3款

保荐机构应：取得研发费用明细表，结合研发项目整体预算、实施进度、费用构成等资料，分析是否存在异常的研发费用支出，如存在，应通过核查相关凭证、对比历史数据、同行业可比公司费用水平比较等方式予以重点核查。了解研发人员的构成，核查

非研发人员参与并核算进研发项目的金额及合理性；核查研发活动是否形成研发样机，是否销售，如有，核查相关会计处理是否符合会计准则规定；核查研发费用与纳税申报时加计扣除的研发费用是否存在差异，以及具体的差异原因。

分析研发费用的归集是否准确完整、研发费用是否与成本混淆，研发费用规模是否与发行人当期研发行为及工艺进展匹配；报告期内存在研发投入资本化的，询问管理层或会计师，核查开发支出资本化的内控情况、会计处理以及同行业可比公司的处理方式，核查资本化的具体研发项目、依据、时间、金额以及是否符合会计准则的规定。

2.《科创板上市审核问答》问题7

对《科创板上市规则》规定的财务指标包括“最近三年累计研发投入占最近三年累计营业收入的比例不低于15%”中的“研发投入”给出了明确的认定标准，即研发投入为企业研究开发活动形成的总支出。研发投入通常包括研发人员工资费用、直接投入费用、折旧费用与长期待摊费用、设计费用、装备调试费、无形资产摊销费用、委托外部研究开发费用、其他费用等。本期研发投入为本期费用化的研发费用与本期资本化的开发支出之和。

研发相关内控方面，要求发行人应制定并严格执行研发相关内控制度，明确研发支出的开支范围、标准、审批程序以及研发支出资本化的起始时点、依据、内部控制流程。同时，应按照研发项目设立台账归集核算研发支出。发行人应审慎制定研发支出资本化的标准，并在报告期内保持一致。

发行人应在招股说明书中披露研发相关内控制度及其执行情况，并披露研发投入的确认依据、核算方法、最近3年研发投入的金额、明细构成、最近3年累计研发投入占最近3年累计营业收入的比例及其与同行业可比上市公司的对比情况。

保荐机构及申报会计师应对报告期内发行人的研发投入归集是否准确、相关数据来源及计算是否合规进行核查，并发表核查意见。保荐机构及申报会计师应对发行人研发相关内控制度是否健全且被有效执行进行核查，就以下事项作出说明，并发表核查意见：(1) 发行人是否建立研发项目的跟踪管理系统，有效监控、记录各研发项目的进展情况，并合理评估技术上的可行性；(2) 是否建立与研发项目相对应的人财物管理机制；(3) 是否已明确研发支出开支范围和标准，并得到有效执行；(4) 报告期内是否严格按照研发开支用途、性质据实列支研发支出，是否存在将与研发无关的费用在研发支出中核算的情形；(5) 是否建立研发支出审批程序。

3.《监管规则适用指引——发行类第5号》

(1) 研发支出资本化的会计处理要求

研究阶段的支出，应于发生时计入当期损益；开发阶段的支出，在同时满足会计准则列明的条件时，才能按规定确认为无形资产。

初始确认和计量时，发行人应结合研发支出资本化相关内控制度的健全性和有效性，逐条具体分析进行资本化的开发支出是否同时满足会计准则规定的条件。后续计量时，相关无形资产的预计使用寿命和摊销方法应符合会计准则规定，按规定进行减值测试并足额计提减值准备。

(2) 发行人信息披露要求

发行人应根据需要性原则，在招股说明书中披露：

①研发支出资本化相关会计政策，与资本化相关研发项目的研究内容、进度、成果、完成时间（或预计完成时间）、经济利益产生方式（或预计产生方式）、当期和累计资本化金额、主要支出构成以及资本化的起始时点和确定依据等。

②与研发支出资本化相关的无形资产的预计使用寿命、摊销方法、减值等情况，并说明是否符合相关规定，研发支出资本化时点是否与同行业可比公司存在重大差异及合理性。发行人应结合研发项目推进和研究成果运用可能发生的内外部不利变化、与研发支出资本化相关的无形资产规模等因素，充分披露相关无形资产的减值风险及对公司未来业绩可能产生的不利影响。

(3) 中介机构核查要求

中介机构应从研究开发项目的立项与验收、研究阶段及开发阶段划分、资本化条件确定、费用归集及会计核算和相关信息披露等方面，关注发行人研究开发活动和财务报告流程相关内部控制是否健全有效并一贯执行，对发行人研发支出资本化相关会计处理的合规性、谨慎性和一贯性发表核查意见：

①研发支出成本费用归集范围是否恰当，研发支出是否真实、准确，是否与相关研发活动相关。

②研究阶段和开发阶段划分是否合理，是否与研发流程相联系，是否遵循了正常研发活动的周期及行业惯例并一贯运用，是否完善、准确披露研究阶段与开发阶段划分

依据。

③研发支出资本化条件是否均已满足，是否具有内外部证据支持。应重点从技术可行性，预期产生经济利益方式，技术、财务资源和其他资源支持等方面进行关注。

④是否为了申请高新技术企业认定及企业所得税费用加计扣除目的虚增研发支出。

⑤研发支出资本化的会计处理与同行业可比公司是否存在重大差异及差异的合理性。

4.《北京证券交易所向不特定合格投资者公开发行股票并上市业务规则适用指引第1号》第4条

研发投入为企业研究开发活动形成的总支出。研发投入通常包括研发人员工资费用、直接投入费用、折旧费用与长期待摊费用、设计费用、装备调试费、无形资产摊销费用、委托外部研究开发费用、其他费用等。本期研发投入为本期费用化的研发费用与本期资本化的开发支出之和。

发行人应制定并严格执行研发相关内控制度，明确研发支出的开支范围、标准、审批程序以及研发支出资本化的起始时点、依据、内部控制流程。同时，应按照研发项目设立台账归集核算研发支出。发行人应审慎制定研发支出资本化的标准，并在报告期内保持一致。

保荐机构及申报会计师应对报告期内发行人的研发投入归集是否准确、相关数据来源及计算是否合规、相关信息披露是否符合招股说明书准则要求进行核查，并发表核查意见。保荐机构及申报会计师应对发行人研发相关内控制度是否健全且被有效执行进行核查，就发行人以下事项作出说明，并发表核查意见：

（1）是否建立研发项目的跟踪管理系统，有效监控、记录各研发项目的进展情况，并合理评估技术上的可行性；

（2）是否建立与研发项目相对应的人财物管理机制；

（3）是否已明确研发支出开支范围和标准，并得到有效执行；

（4）报告期内是否严格按照研发开支用途、性质据实列支研发支出，是否存在将与研发无关的费用在研发支出中核算的情形；

（5）是否建立研发支出审批程序。

对于合作研发项目，保荐机构及申报会计师还应核查项目的基本情况并发表核查意见，基本情况包括项目合作背景、合作方基本情况、相关资质、合作内容、合作时间、主要权利义务、知识产权的归属、收入成本费用的分摊情况、合作方是否为关联方；若存在关联方关系，需要进一步核查合作项目的合理性、必要性、交易价格的公允性。

5.《企业会计准则第6号——无形资产》相关条款

第七条　企业内部研究开发项目的支出，应当区分研究阶段支出与开发阶段支出。研究是指为获取并理解新的科学或技术知识而进行的独创性的有计划调查。开发是指在进行商业性生产或使用前，将研究成果或其他知识应用于某项计划或设计，以生产出新的或具有实质性改进的材料、装置、产品等。

第八条　企业内部研究开发项目研究阶段的支出，应当于发生时计入当期损益。

第九条　企业内部研究开发项目开发阶段的支出，同时满足下列条件的，才能确认为无形资产：（一）完成该无形资产以使其能够使用或出售在技术上具有可行性；（二）具有完成该无形资产并使用或出售的意图；（三）无形资产产生经济利益的方式，包括能够证明运用该无形资产生产的产品存在市场或无形资产自身存在市场，无形资产将在内部使用的，应当证明其有用性；（四）有足够的技术、财务资源和其他资源支持，以完成该无形资产的开发，并有能力使用或出售该无形资产；（五）归属于该无形资产开发阶段的支出能够可靠地计量。

第十条　企业取得的已作为无形资产确认的正在进行中的研究开发项目，在取得后发生的支出应当按照本准则第7条至第9条的规定处理。

6.《企业会计准则解释第15号》相关内容

关于企业将固定资产达到预定可使用状态前或者研发过程中产出的产品或副产品对外销售的会计处理

（1）相关会计处理

企业将固定资产达到预定可使用状态前或者研发过程中产出的产品或副产品对外销售（以下统称试运行销售）的，应当按照新收入准则、《企业会计准则第1号——存货》等规定，对试运行销售相关的收入和成本分别进行会计处理，计入当期损益，不应将试运行销售相关收入抵销相关成本后的净额冲减固定资产成本或者研发支出。试运行产出的有关产品或副产品在对外销售前，符合《企业会计准则第1号——存货》规定的应当确认为存货，符合其他相关企业会计准则中有关资产确认条件的应当确认为相关资产。

本解释所称“固定资产达到预定可使用状态前产出的产品或副产品”，包括测试固定资产可否正常运转时产出的样品等情形。

测试固定资产可否正常运转而发生的支出属于固定资产达到预定可使用状态前的必要支出，应当按照《企业会计准则第4号——固定资产》的有关规定，计入该固定资产成本。本解释所称“测试固定资产可否正常运转”，指评估该固定资产的技术和物理性能是否达到生产产品、提供服务、对外出租或用于管理等标准的活动，不包括评估固定资产的财务业绩。

（2）列示和披露

企业应当按照《企业会计准则第1号——存货》、新收入准则、《企业会计准则第30号——财务报表列报》等规定，判断试运行销售是否属于企业的日常活动，并在财务报表中分别以日常活动和非日常活动列示试运行销售的相关收入和成本，属于日常活动的，在“营业收入”和“营业成本”项目列示，属于非日常活动的，在“资产处置收益”等项目列示。同时，企业应当在附注中单独披露试运行销售的相关收入和成本金额、具体列报项目以及确定试运行销售相关成本时采用的重要会计估计等相关信息。

（3）新旧衔接

对于在首次施行本解释的财务报表列报最早期间的期初至本解释施行日之间发生的试运行销售，企业应当按照本解释的规定进行追溯调整；追溯调整不切实可行的，企业应当从可追溯调整的最早期间期初开始应用本解释的规定，并在附注中披露无法追溯调整的具体原因。

（二）主要核查要求及关注重点

1. 发行人应建立有效的研发项目管理和流程的内部控制制度；明确研发费用的开支范围、标准以及审批程序；关注制度设计合理性。

【案例81】

南网科技（688248）在审核过程要求发行人说明研发费用的内控制度，研发人员管理制度，项目立项是否完整准确，核算归类是否准确，人员划分的依据，是否能准确划分等。

2. 研发活动与生产活动的区分，是否合理。

【案例82】

天德钰（688252）于2022年8月科创板注册生效，在审核过程中关注了发行人为服务客户具体订单提供技术支持的活动认定为研发活动是否准确；报告期各期所发生的相关费用金额及归集情况，是否在研发投入中归集。

【案例83】

汉维科技（836957）于2021年12月创业板IPO撤回申请，2022年11月北交所注册生效。在北交所审核过程中被关注的问题包括：披露研发活动的主要过程、研发活动与生产活动如何区分、研发活动是否与生产活动共用设备，发行人研发费用的归集、分摊与结转方式，相关方式是否符合企业会计准则的规定及行业惯例，研发费用是否混入生产成本或其他成本费用的情形。

【案例84】

仁度生物（688193）于2021年12月科创板注册生效，在审核过程中关注了公司研发人员认定标准，是否存在兼职情况；研发活动与生产活动的区分标准，研发费用较低的原因，研发费用归集是否准确。

3. 关注研发活动中，资本化和费用化的划分；关注资本化是否符合会计准则，是否符合行业惯例以及符合发行人研发相关的内控制度。

【案例85】

科捷智能（688455）于2021年12月科创板注册生效，在审核过程中审核人员关注了报告期内，职工薪酬的归集过程中，发行人根据员工的工作性质以及工时填报，将员工的工资归集至相应的制造费用、销售费用、管理费用和研发费用汇总。请发行人说明：公司薪酬归集过程中，如何准确区分研发人员的工作内容，工时填报的具体内控措施及所依据的单据等，公司研发人员薪酬归集的准确性。

4. 研发部门应按照项目建立台账，内容完整、连贯；台账内容需要与财务的台账内容相互匹配。

5. 报告期，研发支出会计处理是否具有一贯性；纵向比较历史变动，横向与可比公司是否存在重大差异。

【案例 86】

菲鹏生物（现处于创业板注册审核阶段）在审核过程中关注到：结合各期主要研发项目及消耗物料成本情况说明物料消耗金额波动较大的原因，相关物料消耗数量及金额是否足以支持发行人报告期内的研发项目，报告期内技术服务费的项目明细、用途以及主要技术服务提供商，发行人 2019 年技术服务费大幅增加的原因。

【案例 87】

德龙激光（688170）于 2021 年 12 月科创板注册生效，根据问询回复披露，要求发行人说明：报告期内研发人员数量变动的原因；研发人员数量及薪酬占比与同行业的比较情况及差异原因。

【案例 88】

南网科技（688248）于 2021 年 9 月科创板注册生效，审核过程中关注到：（1）公司针对研发薪酬采用的核算方式是否具有完整可靠的相关记录；结合研发项目数量、耗用的工时、人均薪酬、人员数量等，说明员工薪酬大幅增加的原因；并与同行业可比公司、同地区上市公司薪酬水平进行对比分析。（2）研发费用的内控制度，研发人员管理制度，项目立项是否完整准确，核算归类是否准确，人员划分的依据，是否能准确划分，是否存在将营业成本或其他期间费用计入研发费用的情形，是否存在虚增研发人员或不当归集研发人员的情况。

6. 存在委托研发和合作研发的，关注准入要求、资质审核、委托/合作研发协议等文件内容，核查协议条款对双方权利义务的要求；关注发行人对受托/合作方的依赖或控制程度，合作项目是否能够如期完成或达到预期效果；关注委托研发和合作研发的真实性，是否存在虚增研发支出的情形或变相的商业贿赂，是否约定了研发成果的归属，是否存在权利纠纷的风险。

【案例 89】

菲鹏生物（现处于创业板注册审核阶段）在审核过程中关注到：结合报告期内发行人的合作研发情况、发行人承担的权利义务、职能分工、研发成果权益归属等说明是否对外存在技术依赖。

（三）常见核查程序

1. 取得研发活动相关内部控制制度、研发部门组织架构、岗位职责、人员构成及人员背景（必要时通过检查学历证明，以确定研发人员是否具备相关专业背景）资料；存在兼职的，注意兼职人员在研发项目中的投入时间。

2. 对研发项目管理的内部控制流程执行控制测试。

3. 获取研发支出台账；研发明细表需按具体项目列示明细，关注研发周期、预算是否具有合理性；研发明细表亦需按投入资源（人员、材料、折旧等）列示明细，关注相关费用归类是否合理、符合同行业惯例。

4. 抽查具体研发项目资料：立项、预算、研发内容、人员、进度、项目历次测试报告、当期和累计项目用料及人工成本、完成时间（或预计完成时间）、经济利益产生方式（或预计产生方式）；并检查各阶段相关原始凭证。

5. 研发支出归集合理性、准确性分析：各项费用研发活动的归集口径是否符合企业会计准则的相关规定，准则规定得不够详尽的，也可参考财政部发布的《关于企业加强研发费用财务管理的若干意见》，科学技术部、财政部及国家税务总局发布的《高新技术企业认定管理工作指引》等法律法规，或同行业处理惯例；常见混淆包括研发费用与营业成本的区分，职工薪酬中研发和非研发人员的划分等。

6. 研发支出总体进行分析性复核，与所得税纳税申报表、研发费用加计扣除情况以及高新企业资质申请材料中研发费用的情况进行比对，与企业发展所处阶段及同行业公司进行比对。

7. 研发支出明细表中，各项支出波动原因及合理性进行分析（如平均工资测试、材料领用的波动分析、研发资产摊销等），与可比公司是否存在重大差异。

8. 对委托研发或合作研发项目进行核查，包括检查发行人对合作对象的准入要求、资质审核要求，获取委托/合作、保密协议等确认双方权利义务的文件，获取委托/合作研究开发项目计划书，内部立项决议文件，研发项目人员编制情况，核查委托研发或合作研发的真实性和研发成果，结合对发行人核心技术、专利等方面的核查，分析发行人的研发能力是否对委托/合作对象存在重大依赖。对于合作研发项目，还应关注双方关于从事研发活动的人员和用于研发活动的仪器、设备、无形资产的费用分配情况（包括工作使用情况记录及费用分配计算证据材料）；对于委托研发的项目，应检查委托费用支付情况，并注意发行人对项目的控制程度，若受托方无法达到行业监管要求或项目要求，可能无法免除发行人的监管责任。

六、政府补助核查

（一）政府补助的有关定义

1.《企业会计准则第16号——政府补助》规定

第二条　本准则中的政府补助，是指企业从政府无偿取得货币性资产或非货币性资产。

第三条　政府补助具有下列特征：

（一）来源于政府的经济资源。对于企业收到的来源于其他方的补助，有确凿证据表明政府是补助的实际拨付者，其他方只起到代收代付作用的，该项补助也属于来源于政府的经济资源。

（二）无偿性。即企业取得来源于政府的经济资源，不需要向政府交付商品或服务等对价。

第四条　政府补助分为与资产相关的政府补助和与收益相关的政府补助。与资产相关的政府补助，是指企业取得的、用于购建或以其他方式形成长期资产的政府补助。

与收益相关的政府补助，是指除与资产相关的政府补助之外的政府补助。

2.《公开发行证券的公司信息披露解释性公告第1号——非经常性损益》第1条、第2条第3项规定

非经常性损益是指与公司正常经营业务无直接关系，以及虽与正常经营业务相关，但由于其性质特殊和偶发性，影响报表使用人对公司经营业绩和盈利能力作出正常判断的各项交易和事项产生的损益。

计入当期损益的政府补助通常属于非经常性损益，但与公司正常经营业务密切相关，符合国家政策规定、按照一定标准定额或定量持续享受的政府补助除外。

（二）政府补助的确认与计量

1.《企业会计准则第16号——政府补助》规定

第六条　政府补助同时满足下列条件的，才能予以确认：

（一）企业能够满足政府补助所附条件；

（二）企业能够收到政府补助。

第八条 与资产相关的政府补助，应当冲减相关资产的账面价值或确认为递延收益。与资产相关的政府补助确认为递延收益的，应当在相关资产使用寿命内按照合理、系统的方法分期计入损益。按照名义金额计量的政府补助，直接计入当期损益。

第九条 与收益相关的政府补助，应当分情况按照以下规定进行会计处理：

（一）用于补偿企业以后期间的相关成本费用或损失的，确认为递延收益，并在确认相关成本费用或损失的期间，计入当期损益或冲减相关成本；

（二）用于补偿企业已发生的相关成本费用或损失的，直接计入当期损益或冲减相关成本。

第十条 对于同时包含与资产相关部分和与收益相关部分的政府补助，应当区分不同部分分别进行会计处理；难以区分的，应当整体归类为与收益相关的政府补助。

第十一条 与企业日常活动相关的政府补助，应当按照经济业务实质，计入其他收益或冲减相关成本费用。与企业日常活动无关的政府补助，应当计入营业外收支。

2.《监管规则适用指引——会计类第1号》规定

1－23 政府补贴收入的性质和确认条件 ……政府补助是指企业从政府无偿取得货币性资产或非货币性资产。政府补助主要形式包括政府对企业的无偿拨款、税收返还、财政贴息，以及无偿给予非货币性资产。政府以投资者身份向企业投入资本，享有相应的所有者权益，政府与企业之间是投资者与被投资者的关系，应按权益性交易进行处理。如果取得的补贴收入与企业销售商品或提供服务等活动密切相关，且是企业商品或服务的对价或者是对价的组成部分，应当适用收入准则。

3. 几类特殊事项的会计处理

（1）新能源汽车财政补贴。对新能源汽车厂商而言，如果没有政府的新能源汽车财政补贴，企业通常不会以低于成本的价格进行销售，政府补贴实际上是新能源汽车销售对价的组成部分。新能源汽车厂商从政府取得的补贴与其销售新能源汽车密切相关，且是新能源汽车销售对价的组成部分。中央和地方财政补贴实质上是为消费者购买新能源汽车承担和支付了部分销售价款，其拨付的补贴金额应属于新能源汽车厂商销售商品的资金流入，在性质上属于收入。因此，新能源汽车厂商应当按照收入准则的规定进行会计处理，在款项满足收入确认条件时应将其确认为收入，并根据中央和地方的相关补贴政策合理估计未来补贴款的金额。

（2）政府补助以应收账款计量的条件。政府补助通常在企业能够满足政府补助所附条件以及企业能够收到政府补助时才能予以确认。判断企业能够收到政府补助，应着眼于分析和落实企业能够符合财政扶持政策规定的相关条件且预计能够收到财政扶持资金的“确凿证据”，例如，关注政府补助的发放主体是否具备相应的权力和资质，补助文件中索引的政策依据是否适用，申请政府补助的流程是否合法合规，是否已经履行完毕补助文件中的要求，实际收取资金前是否需要政府部门的实质性审核，同类型政府补助过往实际发放情况，补助文件是否有明确的支付时间，政府是否具备履行支付义务的能力等因素。

（3）科创板发行人将科研项目政府补助计入当期收益的，应结合补助条件、形式、金额、时间及补助与公司日常活动的相关性等，说明相关会计处理是否符合《企业会计准则第16号——政府补助》的规定。

（三）政府补助的核查与披露

1.《保荐人尽职调查工作准则》规定

第三十八条 ……取得发行人政府补助明细表，查阅重大政府补助的相关资料，了解政府补助的性质、目的等，核查重大政府补助会计处理和披露是否符合会计准则的规定。结合政府补助的性质，分析重大政府补助是否属于非经常性损益，区分与收益相关或与资产相关，分析政府补助对发行人报告期及未来期间的影响。

2.《监管规则适用指引——发行类第5号》问题15规定

发行人科研项目相关政府补助应结合承担科研项目是否符合国家科技创新发展规划、相关政府补助的会计处理方法、补助与公司正常经营业务的相关性、补助是否具有持续性等，说明将政府补助相关收益列入经常性损益、而未列入非经常性损益是否符合《公开发行证券的公司信息披露解释性公告第1号——非经常性损益》的规定。

发行人应结合国家科技创新发展规划、公司承担科研项目的内容、技术创新水平、申报程序、评审程序、实施周期和补助资金来源等，说明所承担的科研项目是否符合国家科技创新规划。发行人应在招股说明书中披露所承担科研项目的名称、项目类别、实施周期、总预算及其中的财政预算金额、计入当期收益和经常性损益的政府补助金额等内容。

保荐机构及申报会计师应对发行人上述事项进行核查，并对发行人政府补助相关会计处理和非经常性损益列报的合规性发表核查意见。

3.《北京证券交易所向不特定合格投资者公开发行股票并上市业务规则适用指引第1号》规定

1－17　政府补助　发行人应结合政府补助的具体来源、获取条件、形式、金额、时间及持续情况、分类、政府补助与公司日常活动的相关性等，在招股说明书中披露报告期各期取得政府补助资金的具体情况和使用情况、计入经常性损益与非经常性损益的政府补助金额，以及政府补助相关收益的列报情况是否符合《公开发行证券的公司信息披露解释性公告第1号——非经常性损益》的规定；结合报告期各期计入损益的政府补助金额占同期净利润的比例说明对政府补助的依赖情况，报告期内经营业绩对政府补助存在较大依赖的，应当进行重大事项提示，并分析披露对发行人经营业绩和持续经营能力的影响。

保荐机构及申报会计师应对发行人上述事项进行核查，就发行人是否已在招股说明书中充分披露上述情况及风险，报告期内经营业绩是否对政府补助存在较大依赖发表明确意见。

（四）政府补助核查常见实务问题

1. 常见的政府补助类型

（1）无偿拨款。常见的有为购建固定资产或进行技术改造的专项资金、鼓励企业安置职工就业而给予的奖励款项、拨付企业的粮食定额补贴、拨付企业开展研发活动的研发经费等。

（2）税收返还。常见的有政府按照国家有关规定采取先征后返（退）、即征即退等办法向企业返还的税款，属于以税收优惠形式给予的一种政府补助。除税收返还外，税收优惠还包括直接减征、免征、增加计税抵扣额、抵免部分税额等形式，这类税收优惠并未直接向企业无偿提供资产，不作为政府补助。

（3）财政贴息。常见的有政府为支持特定领域或区域发展，根据国家宏观经济形势和政策目标，对承贷企业的银行贷款利息给予的补贴。补贴形式分为直接拨付给受益企业以及拨付给贷款银行。

（4）无偿给予非货币性资产。常见的有行政划拨土地使用权、天然起源的天然林等。

2. 政府补助会计处理常见问题

（1）将政府有偿投入作为政府补助。例如，将政府作为公司所有者投入的资本或政府要求无形资产权利的研发费补贴等作为政府补助。

（2）公司通过非常规渠道与相关部门达成协定，将实质上来自控股股东或集团内其他公司的捐赠作为政府补助。例如，控股股东或其他关联方将资产通过政府以补助形式转移给公司。

（3）对政府补助的分类不正确。例如，将与资产相关的政府补助认定为与收益相关的政府补助，将可以区分的综合性政府补助认定为难以区分的综合性政府补助。

（4）将未达到确认条件的政府补助予以确认。例如，公司在未达到政府补助文件所附条件时即确认补助收入；对于不是按照固定的定额标准取得的政府补助，在未收到补助金额时即确认补助收入；对于补偿公司以后期间费用的政府补助，在费用尚未发生时即确认补助收入。

（5）将已达到确认条件的政府补助不予确认。例如，将本期已经达到确认条件的政府补助推迟到后续会计期间确认。

（6）政府补助披露不完整和不准确。例如，将不符合经常性损益的政府补助披露为经常性损益。

3. 政府补助核查程序关注要点

（1）重点关注公司是否存在通过政府补助粉饰财务报表的舞弊动机，主要包括满足发行条件、迎合市场业绩预期、谋求以业绩为基础的私人报酬、满足有关部门考核要求等。

（2）重点关注公司利润的构成及主要来源。如果存在对财务报告影响重大的政府补助，保荐机构应将其作为重点关注领域，安排有足够胜任能力的人员对其进行核查，并与审计机构进行专题沟通。

（3）重点检查政府补助相关文件，通常至少包括政府出具的补助文件和公司已获得相关资产的凭据。必要时，查验公司申请文件、项目验收报告和重要会议纪要等相关材料，并将相关项目资料与政府文件内容进行比对。

（4）应对政府补助的真实性保持合理怀疑态度，并考虑补助项目是否明显违背国家产业政策和相关法律法规的规定，是否存在明显不合理的情形。

（5）全面核对分析公司是否满足政府补助的确认条件，是否达到或者可以达到政府补助的所附条件、检查补助金额收到与否。

(6) 按照政府补助的定义认真核对公司认定的政府补助事项、对补助资产的来源单位及其与政府文件规定的一致性进行查验。

(7) 对公司政府补助分类的恰当性进行充分核对，尤其是核对公司认定为与收益相关的政府补助中是否存在与资产相关的成分、公司认定为难以区分的政府补助是否确实难以区分。

(8) 充分核对公司政府补助的列报与披露是否全面、准确、完整，特别是核对将政府补助作为经常性损益列报的依据是否充分。

(9) 将所执行的核查程序、分析判断过程和得出的结论完整记录于工作底稿。

(10) 政府补助文件规定不明确或存在明显不合理迹象时，应与相关政府部门沟通或执行函证程序，或在必要时聘请其他外部专家提供意见。

4. 政府补助监管审查要点

政府补助具有无偿性、扶持性等政策特性，其无法也不应成为企业主要的、持续利润的来源。在IPO过程中发行人若存在大额政府补助，或企业利润严重依赖政府补助的情况，监管机构将重点关注以下几项问题。

(1) 政府补助的真实性与合法性。重点核查各项政府补助的依据是否充分，是否有对应的支持性政策文件；政府补助银行流水是否异常；政府补助内容是否与公司业务吻合等。

(2) 政府补助会计处理的恰当性。重点在于判断收到的补助性质究竟是与资产相关还是与收益相关。若为与资产相关的政府补助，应当随着相关资产的使用逐渐计入以后各期的收益，即应当先确认为递延收益，然后自相关资产可使用时起，在该项资产使用寿命内平均分配，计入当期损益。若为与收益相关的政府补助，则应判断是弥补已经发生成本，还是尚未发生的成本。若为补偿企业已发生的相关成本费用或损失的，直接计入当期损益或冲减相关成本。若为弥补尚未发生的成本的，则在成本发生当期确认损益。若用于补偿企业以后期间的相关成本费用或损失的，确认为递延收益，并在确认相关成本费用或损失的期间，计入当期损益或冲减相关成本。

(3) 经营成果对政府补助的依赖性。在IPO过程中，如发行人业绩对政府补助具有严重依赖性，监管机构将对该问题予以重点关注。在该情况下，发行人除对政府补助的真实性、合法性，以及会计处理的恰当性进行论述之外，还需要从经营角度分析发行人业务在没有政府补助的支持下是否依然符合上市条件，是否没有改变当前的业绩势头与特征，以消除监管机构以及外界投资者的疑虑，切忌通过一些数据、指标的罗列顾左右而言他，强行解释其经营业绩对政府补助不具有依赖性。

【案例 90】

蓝特光学（688127）的主营业务为光学元件的研发、生产和销售。其主要产品为光学棱镜、玻璃非球面透镜、玻璃晶圆、汽车后视镜等。根据招股说明书显示，蓝特光学利润逐年下降，2017 年至 2019 年，政府补助占利润总额比例分别为 1.05%、3.33%、6.40%；出口退税占利润总额的比重分别为 9.56%、16.72%、10.51%，所得税优惠分别占利润总额的比重为 8.65%、16.47%、13.67%，政府补助、出口退税、所得税优惠合计占利润总额的比重为 19.26%、36.49%、30.58%。此外，期末存在大额的递延收益余额。针对报告期内存在的大额其他收益与递延收益，监管机构要求发行人说明：(1) 报告期内各项政府补助、依据和到账时间，政府补助计入当期损益或递延收益的划分标准、依据和金额，政府补助相关会计处理是否符合企业会计准则的规定；(2) 报告期内主要递延收益项目的项目进度、摊销的具体情况，是否符合企业会计准则的规定。

【案例 91】

悦安新材（688786）主营超细金属粉末新材料，主要产品包括羰基铁粉系列产品、雾化合金粉系列产品、软磁粉系列产品、金属注射成型喂料系列产品、吸波材料系列产品等。根据公司披露的数据，2020 年 1～6 月营业收入同期下降 6.40%，利润总额同期下降 23.18%。剔除政府补助影响后，2019 年利润总额较 2018 年下降 778 万元，降幅达 15.70%。2019 年政府补助大额上涨，主要系公司收到上市奖励款 1438 万元与上市股改款 200 万元。2020 年收到政府补助 520 万元，其中公司上市奖励款 423 万元，已占当期净利润的 25%左右。针对该特殊情况，公司在招股说明书中提示政府补助波动影响经营业绩的风险。监管机构在几次反馈意见中，对公司经营业绩逐年下滑极为重视，要求发行人说明：①公司是否存在相关产品收入持续大幅下降的风险，公司具体的应对措施；②获取军工资质的计划及具体措施，若无法获取，公司促进吸波材料产品销售的具体安排，报告期内吸波材料产品客户的拓展情况；③公司 2020 年 1～9 月的业绩情况，结合在手订单情况，预测 2020 年的业绩情况，分析业绩及主要财务数据变化的原因；④结合公司主营业务收入增长率情况，分析公司未来的增长性。此外，监管机构对公司对政府补助的依赖性也提出了质疑：结合 2019 年政府补助金额显著较大的情形，分析政府补助对公司业绩的影响情况，说明是否对政府补助存在较大依赖。

七、货币资金及资金流水核查

（一）货币资金核查

1. 货币资金的概念

货币资金是指企业拥有的，以货币形式存在的资产，按其形态和用途不同可分为库存现金、银行存款和其他货币资金，是可以立即投入流通，用以购买商品或劳务，或用以偿还债务的交换媒介。

货币资金是资产负债表的一个流动资产项目，一般包括现金、银行存款或其他金融机构的活期存款以及本票和汇票存款等可以立即支付使用的交换媒介物。货币资金是企业中最活跃的资金，流动性强，也是企业的重要支付手段和流通手段，因而是流动资产的审查重点。

2. 货币资金核查关注重点

（1）重点关注货币资金的构成、管理与余额，包括货币资金的构成明细，货币资金变动的原因，是否存在受限资金，大额货币资金流动情况，货币资金管理制度及其执行情况，货币资金余额的构成及其合理性和真实性。

（2）货币资金核查过程中需要避免的问题主要包括：忽视对发行人申报期内大额现金收支交易真实性的核查，未能针对现金收支交易取得充分、适当的核查证据；未将对货币资金，特别是现金收支交易的核查和发行人与货币资金相关的内部控制设计和执行的有效性测试结合起来；对申报期内银行询证函等外部证据的取得不够重视；将货币资金的核查简单等同于申报期内货币资金余额的确认。

（3）在实施货币资金核查的过程中，如出现以下情况，需要保持高度警觉：被核查单位的现金交易比例较高，并且与其所在行业的常用结算模式不同；库存现金规模明显超过业务周转所需资金；银行账户开立数量与企业实际业务规模不匹配，或存在多个零余额账户且长期不注销；在没有经营业务的地区开立银行账户，或将高额资金存放于其经营和注册地之外的异地；被核查单位资金存放于管理层或员工个人账户，或通过个人账户进行被核查单位交易的资金结算；货币资金收支金额与现金流量表中的经营活动、筹资活动、投资活动的现金流量不匹配，或经营活动现金流量净额与净利润不匹配；不能提供银行对账单或银行存款余额调节表，或提供的银行对账单没有银行印章、交易对方名称或摘要；存在长期或大量银行未达账项；银行存款明细账存在非正常转账，例如，短期内相同金额的一收一付或相同金额的分次转入转出等大额异常交易；存在期末余额为负数的银行账户；受限货币资金占比较高；存款收益金额与存款的规模明显不匹配；针对同一交易对方，在报告期内存在现金和其他结算方式并存的情形；违反货币资金存放和使用规定，如上市公司将募集资金违规用于质押、未经批准开立账户转移募集资金、未经许可将募集资金转作其他用途等；存在大额外币收付记录，而被核查单位并不涉足进出口业务；被核查单位以各种理由不配合注册会计师实施银行函证、不配合注册会计师至人民银行或基本户开户行打印已开立银行结算账户清单；与实际控制人（或控股股东）、银行（或财务公司）签订集团现金管理账户协议或类似协议等。

3. 货币资金审核关注要点

（1）货币资金构成方面。重点关注货币资金各期末明细情况及报告期变动原因，是否存在现金收付；货币资金大幅上涨或下降的原因；是否存在受限资金。

（2）货币资金的管理政策方面。重点关注货币资金主要存放地、开户银行及金额；在境外存放大额货币资金的合理性；货币资金变动与资产负债表、利润表、现金流量表等相关科目之间的匹配情况；是否存在公司银行账户与实际控制人、高级管理人员或其他利益相关人账户混用的情形；货币资金的核查方法和过程；是否发现异常现金收支的情形。

（3）其他货币资金方面。重点关注其他货币资金与应付银行承兑汇票的匹配关系；其他货币资金的性质，资金使用是否存在限制，是否对发行人短期偿债能力及资金周转产生不利影响。

（4）货币资金的余额方面。重点关注银行存款金额、占比较高的原因及合理性，同时存在借款的原因及合理性；货币资金大幅上涨的原因；发行人对闲置货币资金的管理方式。

（二）资金流水核查

1. 资金流水核查的目的和基本原则

在对IPO企业的全面尽职调查中，银行资金流水核查历来是上市审核机构的核心关注事项，也是各家IPO中介机构需要下大力气去厘清的问题。通过核查银行流水，可以了解发行人的业务经营情况，核实财务管理制度的健全性、有效性，通过资金真实流动情况判断商业交易的真实性，识别是否存在财务造假。从IPO审核角度来看，核查银行流水的主要目的是核实发行人业务经营情况是否真实准确，防止发行人财务造假，确认发行人内控机制规范有效。资金流水核查时应该遵循的基本原则有以下几点：

（1）完整性原则

资金流水与企业业务循环密切相关，为了全面、系统地了解涉及发行人的所有信息，核查银行流水时应遵循完整性原则，此处的完整性原则，既包括核查主体的完整，也包括核查内容的完整，即应对所有核查主体的银行账户及银行流水进行全面完整的核查，确保真实、完整、准确，不存在遗漏。

（2）重要性原则

在遵循完整性原则的基础上，不同类型的企业在资金交易数额、交易频率、交易对象数量等方面存在重大差别，核查过程中应基于重要性原则和支持核查结论的需要，在评估发行人所处的经营环境、行业类型、业务流程、规范运作水平、主要财务数据水平及变动趋势、所处经营环境等因素的基础上，确定合理的重要性水平，权衡确定核查范围、核查事项，实施相应的核查程序。

（3）可替代原则

银行流水核查过程中可能因特定情况导致无法核查部分主体的银行流水或存在对核查银行流水产生障碍的因素，实践中无法有效核查的情形包括：核查主体为境外主体；核查主体为独立董事；核查主体为发行人及重要子公司离任人员。针对以上情况，实践中可以采取网银核对、委托境外中介机构、结合其他证据材料双向核查、出具承诺函等方式予以替代。

（4）隐私保护原则

资金流水信息在作为核查资料的同时，也是相关方特别是自然人的重要隐私，中介机构进行资金流水核查的目的是关注被核查人与发行人、客户、供应商相关的异常流水信息，以实现对发行人业务真实性的辨别。鉴于银行流水资料涉及当事人的隐私，中介机构在核查过程中应严格遵守《民法典》及《个人信息保护法》对个人信息保护的有关规定，使用相关资料时须遵循正当性和必要性的原则，不得侵犯他人隐私。

2. 资金流水核查的制度要求

（1）《关于做好首次公开发行股票公司 2012 年度财务报告专项检查工作的通知》第 2 条第 3 款规定

保荐机构、会计师事务所在开展自查工作时，应重点关注首发公司报告期内收入、盈利是否真实、准确，是否存在粉饰业绩或财务造假等情形，下列事项应予以重点核查：

①以自我交易的方式实现收入、利润的虚假增长。即首先通过虚构交易（例如，支付往来款项、购买原材料等）将大额资金转出，再将上述资金设法转入发行人客户，最终以销售交易的方式将资金转回；

②发行人或关联方与其客户或供应商以私下利益交换等方法进行恶意串通以实现收入、盈利的虚假增长。如直销模式下，与客户串通，通过期末集中发货提前确认收入，或放宽信用政策，以更长的信用周期换取收入增加。经销或加盟商模式下，加大经销商或加盟商铺货数量，提前确认收入等；

③关联方或其他利益相关方代发行人支付成本、费用或者采用无偿或不公允的交易价格向发行人提供经济资源；

④保荐机构及其关联方、PE 投资机构及其关联方、PE 投资机构的股东或实际控制人控制或投资的其他企业在申报期内最后 1 年与发行人发生大额交易从而导致发行人在申报期内最后 1 年收入、利润出现较大幅度增长；

⑤利用体外资金支付货款，少计原材料采购数量及金额，虚减当期成本，虚构利润；

⑥采用技术手段或其他方法指使关联方或其他法人、自然人冒充互联网或移动互联网客户与发行人（互联网或移动互联网服务企业）进行交易以实现收入、盈利的虚假增长等；

⑦将本应计入当期成本、费用的支出混入存货、在建工程等资产项目的归集和分配过程以达到少计当期成本费用的目的；

⑧压低员工薪金，阶段性降低人工成本粉饰业绩；

⑨推迟正常经营管理所需费用开支，通过延迟成本费用发生期间，增加利润，粉饰报表；

⑩期末对欠款坏账、存货跌价等资产减值可能估计不足；

⑪推迟在建工程转固时间或外购固定资产达到预定使用状态时间等，延迟固定资产开始计提折旧时间；

⑫其他可能导致公司财务信息披露失真、粉饰业绩或财务造假的情况。

保荐机构、会计师事务所应结合发行人具体情况，逐项说明对前述问题的核查程序、核查过程和核查结论，核查过程应明示具体核查人员、核查时间、核查方式、获取证据等相关内容。

（2）《监管规则适用指引——发行类第5号》规定

保荐机构及申报会计师应当充分评估发行人所处经营环境、行业类型、业务流程、规范运作水平、主要财务数据水平及变动趋势等因素，确定发行人相关资金流水核查的具体程序和异常标准，以合理保证发行人财务报表不存在重大错报风险。发行人及其控股股东、实际控制人、董事、监事、高管等相关人员应按照诚实信用原则，向中介机构提供完整的银行账户信息，配合中介机构核查资金流水。中介机构应勤勉尽责，采用可靠手段获取核查资料，在确定核查范围、实施核查程序方面保持应有的职业谨慎。在符合银行账户查询相关法律法规的前提下，资金流水核查范围除发行人银行账户资金流水以外，结合发行人实际情况，还可能包括控股股东、实际控制人、发行人主要关联方、董事、监事、高管、关键岗位人员等开立或控制的银行账户资金流水，以及与上述银行账户发生异常往来的发行人关联方及员工开立或控制的银行账户资金流水。

保荐机构和申报会计师在资金流水核查中，应结合重要性原则和支持核查结论需要，重点核查报告期内发生的以下事项：发行人资金管理相关内部控制制度是否存在较大缺陷。是否存在银行账户不受发行人控制或未在发行人财务核算中全面反映的情况，是否存在发行人银行开户数量等与业务需要不符的情况。发行人大额资金往来是否存在重大异常，是否与公司经营活动、资产购置、对外投资等不相匹配。发行人与控股股东、实际控制人、董事、监事、高管、关键岗位人员等是否存在异常大额资金往来。发行人是否存在大额或频繁取现的情形，是否无合理解释；发行人同一账户或不同账户之间，是否存在金额、日期相近的异常大额资金进出的情形，是否无合理解释。发行人是否存在大额购买无实物形态资产或服务（如商标、专利技术、咨询服务等）的情形，如存在，相关交易的商业合理性是否存在疑问。发行人实际控制人个人账户是否存在大额资金往来较多且无合理解释，或者频繁出现大额存现、取现情形。控股股东、实际控制人、董事、监事、高管、关键岗位人员是否从发行人处获得大额现金分红款、薪酬或资产转让款，转让发行人股权获得大额股权转让款，主要资金流向或用途存在重大异常。

控股股东、实际控制人、董事、监事、高管、关键岗位人员与发行人关联方、客户、供应商是否存在异常大额资金往来。是否存在关联方代发行人收取客户款项或支付供应商款项的情形。

发行人在报告期内存在以下情形的，保荐机构和申报会计师应考虑是否需要扩大资金流水核查范围：发行人备用金、对外付款等资金管理存在重大不规范情形；发行人毛利率、期间费用率、销售净利率等指标各期存在较大异常变化，或者与同行业公司存在重大不一致；发行人经销模式占比较高或大幅高于同行业公司，且经销毛利率存在较大异常；发行人将部分生产环节委托其他方进行加工的，且委托加工费用大幅变动，或者单位成本、毛利率大幅异于同行业；发行人采购总额中进口占比较高或者销售总额中出口占比较高，且对应的采购单价、销售单价、境外供应商或客户资质存在较大异常；发行人重大购销交易、对外投资或大额收付款，在商业合理性方面存在疑问；董事、监事、高管、关键岗位人员薪酬水平发生重大变化；其他异常情况。

保荐机构和申报会计师应将上述资金流水的核查范围和异常标准及确定依据、核查程序、核查证据编制形成工作底稿，在核查中受到的限制及所采取的替代措施应一并书面记录。保荐机构和申报会计师还应结合上述资金流水核查情况就发行人内部控制制度是否健全有效、是否存在体外资金循环形成销售回款、承担成本费用的情形发表明确核查意见。

（3）《保荐人尽职调查工作准则》规定

第三十九条　在合理信赖会计师银行函证工作的基础上，通过查阅发行人主要银行账户资金流水、货币资金明细账、报告期末货币资金明细表、银行账户资料或向银行补充函证等方式，核查：

（一）银行账户核算的完整性及发行人定期存款账户、保证金账户、非银行金融机构账户等非日常结算账户形成原因及目前状况；

（二）发行人是否存在与控股股东或其他关联方联合或共管账户、在集团财务公司开设银行账户、资金池业务等情形，如存在，核查该情形对发行人财务的独立性，以及对货币资金真实性的影响；

（三）大额货币资金的流出和流入，分析是否存在合理的业务背景，判断其存在的风险。

在资金流水核查时，应采用可靠手段获取核查资料，在确定核查范围、实施核查程序方面保持应有职业谨慎，核查相关方是否与发行人客户、供应商存在异常交易。结合发行人实际情况，判断资金流水核查范围是否还需包括控股股东、实际控制人、发行人主要关联方、董监高人员、关键岗位人员等开立或控制的银行账户资金流水以及与上述银行账户发生异常往来的发行人关联方及员工开立或控制的银行账户资金流水。分析金额重大的未达账项形成的原因及其影响；关注报告期货币资金的期初余额、本期发生额和期末余额，分析货币资金余额与银行借款余额的匹配性。核查大额银行存款是否存在担保、质押等限制用途的情形。

发行人存在现金交易或以大额现金支付薪酬、报销费用、垫付各类款项的，核查现金交易或大额现金支付的必要性与合理性，分析是否符合发行人业务情况或行业惯例，现金交易比例及其变动情况是否处于合理范围；核查现金管理制度是否与业务模式、内部管理制度匹配，与现金交易、现金支付相关的内部控制制度是否完备、合理并执行有效；核查现金交易流水的发生与相关业务发生是否真实一致，是否存在异常分布；核查现金交易的客户或供应商情况，是否涉及发行人关联方，对大额现金交易的客户、供应商合理利用实地走访、函证等核查程序，或根据发行人的业务特点通过抽查大额现金交易的原始凭证等方式，进一步判断大额现金交易对发行人销售、采购真实性的影响，相关收入确认及成本核算的原则与依据，是否涉及体外循环或虚构业务。

3. 资金流水核查的主体

结合《监管规则适用指引——发行类第5号》及IPO审核问询案例，IPO银行流水核查的主体范围呈现扩大化、外延化特征，主体范围从发行人上市集团范围扩大到发行人主要关联方等上市集团以外的主体，从发行人控股股东、实际控制人、董事、监事、高级管理人员扩大到财务部门、销售部门、业务部门等关键岗位，目前实务中IPO银行流水核查通常包括如下范围：（1）发行人（包含发行人及其分公司、子公司等下属机构）；（2）控股股东、实际控制人（包含控股股东、实际控制人及其配偶、成年子女和关系密切的其他近亲属，以及上述自然人的关联公司）；（3）持股5%以上的主要股东（包含直接、间接持股5%以上的主要股东及其关联人，以及上述自然人的关联公司）；（4）发行人董事、监事、高级管理人员及其重要子公司的高级管理人员；（5）财务人员（包含发行人及其重要子公司的财务总监、财务经理、会计、出纳以及其他与发行人控股股东、实际控制人、董监高存在亲属或其他特殊关系的财务人员）；（6）业务人员（包含发行人及其重要子公司的销售、采购、业务部门负责人及部门骨干人员）；（7）核心技术人员及其他关键岗位人员。

如存在《监管规则适用指引——发行类第5号》规定的异常情形，核查范围应该扩大。

4. 资金流水核查的程序与内容

（1）制订核查计划

资金流水核查是一项内容庞杂的基础性工作，针对不同行业领域、不同业务体量、不同治理结构的发行人，需要根据实际，拟定符合公司重要性水平和业务实际的资金流水核查控制表。核查控制表应当包括核查主体、核查银行、流水调取期限、核查人员及时间安排等。

核查主体，应以前文“3. 资金流水核查的主体”为参照，结合发行人实际确定具体的核查对象。核查对象的确定尽可能详尽完整，避免事后二次补充。

核查银行范围，实践中通常要求遵循“6+9+X”的原则，即6家大型商业银行（中国工商银行、中国农业银行、中国银行、中国建设银行、中国邮政储蓄银行、交通银行），9家股份制商业银行（招商银行、中信银行、平安银行、上海浦东发展银行、中国光大银行、华夏银行、中国民生银行、兴业银行、广发银行）及若干家核查主体所在地（常住地、户口所在地）的城商行、农商行、信用联社等（如浙江省核查浙商银行、江苏省核查江苏银行、山东省核查齐鲁银行等），并可根据实际需求通过微信支付、支付宝、云闪付等App进行辅助验证。

核查流水期限，在一般情况下，资金流水核查期限至少应包含整个报告期，如有特殊情况，可适当将资金流水期限延展到报告期前1~2年。

核查人员及时间安排，中介机构应当对资金流水核查进行合理安排，包括确定核查走访团队的人员组成、行程与时间计划等。尽量与核查银行进行事先电话沟通，确认现场办理需要携带的资料和注意事项等，预先了解银行网点位置、营业时间、是否可以预约、人工窗口接待流程、是否可以自助打印等，提高走访效率。

（2）实地资料调取

核查走访团队应根据事先制订的核查计划有序开展实地调取工作。核查人员到达银行时应当首先在大门口进行拍照留证，照片中应带有明显的营业网点标识、地理位置等可以帮助确认走访真实性的信息。在工作窗口、自助打印机器调取银行流水时应记录调取过程，对人工窗口、工作人员工牌、机器全貌等拍照留证。核查团队应根据现场调取银行流水的情况准确填写资金流水核查控制表，并确保取得核查资料的完整性。在实践中，可能存在银行电子系统缺陷、银行拒绝配合、核查对象提供资料不充分等影响实地资料调取顺利进行的不利因素，应视情况予以变通解决。常见问题解决方案如表2－17所示。

表2－17　资金流水核查常见问题与应对措施

常见问题	应对方案
银行拒绝配合拍照	充分说明需要进行拍照的原因和理由，尽量获得对方的认可和谅解。如银行有不能在某些特定位置拍照的内部管理规定，可邀请工作人员到银行门外拍照留证；如工作人员拒绝配合的，可选择适当位置远距离留证
银行流水不显示交易对方名称或以隐私码显示	部分银行自助机打印的流水不显示交易对方名称或带有隐私码，可到人工窗口明确要求打印带有交易对方名称和交易对方账号的流水明细
报告期无交易的账户无法打印流水	可由核查对象现场向账户进行小额转账后进行流水打印，或到人工窗口办理报告期内无交易的情况证明
未开设银行账户，无法提供账户清单或证明	可在自助机处对查询无记录的结果进行拍照，或到人工窗口处进行咨询确认并语音记录
银行卡遗失、忘带身份证等	时间充足时，可要求核查对象现场补办或取回，或通过手机银行等方式进行查询办理，并现场拍照留证
境外银行账户无法现场调取	可委托境外独立第三方机构（律师事务所等）进行现场取证

（3）流水核查及归档

第一，形式审查。取得完整的资金流水核查资料后，首先应就证据材料进行形式审查，比照资金流水控制表的各项要求对取得的核查材料进行整理归档，确定银行对账单是否存在污损、缺漏页、银行印鉴不清晰、未加盖银行印章，未显示交易摘要、未显示交易对方名称/姓名及银行账号等问题。针对存在形式问题的材料需进行逐一研判，如该形式问题对资金流水核查的完整性和准确性存在负面影响，则需重新调取或采用替代性流水记录验证。

第二，逐笔核查。对通过形式审查的材料需要进行逐笔核查（法人单笔金额10万元以上、自然人单笔金额2万元以上或其他产生重要影响或异常的流水），形成完整的核查记录，核查记录应包括核查对象名称、银行名称、银行账户号码、交易金额、交易时间、交易对方名称及账号、交易摘要等信息。

针对法人账户，应当重点了解账户开立用途及实际管理权限，关注是否存在以员工或其他第三方名义开立作为企业用途的银行账户，通过分析法人账户的开户地分布、账户数量、账户用途、账户资金余额与企业经营情况的变动一致性，判断资金流水信息的商业合理性。

针对自然人银行账户，重点了解银行账户数量、账户用途，交易背景原因、交易进展及与交易对方的关系等，并将交易对方与发行人及其关联方、客户、供应商名单进行交叉核对，关注是否存在重叠情况。如自然人银行流水出现大额资金往来、频繁交易存取现金的情况，应当追溯资金来源及走向。如自然人银行流水存在与发行人或其关联方、客户、供应商的交易记录，需核实资金性质（如工资薪酬、现金分红、股权转让、商事交易等），判断是否存在发行人关联方垫付成本（如代发工资、支付货款等）或以员工个人卡收付企业款项等行为。

在交叉核查中发现的两方以上金额、时间相当的交易记录，需核实是否以一方作为中转为其他方提供交易便利，判断是否涉及虚构交易、体外循环、股权代持等违规事项。对于大额资金往来、短期频繁交易、大额存取现金、交易对方异常、交易性质或金额异常等重点关注情况，应当通过现场访谈、补充证明文件（如大额交易用于购房的提供购房合同、不动产权证书，购买银行理财的提供理财协议、理财账户明细及余额记录等）实施进一步核查。

第三，底稿归档。资金流水核查工作完成后，应当将所有取得的核查资料进行归档，作为保荐工作底稿。归档资料应当包括：资金流水核查控制表，资金流水核查记录表，银行流水明细，银行流水现场调取记录（包括银行网点拍照记录、银行窗口工作人员询问录音记录、银行流水调取过程记录），核查对象关于异常情况的访谈记录及证明文件，核查对象出具的关于提供银行账户及银行流水真实、完整、准确的书面承诺，法人核查对象还应取得已开立银行结算账户清单等。

5. 资金流水核查审核关注要点

（1）以资金流水核查为切入点关注发行人股权转让的真实性

IPO审核实践中，经常以资金流水核查为手段辨别股权转让行为与其他交易行为是否存在相关性、资金流转与股权交易行为的一致性等，通过资金流水核查来佐证股权转让的真实性，关注是否存在代持等。

【案例92】

网进科技于2020年11月创业板IPO被否，2023年3月创业板IPO因保荐人被中国证监会依法采取限制业务活动措施撤回申请。符合发行条件、上市条件和信息披露要求。

2020年11月被否理由为不符合发行条件、上市条件和信息披露要求。深交所在同步公布的《关于终止对江苏网进科技股份有限公司首次公开发行股票并在创业板上市审核的决定》中提及："发行人股权转让过程及资金流水异常。根据招股书显示，2016年4月，网进有限（网进科技前身）发生了实控人变更。其中，自然人张某娟向现实控人潘某华转让公司30%股权，作价1045.31万元；原实际控制人黄某龙向黑角投资（潘某华为执行事务合伙人）转让公司6%的股权，转让价格为209.06万元。理论上，银行流水应该是从潘某华单向流向黄某龙和张某娟。但核查三个人的个人银行流水时，情况恰好相反：黄某龙有向张某娟、潘某华转账的情况，反而潘某华极少有资金转出。存在显著异常。"

【案例93】

亿华通（688339）在第三轮审核问询中曾被问及现场督导中发现的一系列股权代持问题，后在充分补充解释后通过。问题主要内容如下：

保荐业务现场督导发现，2016年4月、2019年1月定向增发期间，发行人相关人员资金往来存在以下情况：2016年4月28日，发行人律师孙某江向宋某英（发行人董事、副总经理、财务负责人）转账2万元，备注为"股票款"。同日，孙某江配偶闫某控股的财富公司向宋某英转账18万元。2017年11月，孙某江再次向宋某英转账24.6万元。2016年4月28日，发行人客户水木通达创始人/发行人董事会秘书吴某核向宋某英转账16万元，备注为"亿华通认缴股权款"。报告期内，持股5%以上的股东水木扬帆的执行事务合伙人吴某向宋某英累计转账100万元（含2016年4月增发期间的50万元）。

2016 年 4 月 23～29 日，宋某英好友胡某平、博瑞华通股东张某、发行人财务经理张某黎向宋某英累计转账 56 万元，备注为“投资款”“亿华通股权认购款”“834613 亿华通股份认购款”。同期，自然人刘某、发行人出纳赵某、发行人监事戴某哲向宋某英累计转账 150 万元。2019 年 1 月，张某强累计转出 2030 万元至白某，白某于 2019 年 1 月投入 5000 万元增资发行人，累计持股 1.97%。请发行人说明：①发行人律师孙某江是否通过宋某英持有发行人股票；②股份代持及大笔资金往来是否影响孙某江作为发行人首发上市项目法律意见书签字律师的独立性；③张某强转账给白某增资发行人的原因，白某是否帮张某强代持股份，实际控制人的股份是否权属清晰，是否符合当时适用的《科创板首发管理办法》第 12 条第 2 项的相关规定；④对于上述股权代持的解决措施，是否实施完毕，股权代持解除过程是否存在纠纷及潜在纠纷，解除代持关系时相应的股权对价情况、具体支付方式和资金来源；⑤未在招股书中披露上述情况的原因，是否构成重大遗漏，是否符合当时适用的《科创板首发管理办法》第 5 条的规定，是否构成本次发行上市的实质性法律障碍。

保荐业务督导发现，张某强 2 个已注销银行账户的资金流水，其中一个账户于 2018 年 11 月收取关联方博瑞华通 500 万元，另一账户于 2017 年 9 月收取发行人董事会秘书康某 20 万元，其资金来源为博瑞华通。财务总监宋某英民生银行 622××××××1251408 账户资金往来频繁、发生额较大，且绑定“钱生钱 C”理财产品，资金入账后直接转入理财。宋某英存在向吴某、刘某、赵某、戴某哲等多人借款的情形。请发行人说明：①博瑞华通与张某强、康某产生资金往来的原因，是否有商业实质，是否涉及股权代持，是否存在其他利益安排；②请发行人说明报告期内宋某英民生银行绑定的“钱生钱 C”理财产品各月的余额，结合各月余额情况，说明宋某英向他人借款是否合理，是否存在其他股份代持情况。请保荐机构、发行人律师和申报会计师说明：①前期尽职调查未完整调取发行人实控人、董监高等个人银行流水的原因，未能及时发现大量股权代持等情况的原因；②张某强已注销的银行账户、宋某英民生银行账户的资金流水的核查情况，是否存在股份代持、是否存在其他利益安排；③相关中介机构是否勤勉尽责，是否符合当时适用的《科创板首发管理办法》第 6 条和第 7 条的相关规定。

（2）以资金流水核查为切入点关注发行人及相关主体的合法合规性

IPO 审核要求发行人规范运营，报告期内不得存在“贪污、贿赂、侵占财产、挪用财产或者破坏社会主义市场经济秩序的刑事犯罪”“违反工商、税收、土地、环保、海关以及其他法律、行政法规，受到行政处罚，且情节严重”。根据实际要求，发行人及其控股股东、实际控制人、董事、监事、高级管理人员均应符合以上条件，不得存在重大违法违规行为。IPO审核实践中，经常以流水核查为手段分析发行人与客户、供应商资金往来的商业合理性、商事交易真实性、资金取得及使用的合法合规性，确认发行人业务真实，不存在影响业务经营的合规性问题，如通过资金流水往来情况可以对发行人违规转贷、违规票据贴现、违规跨境资金转移等行为进行核查。

【案例94】

鑫磊股份（301317）在深交所审核问询中曾因其供应商业务主体迁移异常引发监管部门对资金往来的关注。通过核查银行流水等资料时发现存在发行人实际控制人控制的企业与发行人供应商存在转贷交易，虽然发行人本身并未作为转贷交易的当事方，但亦引起上市委员会关注。后根据上市委员会意见在招股说明书中补充披露相关风险后通过。

（3）以资金流水核查为切入点关注发行人内控制度的有效性

A股各板块均要求发行人应建立、完善并严格实施相关财务内控制度，报告期内存在不规范情形，应在上市辅导阶段完成整改，并建立健全相关内控制度建设。首次申报审计截止日后，原则上不能再出现内控不规范，各项内控制度不能有效运行的情况。常见的影响内控有效性的问题包括资金占用、第三方回款、个人卡收付款等。通过资金流水核查，能够有效对以上影响内控制度有效性的问题进行验证。比如，通过核查银行流水能够更为可靠地确认违规资金占用；结合银行流水、经营模式、行业特点、与付款方的关系更为准确地判断第三方回款是否存在异常；结合银行流水关注个人卡支付是否存在体外资金循环等。IPO审核实践中，经常以银行流水核查为手段，了解发行人及关联方资金占用、第三方回款、个人卡收付款等与资金流水是否匹配，以核实发行人内控制度的有效性。

【案例95】

矩阵股份（301365）存在报告期内第三方回款逐年上升的情形，存在内控制度不健全的可能性，因此被着重要求说明原因及合理性，后在充分补充解释后通过。审核问题的主要内容如下：

“关于应收账款。申报材料及审核问询回复显示：截至2021年9月末，报告期各期末发行人应收账款（含合同资产）期后回款占比分别为78.04%、63.05%、39.88%、20.73%。报告期内，发行人第三方回款金额呈现提升趋势，主要系应收账款保理回款逐年提升所致，发行人应收账款保理回款分别为1012.33万元、1176.44万元、4014.73万元、3480.68万元。对于附有追索权的保理业务，发行人在保理合同生效日未终止确认应收账款，并将取得的保理款项作为负债核算。报告期各期末，发行人货币资金余额分别为1002.53万元、1636.57万元、36,851.27万元及41,506.86万元。请发行人：①补充说明期后回款占比与同行业可比公司比较情况及差异原因与合理性，发行人是否面临较大的回款风险；②补充说明发行人在货币资金余额快速大幅增长的情况下，仍然通过应收账款保理进行大额回款且金额快速增加的原因及合理性，相关应收账款是否面临较大的回款风险；③补充说明报告期内附有追索权的保理业务涉及应收账款金额、占比，是否充分计提坏账准备。请保荐人、申报会计师发表明确意见。”后在充分补充解释后通过。

（4）以资金流水核查为切入点关注是否存在影响发行人财务数据真实性的事项

IPO审核实践中，经常通过资金流水关注发行人是否存在账外代垫成本费用的情形，比较普遍的情形为实控人账外支付高管工资。如果注意到核查对象与发行人客户及相关方之间发生没有业务实质的大额资金往来的，还将重点关注发行人是否存在资金体外循环、虚增收入等情形。

【案例96】

采纳科技（301122）于2021年12月创业板注册生效，在交易所第一轮问询中，审核部门要求保荐人、申报会计师依照当时适用的《首发业务若干问题解答》问题54的要求（与现行《监管规则适用指引——发行类第5号》5-15内容相同）对相关主体的资金流水进行核查，详述具体的核查范围、异常的标准及确定的依据、核查的程序、核查证据，并说明发行人是否存在体外资金循环情形，是否存在通过体外资金循环虚增收入、利润情形，并发表明确意见。请保荐人、申报会计师说明对发行人、实控人、董监高、其他关键人员海外账户的核查情况，包括银行账户数量、账户主要用途、账户清单范围是否完整，海外账户资金流水是否存在异常。

第五节

募集资金运用

募集资金规模是否合理，募投项目是否具有合理性、必要性是保荐机构在 IPO 保荐过程中应予以重点关注的问题之一。以下重点就募集资金运用核查主要问题、核查手段说明如下：

一、法律法规要求

《证券法》《公司法》对公司上市所募集资金的使用作出了纲领性规定。《证券法》第 14 条规定："公司对公开发行股票所募集资金，必须按照招股说明书或者其他公开发行募集文件所列资金用途使用；改变资金用途，必须经股东大会作出决议。擅自改变用途，未作纠正的，或者未经股东大会认可的，不得公开发行新股。"同时，《公司法》第 85 条、第 86 条规定，发起人向社会公开募集股份，必须公告招股说明书，并制作认股书，招股说明书、认股书应当载明募集资金的用途等重要事项。

公司上市募资资金的用途应经董事会、股东大会审议通过。《首发注册管理办法》第 14 条规定："发行人董事会应当依法就本次发行股票的具体方案、本次募集资金使用的可行性及其他必须明确的事项作出决议，并提请股东大会批准。"根据《首发注册管理办法》第 15 条的规定，发行人股东大会应当就本次发行股票作出决议，并且募集资金用途系股东大会决议的事项之一。

发行人应当建立完善的募集资金管理制度。《上交所上市规则》第 7.7.3 条规定："上市公司应当建立完善的募集资金管理制度，按照法律法规、本所相关规定以及招股说明书、其他募集发行文件等所列用途使用募集资金，并履行相应的审议程序和信息披露义务。”《北交所上市规则》第 2. 3. 1 条规定，发行人应当建立募集资金存储、使用、监管和责任追究的内部制度，明确募集资金使用的分级审批权限、决策程序、风险防控措施和信息披露要求。发行人应当披露其募集资金使用管理制度和募集资金投向、使用安排等情况。

发行人应合理确定募集资金用途和规模，合理确定募集资金投资项目，并关注募集资金是否用于主营业务及相关业务领域。《首发注册管理办法》第 42 条规定：“发行人应当披露募集资金的投向和使用管理制度，披露募集资金对发行人主营业务发展的贡献、未来经营战略的影响。首次公开发行股票并在科创板上市的，还应当披露募集资金重点投向科技创新领域的具体安排。首次公开发行股票并在创业板上市的，还应当披露募集资金对发行人业务创新、创造、创意性的支持作用。”《公开发行证券的公司信息披露内容与格式准则第 57 号——招股说明书》第 66 条规定：“发行人应披露募集资金的投向和使用管理制度，披露募集资金对发行人主营业务发展的贡献、未来经营战略的影响。发行人应结合公司主营业务、生产经营规模、财务状况、技术条件、管理能力、发展目标等情况，披露募集资金投资项目的确定依据，披露相关项目实施后是否新增构成重大不利影响的同业竞争，是否对发行人的独立性产生不利影响。”

发行人应根据重要性原则披露募集资金运用情况。《公开发行证券的公司信息披露内容与格式准则第 57 号——招股说明书》第 67 条规定：“发行人应按照重要性原则披露募集资金运用情况，主要包括：（一）募集资金的具体用途，简要分析可行性及与发行人主要业务、核心技术之间的关系；（二）募集资金的运用和管理安排，所筹资金不能满足预计资金使用需求的，应披露缺口部分的资金来源及落实情况；（三）募集资金运用涉及审批、核准或备案程序的，应披露相关程序履行情况；（四）募集资金运用涉及与他人合作的，应披露合作方基本情况、合作方式、各方权利义务关系；（五）募集资金拟用于收购资产的，应披露拟收购资产的内容、定价情况及与发行人主营业务的关系；向实际控制人、控股股东及其关联方收购资产，对被收购资产有效益承诺的，应披露承诺效益无法完成时的补偿责任；（六）募集资金拟用于向其他企业增资或收购其他企业股份的，应披露拟增资或收购企业的基本情况、主要经营情况及财务情况，增资资金折合股份或收购股份定价情况，增资或收购前后持股比例及控制情况，增资或收购行为与发行人业务发展规划的关系；（七）募集资金用于偿还债务的，应披露该项债务的金额、利率、到期日、产生原因及用途，对发行人偿债能力、财务状况和财务费用的具体影响。”

重点核查事项包括：

1. 核查募集资金投资项目的可行性

就募集资金投资项目的可行性，建议核查下列事项：

（1）核查募集资金投资项目是否符合国家产业政策。

（2）是否符合发行人未来业务发展规划。

（3）公司募集资金投资项目拟生产产品的性能、技术规格是否符合公司实际需求情况，是否符合对应的技术发展趋势。

（4）核查募集资金投资项目的实施及其市场前景等方面是否存在重大不确定性，募集资金投资项目的预计效益的可实现性，募集资金投资项目实施是否会对公司业务产生不利影响。

（5）核查募集资金投资项目研发投入的匹配性。关注公司研发投入规模是否超出发行人合理承受范围，是否具备合理性。公司现有的技术、产品、在手订单、人员储备等能否支持募集资金投资项目的建设、实施，是否具备在相关领域和市场形成收入并持续进行技术研发的能力。

（6）核查募集资金投资项目达产后新增产能的消化能力。关注行业政策变化情况、发行人现有产量、产能利用率、在手订单及未来获取订单能力情况，核查发行人是否建立有效匹配产能发展需求的供应商配套及保证机制，是否具有完善的消化募投项目新增产能的措施，募集资金投资项目达产后新增产能是否与市场需求匹配，项目产能是否可被市场规模消化，发行人是否存在业绩变动风险，是否存在市场销售风险、产能过剩风险。

2. 募集资金投资项目与主营业务、核心技术的关联度

保荐机构在 IPO 项目尽职调查过程中，应核查募集资金用途是否与发行人主要业务、核心技术相关。关注实施募集资金投资项目后是否会对公司生产模式形成重大改变或重大影响，是否将带来发行人产品或服务的重大变化。申请科创板上市的，还应关注企业募集资金投向是否为科技创新领域。

【案例 97】

蕾奥规划（300989，2021 年 3 月 22 日创业板注册生效）招股说明书披露，发行人 IPO 拟募集资金 49,040.32 万元，募投项目之一“规划设计服务网络建设项目”包含办公楼购置，即发行人拟使用 15,240 万元募集资金实施办公楼购置计划，购买主要位于北京、西安、上海等地的面积合计 3400 平方米的办公楼。

在首轮审核问询中，审核机构要求发行人补充披露发行人作为轻资产公司，募投项目中包含房产购置计划的原因及合理性，是否可能导致发行人主业变更；在注册环节问询中，发行人被要求补充披露房产购置的进展情况，进一步说明并披露在北京、西安、上海购置办公楼与提升公司研发能力、竞争力和经营效率等方面的关联性。

发行人从改善办公环境、提升研发条件、增加对高端人才的吸引力、保障人才的稳定性等方面，论证了购置房产的必要性，购置房产与提升公司利润和盈利能力的关联性。同时，发行人说明了购置房产所涉及的公司业务大区在报告期内产生的收入和收入占比情况，进一步说明购置办公场所与提高公司市场占有率、市场份额、品牌影响力的关系。

案例点评 CASE ANALYSIS

在本案例中，发行人主营业务包括规划设计和工程设计，为技术和知识密集型服务行业的企业，系轻资产公司，本次发行拟募集资金 49,040.32 万元，并使用 30.08% 的募集资金购置房产。 审核机构及上市委员会关注了发行人购置房产的合理性、与发行人主营业务的相关性。

【案例 98】

景业智能（688290）2022 年 3 月科创板 IPO 注册生效，招股说明书披露，发行人募集资金所投资的领域，属于核工业与先进制造技术的深度融合，属于核工业关键技术装备产业升级的领域。本次发行拟募集资金 60,145.20 万元，其中，32,482.92 万元用于高端智能装备及机器人制造基地项目、9662.28 万元用于产品研发中心建设项目、1.80 万元用于补充流动资金。其中，“高端智能装备及机器人制造基地项目”主要产品属于《战略性新兴产业分类（2018）》规定的战略性新兴产业。本次募集资金所投领域符合国家战略性新兴产业发展规划等政策文件指导精神，募集资金的运用是对科技创新领域的投入。

案例点评 CASE ANALYSIS

根据《首发注册管理办法》第42条等规定，相较于其他板块，首次公开发行股票并在科创板上市的，还应披露募集资金重点投向科技创新领域的具体安排。企业申请科创板IPO的，对募投项目，除关注各板块应予关注的普遍性问题外，还应关注并披露公司募集资金投向是否为科技创新领域。

3. 项目投资概算

关于募集资金投资项目投资概算情况，应核查发行人所筹资金是否满足预计资金使用需求，募集资金尚有缺口的，应核查发行人对缺口资金的未来筹资计划和资金落实情况；可能存在超募资金的，应说明超募资金的管理和使用计划。

4. 项目建设周期、进度

核查募投项目的时间周期、时间进度方面，应关注募投项目的投资进展情况，关注项目中主要建设环节时间节点、建设内容及对应投入金额，项目完工进度与计划工期是否存在差异。如果募集资金投资项目建设周期过长，则项目实施可能会存在较大风险。

5. 项目核准、备案程序

根据国务院发布的《企业投资项目核准和备案管理条例》第3条和《政府核准的投资项目目录》第1条第1款、国家发改委发布的《企业投资项目核准和备案管理办法》第4条的规定，企业投资项目，根据项目不同情况，分别实行核准管理或备案管理。对关系国家安全、涉及全国重大生产力布局、战略性资源开发和重大公共利益等项目，实行核准管理；其他项目实行备案管理。企业投资建设《政府核准的投资项目目录》内的固定资产投资项目，须按照规定报送有关项目核准机关核准。企业投资建设上述目录外的项目，实行备案管理。

取得IPO募投项目核准、备案手续，是上市的重要步骤，保荐机构应核查发行人是否取得募集资金投资项目必需的核准、备案手续（该等手续应当在申报前办理完毕）。对于项目核准批复、备案证明注明的项目总投额与募集资金投资项目总投资额存在差异的，保荐机构应确认差异存在的原因。

关于核准、备案的范围，根据《企业投资项目核准和备案管理办法》第2条第1款的规定：本办法所称企业投资项目，是指企业在中国境内投资建设的固定资产投资项目，包括企业使用自己筹措资金的项目，以及使用自己筹措的资金并申请使用政府投资补助或贷款贴息等的项目。因此，仅募投项目中的固定资产投资需要进行核准或备案，场地购置费用、研发投入不涉及固定资产，无须核准、备案。

6. 环境影响评价批复或备案情况

根据《中华人民共和国环境影响评价法》第2条规定，环境影响评价，是指对规划和建设项目实施后可能造成的环境影响进行分析、预测和评估，提出预防或者减轻不良环境影响的对策和措施，进行跟踪监测的方法与制度。发行人建设对环境有影响的项目，应当依法进行环境影响评价，未依法进行环境影响评价的开发利用规划，不得组织实施；未依法进行环境影响评价的建设项目，不得开工建设。

我国对建设项目的环境影响评价实行分类管理，根据建设项目特征和所在区域的环境敏感程度，综合考虑建设项目可能对环境产生的影响，对建设项目的环境影响评价实行分类管理，建设单位应当分别组织编制环境影响报告书、环境影响报告表或者填报环境影响登记表，具体为：（1）可能造成重大环境影响的，应当编制环境影响报告书，对产生的环境影响进行全面评价；（2）可能造成轻度环境影响的，应当编制环境影响报告表，对产生的环境影响进行分析或者专项评价；（3）对环境影响很小、不需要进行环境影响评价的，应当填报环境影响登记表。其中，环境影响报告书、环境影响报告表为审批制，环境影响登记表实施备案制。根据《建设项目环境影响登记表备案管理办法》填报环境影响登记表，仅需依法在网上备案系统填报环境影响登记表进行备案。

生态环境部制定并公布的《建设项目环境影响评价分类管理名录》是建设单位组织编制建设项目环境影响报告书、环境影响报告表或者填报环境影响登记表的重要依据，保荐机构在尽职调查过程中，应注意查阅建设单位是否严格按照本名录确定建设项目环境影响评价类别。此外，根据《建设项目环境影响评价分类管理名录》第5条的规定，本名录未作规定的建设项目，不纳入建设项目环境影响评价管理；省级生态环境主管部门对本名录未作规定的建设项目，认为确有必要纳入建设项目环境影响评价管理的，可以根据建设项目的污染因子、生态影响因子特征及其所处环境的敏感性质和敏感程度等，提出环境影响评价分类管理的建议，报生态环境部认定后实施。因此建议同时关注募投项目所在地政府、地方生态环境主管部门出台的有关环境影响评价的规定。

环境影响评价涉及的重点法条如下：

《中华人民共和国环境保护法》(2014年修订)(发布机关：全国人大常委会)

第十九条 编制有关开发利用规划，建设对环境有影响的项目，应当依法进行环境影响评价。

未依法进行环境影响评价的开发利用规划，不得组织实施；未依法进行环境影响评价的建设项目，不得开工建设。

第四十五条 国家依照法律规定实行排污许可管理制度。

实行排污许可管理的企业事业单位和其他生产经营者应当按照排污许可证的要求排放污染物；未取得排污许可证的，不得排放污染物。

《中华人民共和国海洋环境保护法》(2017年修正)(发布机关：全国人大常委会)

第四十二条第一款 新建、改建、扩建海岸工程建设项目，必须遵守国家有关建设项目环境保护管理的规定，并把防治污染所需资金纳入建设项目投资计划。

第四十三条第一款 海岸工程建设项目单位，必须对海洋环境进行科学调查，根据自然条件和社会条件，合理选址，编制环境影响报告书（表）。在建设项目开工前，将环境影响报告书（表）报环境保护行政主管部门审查批准。

《中华人民共和国环境影响评价法》(2018年修正)(发布机关：全国人大常委会)

第十六条 国家根据建设项目对环境的影响程度，对建设项目的环境影响评价实行分类管理。

建设单位应当按照下列规定组织编制环境影响报告书、环境影响报告表或者填报环境影响登记表（以下统称环境影响评价文件）：

（一）可能造成重大环境影响的，应当编制环境影响报告书，对产生的环境影响进行全面评价；

（二）可能造成轻度环境影响的，应当编制环境影响报告表，对产生的环境影响进行分析或者专项评价；

（三）对环境影响很小、不需要进行环境影响评价的，应当填报环境影响登记表。

建设项目的环境影响评价分类管理名录，由国务院生态环境主管部门制定并公布。

《建设项目环境保护管理条例》（2017 年修订）（发布机关：国务院）

第七条第一款　国家根据建设项目对环境的影响程度，按照下列规定对建设项目的环境保护实行分类管理：

（一）建设项目对环境可能造成重大影响的，应当编制环境影响报告书，对建设项目产生的污染和对环境的影响进行全面、详细的评价；

（二）建设项目对环境可能造成轻度影响的，应当编制环境影响报告表，对建设项目产生的污染和对环境的影响进行分析或者专项评价；

（三）建设项目对环境影响很小，不需要进行环境影响评价的，应当填报环境影响登记表。

第九条　第一、四、五款依法应当编制环境影响报告书、环境影响报告表的建设项目，建设单位应当在开工建设前将环境影响报告书、环境影响报告表报有审批权的环境保护行政主管部门审批；建设项目的环境影响评价文件未依法经审批部门审查或者审查后未予批准的，建设单位不得开工建设。

依法应当填报环境影响登记表的建设项目，建设单位应当按照国务院环境保护行政主管部门的规定将环境影响登记表报建设项目所在地县级环境保护行政主管部门备案。

环境保护行政主管部门应当开展环境影响评价文件网上审批、备案和信息公开。

《建设项目环境影响评价分类管理名录》（2021 年版）（发布机关：生态环境部）

第二条　根据建设项目特征和所在区域的环境敏感程度，综合考虑建设项目可能对环境产生的影响，对建设项目的环境影响评价实行分类管理。

建设单位应当按照本名录的规定，分别组织编制建设项目环境影响报告书、环境影响报告表或者填报环境影响登记表。

第五条　本名录未作规定的建设项目，不纳入建设项目环境影响评价管理；省级生态环境主管部门对本名录未作规定的建设项目，认为确有必要纳入建设项目环境影响评价管理的，可以根据建设项目的污染因子、生态影响因子特征及其所处环境的敏感性质和敏感程度等，提出环境影响评价分类管理的建议，报生态环境部认定后实施。

《环境影响评价公众参与办法》（发布机关：生态环境部）

第二十七条　生态环境主管部门应当自作出建设项目环境影响报告书审批决定之日起 7 个工作日内，通过其网站或者其他方式向社会公告审批决定全文，并依法告知提起行政复议和行政诉讼的权利及期限。

第二十八条 建设单位应当将环境影响报告书编制过程中公众参与的相关原始资料，存档备查。

《建设项目环境影响报告书（表）编制监督管理办法》（2019年9月20日生态环境部令第9号）（发布机关：生态环境部）

第十五条 建设单位应当将环境影响报告书（表）及其审批文件存档。

编制单位应当建立环境影响报告书（表）编制工作完整档案。档案中应当包括项目基础资料、现场踏勘记录和影像资料、质量控制记录、环境影响报告书（表）以及其他相关资料。开展环境质量现状监测和调查、环境影响预测或者科学试验的，还应当将相关监测报告和数据资料、预测过程文件或者试验报告等一并存档。

建设单位委托技术单位主持编制环境影响报告书（表）的，建设单位和受委托的技术单位应当分别将委托合同存档。

存档材料应当为原件。

《生态环境部建设项目环境影响报告书(表)审批程序规定》（发布机关：生态环境部）

第十六条 对经审查通过的建设项目环境影响报告书（表），生态环境部依法作出予以批准的决定，并书面通知建设单位。

对属于《建设项目环境保护管理条例》规定不予批准情形的建设项目环境影响报告书（表），生态环境部依法作出不予批准的决定，通知建设单位，并说明理由。

《建设项目环境影响登记表备案管理办法》 原环境保护部[1]

第三条 填报环境影响登记表的建设项目，建设单位应当依照本办法规定，办理环境影响登记表备案手续。

【案例99】

凯华材料（831526，2022年11月25日北交所注册）披露的招股说明书及审核问询回复显示，其申请在北交所向不特定投资者公开发行股票并上市拟募集的资金为1.2亿元，用于“电子专用材料生产基地建设项目”。截至招股说明书（注册稿）签署日，募

---

〔1〕 现为生态环境部。

投项目取得了固定资产投资项目备案登记表，完成了项目备案手续，但尚未取得环境影响评价的批复文件。

发行人披露的材料显示，根据《建设项目环境影响评价分类管理名录》的规定，本次发行的募投项目应编制环境影响报告书。发行人在审核问询阶段，编制并向环保主管部门报送了募投项目环境影响报告书。但是，截至招股说明书（注册稿）签署日，募投项目环境影响报告书处于审批前公示阶段，发行人尚未取得生态环境保护部门作出审批决定。发行人回复，发行人预计募投项目取得环境影响评价文件的批复不存在较大不确定性。发行人在招股说明书中披露了募投项目审批情况，以及“投项目环评手续尚未办理完毕的风险”。

案例点评 CASE ANALYSIS

在注册制下，未取得环境影响评价的批复，并不实质影响企业申请 IPO 的进程。发行人申报时未取得环境影响评价批复的，问询关注重点包括发行人尚未取得批复的原因，后续取得批复是否存在较大不确定性。在本案例中，发行人未在注册前取得环评批复。也有案例显示，很多发行人在反馈回复完成前或更早阶段取得了环境影响评价批复。在项目开工建设方面，尤其值得注意的是，根据我国法律法规规定，编制环境影响报告书、环境影响报告表的建设项目，不得在环评文件取得前开工建设。

7. 募集投资项目场地、房产情况

募集资金运用涉及新取得土地或房产的，应关注取得方式、进展情况及未能如期取得对募集资金具体用途的影响。核查募集投资项目有关土地使用权或房产的取得方式，相关土地出让金、转让价款或租金的支付情况及有关产权登记手续的办理情况。

（1）土地使用权

根据近年来的审核政策，不再强制性要求企业取得项目用地权属证书。但对于尚未取得募集投资用地的，需披露募集投资用地的计划，取得土地的具体安排、进度等。保荐机构、发行人律师需对募集投资用地是否符合土地政策、城市规划、募集投资用地落实的风险等进行核查并发表明确意见（见《监管规则适用指引——发行类第 4 号》）。对于募集投资用地不能落实的，发行人未能如期完成募投项目场地购置，不应对募集资金投资项目的实施产生重大不利影响，不会对募集投资项目的实施造成障碍。

（2）购置房产、土地

募集投资项目涉及新取得的土地或房产的，应核查土地或房产的取得方式、进展情况，关注未能如期取得对募集资金具体用途的影响；核查购买土地、房产的总金额以及购置土地、房产的可行性和合理性，关注是否存在变相将资金用于房地产开发的情形。对于项目建设用地，还应核查项目建设用地的土地性质，建设项目是否符合规划土地用途。

如益方生物（688382）于2022年8月科创板IPO注册生效，发行人募集资金240,936万元用于新药研发项目和总部基地建设项目，其中50,960万元用于总部基地建设项目。审核机构关注发行人场地面积大幅增加的必要性，要求说明总部基地建设项目的必要性。

（3）租赁房产、特殊用途土地

募集投资项目房产为租赁用房的，应重点关注房产租赁期限是否满足募投项目建设、实施需要。

根据《监管规则适用指引——发行类第4号》募集投资项目使用或租赁使用集体建设用地、划拨地、农用地、耕地、基本农田及其上建造的房产的，保荐机构和发行人律师应对其取得和使用是否符合《中华人民共和国土地管理法》等法律法规的规定、是否依法办理了必要的审批或租赁备案手续、有关房产是否为合法建筑、是否可能被行政处罚、是否构成重大违法行为出具明确意见，说明具体理由和依据。

上述土地为发行人自有或虽为租赁但房产为自建的，如存在不规范情形且短期内无法整改，保荐机构和发行人律师应结合该土地或房产的面积占发行人全部土地或房产面积的比例、使用上述土地或房产产生的收入、毛利、利润情况，评估其对于发行人的重要性。如面积占比较低、对生产经营影响不大，应披露将来如因土地问题被处罚的责任承担主体、搬迁的费用及承担主体、有无下一步解决措施等，并对该等事项作重大风险提示。

发行人生产经营用的主要房产系上述租赁土地上所建房产的，如存在不规范情形，原则上不构成发行上市障碍。保荐机构和发行人律师应就其是否对发行人持续经营构成重大影响发表明确意见。发行人应披露如因土地问题被处罚的责任承担主体、搬迁的费用及承担主体、有无下一步解决措施等，并对该等事项作重大风险提示。

8. 项目合作开发

募集投资项目涉及与他人合作的，应核查合作方基本情况、合作方式、各方权利义务关系。关注发行人与合作方是否签署合作协议，结合有关协议约定、目前实施情况以及当地政治经济形势，说明该项目是否存在现实或潜在的法律纠纷和风险。

9. 募集资金投向产生的关联交易、同业竞争

保荐机构应核查募集投资项目实施后，是否会与控股股东、实际控制人及其控制的其他企业新增构成重大不利影响的同业竞争、显失公平的关联交易，是否影响公司在资产、财务、人员、机构及经营等方面的完整性，是否对公司的独立性产生不利影响。

募集资金向实际控制人、控股股东及其关联方收购资产的，应核查定价的公允性、收购的必要性，如果对被收购资产有效益承诺的，发行人应披露效益无法完成时的补偿责任。

10. 募集资金规模的必要性、合理性

在尽职调查过程中，应关注募集资金规模是否与发行人经营规模、业务规划、技术储备相匹配，是否契合于未来行业发展趋势。对于拥有较高银行存款、有大量应收账款、其他应收款的企业，应予以充分关注。

11. 补充流动资金比例的合理性

IPO募集资金用于补充流动资金的比例，目前并无明确规定。建议结合发行人货币资金余额情况，合理测算补流资金金额，并充分核查补流资金金额的必要性、合理性。

【案例100】

华海清科（688120）于2022年4月科创板IPO注册生效，其招股说明书披露：本次募集资金项目投资总额100,000万元，用于投资高端半导体装备（化学机械抛光机）产业化项目等4个募投项目，其中用于补充流动资金30,000万元。发行人披露回复材料显示，审核过程中，审核机构要求发行人结合货币资金余额及预算情况，分析募集投资资金用于补充流动资金的合理性及必要性。

案例点评 CASE ANALYSIS

补充流动资金占比过高可能影响募集资金的使用效率。募资资金用途包括补充流动资金的，应充分关注补充流动资金的合理性及必要性。此外，对于在 IPO 阶段募集资金用于补充流动资金的比例，目前无明确规定，实际申报中，一般参照再融资规定将用于补充流动资金的募集资金控制在募集资金总额的 30% 以内，即不高于 30%。

12. 募集资金运营管理能力

保荐机构应核查发行人募集资金管理制度、募集资金的使用安排和管理方式，确认发行人是否具有与募集资金规模相匹配的资金运营管理能力。

【案例 101】

英诺特（688253）于 2022 年 4 月科创板 IPO 注册。报告期末发行人总资产 78,006.07 万元，货币资金 48,204.78 万元，发行人拟募集资金 120,946.00 万元，其中补流资金 4 亿元。审核机构问询问题包括（但不限于）募集资金的合理性、必要性，发行人是否具有运营管理大额资金的能力。

发行人的回复材料显示，发行人说明了募投项目均围绕公司主营业务，募投项目的实施依托公司现有技术，是对现有主营业务的进一步拓展。同时，发行人说明了公司管理层已具备对募集资金的管理能力，对募集资金拟投资项目进行了充分的可行性论证，发行人已经建立了有关募集资金存管、使用和项目管控方面的制度。

案例点评 CASE ANALYSIS

发行人募资资金规模远超资产总额的，容易引发审核机构关于募资资金的合理性和必要性的问询。在申报 IPO 时，发行人应合理规划 IPO 募集资金、具体的募投项目，充分论证募投项目的合理性、必要性、可行性，并建立和完善自身与募集资金规模相适应的资金运营管理能力。

二、核查手段

就募资资金运用的核查，应根据公司和募集资金投资项目的实际情况，采取多种有效手段展开，具体核查方式包括但不限于：

1. 获取发行人关于募集资金投资项目的说明，以及董事会、股东大会决议。

2. 获取并查询募集资金投资项目可行性研究报告。

3. 查阅项目的核准、备案及环境影响评价文件。

4. 查询政府主管部门投资项目在线审批监管平台上的信息，核查募集资金投资项目核准、备案情况。

5. 获取发行人募集资金投资项目场地取得文件，现场查看募集资金投资项目场地的实际情况。募集资金投资项目存在新购置土地使用权但尚未完成购置手续情形的，建议获取政府主管部门出具的用地落实情况说明、用地批准文件；查阅发行人就募集资金投资项目用地情况出具的书面说明；评估未能如期完成募投项目用地购置，可能会对募集资金投资项目实施产生的影响。

6. 查阅发行人的未来发展战略，访谈发行人负责战略发展的高级管理人员，分析募集资金投资项目与公司战略的一致性。

7. 获取与公司相关的重大产业政策文件，了解行业发展趋势，分析政策变更风险对募集资金投资项目的影响。

8. 访谈技术、销售、采购、生产等负责人员，了解募集资金投资项目与公司目前业务的关系、募集资金投资方向的市场前景，了解公司募集资金投资项目的生产经营模式，募集资金投资项目与发行人现有业务、技术研发、市场拓展、应用领域方面的差异了解实施募投项目的技术储备、人员储备、监管标准、市场需求的匹配度、募集资金投资项目建设完成后对其主营业务的影响。

9. 对发行人主要供应商进行走访及函证，查阅发行人与主要供应商签署的协议及日常沟通往来凭证。

10. 查阅审计报告，分析报告期内公司的货币资金余额、营运资金需求、资金使用情况、分红情况、资产规模等财务指标，核查募集资金的必要性和合理性。

11. 获取公司制定的募集资金使用管理制度，了解募集资金的使用制度和公司治理制度。

三、案例

【案例102】

华盛锂电（688353）于2022年6月科创板注册生效，截至招股说明书签署日，发行人尚未取得募投用地的国有土地使用权。为此，发行人取得了当地管委会出具的募投项目用地情况说明，载明募投项目用地符合土地利用总体规划，符合用地政策，该地块办理土地利用规划变更手续及发行人办理相关土地使用权证不存在障碍；如未来出现难以预计的原因导致发行人无法如期取得该地块土地使用权，管委会将协调其他符合规划的土地区块用以替代目标用地，推进项目顺利建设并投产。

案例点评 CASE ANALYSIS

IPO注册申请文件提交时，发行人募投用地尚未取得的，需披露募投用地的计划、取得土地的具体安排、进度等。保荐机构应核查发行人未来取得募投用地是否存在实质性障碍，募投用地尚未取得是否对本次申报构成实质性影响。

【案例103】

巨能股份（871478，2023年3月30日北交所注册通过）申请向不特定合格投资者公开发行股票并在北交所上市时，拟募集资金21,126.24万元，其中，12,761.44万元用于在安徽省芜湖市建设工业机器人及智能装备生产基地项目（以下简称工业机器人基地项目），3364.80万元用于研发中心建设项目，5000万元用于补充流动资金。在审核问询中，审核机构针对募投项目的必要性、可行性主要问询的问题有：

1. 募投项目用地的取得是否存在重大不确定性。

2. 募投项目的资金需求情况，包括具体构成和资金需求的测算过程、测算依据及其合理性。

3. 募投项目之工业机器人基地项目所生产产品的具体产品种类，与公司现有产品的关系，新增产能及产量情况。

4. 发行人所在行业发展及竞争状况、产品下游行业及主要客户情况、市场地位及竞争优势、市场需求变化、现有产能利用率、在手订单情况。

5. 产能消化风险，项目收益不达预期风险：(1) 要求发行人补充披露发行人预计产能消化情况及保障产能利用率的相关措施；(2) 要求发行人就产能消化风险作具体的风险揭示；(3) 募投项目实施效果不及预期对公司营业成本和毛利率的影响；(4) 是否存在收益不达预期的风险。

6. 在公司总部及现有生产基地所在城市以外，跨区建设项目的风险：(1) 在异地建设项目的优势、劣势，技术、设备、人员等生产要素的储备情况；(2) 募投项目区域市场开发进展情况，是否有合作意向客户，发行人与区域其他竞争对手的竞争优势。

7. 募投项目必要性、合理性与可行性的披露是否充分。

8. 补充流动资金的具体用途或测算过程，补充流动资金的必要性。

案例点评 CASE ANALYSIS

尽管现有案例显示，注册制下 IPO 极少有直接因募资资金运用问题被否决的案例。但是募资资金和募投项目的必要性、合理性、可行性，均是 IPO 审核的核心问题之一。中国证监会发布的《保荐人尽职调查工作准则》也对保荐人核查募集资金运用等作出了明确规定，在推进 IPO 项目过程中，中介机构应对募资资金规模和募投项目予以充分关注，并给予充分调查与核查。

第六节

其他重要事项

一、对外担保、诉讼仲裁等或有事项的核查

在IPO项目中，发行人的对外担保、诉讼仲裁等或有事项情况是判断发行人生产经营合法合规性，评估发行人是否存在重大偿债风险、能否持续经营的重要因素。对于保荐机构而言，充分准确核查发行人的对外担保、诉讼仲裁情况并做好底稿留痕，是全面落实监管规定、履行保荐职责的必然要求；是充分披露发行人潜在风险，充分保护投资者利益的重要内容；也是后续证明保荐人已经充分履行尽职调查职责，免除或降低潜在责任承担的重要手段。

（一）核心监管规定及其核查要求

1. 核心监管规定概览

以《保荐人尽职调查工作准则》《保荐业务管理办法》为代表的监管规定，集中对保荐人在保荐阶段核查发行人的对外担保、诉讼仲裁等或有事项情况作出了针对性规定，也为保荐人持续督导期间持续关注上述事项提供了一定的指引。

（1）关于发行人对外担保事项的核查

监管规定要求保荐人核查发行人对外担保的核心目的是尽可能全面地核查并披露发行人存在的对外担保（尤其是各类隐形担保），明确是否存在假借对外担保违规侵占发行人资产的情形，并评估对发行人财务业务可持续性的影响。

《保荐人尽职调查工作准则》第48条第1款规定了保荐人核查发行人对外担保事项

的范围，保荐人取得发行人对外担保的相关资料，计算担保金额占发行人净资产、总资产的比重，调查担保决策过程是否符合有关法律法规和公司章程等的规定，分析一旦发生损失，对发行人正常生产经营和盈利状况的影响程度，调查被担保方是否具备履行义务的能力、是否提供了必要的反担保。通过上下游和关联方走访等，核查发行人是否存在其他未披露的担保。

《保荐人尽职调查工作准则》第 78 条规定了保荐人核查发行人对外担保情况的方式方法、具体核查内容以及核查目的，"通过查阅发行人对外担保合同文件、发行人及子公司信用报告、主要资产权属证明、发行人出具书面声明、反担保合同文件、被担保对象的经营情况及财务状况、访谈董监高人员或财务人员，走访有关主管部门或商业银行、融资租赁公司等商业主体等方法核查发行人所有对外担保（包括抵押、质押、保证等）合同，核查发行人对外担保履行程序的完备性和合法合规性，分析判断发行人履行担保责任的可能性、是否存在重大偿债风险及主要资产的重大权属纠纷，核查对发行人业务经营与财务状况的影响，核查是否符合内部控制制度要求、是否存在利益输送情况"。

在持续督导阶段，根据《保荐业务管理办法》第 28 条第 5 项的规定，保荐人持续关注发行人为他人提供担保等事项，并发表意见。

（2）关于诉讼仲裁等或有事项的核查

监管规定要求保荐人核查发行人诉讼仲裁事项的核心目的是尽可能全面地披露发行人及相关主体已决及未决风险事项，明确对发行人持续经营的影响。

《保荐人尽职调查工作准则》第 48 条第 2 款规定了保荐人对发行人诉讼仲裁事项的基本要求，保荐人调查发行人是否存在重大仲裁、诉讼和其他重大或有事项，并分析该等已决和未决仲裁、诉讼与其他重大或有事项对发行人财务状况、盈利能力及持续经营的重大影响。

《保荐人尽职调查工作准则》第 79 条规定了保荐人核查发行人诉讼仲裁情况的方式方法、核查内容以及核查目的，"通过查阅诉讼仲裁文件、查询网站、访谈相关人员、发行人及相关人员出具书面声明、走访有关司法机关及监管机构等方法，调查发行人是否存在对其财务状况、经营成果、声誉、业务活动、未来前景等可能产生较大影响的诉讼或仲裁事项，发行人及其控股股东或实际控制人、控股子公司、发行人董监高人员和核心技术人员是否存在作为一方当事人可能对发行人产生影响的刑事诉讼、重大诉讼或仲裁事项，分析其是否涉及主要资产、核心技术、知识产权的重大权属纠纷，是否导致经营环境已经或将要发生重大变化，评价其对发行人持续经营、财务指标、股权及控制结构、员工权益保障等是否产生重大影响”。

2. 监管规定关注的重点

（1）核查范围要全面

就对外担保事项而言，以《保荐人尽职调查工作准则》第48条以及第78条为例，需要核查的主体范围不仅包括作为担保人的发行人，还包括被担保人。需要核查的担保协议范围，监管规定中有“所有对外担保（包括抵押、质押、保证等）合同”的表述，并未设置“金额重大”“对发行人生产经营产生重大影响”等相关限定性字样。基于对该条的文义理解，发行人所有对外担保协议均应当纳入核查范围。此外，不仅发行人已经披露的对外担保需要核查，监管规定还要求保荐人通过其他有效的尽职调查方法，尽可能地发现发行人可能存在的“隐形担保”。核查内容上不仅包括对外担保程序的完备性、合法合规性，也包括发行人承担担保责任的可能性等相关内容。

就诉讼仲裁事项而言，以《保荐人尽职调查工作准则》第79条为例，核查的主体范围不仅包括发行人，还包括其控股股东或实际控制人、控股子公司、发行人董监高人员和核心技术人员等可能对发行人持续经营产生影响的其他相关主体。监管规定在要求保荐人全面核查对发行人产生较大影响的诉讼仲裁事项的同时，又对不同类型的诉讼作进一步精细区分。对于刑事诉讼，无论金额多寡、是否实际科以刑事处罚，前述相关主体所涉的刑事诉讼，均需要纳入核查范围；而对于其他类型诉讼的核查，则限定为“重大”的才需要纳入核查范围。

（2）核查内容要具体

就对外担保事项而言，保荐人需要核查发行人对外担保金额，占发行人净资产、总资产的比重等具体的对外担保信息，通过量化方式便利投资人了解发行人对外担保情况。保荐人不仅需要有针对性地核查对外担保、反担保涉及的各类合同文件，也需要了解发行人及子公司的信用报告、权属证明、被担保对象的经营情况及财务情况等信息，明确发行人已经实施的每笔对外担保的具体情况。

就诉讼仲裁事项而言，保荐人需要通过获取诉讼仲裁文件等方式，了解纳入核查范围的诉讼仲裁事项的具体情况，明确并跟进诉讼仲裁事项的进展，核查特定诉讼仲裁事项是否涉及发行人的主要资产、核心技术、知识产权等，明确是否对发行人的持续经营产生不利影响。

（3）核查工作应当独立、客观、公正

《保荐业务管理办法》第17条规定，保荐机构推荐发行人证券发行上市，应当遵循诚实守信、勤勉尽责的原则。按照中国证监会对保荐机构尽职调查工作的要求，保荐机构须对发行人进行全面调查，充分了解发行人的经营状况及其面临的风险和问题。《保荐人尽职调查工作准则》第5条规定，保荐人尽职调查时，应当考虑自身专业胜任能力和独立性，并确保参与尽职调查工作的相关人员能够恪守独立、客观、公正、审慎的原则，具备良好的职业道德和专业胜任能力。由上述规定可知，监管规定对于保荐人核查发行人对外担保、诉讼仲裁等或有事项的要求可归纳为全面独立、专业审慎。

（二）对于发行人对外担保事项核查的具体要求

1. 关于全面核查的三个层面

（1）发行人开展的非典型担保需要纳入核查的范围

除典型的抵押、质押、保证外，《担保制度的解释》基于功能主义定位，将所有权保留买卖、融资租赁、保理业务中"涉及担保功能"的业务类型、交易结构纳入《民法典》担保制度的调整范畴，并且赋予出卖人、出租人等相关主体按照实现担保物权等方式，通过优先受偿拍卖、变卖"担保物"变现价值实现债权的权利。虽然非典型担保与典型担保在具体的业务模式、交易架构等方面存在差异，但在"通过优先受偿实现债权"这一核心权能上与典型担保一致。

如果发行人是所有权保留买卖的买受人、融资租赁中的承租人（实践中基于便利行政管理、成本控制等客观原因，在部分情形下租赁物所有权登记在承租人名下），发行人虽然在形式外观或实体权利上享有特定资产的所有权，但在出卖人或出租人依约依法主张通过拍卖、变卖标的物实现债权时，发行人极有可能无权阻止出卖人或出租人对标的物的处置，进而丧失对标的物的所有权。对于发行人而言，权利人实现债权，可能成为造成其资产损失、影响其持续经营的一项重大或有事项。因此，笔者倾向于认为除传统的典型担保外，还应当将非典型担保纳入对外担保核查的范围。

（2）需要核查与对外担保相关的资料应当充分全面

具体而言，对需要经过内部决议或外部审批的对外担保，应当获取发行人在作出担保时有效施行的公司章程、对外担保制度等制度以及对应的内部决议、外部审批文件等。若发行人的公司章程未就对外担保事项作出明确约定，存在语意模糊、多维理解的情形，保荐人可获取发行人以往的对外担保全套文件，明确发行人对外担保的实操情况。对于无须登记即可有效设立的对外担保，担保协议是确定担保责任的主要依据，需要充分获取担保协议及其附件等相关文本。需要注意的是，对外担保设立后，相关当事人后续可能就同一担保事项形成新的担保协议，构建新的担保关系或对已有的担保关系进行更新。保荐人在获取相关资料时，需要核实担保文件的时效性。对于以登记作为生效要件的担保，除充分获取相关担保文件外，保荐人还应当独立地公开查询、实地核查、向担保登记机关获取相关登记证明文件。此外，若发行人属于《担保制度的解释》第 9 条规定的上市公司已公开披露的控股子公司或者股票在国务院批准的其他全国性证券交易场所交易的公司，对于其对外担保资料的核查范围还应当包括其所属上市公司或其自身的对外担保公告。

（3）注意不同担保文件的交叉核实，确保担保信息的准确性

实践中存在不同担保文件对于同一笔担保的类型、金额、方式、期间、行权条件等约定不一致，或与担保登记机关担保登记文件载明内容不一致的情形，这对于发行人承担担保责任顺序、担保责任的大小以及对发行人持续生产经营的影响大有不同。

就不动产抵押而言，实践中存在登记机关抵押登记文件载明的信息与发行人提供的或抵押登记机关留存的抵押协议中的抵押担保信息不一致的情形。后续存在抵押权人以抵押登记内容错误为由，更正抵押信息，“变更”抵押人担保责任承担顺序和责任承担范围的可能。

就中国人民银行征信中心动产融资统一登记公示系统（中登网）而言，登记机构不对登记的设立、注销以及登记信息的准确性承担审核责任，实际操作中多由相关权利人或出质人等义务人自行登记完成，且有权自行随时修改，这就可能导致动产融资登记信息具有极大不确定性。

因此，在实际的核查过程中，保荐人需要通过多渠道交叉核实发行人对外担保情况，确保核查信息的真实性、准确性。

2. 对于发行人对外担保合法合规性的核查

如前文所述，监管规定要求保荐人核查发行人对外担保合法合规性的目的在于尽可能地发现是否存在控股股东、实际控制人等关联主体以及其他非关联主体假借担保形式“侵占”发行人资产的情形。

对于发行人对外担保合法合规性的核查，可以从以下两个方面着手。一方面，根据《公司法》《民法典》《担保制度的解释》等法律法规及司法解释以及担保作出时有效的、公司章程、公司对外担保制度等相关内部制度文件，明确发行人对外担保所须遵循的内部决议及外部审批程序。

另一方面，尽可能全面地搜集特定某笔对外担保所相应的包括担保协议在内的相关文件资料。在此基础上，首先，明确特定对外担保是否履行必要的内部决议及外部审批流程，尤其是明确不同担保类型、不同担保金额的有权决定主体、决定流程。其次，发行人已经完成的内部决议与外部审批在决议机关、审批机关、决议流程、审批流程上是否与规定一致。再次，针对性地核实发行人实际作出的对外担保与发行人内部决议、外部审批文件载明的内容在主债权、担保金额、担保类型、担保期间等核心内容上是否一致。实践中部分发行人存在实际履行的内部决议、外部审批程序与发行人制度规定不一致的情形，究其原因可能是便利公司操作或有权决议机关“默示授权”。但对于保荐人而言，均需要对前述不一致情形进行进一步的核实。最后，对于超出内部决议或外部审批的对外担保，其担保本身效力存在一定瑕疵，有可能属于违规对外担保，须发行人就此做进一步说明并采取相应的弥补措施。

3. 对于发行人履行担保责任情况的核查

在担保有效的情形下，对于已经触发承担担保责任的情形，须向发行人跟进债务人履行债务的相关情况，明确债权人是否向作为担保义务人的发行人主张实现担保权利，以及是否对发行人的银行账户、主要财产等采取冻结、查封等保全措施。尚未触发承担担保责任情形的，则需要通过对所要担保的主债权、被担保人信用状况的核查，评估发行人后续是否存在需要承担担保责任的可能性。

需要注意的是，在担保无效或不成立的情形下，作为担保义务人的发行人仍然存在按照其过错程度承担责任的可能。根据《民法典》第388条第2款的规定，担保无效或不成立并不代表担保人不承担责任，存在过错的担保人仍应当在其过错范围内承担责任。虽然此时担保人承担的责任并非严格意义上的担保责任，但该责任的承担源于发行人所作出的“担保行为”，且责任的承担也会对发行人的财务状况、资信状况以及后续生产经营产生影响。因此，即便在担保无效或不成立的情形下，也需要将担保人承担责任的问题纳入核查的范围。

4. 对外担保核查中的相关实务问题

（1）对于留存于担保登记机关的底档资料的核查

如前文所述，担保登记实践中，存在因操作失误、文件更替、工作衔接等导致担保登记文件载明的担保内容与留存于担保登记机构的担保资料，以及与发行人提供的担保文件在担保范围、担保形式、责任承担等具体内容上不一致的情形。保荐人核查过程中究竟以何种资料为准，确定发行人该笔对外担保的准确内容，并如实对外披露成为一个现实问题。

例如，对于以登记作为生效要件的担保，保荐人除获取担保登记机关出具的担保登记文件外，是否需要进一步获取并核实留存于担保登记机关的有关该笔担保相关资料？

对此，笔者倾向于认为，虽然登记是抵押等部分类型担保设立的有效要件，不动产登记中心是抵押等部分类型担保登记的法定机关，但并不意味着保荐人可以仅凭担保登记机关出具的登记文件径自确认发行人特定对外担保的具体内容。相关监管规定已经明确保荐人需要通过获取担保协议等形式，核查对外担保的情况。因此，保荐人在获取相关对外担保资料时，应当注意交叉核验不同来源、不同担保文件描述担保事项的一致性。毕竟，无论前述不一致的原因为何，对于保荐人而言，披露的担保信息不准确在一定程度上反映出保荐人的核查工作有待完善。

但也需要说明，笔者并未检索到关于保荐人因未充分核查担保登记机关留存的底档文件、未发现担保登记信息与底档文件不一致，进而被认定为未能充分履行核查职责而科以相关责任的行政处罚记录。

（2）对于动产、权利担保登记的核查

《动产和权利担保统一登记办法》第2条规定："纳入动产和权利担保统一登记范围的担保类型包括：（一）生产设备、原材料、半成品、产品抵押；（二）应收账款质押；（三）存款单、仓单、提单质押；（四）融资租赁；（五）保理；（六）所有权保留；（七）其他可以登记的动产和权利担保，但机动车抵押、船舶抵押、航空器抵押、债券质押、基金份额质押、股权质押、知识产权中的财产权质押除外。"第6条规定："纳入统一登记范围的动产和权利担保登记通过统一登记系统办理。"目前，登记机构已经在中国人民银行征信中心动产融资统一登记公示系统中逐步完善相关登记模块。前述规定列举的担保类型，可以通过动产融资登记公示系统进行核查。

保荐人进行动产、权利担保核查时需要注意以下事项：现有的动产融资登记公示系统中，保留了原全国市场监管动产抵押登记业务系统页面，在该系统登记的担保内容，也需要纳入核查范围。《动产和权利担保统一登记办法》第4条规定，中国人民银行征信中心是动产和权利担保的登记机构，具体承担服务性登记工作，不开展事前审批性登记，不对登记内容进行实质审查。如前文提及，实务操作中存在部分债权人或担保人有权登录系统自行设立、变更或涂销动产融资登记公示系统里的担保登记及其具体内容的情形。动产融资登记公示系统载明的担保登记期间届满后，该笔担保的登记信息后续可能无法继续查询。因此，保荐人在核查发行人可能存在动产和权利担保时，可以通过发行人提供的信息制作动产和权利担保清单。通过担保人查询以及动产融资登记号码查询的方式交叉核实发行人动产融资担保情况，定期复查动产和权利担保变化，并充分做好核查的底档留痕和备份。

（三）对于发行人诉讼仲裁情况的核查

1. 对于诉讼情况的核查

我国司法体制遵循公开审理、公开宣判的基本原则，已经生效的判决或裁定可以在“中国裁判文书网”查询，正在进行或即将进行的诉讼可以通过“中国审判流程信息公开网”、“12368”全国法院系统司法信息公益服务号码以及各法院门户网站等渠道查询发行人等已经了结、正在进行或即将进行的诉讼。

通过前述公开路径核查发行人诉讼情况时，需要注意以下几点：因中国裁判文书网系统更新等诸多原因，部分已经作出的公开判决、裁定存在不能提供网络检索服务的情形。由于不同法院对于裁判文书上网的具体类型、上传时间、内容实际操作层面存在不同的要求，裁判文书上网的全面性、时效性有所差异。相比于诉讼文书，保全阶段、执行阶段的相关文书对外公示的全面性、时效性稍显滞后，仅凭公开检索较难及时更新发行人资产被保全、被执行情况。上述客观原因可能导致保荐人通过公开路径检索的有关诉讼、保全、执行信息可能与现实情况存在差异，保荐人需要在公开检索的基础上通过进一步访谈发行人及相关主体的方式，了解诉讼纠纷处置、资产保全执行的最新进展。与此同时，保荐人还需要通过获取相关凭证、证明文件以及访谈相对方等方式，核查验证诉讼信息的准确性。

2. 对于仲裁情况的核查

对于发行人涉及的仲裁案件而言，仲裁以不公开审理、不公开仲裁裁决为基本原则。发行人等相关主体是否涉及仲裁纠纷、由哪家仲裁机构管辖、仲裁裁决的具体内容及履行情况一般难以通过公开渠道检索。对于发行人仲裁情况的核查，往往借助对发行人等相关主体的访谈及其提供的相关资料。除此之外，保荐机构还可以通过发行人主营业务合同、对外担保协议等合同中存在的有关纠纷管辖的约定，了解发行人经常选择的仲裁机构。条件允许的情况下，保荐人可以通过对合同中约定的纠纷管辖仲裁机构的访谈核实相关情况，作为对发行人仲裁案件核查的有益补充。

3. 对于以和解方式了结纠纷的核查

现实中，发行人可能在诉讼仲裁的过程中与对方和解，也可能在后续的执行过程中与对方和解。鉴于发行人与对方的和解行为、和解协议一般由当事人双方或各方自行商谈、自行签署、自行履行，人民法院一般不参与和解协议的签署与履行过程。对于发行人而言，其在和解协议制作及其具体履行情况存在较大的自主操作空间。发行人提供的有关和解的资料及信息，可能与现实情况存在差异。因此，对于发行人以和解方式解决的纠纷，保荐人除获取和解协议、履行凭证等相关资料外，还可以在条件允许的情形下尽可能地通过与相对方访谈、发送函证等方式确定和解协议的真实性、和解协议的履行情况。

4. 诉讼仲裁核查的辅助手段

保荐人可以查阅发行人年度审计报告、财务报表及其附属文件等相关财务文件，核查发行人是否存在与诉讼仲裁相关的诉讼费用、仲裁费用、执行费用、律师代理费用，以及履行调解书、和解协议的资金支付线索，并据此深入核查前述财务线索所对应的诉讼仲裁情况。

检索发行人选聘律师事务所等中介机构的招标资料，从招标文件中获取有关特定诉讼或仲裁的相关信息，进而做针对性核查。对于存在纠纷统筹管理机制的集团型企业，在条件允许的情形下，保荐人还可以对集团型企业访谈，了解与发行人诉讼仲裁有关的情况。

对于存在常年法律顾问或能够确定发行人特定诉讼、仲裁专项法律服务机构的，在条件允许的情形下，保荐人可以通过对中介代理机构的访谈或发送函证，了解、核查发行人现有的诉讼仲裁情况及其具体进展。

综上所述，对于发行人对外担保、诉讼仲裁情况核查的原则是全面、准确，核查的要求是全面独立、专业审慎，核查的目的在于准确评估、充分披露对外担保、诉讼仲裁对于发行人持续经营的影响。在核查的方法上，对于能够通过公开渠道查询的信息，应当作充分全面核查并做好相应留痕；对于难以通过公开渠道查询的信息，除向发行人获取相应的资料外，还可以在条件允许情况下通过访谈债权人、律所，查阅财务凭证等方式，全面核查发行人的对外担保及诉讼仲裁情况。

二、对违法违规的核查

根据《证券法》第 5 条、第 9 条第 1 款的规定，证券的发行、交易活动，必须遵守法律、行政法规；禁止欺诈、内幕交易和操纵证券市场的行为。公开发行证券，必须符合法律、行政法规规定的条件，并依法报经国务院证券监督管理机构或者国务院授权的部门注册。

《证券法》第 12 条第 1 款同时规定，公司首次公开发行新股，应当符合下列条件：具备健全且运行良好的组织机构；具有持续经营能力；最近 3 年财务会计报告被出具无保留意见审计报告；发行人及其控股股东、实际控制人最近 3 年不存在贪污、贿赂、侵占财产、挪用财产或者破坏社会主义市场经济秩序的刑事犯罪；经国务院批准的国务院证券监督管理机构规定的其他条件。经国务院批准的国务院证券监督管理机构，如中国证监会根据《证券法》的授权，就上市、发行和信息披露制定了相关监管规定，各交易所根据《证券法》和中国证监会相关监管规定，制定了各自的管理制度。

鉴于不同板块下关于重大违法违规的认定标准都是基于证券法的规定，核心标准具有统一性，实践中尚未实行注册制的主板对重大违法违规的认定对注册制下的发行也具有借鉴意义，且全市场注册制正稳步推进。因此本书虽然是研究全面注册制下的核查，但书中在引用法律法规及相关案例时，仍将主板的同时列入其中，以供参考。

（一）当前法律法规中对重大违法违规行为的认定

1. 《证券法》规定："第十二条　公司首次公开发行新股，应当符合下列条件……（四）发行人及其控股股东、实际控制人最近三年不存在贪污、贿赂、侵占财产、挪用财产或者破坏社会主义市场经济秩序的刑事犯罪……"

2. 《首发注册管理办法》第 13 条规定："发行人生产经营符合法律、行政法规的规定，符合国家产业政策。

最近三年内，发行人及其控股股东、实际控制人不存在贪污、贿赂、侵占财产、挪用财产或者破坏社会主义市场经济秩序的刑事犯罪，不存在欺诈发行、重大信息披露违法或者其他涉及国家安全、公共安全、生态安全、生产安全、公众健康安全等领域的重大违法行为。

董事、监事和高级管理人员不存在最近三年内受到中国证监会行政处罚，或者因涉嫌犯罪正在被司法机关立案侦查或者涉嫌违法违规正在被中国证监会立案调查且尚未有明确结论意见等情形。”

3.《上交所上市审核规则》规定：“第十四条　存在下列情形之一的，本所不予受理发行人的发行上市申请文件……（二）发行人及其控股股东、实际控制人、董事、监事、高级管理人员，保荐人、承销商、证券服务机构及其相关人员因证券违法违规被中国证监会采取认定为不适当人选、限制业务活动、证券市场禁入，被证券交易所、国务院批准的其他全国性证券交易场所采取一定期限内不接受其出具的相关文件、公开认定不适合担任发行人董事、监事、高级管理人员，或者被证券业协会采取认定不适合从事相关业务等相关措施，尚未解除”。“第六十条　出现下列情形之一的，发行人、保荐人和证券服务机构应当及时告知本所，本所将中止发行上市审核，通知发行人及其保荐人：（一）发行人及其控股股东、实际控制人涉嫌贪污、贿赂、侵占财产、挪用财产或者破坏社会主义市场经济秩序的犯罪，或者涉嫌欺诈发行、重大信息披露违法或其他涉及国家安全、公共安全、生态安全、生产安全、公众健康安全等领域的重大违法行为，被立案调查或者被司法机关立案侦查，尚未结案……”

4.《深交所上市审核规则》规定，“第五十九条　出现下列情形之一的，发行人、保荐人和证券服务机构应当及时告知本所，本所将中止发行上市审核，通知发行人及其保荐人：（一）发行人及其控股股东、实际控制人涉嫌贪污、贿赂、侵占财产、挪用财产或者破坏社会主义市场经济秩序的犯罪，或者涉嫌欺诈发行、重大信息披露违法或者其他涉及国家安全、公共安全、生态安全、生产安全、公众健康安全等领域的重大违法行为，被立案调查或者被司法机关立案侦查，尚未结案……”，“第十四条　存在下列情形之一的，本所不予受理发行人的发行上市申请文件：（一）招股说明书、发行保荐书、上市保荐书等发行上市申请文件不齐备且未按要求补正；（二）发行人及其控股股东、实际控制人、董事、监事、高级管理人员，保荐人、承销商、证券服务机构及其相关人员因证券违法违规被中国证监会采取认定为不适当人选、限制业务活动、证券市场禁入，被证券交易所、国务院批准的其他全国性证券交易场所采取一定期限内不接受其出具的相关文件、公开认定不适合担任发行人董事、监事、高级管理人员，或者被证券业协会采取认定不适合从事相关业务等相关措施，尚未解除”。

5.《北交所上市审核规则》规定，“第十三条　存在下列情形之一的，本所不予受理……（三）发行人及其控股股东、实际控制人、董事、监事、高级管理人员，保荐机构、承销商、证券服务机构及相关人员因证券违法违规被中国证监会采取认定为不适当人选、限制业务活动、证券市场禁入，被证券交易所、国务院批准的其他全国性证券交易场所采取一定期限内不接受其出具的相关文件、公开认定不适合担任发行人董事、监事、高级管理人员，或者被证券业协会采取认定不适合从事相关业务等相关措施，尚未解除”。“第五十条　出现下列情形之一的，发行人、保荐机构和证券服务机构应当及时报告本所，本所中止发行上市审核：（一）发行人及其控股股东、实际控制人涉嫌贪污、贿赂、侵占财产、挪用财产或者破坏社会主义市场经济秩序的犯罪，或者涉嫌欺诈发行、重大信息披露违法或其他涉及国家安全、公共安全、生态安全、生产安全、公众健康安全等领域的重大违法行为，被立案调查或者被司法机关立案侦查，尚未结案……”

6.《北京证券交易所向不特定合格投资者公开发行股票并上市业务规则适用指引第1号》《北交所上市规则》第2.1.4条第1项规定了发行人及其控股股东、实际控制人最近三年内不得存在重大违法行为。最近36个月内，发行人及其控股股东、实际控制人在国家安全、公共安全、生态安全、生产安全、公众健康安全等领域，存在以下违法行为之一的，原则上视为重大违法行为：被处以罚款等处罚且情节严重；导致严重环境污染、重大人员伤亡、社会影响恶劣……

有以下情形之一且保荐机构及发行人律师出具明确核查结论的，可以不认定为重大违法：违法行为显著轻微、罚款数额较小；相关规定或处罚决定未认定该行为属于情节严重；有权机关证明该行为不属于重大违法。但违法行为导致严重环境污染、重大人员伤亡、社会影响恶劣等并被处以罚款等处罚的，不适用上述情形。

其他可参考的规定包括，《上交所上市规则》规定，“9.5.1　本规则所称重大违法类强制退市，包括下列情形：（一）上市公司存在欺诈发行、重大信息披露违法或者其他严重损害证券市场秩序的重大违法行为，且严重影响上市地位，其股票应当被终止上市的情形；（二）上市公司存在涉及国家安全、公共安全、生态安全、生产安全和公众健康安全等领域的违法行为，情节恶劣，严重损害国家利益、社会公共利益，或者严重影响上市地位，其股票应当被终止上市的情形”。

（二）当前法律法规中对重大违法违规行为的认定中的例外情形

鉴于实践中，各主体受到罚款以上处罚的情形各有不同，也不宜将被处以所有罚款以上行政处罚的行为均作为重大违法违规行为而否定发行，因此专门列举了具体的例外情形。

1.《证券期货法律适用意见第17号》中关于《首发注册管理办法》第13条“国家安全、公共安全、生态安全、生产安全、公众健康安全等领域的重大违法行为”的理解与适用，提出如下适用意见：涉及国家安全、公共安全、生态安全、生产安全、公众健康安全等领域的重大违法行为是指发行人及其控股股东、实际控制人违反相关领域法律、行政法规或者规章，受到刑事处罚或者情节严重行政处罚的行为。

有以下情形之一且中介机构出具明确核查结论的，可以不认定为重大违法行为：

（1）违法行为轻微、罚款数额较小；

（2）相关处罚依据未认定该行为属于情节严重的情形；

（3）有权机关证明该行为不属于重大违法。

违法行为导致严重环境污染、重大人员伤亡或者社会影响恶劣等并被处罚的，不适用上述规定。

2. 发行人合并报表范围内的各级子公司，如对发行人主营业务收入或者净利润不具有重要影响（占比不超过5%），其违法行为可不视为发行人本身存在重大违法行为，但相关违法行为导致严重环境污染、重大人员伤亡或者社会影响恶劣等的除外。

如被处罚主体为发行人收购而来，且相关处罚于发行人收购完成之前已执行完毕，原则上不视为发行人存在重大违法行为。但发行人主营业务收入和净利润主要源于被处罚主体或者相关违法行为导致严重环境污染、重大人员伤亡或者社会影响恶劣等的除外。

上述规定，明确了可以不认定为重大违法行为的情形，在实践中更好把握。

（三）当前法律法规中对重大违法违规行为的认定中的时间期限

核查违法违规行为的时间范围，一般是3年，3年指36个月。最近3年内无重大违法行为的起算时点，从刑罚执行完毕或行政处罚执行完毕之日起计算。对于有关违法违规行为虽然发生在36个月前，但目前仍处于持续状态，仍认为存在违法违规情形。

（四）IPO否决（撤回）案例

通常认为，如果被认定为重大违法违规，有关情形在消除前，将构成发行障碍。实际上，基于持续的政府信息公开和司法信息公开，即使发行人及其关键人员主观上试图隐瞒重大违法违规事实闯关 IPO，客观上也往往无法达成目的，所以实践中完全因为涉嫌重大违法违规被否决的案例较少，很多都是兼具其他可能不适宜上市的情形。因研究手段和获取相应信息的局限性，下文中的案例，违法违规可能是被否决（撤回）的原因之一，但并不意味着就一定是因为涉嫌重大违法违规而被否决（撤回）。通过公开检索，将可能和重大违法违规相关的案例列示如下：

【案例 104】

润光股份于2021 年10 月主板 IPO 被否。审核关注问题：说明发行人密闭除焦系统等核心技术的来源及其合规性，其归属或使用是否存在争议或潜在纠纷是否符合“需要采用不可替代的专利或者专有技术”的标准，以专有技术名义不通过招投标进行采购是否存在瑕疵，是否涉嫌规避招投标程序、商业贿赂、不正当竞争等违法违规行为，发行人获取相关业务是否存在程序瑕疵，是否可能对发行人造成重大不利影响。

案例点评 CASE ANALYSIS

被否原因有多方面，含可能涉嫌因违法违规事项影响发行人经营稳定性、对独立持续经营的能力具有重大不利影响的情形。 诸如核心技术来源的合规性，不通过招投标进行采购是否涉嫌规避招投标程序、商业贿赂、不正当竞争等违法违规行为，进而影响发行人取得相关项目的合法合规性，对发行人造成重大不利影响。

【案例 105】

德纳股份于2021 年9 月主板 IPO 被否。审核关注问题：发行人产品实际产量超过安全生产许可证所载生产能力。环氧乙烷系危险化学品，且发行人曾发生过安全生产事故。

相关超产能生产是否导致违规或超量排放，是否导致重大环境违法违规行为。发行人生产经营是否合规，环保与安全生产的内控制度是否健全并有效执行。

案例点评

CASE ANALYSIS

环保与安全隐患成障碍，发行人环氧乙烷产品实际产量超过安全生产许可证所载生产能力，且发行人曾发生过安全生产事故。环保与安全生产无小事，涉及公众利益和人民群众的生命和财产安全。

【案例106】

鲁华泓锦于2021年9月创业板IPO被否。审核关注问题：2018年以来，发行人重要子公司先后受到涉及生产安全的行政处罚，还有涉及生态安全的违法违规行为可能受到行政处罚。是否构成涉及生产、生态安全的重大违法行为，对发行人持续经营能力产生不利影响。

案例点评

CASE ANALYSIS

发行人重要子公司多次出现涉及生态安全、生产安全的违法违规行为。环保与安全生产无小事，涉及公众利益和人民群众的生命和财产安全。多次发生违规事项需要充分说明内控机制是否完善，是否影响发行人的持续经营能力。

【案例107】

华夏万卷于2021年3月创业板IPO未过会。审核关注问题：发行人在长达十几年的时间里，在部分产品封面印有“教育部门推荐练字用书”字样，但实际并未经认证或审批，发行人及其相关经销商被消费者投诉举报，是否属于重大违法行为，内控制度是否健全且被有效执行，是否能合理保证发行人经营合法合规。

案例点评 CASE ANALYSIS

发行人产品销售可能涉及虚假宣传，发行人的经营业绩是否与虚假宣传相关，在虚假宣传已经被投诉举报的情形下，需要充分说明过去的经营业绩与虚假宣传行为无关，不会导致重大处罚或者重大的财务损失，也不会影响发行人未来的经营。

【案例108】

安佑生物于2018年1月主板IPO被否。审核关注问题：发行人子公司因环保违规或安全生产问题被处以11项行政处罚，另有规划、消防、税务、农业、畜牧等部门多项处罚，且持续发生，发行人还存在未批先建，土地流转存在瑕疵情形，相关事项是否构成重大违法违规，未来是否能持续经营。

案例点评 CASE ANALYSIS

环保与安全生产无小事，涉及公众利益和人民群众的生命和财产安全，且发行人土地、房屋亦存在瑕疵，被质疑内控机制是否完善，是否影响发行人的持续经营能力。

【案例109】

尼毕鲁于2017年11月主板IPO被否。审核关注问题：发行人存在未取得互联网出版许可证而从事游戏出版发行、未取得《增值电信业务经营许可证》从事网络游戏运营的行为。发行人网络游戏研发、运营、发行等各项业务是否均已取得必要资质，是否均履行了必要的审批或备案程序，上述情形是否构成本次发行的实质法律障碍，对发行人可能产生的影响及潜在风险，相关内部控制制度是否健全有效，并能保证公司合法合规经营。

案例点评

CASE ANALYSIS

未取得互联网出版许可证而从事游戏出版发行、未取得《增值电信业务经营许可证》从事网络游戏运营，与《首发注册管理办法》第13条规定的“发行人生产经营符合法律、行政法规的规定，符合国家产业政策”不符。

【案例110】

微众信科于2021年4月科创板IPO终止。《科创板上市委2020年第115次审议会议结果公告》：微众信科（首发）符合发行条件、上市条件和信息披露要求。2021年2月1日，微众信科因发行人及其控股股东、实际控制人涉嫌贪污、贿赂、侵占财产、挪用财产或者破坏社会主义市场经济秩序的犯罪，或者涉嫌欺诈发行、重大信息披露违法或其他涉及国家安全、公共安全、生态安全、生产安全、公众健康等领域的重大违法行为，被立案调查或者被司法机关立案侦查，尚未结案。根据当时适用的《科创板上市审核规则》第64条第1项的规定，上交所中止其发行上市审核。

案例点评

CASE ANALYSIS

发行人及其控股股东、实际控制人涉嫌贪污、贿赂、侵占财产、挪用财产或者破坏社会主义市场经济秩序的犯罪，或者涉嫌欺诈发行、重大信息披露违法或其他涉及国家安全、公共安全、生态安全、生产安全、公众健康等领域的重大违法行为，被立案调查或者被司法机关立案侦查，与《首发注册管理办法》第13条规定的“最近三年内，发行人及其控股股东、实际控制人不存在贪污、贿赂、侵占财产、挪用财产或者破坏社会主义市场经济秩序的刑事犯罪，不存在欺诈发行、重大信息披露违法或者其他涉及国家安全、公共安全、生态安全、生产安全、公众健康安全等领域的重大违法行为”不符。

（五）通过的案例

【案例 111】

明美新能于 2023 年 2 月创业板 IPO 过会。审核关注问题：发行人董事长、总经理及实际控制人将人民币资金通过境内银行账户汇至换汇公司指定账户，并通过境外银行账户收钱，构成外汇违法行为，被处以警告及罚款 1,814,721 元。

案例点评 CASE ANALYSIS

发行人通过寻找广东省高级人民法院刑二庭课题组的实务研究、知名教授的学术观点，以及多位全国知名教授对案件定性的研讨，认定不属于重大违法行为，不构成发行上市的实质性障碍，最终被认可。

【案例 112】

蜂助手于 2023 年 3 月创业板 IPO 注册生效。审核关注问题：发行人控股股东、实际控制人、董事长兼总经理酒后驾驶被判决危险驾驶罪。

案例点评 CASE ANALYSIS

危险驾驶罪不属于“贪污、贿赂、侵占财产、挪用财产或者破坏社会主义市场经济秩序”经济刑事犯罪，不构成触及发行条件的重大违法行为。

【案例 113】

巨一科技（688162）于 2021 年 9 月科创板 IPO 注册生效。审核关注问题：公司时任董事、总经理助理曾因醉酒驾驶被判决危险驾驶罪，免予刑事处罚。

案例点评

CASE ANALYSIS

公司董事、高级管理人员因醉酒驾驶被判处危险驾驶罪，免予刑事处罚，已形成明确结论意见，也不构成触及发行条件的重大违法行为。董事、高级管理人员不属于上述条款所述之“贪污、贿赂、侵占财产、挪用财产或者破坏社会主义市场经济秩序”经济刑事犯罪。

（六）当前就重大违法违规核查中须重点关注的事项及其核查

结合上文的法律法规以及案例梳理情况，可以将IPO尽职调查中发行人及关键人员重大违法违规的核查从3个维度展开，包括绝对禁止性事项、相对禁止性事项、其他违法违规事项。

1. 绝对禁止性事项

（1）绝对禁止性事项情形

绝对禁止性事项诸如《证券法》第12条规定的“公司首次公开发行新股，应当符合下列条件……（四）发行人及其控股股东、实际控制人最近三年不存在贪污、贿赂、侵占财产、挪用财产或者破坏社会主义市场经济秩序的刑事犯罪……”即报告期内，一旦发行人及其控股股东、实际控制人最近3年存在贪污、贿赂、侵占财产、挪用财产或者破坏社会主义市场经济秩序的刑事犯罪，则构成绝对禁止性事项，属于无法进行首次公开发行新股的情形。

《首发注册管理办法》第13条规定进一步规定了“最近三年内，发行人及其控股股东、实际控制人不存在贪污、贿赂、侵占财产、挪用财产或者破坏社会主义市场经济秩序的刑事犯罪，不存在欺诈发行、重大信息披露违法或者其他涉及国家安全、公共安全、生态安全、生产安全、公众健康安全等领域的重大违法行为。董事、监事和高级管理人员不存在最近三年内受到中国证监会行政处罚，或者因涉嫌犯罪正在被司法机关立案侦查或者涉嫌违法违规正在被中国证监会立案调查且尚未有明确结论意见等情形”等绝对禁止情形。

至于绝对禁止性事项中的例外情况，上文已作论述，不再赘述。绝对禁止性行为在上交所、深交所的规定里差异不大，北交所对绝对禁止性行为有所细化，但本质上仍是相对明确，适用一套大的监管原则。

其中又尤其要格外注意诸如关于国家安全、公共安全、生态安全、生产安全、公众健康安全等领域的重大违法行为。《证券法》中并没有明确国家安全、公共安全、生态安全、生产安全、公众健康安全等领域的重大违法行为事项，只有“无其他重大违法行为”的兜底条款。国内IPO实践中，除生产安全外，目前尚未发现因国家安全、公共安全、生态安全、公众健康安全等上市被否的案例。但是随着长春生物退市（涉及公众健康安全），滴滴退市（涉及国家安全）等，未来有些特定行业可能会面临是否涉及“国家安全、公共安全、生态安全、公众健康安全”的判定问题。以相对较多出现的生产安全为例，需要重点核查经营资质、生产资质、设备是否达标、人员是否符合要求、安全事故是否及时整改、安全生产制度的建设及执行情况等来综合判断。与其等上市之后强制退市，不如把好关口，对于涉及的企业在上市之初直接不得准入。同时，《首发注册管理办法》第13条又是一个开放式条款，强调的是“等领域”，故此，在有关部门未给出明确的解释之前，发行人和中介机构的职责是自己就有关情况是否涉及绝对禁止情形进行独立判断，比如，数据安全，包括对内对外的数据安全，进一步延伸就是国家安全，或者个人信息保护等，如果涉及国家安全，或者侵害个人信息权利的，是否符合发行条件，需要保荐机构自行判断。诸如一个涉及大量用户的互联网企业，涉及《个人信息保护法》第66条“违反本法规定处理个人信息，或者处理个人信息未履行本法规定的个人信息保护义务的，由履行个人信息保护职责的部门责令改正，给予警告，没收违法所得，对违法处理个人信息的应用程序，责令暂停或者终止提供服务；拒不改正的，并处一百万元以下罚款；对直接负责的主管人员和其他直接责任人员处一万元以上十万元以下罚款。有前款规定的违法行为，情节严重的，由省级以上履行个人信息保护职责的部门责令改正，没收违法所得，并处五千万元以下或者上一年度营业额百分之五以下罚款，并可以责令暂停相关业务或者停业整顿、通报有关主管部门吊销相关业务许可或者吊销营业执照；对直接负责的主管人员和其他直接责任人员处十万元以上一百万元以下罚款，并可以决定禁止其在一定期限内担任相关企业的董事、监事、高级管理人员和个人信息保护负责人”的规定。

值得一提的是，同样是全国性的股权交易场所，全国股转公司将失信行为也明确为绝对禁止性事项。《全国中小企业股份转让系统诚信监督管理指引》第4条规定：“申请挂牌公司或其法定代表人、控股股东、实际控制人、控股子公司、董事、监事、高级管理人员为失信联合惩戒对象的，公司不得在全国股转系统挂牌。”

（2）对绝对禁止性事项的核查

常用的核查手段包括：被核查人说明及承诺，相关部门出具证明文件，核查人员通过网络查询等。

举几个申报中的例子，有关重大违法违规的核查表述以及核查手段为：

①公司创业板上市发行保荐书："根据发行人及其控股股东、实际控制人关于无重大违法违规情况的说明，获取了相关部门出具的证明文件，并经网络平台查询，确认发行人及其控股股东、实际控制人不存在贪污、贿赂、侵占财产、挪用财产或者破坏社会主义市场经济秩序的刑事犯罪，符合《证券法》第十二条第（四）项的规定。"

②公司创业板上市发行保荐书："经查阅发行人营业执照、公司章程、有关产业政策等文件资料，查询国家企业信用信息公示系统、中国执行信息公开网等网站，取得相关部门证明文件和相关人员声明文件，与发行人相关人员进行访谈，并履行其他必要核查程序，本保荐机构认为：发行人生产经营符合法律、行政法规的规定，符合国家产业政策，符合《注册管理办法》[1] 第十三条第一款的规定。最近三年内，发行人及其实际控制人不存在贪污、贿赂、侵占财产、挪用财产或者破坏社会主义市场经济秩序的刑事犯罪，不存在欺诈发行、重大信息披露违法或者其他涉及国家安全、公共安全、生态安全、生产安全、公众健康安全等领域的重大违法行为，符合《注册管理办法》第十三条第二款的规定。发行人董事、监事和高级管理人员不存在最近三年内受到中国证监会行政处罚，或者因涉嫌犯罪正在被司法机关立案侦查或者涉嫌违法违规正在被中国证监会立案调查且尚未有明确结论意见等情形，符合《注册管理办法》第十三条第三款的规定。"

③公司创业板上市发行保荐书："本保荐机构查阅了发行人的工商档案，取得了相关主管部门出具的证明文件，发行人及其控股股东、实际控制人出具的说明文件，发行人董事、监事、高级管理人员出具的问卷调查表，公安机关出具的无犯罪记录证明，对发行人相关人员进行了访谈，查询了信用广东、中国裁判文书网、中国执行信息公开网和证券期货市场失信记录查询平台等网络查询平台公示的相关信息。经核查，最近三年内，发行人及其控股股东、实际控制人不存在贪污、贿赂、侵占财产、挪用财产或者破

[1] 原文引用的《注册管理办法》（下同）指《创业板首次公开发行股票注册管理办法（试行）》，现已被《首发注册管理办法》代替。

坏社会主义市场经济秩序的刑事犯罪，不存在欺诈发行、重大信息披露违法或者其他涉及国家安全、公共安全、生态安全、生产安全、公众健康安全等领域的重大违法行为。发行人董事、监事和高级管理人员不存在最近三年内受到中国证监会行政处罚，或者因涉嫌犯罪被司法机关立案侦查或者涉嫌违法违规被中国证监会立案调查，尚未有明确结论意见等情形。综上，发行人符合《注册管理办法》第十三条第二款、第三款的规定。”

④公司科创板上市发行保荐书：“……7. 发行人经营合法合规性　本保荐机构查阅了发行人相关业务合同，会计师出具的审计报告，律师出具的法律意见书、律师工作报告以及相关研究机构出具的行业研究报告等资料，并对发行人相关人员进行了访谈。经核查，发行人生产经营符合法律、行政法规的规定，符合国家产业政策，符合《科创板首发办法》[1] 第十三条第一款的规定。8. 发行人、控股股东及实际控制人的守法情况　本保荐机构取得并查阅了发行人相关主管部门出具的合规证明，发行人及其控股股东、实际控制人出具的说明文件、律师出具的法律意见书、律师工作报告等资料，并查询了国家企业信用信息公示系统、中国裁判文书网等公开网站信息。经核查，最近三年内，发行人及其控股股东、实际控制人不存在贪污、贿赂、侵占财产、挪用财产或者破坏社会主义市场经济秩序的刑事犯罪，不存在欺诈发行、重大信息披露违法或者其他涉及国家安全、公共安全、生态安全、生产安全、公众健康安全等领域的重大违法行为，符合《科创板首发办法》第十三条第二款的规定。9. 董事、监事和高级管理人员的守法情况　本保荐机构取得了发行人董事、监事和高级管理人员出具的调查表，查阅了律师出具的法律意见书、律师工作报告等资料，对发行人相关人员进行了访谈，并查询了国家企业信用信息公示系统、中国裁判文书网、中国证监会证券期货市场失信记录查询平台等公开网站信息。经核查，发行人的董事、监事和高级管理人员不存在最近 3 年内受到中国证监会行政处罚，或者因涉嫌犯罪被司法机关立案侦查或者涉嫌违法违规被中国证监会立案调查，尚未有明确结论意见等情形，符合《科创板首发办法》第十三条第三款的规定。经核查，保荐机构认为，发行人本次证券发行符合《科创板首发办法》规定的发行条件。”

E 公司科创板上市发行保荐书有述：“……（6）根据发行人公司章程及所属行业相关法律法规和国家产业政策，发行人已获得生产经营所需的各项政府许可、权利证书或

---

〔1〕 即本书简称表中的《科创板首发管理办法》。

批复文件，发行人生产经营活动符合法律、行政法规和公司章程的规定，符合国家产业政策。根据发行人及境内子公司所在地政府有关主管部门出具的合规证明、无犯罪记录证明，境外律师对境外子公司出具的法律意见书和发行人及其实际控制人的确认，并经审慎核查，最近三年内，发行人及其实际控制人不存在贪污、贿赂、侵占财产、挪用财产或者破坏社会主义市场经济秩序的刑事犯罪，不存在欺诈发行、重大信息披露违法或者其他涉及国家安全、公共安全、生态安全、生产安全、公众健康安全等领域的重大违法行为。根据发行人董事、监事、高级管理人员的无犯罪记录证明及其出具的声明和承诺，并经审慎核查，最近三年内，发行人董事、监事和高级管理人员不存在受到中国证监会行政处罚，或者因涉嫌犯罪被司法机关立案侦查或者涉嫌违法违规被中国证监会立案调查，尚未有明确结论意见等情形。综上，发行人符合《注册管理办法》第十三条之规定。”

根据中国证券业协会2022年6月17日发布的《证券公司首次公开发行股票并上市保荐业务工作底稿目录细则》，关于重大违法违规的核查要求主要体现在底稿中的规定主要有：

1－6－7　控股股东、实际控制人合法合规情况

1－6－7－1　控股股东、实际控制人关于合法合规情况的相关说明

1－6－7－2　控股股东、实际控制人重大违法行为的相关资料

1－6－7－3　控股股东、实际控制人受到与公司规范经营相关的行政处罚的资料

1－6－7－4　控股股东、实际控制人涉嫌犯罪被司法机关立案侦查或涉嫌违法违规被中国证监会立案调查的相关资料

1－6－7－5　关于控股股东、实际控制人诉讼、仲裁的相关资料

1－6－7－6　针对控股股东、实际控制人通过证券期货市场失信记录平台、国家企业信用信息公示系统、全国法院被执行人信息系统、全国法院失信被执行人名单信息查询系统、中国裁判文书网、证监会、相关证监局、证券交易所网站以及其他网站，查询其是否存在违法违规情况，或因其他不诚信行为被媒体报道的情况

1－8　董事、监事和高级管理人员的经历及行为操守

1－8－2　董事、监事、高级管理人员及其他核心人员就是否存在违规行为，是否受到相关部门处罚或立案侦查、立案调查的声明文件

1－8－3 董事、监事、高级管理人员及其他核心人员是否涉及诉讼、仲裁等纠纷，是否有到期未偿还债务等情况的声明及相关资料

1－8－4 针对发行人董事、监事、高级管理人员及其他核心人员通过证券期货市场失信记录平台、国家企业信用信息公示系统、全国法院被执行人信息系统、全国法院失信被执行人名单信息查询系统、中国裁判文书网、证监会、相关证监局、证券交易所网站以及其他网站，查询其是否存在违法违规情况，或因其他不诚信行为被媒体报道的情况

5－1－2 发行人就其三年内是否存在违法违规行为的书面声明

5－9 商业信用情况

5－9－1 市场监督管理、税务、海关、土地管理、环保、应急管理、人社、司法、银行等机构的调查反馈文件（如需要），境外律师出具的关于境外子公司合法合规性的法律意见书（如需要）

5－9－2 行业监管机构的监管记录和处罚文件

5－9－3 针对发行人进行的网络搜索情况，包括登录相关网站（如各类政府机关网站，包括市场监督管理、税务、海关、土地管理、环保、应急管理、人社、司法等机构）或其他搜索网站（如中国人民银行征信系统、国家企业信用信息公示系统、中国执行信息公开网、中国裁判文书网等公共信息系统等）查询发行人是否存在违法违规情况，或因其他不诚信行为被媒体报道的情况

总结而言，对绝对禁止性事项的核查手段就是被核查人说明及承诺、获取相关部门出具的证明文件、核查人员通过网络查询等。辅助的手法还有访谈、进行问卷调研等。

2. 相对禁止性事项

（1）相对禁止性事项的情形

相对禁止性事项，笔者认为实际上就是一个重大违法违规的禁止性条款，其名义上是叫作涉嫌重大违法违规，实际上构成否定性障碍的原因是该违法违规与公司的持续经营能力直接相关，该违法违规行为如果被发现而禁止或者被披露，要么会影响发行人的经营业绩稳定，要么使发行人面临重大的行政处罚以及经济上的损失。

诸如，《首发注册管理办法》第13条规定“发行人生产经营符合法律、行政法规的规定，符合国家产业政策”。但并不是所有的不满足“生产经营符合法律、行政法规和公司章程的规定，符合国家产业政策”的行为都构成重大违法违规，成为发行上市的障

碍。但是如果该违法违规行为与主营业务直接相关，主营业务的收入、利润、持续稳健运营都得益于该违法违规行为，一旦该行为被予以纠正，严重影响公司业绩，则此时构成障碍。即使报告期内的违法违规行为已经得到纠正，并且随着业务的发展已经不需要继续该种违法违规行为，但如果该违法违规行为可能导致发行人面临重大行政处罚，产生声誉上、经营上、经济上的重大损失，也可能最终影响发行人的经营，同时重大违法违规也意味着发行人内控机制存在问题。《北交所上市规则》第2.1.4条规定的兜底条款“……（六）中国证监会和本所规定的，对发行人经营稳定性、直接面向市场独立持续经营的能力具有重大不利影响，或者存在发行人利益受到损害等其他情形”，也就是一个相对禁止性条款。

同时，如果发行人在报告期内有多次违法违规被处罚或者被追究刑事责任，虽然单个事项可能并不与核心业务直接相关，也不直接影响生产经营，但也很容易被认为公司内部控制有问题，进一步上升到发行人经营稳定性问题以及对其直接面向市场独立持续经营的能力的合理怀疑。

（2）对相对禁止性事项的核查

对相对禁止性事项的核查手段与对绝对禁止性事项的核查手段相同，即取得被核查人说明及承诺、获取相关部门出具的证明文件、核查人员通过网络查询等。

区别是，因为法规列举的局限性，相对禁止性事项不可能全部列入。相对禁止性事项的性质与主营业务直接相关，或者多次发生，对其经营稳定性、直接面向市场独立持续经营的能力产生影响。当然这里面涉及一个判定问题。此时，纯粹的承诺、说明、声明都无法解决问题，需要保荐机构作实质性的判断和核查。这就需要结合公司的业务本质来展开，比如，从业务的核心竞争力、核心经营模式、核心收入来源、核心业务人员等多层面展开，即使并未发生绝对禁止性事项，有关部门也出具了合规证明，但是在尽职调查中发现了相应的风险，就要进行实质性判断。区分不同的风险类型和特点，结合具体的业务情况，需要做的实质性判断工作各有不同。

3. 其他违法违规事项

第三章

IPO业务尽职调查持续督导的职责

保荐人的持续督导工作主要针对公司首次公开发行股票、上市公司发行证券、上市公司股东发行可交换债券、上市公司恢复上市、上市公司及其股东履行股权分置改革等业务展开，督促、引导发行人履行规范运作、信守承诺、信息披露等义务。《保荐业务管理办法》第5条第1款规定："保荐机构及其保荐代表人、其他从事保荐业务的人员应当……持续督导发行人履行规范运作、信守承诺、信息披露等义务。"

持续督导的期间按照不同上市板块而有所不同，首次公开发行股票并在主板上市的，持续督导的期间为证券上市当年剩余时间及其后2个完整会计年度；首次公开发行股票并在创业板、科创板上市的，持续督导的期间为证券上市当年剩余时间及其后3个完整会计年度。持续督导期间届满后，如果有尚未完结的保荐工作，如募集资金未使用完毕的，保荐人应当继续履行持续督导义务，直至相关事项全部完成。

持续督导期间，关于保荐人的具体职责范围，除中国证监会制定的《保荐业务管理办法》等规定外，沪、深两大交易所针对保荐人的履职要求与原则，分别制定《上交所持续督导指引》及《深交所保荐业务信披指引》，较为系统、全面地涵盖了保荐人在持续督导期间的职责。除此之外，交易所的其他规则，如《科创板上市规则》《创业板上市规则》等都有零散的规定。

针对上述指引规定、相关监管规则，可以将保荐人的持续督导职责范围梳理、归类为：（1）发表独立意见；（2）督促引导及持续关注；（3）出具现场检查报告；（4）出具年度报告或跟踪报告；（5）走访和审阅等。当然，除此之外，其实还有一些零散的职责，例如，不得泄露内幕信息或者利用内幕信息进行内幕交易、应当与公司签订保荐协议明确双方在持续督导期间的权利和义务、建立健全保荐人保荐工作内部管理制度体系等。

一、督促引导制度建立并持续关注

该类职责主要是督导发行人规范运作、完善制度，并持续关注发行人的重点事项。该类职责在持续督导期间贯穿始终，其本质特征在于保荐人无须公开发表意见、出具报告书等持续督导文件，旨在督促发行人切实履行证券发行后的相关义务。

（一）督促引导事项

根据《保荐业务管理办法》第28条的规定，保荐人应该督导发行人有效执行并完善规范交易、风险防范等内部制度，持续关注发行人募集资金的专户存储、投资项目的事实以及为他人提供担保等重点事项。

《上交所持续督导指引》第15～18条明确保荐人应当督导：(1) 上市公司及其董事、监事、高级管理人员遵守法律、法规、部门规章和交易所发布的业务规则及其他规范性文件，并切实履行其所作出的各项承诺；(2) 上市公司建立健全并有效执行公司治理制度，包括但不限于股东大会、董事会、监事会议事规则以及董事、监事和高级管理人员的行为规范等；(3) 上市公司建立健全并有效执行内控制度，包括但不限于财务管理制度、会计核算制度和内部审计制度，以及募集资金使用、关联交易、对外担保、对外投资、衍生品交易、对子公司的控制等重大经营决策的程序与规则等；(4) 上市公司建立健全并有效执行信息披露制度，审阅信息披露文件及其他相关文件，并有充分理由确信上市公司向交易所提交的文件不存在虚假记载、误导性陈述或重大遗漏。《深交所保荐业务信披指引》"第三章　督导内部制度建立和执行"中也有与此类似的明确规定。

需要注意的是，对于上述督导事项中涉及的上市公司应披露的信息文件，保荐人并非必须要在事前进行审阅。《上交所持续督导指引》和《深交所保荐业务信披指引》均允许保荐人可以进行事前审阅，对存在问题的信息披露文件将及时督促上市公司予以更正或补充；未进行事前审阅的，则应当在上市公司履行信息披露义务后5个交易日内，完成对有关文件的审阅工作。此外，对于信息披露文件以外的上市公司向中国证监会、深交所所提交的其他文件，《深交所保荐业务信披指引》要求保荐人应当进行事前审阅。

针对科创板上市的公司，《科创板上市规则》第3.2.10条、第3.2.11条还要求上市公司股票交易出现严重异常波动的，保荐机构、保荐代表人应当督促上市公司及时履行信息披露义务，同时应当督促控股股东、实际控制人、董事、监事、高级管理人员及核心技术人员履行其作出的股份减持承诺。针对创业板上市的公司，《创业板上市规则》第3.2.3条要求上市公司股票交易出现交易所业务规则规定的严重异常波动情形的，保荐机构、保荐代表人应当督促上市公司及时履行信息披露义务。

实践中，内控制度的建立是监管部门尤其关注保荐人是否妥善履职的领域。

在紫金存储案中，上交所认为紫金存储（688086）多次违规提供大额担保，反映出公司内部控制存在严重缺陷。而保荐代表人未能有效督促公司建立健全内部控制制度，也未能有效识别并督促公司披露担保事项，导致其出具的持续督导跟踪报告未能如实反映公司在内部控制制度建设、用章管理、内部控制执行等方面存在的问题。在该案中，上交所明确认为，“持续督导保荐代表人不仅应当督促公司建立健全内部控制制度，还应当对内部控制制度是否有效执行保持高度持续关注，及时识别控制漏洞并予以纠正”。

在至正股份（603991）案中，上交所认为“根据《上海证券交易所上市公司持续督导工作指引》第 14 条的规定，保荐人应通过日常沟通、定期回访、现场检查、尽职调查等方式开展持续督导工作”。

（二）关注事项

关于保荐人持续督导期间应当关注的事项，《上交所持续督导指引》明确保荐人应当关注：(1) 上市公司或其控股股东、实际控制人、董事、监事、高级管理人员受到中国证监会行政处罚、交易所监管措施或者纪律处分的情况，并督促其完善内部控制制度，采取措施予以纠正。(2) 上市公司及控股股东、实际控制人等未履行承诺的情况，保荐人应当及时向本所报告。(3) 社交媒体关于上市公司的报道和传闻，及时针对市场传闻进行核查。经核查后发现上市公司存在应当披露未披露的重大事项或与披露的信息与事实不符的，保荐人应当及时督促上市公司如实披露或予以澄清；上市公司不予披露或澄清的，应当及时向交易所报告。

《深交所保荐业务信披指引》“第四章　关注事项”中有与之类似的关注事项要求。除此之外，《深交所保荐业务信披指引》还明确要求保荐人应当关注：(1) 上市公司及相关信息披露义务人是否存在《深交所上市规则》《创业板上市规则》规定的应披露而未披露的事项。(2) 上市公司经营环境和业务变化情况，包括行业发展前景、国家产业政策或者法规的变化、经营模式的转型、主营业务的变更、产品或者服务品种结构的变化等；股权变动情况，包括控股股东及实际控制人变更、有限售条件股份的变动等；管理层重大变化情况，包括重要管理人员的变化、管理结构的变化等；采购和销售变化情况，包括市场开发情况、采购和销售渠道、采购和销售模式的变化、市场占有率的变化、主要原材料或者主导产品价格的变化、重大客户和重要资产的变化等；核心技术变化情况，包括技术的先进性和成熟性的变化、新产品开发和试制等；财务状况，包括会计政策的稳健性、债务结构的合理性、经营业绩的稳定性等。

此外，对于科创板上市的公司，《科创板上市规则》第 3. 2. 11 条、第 3. 2. 13 条还要求保荐机构、保荐代表人应当关注控股股东、实际控制人、董事、监事、高级管理人员及核心技术人员减持公司股份是否合规、对上市公司的影响等情况；上市公司使用募集资金的情况，督促其合理使用募集资金并持续披露使用情况。

实践中，关联交易和关联方资金占用等事项是监管部门尤其关注保荐人是否妥善履职的领域。

例如，广东证监局认定英大证券公司“作为松炀资源（603863）首次公开发行股票持续督导保荐机构，未勤勉尽责履行持续督导职责，未发现松炀资源在2019年至2020年期间存在关联交易未审议且未披露、违规使用募集资金，以及2019年度内部控制存在重大缺陷且与披露的有关内控评价信息不符等情形”，而对该证券公司作出责令增加内部合规检查次数措施的决定。

在汇嘉时代案中，新疆证监局认为银河证券的保荐代表人“未能发现汇嘉时代（603101）控股股东及关联方在汇嘉小贷直接借款或通过第三方转贷方式占用上市公司资金，且该关联方资金拆借事项未按照相关规定履行相应决策审议程序并及时进行信息披露。同时，未发现汇嘉小贷在部分内部控制制度建立和有效执行方面存在问题和缺陷……未发现上市公司在内部控制、关联交易审议和信息披露等方面存在问题和缺陷”，从而对保荐代表人作出出具警示函行政监管措施的决定。

（三）走访和审阅手段

需要注意的是，实践中，近期有部分地方证监局会要求保荐人在持续督导阶段“指导上市公司规范编制并及时披露年报，在与审计机构合作的基础上，执行亲赴银行获取对账单和询证函、走访重点客户等程序，并对年报及相关信息披露文件进行审阅”“关注年报内容的真实性、准确性和完整性，是否存在股权质押、重大诉讼、行政处罚、公司及实际控制人未履行承诺等重大事项未及时披露或以定期报告代替临时报告的情况”。相关文件的措辞强调保荐人与审计机构等的合作，履行“督促”和“关注”的义务，而非额外、独立执行严格的核查程序。

就关注与核查年报的重点内容而言，该职责最终的目的仍然在于督促上市公司履行信息披露义务，而非独立地在年报中对相关内容发表意见。相应职责在交易所规则层面亦有规定。例如，深交所在指引中要求“保荐机构和保荐代表人应当主动、持续关注并了解上市公司以下事项……上述事项发生重大变化时，如达到信息披露标准，保荐机构和保荐代表人应当督促上市公司及时履行信息披露义务”。由此可知，上述关注与核查义务并非指向保荐人自行尽职调查后发表核查意见，而仅要求保荐人在察觉异常后，督促上市公司及时披露相关信息。

二、发表独立意见

（一）发表独立意见的事项和要求

就发表独立意见的事项和要求，《深交所保荐业务信彼指引》作了较为全面细致的规定。该指引明确保荐人应当对（1）募集资金使用情况；（2）限售股份上市流通；（3）关联交易；（4）对外担保（对合并范围内的子公司提供担保除外）；（5）委托理财；（6）提供财务资助（对合并范围内的子公司提供财务资助除外）；（7）风险投资、套期保值等业务；（8）控股股东或第一大股东及其一致行动人存在平仓风险或被强制过户风险；（9）需要发表独立意见的其他事项，发表独立意见。发表独立意见应当至少包括以下内容：（1）上市公司应披露事项的基本情况；（2）发表意见的具体依据，包括但不限于所采取的核查方法和措施、核查的文件和资料等；（3）相关事项的决策程序和信息披露的合规性、可能存在的风险以及上市公司采取的措施是否有效；（4）发表的结论性意见及其理由，结论性意见的类型包括同意、保留意见、反对意见、无法发表意见。发表独立意见时，应当对相关事项进行审慎核查，获取充分、恰当的核查依据，作出独立、客观的判断。保荐人应当将上述意见及时告知上市公司，并与上市公司相关公告同时披露。

除此之外，《深圳证券交易所上市公司自律监管指引第1号——主板上市公司规范运作》还要求保荐人应当对使用超募资金用于在建项目及新项目的情况出具专项意见；《深圳证券交易所上市公司自律监管指引第2号——创业板上市公司规范运作》则要求保荐人应当对上市公司和重大合同交易对方的履约能力出具专项意见。

上交所规则中虽然没有如《深交所保荐业务信披指引》的系统要求，但散见于各类规则中的要求与之内容相似。

此外，对于科创板上市公司，保荐人还应关注上市公司披露对公司持续经营能力、核心竞争力或者控制权稳定有重大不利影响的风险或者负面事项，并发表意见。具体而言，《科创板上市规则》第3.2.7条要求，当上市公司日常经营出现：（1）主要业务停滞或出现可能导致主要业务停滞的重大风险事件；（2）资产被查封、扣押或冻结；（3）未能清偿到期债务；（4）实际控制人、董事长、总经理、财务负责人或核心技术人员涉嫌犯罪被司法机关采取强制措施；(5) 涉及关联交易、为他人提供担保等重大事项；(6) 应当发表意见的其他情形时，保荐人应当就相关事项对公司经营的影响以及是否存在其他未披露重大风险发表意见并披露。第3.2.8条规定，当上市公司业务和技术出现：(1) 主要原材料供应或者产品销售出现重大不利变化；(2) 核心技术人员离职；(3) 核心知识产权、特许经营权或者核心技术许可丧失、不能续期或者出现重大纠纷；(4) 主要产品研发失败；(5) 核心竞争力丧失竞争优势或者市场出现具有明显优势的竞争者；(6) 应当发表意见的其他情形时，保荐人应当就相关事项对公司核心竞争力和日常经营的影响，以及是否存在其他未披露重大风险发表意见并披露。第3.2.9条规定，当控股股东、实际控制人及其一致行动人出现：(1) 所持上市公司股份被司法冻结；(2) 质押上市公司股份比例超过所持股份80%或者被强制平仓的；(3) 应当发表意见的其他情形时，保荐人应当就相关事项对上市公司控制权稳定和日常经营的影响、是否存在侵害上市公司利益的情形以及其他未披露重大风险发表意见并披露。对于创业板上市的公司，《创业板上市规则》中也有与科创板类似的规则，即第3.2.6条规定，上市公司出现使公司的核心竞争力面临重大风险情形的，保荐机构应当就相关事项对公司核心竞争力和日常经营的影响以及是否存在其他未披露重大风险发表意见并披露。

对于创业板上市的公司，《保荐业务管理办法》第29条第3款还专门要求持续督导期内保荐机构应当自发行人披露年度报告、中期报告之日起15个工作日内对关联交易、提供担保等事项进行分析并发表独立意见。发行人临时报告披露的信息涉及募集资金、关联交易、委托理财、为他人提供担保等重大事项的，保荐机构应当自临时报告披露之日起10个工作日内进行分析并在符合条件的媒体发表独立意见。

（二）对募集资金的专项核查意见

《上市公司监管指引第2号——上市公司募集资金管理和使用的监管要求》第14条规定："……每个会计年度结束后，保荐机构应当对上市公司年度募集资金存放与使用情况出具专项核查报告并披露。"实践中，保荐人常在对募集资金使用情况、货币资金受限、对外担保发表独立意见这类事项上未能勤勉尽责而遭到监管的负面评价。

以上交所规则中对财务资助和募集资金使用情况进行关注并发表意见的规定为例，《上海证券交易所上市公司自律监管指引第1号——规范运作》要求，保荐人应当对财务资助事项的合法合规性、公允性及存在的风险等发表意见；上市公司以募集资金置换预先已投入募集资金投资项目的自筹资金、使用暂时闲置的募集资金进行现金管理、使用暂时闲置的募集资金暂时补充流动资金、变更募集资金用途、超募资金用于在建项目及新项目、使用闲置募集资金投资产品、转让或者置换募投项目、将项目节余募集资金（包括利息收入）用于其他募投项目、募投项目全部完成后使用节余募集资金（包括利息收入）、超募资金用于永久补充流动资金或者归还银行贷款时，保荐人应发表明确意见。而且，第6.3.26条规定，每个会计年度结束后，保荐人应当对上市公司年度募集资金存放与使用情况出具专项核查报告，并于上市公司披露年度报告时向交易所提交，同时在交易所网站披露。核查报告应当包括以下内容：(1) 募集资金的存放、使用及专户余额情况；(2) 募集资金项目的进展情况，包括与募集资金投资计划进度的差异；(3) 用募集资金置换预先已投入募集资金投资项目的自筹资金情况（如适用）；(4) 闲置募集资金补充流动资金的情况和效果（如适用）；(5) 超募资金的使用情况（如适用）；(6) 募集资金投向变更的情况（如适用）；(7) 上市公司募集资金存放与使用情况是否合规的结论性意见；(8) 交易所要求的其他内容。每个会计年度结束后，公司董事会应当在募集资金专项报告中披露保荐人或者独立财务顾问专项核查报告和会计师事务所鉴证报告的结论性意见。

例如，在龙力生物案中，中国证监会认为龙力生物（002604）擅自改变首次公开发行股票所募集资金的用途，而华英证券在2015年度、2016年度募集资金存放与使用情况的核查意见中所出具的“对募集资金进行了专户存放和专项使用，不存在变相改变募集资金用途和损害股东利益的情形，不存在违规使用募集资金的情况”的意见存在虚假记载。

在贵州三力案中，中国证监会认为贵州三力（603439）存在未严格按招股说明书中募集资金运用计划使用募集资金的情况，贵州三力使用募集资金支付地块购置保证金，该募集资金用途变更未履行相应审议程序，也未及时进行披露。而申港证券在贵州三力变更部分募集资金投资项目建设地点及主要建设内容的公告中的“购置土地的费用由公司自有资金承担”描述与实际不符，违反了《保荐业务管理办法》第28条的规定。

在中信重工案中，中信重工（601608）计划投入新能源项目金额为12亿元，占募集资金净额的38.89%，金额和占比较大。中信重工原预计该项目将于2016年达到预定可使用状态，但至2020年3月，其变更募投资金用途，仅对项目采取设计与勘测等初步工作，进度明显不及预期。保荐代表人未能勤勉尽责，在2014年至2019年出具的核查意见中，仅以市场不景气为由变更项目预定可使用日期，但未根据项目实施情况及时对外披露募投项目进展，也未充分向市场说明项目推进存在的不确定性风险及具体原因。保荐代表人对有关募投项目进展信息披露不及时、不准确，相关风险提示不充分。因此，上交所对持续督导保荐代表人予以监管关注。

在紫金存储案中，上交所认为保荐机构的专项核查意见称，紫金存储（688086）2021年6月末货币资金除开具银行承兑汇票使用的保证金为受限资金外，其余函证银行资金不存在因质押、担保等导致资金受限的情形，与核查了解情况相符；但实际上，之后紫金存储披露了多笔违规担保事项。上交所认为保荐机构关于公司银行账户是否存在因质押、担保等导致资金受限情况出具的专项核查意见与事实情况不符，相关信息披露不真实、不准确。关于发表专项意见时的核查手段要求，上交所明确认为，“持续督导保荐代表人应当充分意识到问询事项涉及的相关风险，对相关事项保持高度关注，并采取充分有效的措施进行审慎核实并发表意见。但相关责任人未能对相关事项予以充分关注，在对涉及公司存款2.2亿元的广州银行账户进行核查时，未能保持审慎合理怀疑，在未取得银行函证回函的情况下，仅采取登录网银系统、获取银行对账单作为替代核查措施，但相关核查手段显然与其注意义务不相匹配，导致其发表的持续督导意见不准确”。

在华仪电气案（虽然该案是再融资，但相关事项具有典型性，亦可资参考）中，华仪电气（600290）在未履行审议程序和披露义务的情况下，违规将闲置募集资金暂时用于补充流动资金。但保荐人出具的募集资金使用与存放情况专项核查报告显示，公司不存在变相改变募集资金用途和损害股东利益的情况，不存在违规使用募集资金的情形。上述核查报告未能如实反映前述公司在募集资金使用和管理等方面存在的问题，相关信息披露与事实不符。

三、出具现场检查报告

现场检查意指保荐人通过访谈及函证相关人员、走访及察看相关场所、调取及审阅相关文件等方式获取充分和恰当的资料，针对发行人、上市公司的相关事项后续形成现场检查报告。现场检查包括定期现场检查和专项现场检查两大类。

（一）定期现场检查

根据相关指引规定，保荐人应当定期对发行人、上市公司进行现场检查。

1. 定期现场检查时间

《上交所持续督导指引》规定保荐人对上市公司的定期现场检查每年不应少于一次。

《深交所保荐业务信披指引》规定保荐人和保荐代表人应当每年对上市公司至少进行一次定期现场检查，持续督导时间不满3个月的除外。在持续督导期间，如果所保荐的上市公司上一年度信息披露工作考核结果为C或者D的，保荐人和保荐代表人应当至少每半年对上市公司进行一次定期现场检查。

2. 定期现场检查事项

《上交所持续督导指引》规定保荐人定期现场检查的内容包括但不限于以下事项：(1)公司治理和内部控制情况；(2)信息披露情况；(3)公司的独立性以及与控股股东、实际控制人及其他关联方资金往来情况；(4)募集资金使用情况；(5)关联交易、对外担保、重大对外投资情况；(6)经营状况；(7)保荐人认为应当予以现场检查的其他事项。

《深交所保荐业务信披指引》规定保荐人和保荐代表人定期现场检查内容至少包括：(1)公司治理和内部控制情况、“三会”运作情况；(2)控股股东、实际控制人持股变化情况；(3)独立性以及与控股股东、实际控制人及其他关联方资金往来情况；(4)信息披露情况；(5)募集资金使用情况；(6)大额资金往来情况；(7)关联交易、对外担保、重大对外投资情况；(8)业绩大幅波动的合理性；(9)公司及股东承诺履行情况；(10)现金分红制度的执行情况；(11)保荐人认为应予以现场检查的其他事项。

3. 定期现场检查要求

《上交所持续督导指引》规定在现场检查之前，保荐人应当制订对上市公司的现场检查工作计划，明确现场检查工作要求，确保现场检查工作质量。负责该项目的两名保荐代表人至少应当有一人参加现场检查。第27条规定，现场检查结束后的5个交易日内，保荐人应当以书面方式将现场检查结果及提请公司注意的事项告知上市公司，并对存在的问题提出整改建议。现场检查结束后的5个交易日内，保荐人应当完成现场检查报告并报送交易所备案。现场检查报告包括但不限于以下内容：(1)本次现场检查的基本情况；(2)对现场检查事项逐项发表的意见；(3)提请上市公司注意的事项及建议；(4)是否存在《保荐业务管理办法》及交易所相关规则规定应当向中国证监会和交易所报告的事项；(5)上市公司及其他中介机构的配合情况；(6)本次现场检查的结论。

《深交所保荐业务信披指引》规定现场检查工作应至少有一名保荐代表人参加，保荐人和保荐代表人在实施现场检查前应当制订现场检查工作计划，现场检查工作计划至少应包括现场检查的工作进度、时间安排、人员安排和具体事项的现场检查方案。现场检查开始后，保荐人和保荐代表人应当根据计划确定的现场检查事项、重点和方法，实施现场检查方案，获取现场检查资料和证据，并形成现场检查工作底稿和初步现场检查意见。在现场检查过程中，保荐代表人应当及时记录和整理现场检查资料和证据，对资料是否翔实和可靠、证据是否充分和恰当进行评估，并对照现场检查工作计划，检查现场检查方案是否已全面实施。保荐人应当及时完成对保荐代表人现场检查工作底稿的复核工作，复核人员应当重点关注保荐代表人现场检查程序、内容是否符合规定以及基于现场检查资料和证据形成的判断是否恰当。保荐人应当在现场检查结束后的 10 个交易日内以书面方式告知上市公司现场检查结果及提请公司注意的事项，并对存在的问题提出整改建议。保荐人应当在现场检查结束后的 10 个交易日内完成现场检查报告，并报送交易所备案。定期现场检查报告应当按照《深交所保荐业务信披指引》规定的内容与格式编制。

实践中，保荐人在现场检查时尤其要对关联交易、关联方资金占用、对外担保等事项进行重点核查。在汇嘉时代案中，新疆证监局认为银河证券公司出具的“关于新疆汇嘉时代百货股份有限公司 2018 年现场检查报告中认为汇嘉时代（603101）不存在控股股东、实际控制人及其他关联方占用公司资金的情形”与事实不符，从而对保荐代表人采取出具警示函行政监管措施的决定。

在至正股份案中，上海证监局认为申万宏源承销保荐的保荐代表人“未发现至正股份 2017 年、2018 年和 2019 年 1 ~ 5 月均存在控股股东及关联方资金占用，且未履行审议程序并予以信息披露的情况，未发现至正股份（603991）与控股股东上海至正企业集团有限公司及其关联方、上海闵汇塑胶制品厂、上海勍宇贸易有限公司、昆山博尔铭化工有限公司等公司资金往来未在账面真实反映，导致相关期间财务报告信息披露不真实、不准确的情况”，导致持续督导年度报告、现场检查报告未能反映前述至正股份在财务管理、信息披露和内部控制等方面存在的问题。上交所认为保荐人“出具公司 2018 年度持续督导报告时，未按照相关规定履行现场核查等工作要求，仅依赖前任保荐人出具的现场检查报告出具相关文件，未根据相关规定履行勤勉尽责义务”。

（二）专项现场检查

专项现场检查一般针对募集资金的使用情况，或发行人、上市公司出现风险事件时，保荐人应当就特定事项进行专项现场检查并出具报告。

1. 关于专项现场检查的触发情形

《上交所持续督导指引》第 26 条规定当上市公司出现：（1）存在重大财务造假嫌疑；（2）控股股东、实际控制人及其关联人涉嫌资金占用；（3）可能存在重大违规担保；（4）控股股东、实际控制人及其关联人、董事、监事或者高级管理人员涉嫌侵占上市公司利益；（5）资金往来或者现金流存在重大异常；（6）应当进行现场核查的其他事项时，保荐人应当自知道或者应当知道之日起 15 日内按规定进行专项现场核查。对于科创板上市的公司，《科创板上市规则》的规定与之类似。

《深交所保荐业务信披指引》的规定也与上交所基本一致，第 29 条第 3 款规定当上市公司出现：①控股股东、实际控制人或者其他关联方非经营性占用上市公司资金；②违规为他人提供担保；③违规使用募集资金；④违规进行风险投资、套期保值业务等；⑤关联交易显失公允或者未履行审批程序和信息披露义务；⑥应交易所要求的其他情形时，保荐人应当在知悉或者应当知悉之日起 15 日内或者交易所规定的期限内就相关事项进行专项现场检查。对于创业板上市的公司，《创业板股票上市规则》的规定与之类似。

此外，由于对募集资金的督促关注是保荐人在持续督导期间的重要职责之一，监管规范和交易所规则亦要求保荐人应当对募集资金的存放和使用情况进行专项现场检查。例如，《上市公司监管指引第 2 号——上市公司募集资金管理和使用的监管要求》第 14 条规定："……保荐机构应当至少每半年度对上市公司募集资金的存放与使用情况进行一次现场核查……"《上海证券交易所上市公司自律监管指引第 1 号——规范运作》第 6.3.26 条第 1 款要求，应当至少每半年度对上市公司募集资金的存放与使用情况进行一次现场调查。

2. 关于专项现场检查的工作要求

专项现场检查的基本工作要求同定期现场检查报告的要求，包括现场检查的参与人员要求、现场检查报告的时间要求等。

不过，《深交所保荐业务信披指引》第 37 条第 3 款规定专门要求专项现场检查报告应当至少包括以下内容：（1）本次现场检查的基本情况；（2）所采取的检查方法和措施、获取的现场检查资料和证据等；（3）本次现场检查发现的问题及下一步工作计划。

对于科创板上市的公司，《科创板上市规则》第 3.2.14 条要求保荐机构进行现场核查的，应当就核查情况、提请上市公司及投资者关注的问题、本次现场核查结论等事项出具现场核查报告，并在现场核查结束后 15 个交易日内披露。

实践中，对于专项现场检查的要求，在华仪电气案中，保荐代表人在进行 2018 年度募集资金现场检查时，仅查阅了公司提供的银行对账单及相关合同、发票、记账凭证、银行转款凭证等，未到商业银行核查募集资金专户资料并与公司提供的资料进行对比，导致未及时发现公司因伪造银行对账单导致募集资金被违规挪用的违规情形。同时，保荐代表人于 2018 年仅进行了一次现场检查，违反了至少每半年度对募集资金存放使用情况进行现场检查的法定要求。

对于募集资金专户资料查询的手段，上交所认为，根据当时适用的《上市公司募集资金管理办法》第 8 条第 4 款的规定，"保荐机构可以随时到商业银行查询募集资金专户资料"，明确规定了保荐人到商业银行查询募集资金专户资料的履职手段。保荐人在履行持续督导义务时，理应充分运用法律规定的履职手段，对募集资金存放使用情况进行全面、充分的核查，及时识别存在的风险并进行风险提示，审慎出具专业意见，并保证其所出具意见的真实、准确、完整。本案中，保荐代表人称未能发现违规系公司伪造银行对账单所致，但保荐代表人只需查询银行募集资金专户便可发现。保荐代表人在履职时，仅查阅了公司单方面提供的银行对账单及相关合同、发票、记账凭证、银行转款凭证等。经核实，保荐代表人与会计师事务所的核对实际上发生在保荐代表人出具报告之后。由此，保荐代表人依赖公司单方面提供的资料即得出不存在违规使用募集资金的结论，未执行充分必要的核查程序、怠于履行相关规则赋予的履职手段。根据当时适用的《上市公司募集资金管理办法》第 29 条（现《上市公司监管指引第 2 号——上市公司募集资金管理和使用的监管要求》第 14 条）的规定，保荐机构应当至少每半年度对上市公司募集资金的存放与使用情况进行一次现场检查，相关履职要求较《上交所持续督导指引》更为严格，现场检查次数虽然与是否能够及时发现募集资金违规挪用等情形不存在直接逻辑上的推导关系，但客观上说明保荐人未能正确看待到自身履职，责任意识不到位。

四、出具年度报告/跟踪报告或总结报告

（一）年度报告或跟踪报告

上述两类持续督导工作报告的差异在于年度报告针对在主板上市的公司，而跟踪报

告针对在创业板或科创板上市的公司。

1. 年度报告或跟踪报告的出具时间

《上交所持续督导指引》第29条规定在上市公司年度报告披露后5个交易日内，保荐人应当向交易所提交持续督导年度报告书。《科创板上市规则》第3.2.15条规定科创板上市公司的保荐机构应当在上市公司年度报告、半年度报告披露之日起15个交易日内，披露持续督导跟踪报告。

《深交所保荐业务信披指引》第42条规定保荐机构应当在主板上市公司披露年度报告之日起的10个交易日内按照规定的内容与格式报送年度保荐工作报告，持续督导期开始之日至该年度结束不满3个月的除外；创业板上市公司的保荐机构应当在公司披露年度报告、半年度报告后15个交易日内按照规定的内容与格式报送并在符合条件媒体披露跟踪报告。

2. 年度报告或跟踪报告的内容

《上交所持续督导指引》第29条规定持续督导年度报告书应当包括如下内容：（1）保荐人自上市公司发行证券或前次提交持续督导年度报告书起对上市公司的持续督导工作情况；（2）保荐人对上市公司信息披露审阅的情况；（3）上市公司是否存在《保荐业务管理办法》及交易所相关规则规定应当向中国证监会和交易所报告的事项。《科创板上市规则》第3.2.15条规定持续督导跟踪报告应当包括如下内容：（1）保荐机构和保荐代表人发现的问题及整改情况；（2）重大风险事项；（3）重大违规事项；（4）主要财务指标的变动原因及合理性；（5）核心竞争力的变化情况；（6）研发支出变化及研发进展；（7）新增业务进展是否与前期信息披露一致（如有）；（8）募集资金的使用情况及是否合规；（9）控股股东、实际控制人、董事、监事和高级管理人员的持股、质押、冻结及减持情况；（10）应当发表意见的其他事项。上市公司未实现盈利、业绩由盈转亏、营业收入与上年同期相比下降50%以上或者其他主要财务指标异常的，保荐机构应当在持续督导跟踪报告显著位置就上市公司是否存在重大风险发表结论性意见。

实践中，就相关报告的内容，从《深交所保荐业务信披指引》的附件及相关公司的公告来看，深交所针对年度保荐工作报告及年度或半年度跟踪报告的模板相同，均采取表格形式以“是”、“否”或“不适用”对公司信息披露审阅情况、募集资金监管情况等工作内容及相关问题进行判断性的回应。

相比之下，上交所相关报告的内容更为翔实。值得注意的是，其中就持续督导年度报告书而言，报告会提及“保荐人对上市公司信息披露审阅的情况”。若保荐人对相关情况表示认可，则会阐明保荐人已对公司该年度信息披露文件进行了事前或事后审阅，对信息披露文件的内容及格式、履行的相关程序进行了核查，公司已按照监管部门的相关规定进行信息披露，依法公开对外发布各类公告，确保各项重大信息披露及时、准确、真实、完整，不存在虚假记载、误导性陈述或重大遗漏。

（二）总结报告

1. 总结报告的出具时间

持续督导工作结束后，保荐机构应当在发行人公告年度报告之日起的 10 个工作日内向中国证监会、证券交易所报送保荐总结报告书。

2. 总结报告的内容

保荐机构法定代表人和保荐代表人应当在保荐总结报告书上签字。保荐总结报告书应当包括下列内容：（1）发行人的基本情况；（2）保荐工作概述；（3）履行保荐职责期间发生的重大事项及处理情况；（4）对发行人配合保荐工作情况的说明及评价；（5）对证券服务机构参与证券发行上市相关工作情况的说明及评价；（6）中国证监会、证券交易所要求的其他事项。

关于证券交易所要求的其他事项，具体而言，上交所要求保荐总结报告书应当包括以下内容：对上市公司信息披露审阅的结论性意见；对上市公司募集资金使用审阅的结论性意见。

（三）年度报告/跟踪报告或总结报告的性质

虽然上交所和深交所都要求保荐人应当提交年度报告或跟踪报告，但是实践中该等年度报告中的相关数据等信息主要源于保荐人查询的上市公司公告，主要源于上市公司的年度报告或半年报。而在上市公司的年报或半年报中，并无“保荐人承诺”的相关表述。年度总结报告中提及的财务数据等情况的分析，也主要是源于上市公司自身的信息披露。换言之，持续督导阶段，保荐人对此等事项只需要尽到一般注意义务即可。在相关数据无明显造假的情况下，保荐人没有进一步核查的义务。

第四章

再融资业务尽职调查关注事项

第一节

再融资业务介绍

一、再融资业务概述

（一）概念

再融资[1]是指上市公司通过配股、增发和发行可转换债券等方式在证券市场上进行的融资。2023年2月，中国证监会发布了全面注册制下的再融资新规，主要有《上市公司发行管理办法》《北交所上市公司发行管理办法》两项规则，目前适用的再融资具体业务规则除上述再融资新规外，还包括《上海证券交易所上市公司证券发行上市审核规则》《深圳证券交易所上市公司证券发行上市审核规则》《北京证券交易所上市公司证券发行上市审核规则》《北交所公开发行管理办法》等。

本书对再融资主要介绍上市公司发行股票和可转债，包括向原股东配售股份（简称配股）、向不特定对象公开募集股份（简称增发）、向特定对象发行股份（简称定增）、优先股、可转债。另外，可转债的创新模式——分离交易的可转换公司债券，即认股权和债券分离交易的可转换公司债券，由于中国证监会在2009年已暂停审批，因此本书不做介绍。

---

〔1〕《回报指导意见》（中国证监会公告〔2015〕31号）中上市公司发行股票（含优先股）和可转债简称“再融资”。

（二）具体业务品种分类及特点

1. 配股

配股是指上市公司向原股东配售股份，发行对象为股权登记日在册的股东，属于向不特定对象发行。配股是我国资本市场第一个再融资品种，不涉及引入新股东，不涉及新老股东之间的利益平衡，因此发行条件及程序要求低于引入新股东的增发。配股要求控股股东在股东大会召开前承诺认配股份数量，对控股股东的资金要求较高；配股的发行价格低于市场价格，原股东如全额参与配股，不影响原股东权益及持股比例，如未全额参与且未及时卖出，因配股结束后股价会除权，原股东将可能面临一定损失。

2. 增发

增发是指上市公司向不特定对象公开募集股份。增发由于引入新股东，会涉及稀释原有股东权益，同时由于发行对象为全体社会公众，因此发行条件要求较高，如财务指标要求。增发的发行属于按市价发行，对发行时机选择的要求较高，存在“破发”可能性。同为发行股票，相比于定增，增发的股票无锁定期限制，对于投资者来说，具有流动性上的优势。

3. 定增

定增是指上市公司采用非公开方式，向特定对象发行股票。2020 年定增规则的修改进一步降低其发行条件，如针对创业板，精简发行条件，拓宽再融资服务覆盖面，取消了最近一期末资产负债率高于 45%，以及连续 2 年盈利的条件；关于定增定价和锁定机制，将发行价格由不得低于定价基准日前 20 个交易日公司股票均价的 9 折改为 8 折，将锁定期由 36 个月和 12 个月分别缩短至 18 个月和 6 个月，且不适用《上市公司股东、董监高减持股份的若干规定》的相关限制，因此定增是目前市场上主要的再融资方式。

4. 优先股

优先股是指依照《公司法》，在一般规定的普通种类股份之外，另行规定的其他种类股份，其股份持有人优先于普通股股东分配公司利润和剩余财产，但参与公司决策管理等权利受到限制。从优先股股东的权利与义务看，优先股是介于股票与债券之间的一种股债混合投融资工具。上市公司可以向不特定对象发行或向特定对象发行优先股。

优先股试点期间不允许发行在股息分配和剩余财产分配上具有不同优先顺序的优先股，但允许发行在其他条款上具有不同设置的优先股。优先股属于审核政策支持的品种，审核周期相对较短。发行优先股有一定的规模限制，且受发行期市场利率环境影响，发行风险较大。目前市场上的优先股均为向特定对象发行，主要原因是根据法规要求，优先股公开发行的需要设置强制付息（在有可分配税后利润的情况下必须向优先股股东分配股息）和股息累积条件（未向优先股股东足额派发股息的差额部分应当累积到下一会计年度），而根据会计准则的规定，如设置上述条款，优先股应计入负债，如计入负债，上市公司会倾向于选择发行公司债。

5. 可转债

可转债，即可转换公司债券，是指上市公司依法发行、在一定期间内依据约定的条件可以转换成本公司股票的公司债券，属于《证券法》规定的具有股权性质的证券。可转债自发行结束之日起不少于6个月后方可转换为公司股票。上市公司可以向不特定对象发行或向特定对象发行可转债，上市公司向特定对象发行的可转债转股的，所转换股票自可转债发行结束之日起18个月内不得转让。可转债因具有股债双重属性，因此具有选择权优势，即如果权益市场表现不佳，投资者可以放弃转股而获取票息；反之则选择转股获取资本利得。近年来，可转债的发行规模在再融资总规模中的占比不断提升，正逐渐成为上市公司再融资的重要选项。

二、再融资业务的发行条件

考虑到再融资市场实际发行中，配股与优先股发行相对较少，本小节发行条件相关的内容将主要介绍增发、定增、可转债。

（一）主板、科创板、创业板上市公司发行条件

1. 增发

（1）具备健全且运行良好的组织机构。

（2）现任董事、监事和高级管理人员符合法律、行政法规规定的任职要求。

（3）具有完整的业务体系和直接面向市场独立经营的能力，不存在对持续经营有重大不利影响的情形。

（4）会计基础工作规范，内部控制制度健全且有效执行，财务报表的编制和披露符合企业会计准则和相关信息披露规则的规定，在所有重大方面公允反映了上市公司的财务状况、经营成果和现金流量，最近3年财务会计报告被出具无保留意见审计报告。

（5）除金融类企业外，最近一期末不存在金额较大的财务性投资。

（6）募集资金。符合国家产业政策和有关环境保护、土地管理等法律、行政法规

定；除金融类企业外，本次募集资金使用不得为持有财务性投资，不得直接或者间接投资于以买卖有价证券为主要业务的公司；募集资金项目实施后，不会与控股股东、实际控制人及其控制的其他企业新增构成重大不利影响的同业竞争、显失公平的关联交易，或者严重影响公司生产经营的独立性；应当投资于科技创新领域的业务（科创板特有）。

（7）最近3个会计年度盈利；最近3个会计年度加权平均净资产收益率平均不低于6%；净利润以扣除非经常性损益前后孰低者为计算依据（主板特有）。

（8）禁止情形。擅自改变前次募集资金用途未作纠正，或者未经股东大会认可；上市公司及其现任董事、监事和高级管理人员最近3年受到中国证监会行政处罚，或者最近1年受到证券交易所公开谴责，或者因涉嫌犯罪正在被司法机关立案侦查或者涉嫌违法违规正在被中国证监会立案调查；上市公司及其控股股东、实际控制人最近1年存在未履行向投资者作出的公开承诺的情形；上市公司及其控股股东、实际控制人最近3年存在贪污、贿赂、侵占财产、挪用财产或者破坏社会主义市场经济秩序的刑事犯罪，或者存在严重损害上市公司利益、投资者合法权益、社会公共利益的重大违法行为。

2. 定增

（1）募集资金。募集资金使用与增发的发行条件相同，此处不再赘述。

（2）财务性投资。与增发的发行要求（5）相同。

（3）禁止情形。擅自改变前次募集资金用途未作纠正，或者未经股东大会认可；最近1年财务报表的编制和披露在重大方面不符合企业会计准则或者相关信息披露规则的规定；最近1年财务会计报告被出具否定意见或者无法表示意见的审计报告；最近1年财务会计报告被出具保留意见的审计报告，且保留意见所涉及事项对上市公司的重大不利影响尚未消除。本次发行涉及重大资产重组的除外；现任董事、监事和高级管理人员最近3年受到中国证监会行政处罚，或者最近1年受到证券交易所公开谴责；上市公司及其现任董事、监事和高级管理人员因涉嫌犯罪正在被司法机关立案侦查或者涉嫌违法违规正在被中国证监会立案调查；控股股东、实际控制人最近3年存在严重损害上市公司利益或者投资者合法权益的重大违法行为；最近3年存在严重损害投资者合法权益或者社会公共利益的重大违法行为。

3. 可转债

向不特定对象发行可转债与增发发行条件相同；向特定对象发行可转债，与定增发行条件相同。另发行可转债还需满足下列条件：

（1）具备健全且运行良好的组织机构。

（2）最近3年平均可分配利润足以支付公司债券一年的利息。

（3）具有合理的资产负债结构和正常的现金流量。本次发行完成后，累计债券余额不超过最近一期末净资产的50%。

（4）募集资金不得用于弥补亏损和非生产性支出。

（5）禁止情形。对已公开发行的公司债券或者其他债务有违约或者延迟支付本息的事实，仍处于继续状态；违反《证券法》规定，改变公开发行公司债券所募资金用途。

（二）北交所上市公司发行条件

1. 增发

（1）具备健全且运行良好的组织机构。

（2）具有独立、稳定经营能力，不存在对持续经营有重大不利影响的情形。

（3）最近3年财务会计报告无虚假记载，被出具无保留意见审计报告。

（4）合法规范经营，依法履行信息披露义务。

（5）募集资金。上市公司应将募集资金主要投向主业；除金融类企业外，募集资金不得用于持有交易性金融资产、借予他人等财务性投资，不得直接或间接投资于以买卖有价证券为主营业务的公司。

（6）财务性投资。上市公司最近一期末存在持有金额较大的财务性投资的，保荐机构应当对上市公司本次募集资金的必要性和合理性审慎发表核查意见。

（7）禁止情形。上市公司或其控股股东、实际控制人最近3年内存在贪污、贿赂、侵占财产、挪用财产或者破坏社会主义市场经济秩序的刑事犯罪，存在欺诈发行、重大信息披露违法或者其他涉及国家安全、公共安全、生态安全、生产安全、公众健康安全等领域的重大违法行为；上市公司或其控股股东、实际控制人，现任董事、监事、高级管理人员最近1年内受到中国证监会行政处罚、北交所公开谴责；或因涉嫌犯罪正被司法机关立案侦查或者涉嫌违法违规正被中国证监会立案调查，尚未有明确结论意见；擅自改变募集资金用途，未作纠正或者未经股东大会认可；上市公司或其控股股东、实际控制人被列入失信被执行人名单且情形尚未消除；上市公司利益严重受损的其他情形。

2. 定增

除审计报告事项外，与增发的发行条件相同。审计报告事项：最近1年财务会计报告无虚假记载，未被出具否定意见或无法表示意见的审计报告；最近1年财务会计报告被出具保留意见的审计报告，保留意见所涉及事项对上市公司的重大不利影响已经消除。本次发行涉及重大资产重组的除外。

3. 可转债

向不特定合格投资者发行可转债与增发的发行条件相同，向特定对象发行可转债与定增的发行条件相同，此外，发行可转债还需满足下列条件：

（1）最近3年平均可分配利润足以支付公司债券1年的利息。

（2）具有合理的资产负债结构和正常的现金流量。

（3）禁止情形。对已公开发行的公司债券或者其他债务有违约或者延迟支付本息的事实，仍处于继续状态；违反《证券法》规定，改变公开发行公司债券所募资金用途。

第二节

再融资业务尽职调查重点关注事项

再融资尽职调查重点关注事项包括同业竞争、关联交易、承诺事项、募集资金用途、募投项目、财务性投资、前次募集资金使用、战略投资者等，同业竞争、关联交易等在本书IPO业务尽职调查重点关注事项中有具体介绍，另外，本章第一节各板块发行条件部分均为尽职调查重点关注事项，本节仅列举募投项目、财务性投资、前次募集资金使用、高比例股份质押、公司业绩和经营情况等尽职调查关注事项。

一、关于募投项目的核查

（一）法律法规中的相关要求

《回报指导意见》

第27条　如果预计本次融资募集资金到位或重大资产重组完成当年基本每股收益或稀释每股收益低于上年度，导致公司即期回报被摊薄的，公司应披露：(1) 董事会选择本次融资或重大资产重组的必要性和合理性。(2) 本次募集资金投资项目与公司现有业务的关系，公司从事募投项目在人员、技术、市场等方面的储备情况。

《监管规则适用指引——发行类第6号》

6－7　募集资金使用符合产业政策

一、募集资金使用是否符合国家产业政策的披露和核查要求

发行人应当在募集说明书中披露募投项目的审批、核准或备案情况。

保荐机构及发行人律师应当对募投项目是否符合国家产业政策进行核查并发表意

见。如果募投项目不符合国家产业政策，保荐机构及发行人律师应当审慎发表意见。

二、原则上，募集资金投资后不得新增过剩产能或投资于限制类、淘汰类项目，具体把握原则如下

发行人原则上不得使用募集资金投资于产能过剩行业（过剩行业的认定以国务院主管部门的规定为准）或投资于《产业结构调整指导目录》中规定的限制类、淘汰类行业。如涉及特殊政策允许投资上述行业的，应当提供有权机关的核准或备案文件，以及有权机关对相关项目是否符合特殊政策的说明。

另外，鉴于过剩产能相关文件精神为控制总量、淘汰落后产能、防止重复建设、推动结构调整，对偿还银行贷款或补充流动资金、境外实施、境内收购等不涉及新增境内过剩产能的项目，以及投资其他转型发展的项目，不受上述限制。

三、关于境外投资

2017 年 8 月，国家发展改革委、商务部、人民银行、外交部发布《关于进一步引导和规范境外投资方向的指导意见》（国办发〔2017〕74 号），明确房地产、酒店、影城、娱乐业、体育俱乐部等境外投资，在境外设立无具体实业项目的股权投资基金或投资平台，使用不符合投资目的国技术标准要求的落后生产设备开展境外投资，赌博业、色情业等境外投资等属于限制类或禁止类的对外投资。

募投项目涉及境外投资的，发行人应当根据《企业境外投资管理办法》等相关规定取得发改部门的核准或备案文件，完成商务部门核准或备案并取得其颁发的企业境外投资证书。

保荐机构及发行人律师应当对境外投资的境内审批是否已全部取得，本次对外投资项目是否符合国家法律法规政策的规定进行核查并发表意见。如涉及特殊政策允许进行境外投资的，应当提供有权机关对项目是否符合特殊政策的说明，并充分披露风险。

《监管规则适用指引——发行类第 7 号》

7－5 募投项目预计效益披露要求

一、对于披露预计效益的募投项目，上市公司应结合可研报告、内部决策文件或其他同类文件的内容，披露效益预测的假设条件、计算基础及计算过程。发行前可研报告超过一年的，上市公司应就预计效益的计算基础是否发生变化、变化的具体内容及对效益测算的影响进行补充说明。

二、发行人披露的效益指标为内部收益率或投资回收期的，应明确内部收益率或投

资回收期的测算过程以及所使用的收益数据，并说明募投项目实施后对公司经营的预计影响。

三、上市公司应在预计效益测算的基础上，与现有业务的经营情况进行纵向对比，说明增长率、毛利率、预测净利率等收益指标的合理性，或与同行业可比公司的经营情况进行横向比较，说明增长率、毛利率等收益指标的合理性。

四、保荐机构应结合现有业务或同行业上市公司业务开展情况，对效益预测的计算方式、计算基础进行核查，并就效益预测的谨慎性、合理性发表意见。效益预测基础或经营环境发生变化的，保荐机构应督促公司在发行前更新披露本次募投项目的预计效益。

（二）核查内容

上市公司在设计再融资募投项目方案时应关注募投项目的合理性、可行性、及时性及风险披露等要素，围绕监管机构最新的政策要求和问询关注问题，科学设计募投方案，实现募投项目内在逻辑和关键数据的相互印证。

从监管实际操作来看，募投项目的关注点主要是分为两类：一类是募集资金的用途，另一类是募投项目的效益测算。（1）募集资金常见的用途包括项目建设、收购股权、研发项目、补流、偿债、支付中介机构费用等。无论何种募投项目，保荐机构应注意使用简明清晰、通俗易懂的语言说明募投项目的具体内容、建设方式、运营模式、盈利模式、目标产品、主要功能及目标客户等。（2）对于募投项目是建设性项目的，保荐机构需要关注并核查投资金额的具体测算过程和测算依据，上市公司是否具备实施该募投项目的能力基础，新增产能的合理性以及产能消化的措施等。对于募投项目是收购股权的，需要关注收购标的的业绩、估值、盈利能力，是否有业绩承诺等。对于募投项目的效益测算，保荐机构需要详细核查、论证效益测算的具体过程和测算依据，对于无法产生效益的项目，则需详细论证实施该项目的合理性。

此外，监管机构也会关注各项投资构成是否属于资本性支出，上市公司各募投项目金额是否超过实际募集资金需求量，补充流动资金比例是否超过募集资金总额的30%等。

（三）核查手段

实践中，保荐机构至少可以采取如下核查手段进行核查：

1. 获取并查阅募投项目的备案申请文件及备案证明文件、环境影响报告书的批复、建设工程规划许可证等项目报备报批文件。

2. 了解发行人本次募投项目资金、技术、人员的储备情况。

3. 查阅发行人本次发行募集资金投资项目的预算明细；针对募投项目进展、募投项目投资数额测算过程等情况与发行人相关负责人进行访谈；访谈发行人管理层，对募投项目建设达到预定可使用状态后的折旧、摊销等其他费用进行测算，并结合发行人本次募投项目的收入测算数据分析相关折旧、摊销等费用对公司财务状况和经营成果的影响。

4. 查阅募投项目方案设计规划文件、工程总包招投标文件等；查阅募投项目投资估算书及估算主要依据资料；查阅募投项目资金使用的银行流水、主要合同及工作成果等资料。

5. 取得本次募投项目拟采购主要设备及类似规格、型号设备的历史采购价格数据、第三方报价数据，并与发行人本次募投项目拟购置设备及采购价格情况进行对比分析，核查设备采购价格的公允性。

6. 查询与发行人同地区建设的其他上市公司募投项目的建筑工程造价情况，并与发行人本次募投项目工程造价情况进行对比分析，核查建筑工程费每平方米造价的合理性。

7. 查阅募投项目可行性研究报告和市面上可寻找到的研究报告，核对各项投资数额的测算依据、过程、结果的合理性。

8. 访谈公司管理层及相关负责人，了解募投项目与发行人现有主营业务的具体区别和联系，发行人实施本次募投项目的必要性和合理性及实施募投项目的基础和能力，了解发行人商业模式的变化。

9. 查阅同行业可比公司可比募投项目介绍资料、市场资料、披露的信息，并与发行人募投项目相关支出进行比较。

10. 核对募投项目各项支出明细，判断是否属于资本性支出。若涉及补充流动资金的，建议依据发行人过往财务数据，测算发行人未来营运资金缺口。

（四）相关案例

【案例114】

北京思特奇信息技术股份有限公司（以下简称思特奇）创业板定增项目。

1. 项目情况介绍

2021年6月22日，深交所受理思特奇向特定对象发行股票的申请文件；2021年7月8日，深交所发出审核问询函；2021年10月29日，深交所发出第二轮审核问询函；2022年1月21日，深交所出具审核中心意见落实函；2022年3月4日，中国证监会同意注册批复。

2. 审核中关注的问题

思特奇本次募投项目预计总投资额为8.7亿元，拟募集资金总额不超过6.5亿元，用于PaaS平台技术与应用项目、城市数字经济中台项目、物联网研发中心项目及补充流动资金。PaaS平台技术与应用项目、城市数字经济中台项目自主研发投入分别为1.26亿元和1.17亿元，主要为人员薪酬支出，两个项目内部收益率（所得税后）分别为12.05%和13.89%。PaaS平台技术与应用项目、城市数字经济中台项目为既有业务的新产品，物联网研发中心项目为思特奇计划拓展的新业务且不产生直接经济效益。物联网研发中心项目实施主体为思特奇及其全资子公司，实施地点分别位于北京市海淀区和四川省成都市双流区。

审核问询要求思特奇以简明清晰、通俗易懂的语言说明本次募投项目的具体建设内容、建设方式、运营模式、盈利模式、目标产品、主要功能及目标客户、对应的市场空间、行业竞争情况等；思特奇需说明本次募投项目新产品或新业务与思特奇现有主营业务的具体区别和联系，是否在现有软件基础上新增功能或升级改造，实施本次募投项目的必要性和合理性，思特奇是否具备实施募投项目对应的人员、销售渠道、客户储备等基础和能力。

3. 保荐机构核查情况

（1）思特奇本次募投项目是在综合考虑行业发展趋势、市场需求变化及未来发展战略、现有业务状况的基础上所作的业务延伸，符合公司主营业务发展方向，本次拟使用部分募集资金补充的流动资金亦将用于公司主营业务。其中，PaaS平台技术与应用项目、城市数字经济中台项目为既有业务的新产品；物联网研发中心项目为公司近年来积极拓展的新业务，本次募投项目具有必要性及合理性。

（2）思特奇本次募投项目投资测算依据合理，具有谨慎性；发行人具备实施本次募投项目相关的人员、销售渠道、客户储备等基础和能力。思特奇物联网研发中心项目网络及硬件设备投资金额较大，主要原因系项目相关技术及产品面向的客户群体大、应用场景多，且项目在北京与成都两地实施，部分设备投入大。思特奇物联网研发中心项目年均折旧占公司最近3年平均营业收入、平均利润总额及平均净利润的比重不高。如考虑本次募投项目之PaaS平台技术与应用项目、城市数字经济中台项目建成后实现的净利润，则物联网研发中心项目折旧对未来经营业绩的影响更小。

（3）结合思特奇所处行业发展趋势、市场容量、近年来的业务经营情况、同行业可比公司情况、思特奇竞争优势及在手订单情况，思特奇PaaS平台技术与应用项目、城市数字经济中台项目各类产品预计能够有效消化。

案例点评 CASE ANALYSIS

在本案例中，监管主要关注募投项目的必要性和可行性且要求“以简明清晰、通俗易懂的语言说明”，保荐机构核查回复时首先在行文风格及表述上满足了监管要求，避免了过于晦涩难懂的专业表述以及长篇大论，重点突出募投项目是基于主营业务的发展作出的计划，对募投项目投资测算的合理性及可行性进行论证。

二、关于财务性投资的核查

（一）法律法规中的相关要求

《监管规则适用指引——上市类第1号》

1－1 募集配套资金第4条规定，对上市公司募集资金投资产业基金以及其他类似基金或产品的，如同时属于以下情形的，应当认定为财务性投资：上市公司为有限合伙人或其投资身份类似于有限合伙人，不具有该基金（产品）的实际管理权或控制权；上市公司以获取该基金（产品）或其投资项目的投资收益为主要目的。

《公开发行证券的公司信息披露内容与格式准则第60号》

第47条 财务状况分析包括：发行人应披露其截至最近一期末，持有财务性投资余额的具体明细、持有原因及未来处置计划，不存在金额较大的财务性投资的基本情况。

《公开发行证券的公司信息披露内容与格式准则第61号》

第8条 发行人基本情况包括……（五）截至最近一期末，不存在金额较大的财务性投资的基本情况。

《北交所上市公司发行管理办法》

第15条 上市公司最近一期末存在持有金额较大的财务性投资的，保荐人应当对上市公司本次募集资金的必要性和合理性审慎发表核查意见。

《证券期货法律适用意见第18号》

一、（一）财务性投资的类型包括但不限于：投资类金融业务；非金融企业投资金融业务（不包括投资前后持股比例未增加的对集团财务公司的投资）；与公司主营业务无关的股权投资；投资产业基金、并购基金；拆借资金；委托贷款；购买收益波动大且风险较高的金融产品等。（二）围绕产业链上下游以获取技术、原料或渠道为目的的产业投资，以收购或整合为目的的并购投资，以拓展客户、渠道为目的的拆借资金、委托贷款，如符合公司主营业务及战略发展方向，不界定为财务性投资。（三）上市公司及其子公司参股类金融公司的，适用本条要求；经营类金融业务的不适用本条，经营类金融业务是指将类金融业务收入纳入合并报表。（四）基于历史原因，通过发起设立、政策性重组等形成且短期难以清退的财务性投资，不纳入财务性投资计算口径。（五）金额较大指的是，公司已持有和拟持有的财务性投资金额超过公司合并报表归属于母公司净资产的30%（不包含对合并报表范围内的类金融业务的投资金额）。（六）本次发行董事会决议日前六个月至本次发行前新投入和拟投入的财务性投资金额应从本次募集资金总额中扣除。投入是指支付投资资金、披露投资意向或者签订投资协议等。（七）发行人应当结合前述情况，准确披露截至最近一期末不存在金额较大的财务性投资的基本情况。

《监管规则适用指引——发行类第7号》

7-4 募集资金投向监管要求 上市公司募集资金应当专户存储，不得存放于集团财务公司。募集资金应服务于实体经济，符合国家产业政策，主要投向主营业务。对于科创板上市公司，应主要投向科技创新领域。

《北京证券交易所上市公司证券发行上市审核规则》

第五十七条 除金融类企业外，上市公司违规将募集资金用于持有交易性金融资产、借予他人等财务性投资或者直接、间接投资于以买卖有价证券为主营业务的公司，或者向特定对象发行优先股，相关投资者为规定的合格投资者以外的投资者的，本所可以对其采取三年内不接受其证券发行上市申请文件的纪律处分。

（二）核查内容

从《上市公司发行管理办法》《证券期货法律适用意见第 18 号》等监管规则来看，对财务性投资的关注分为发行人是否已存在财务性投资行为以及募集资金用途是否涉及财务性投资两方面。

1. 发行人是否已存在财务性投资行为。这根据上市板块不同分为两类。原则禁止类：根据《上市公司发行管理办法》的规定，主板、创业板、科创板上市公司再融资项目，除金融类企业外，最近一期末不存在金额较大的财务性投资，该情形即发行条件的负面情形。金额较大指的是，公司已持有和拟持有的财务性投资金额超过公司合并报表归属于母公司净资产的 30%（不包括对类金融业务的投资金额）。有条件允许类：根据《北交所上市公司发行管理办法》的规定，北交所上市公司最近一期末存在持有金额较大的财务性投资的，保荐人应当对上市公司本次募集资金的必要性和合理性审慎发表核查意见。对于北交所上市公司，最近一期末存在持有金额较大的财务性投资非发行条件的负面情形，保荐机构核查时的标准与原则禁止类的财务性投资相同。

2. 募集资金用途是否涉及财务性投资。各板块上市公司再融资项目明确规定除金融类企业外，募集资金使用不得为持有财务性投资，不得直接或者间接投资于以买卖有价证券为主要业务的公司。主板、创业板、科创板明确规定上市公司再融资项目本次证券发行方案的董事会决议日前 6 个月至本次发行前新投入和拟投入的财务性投资金额（包含对类金融业务的投资金额）应从本次募集资金总额中扣除。投入是指支付投资资金、披露投资意向或者签订投资协议等。

（三）核查手段

实践中，保荐机构至少可以采取如下手段进行核查：

1. 查阅《企业会计准则第 22 号——金融工具确认和计量》《关于严格执行企业会计准则　切实加强企业 2020 年年报工作的通知》《监管规则适用指引——发行类第 7 号》，了解财务性投资的认定要求及结构性存款等的会计处理。

2. 获取发行人最近一期资产明细表，检查交易性金融资产核算内容及依据，确认发行人最近一期是否存在持有金额较大、期限较长的财务性投资的情形。

3. 查阅发行人、被投资企业的相关财务报告及相关科目明细构成。复核发行人将投资款调整至其他科目列报的会计处理准确性；复核发行人其他应收款、其他流动资产、发放贷款和垫款、长期应收款、长期股权投资、其他非流动金融资产、其他非流动资产等科目的明细，判断是否属于财务性投资情况。

4. 查阅发行人公告文件、审计报告、年度报告等相关文件资料，对发行人本次发行相关董事会决议日前6个月起至今，发行人实施或拟实施的财务性投资情况进行核查。

5. 取得理财产品相关合同（如结构性存款），检查资金支付单据、理财赎回入账单据和理财产品说明书等，访谈发行人高管和财务部门，了解发行人购买理财产品的主要目的及理财产品的资金投向，并就发行人是否存在财务性投资情况进行沟通。

6. 查阅发行人本次募集资金用途明细表，查阅募集资金投资项目的可行性研究报告。

7. 查阅发行人银行借款合同，了解银行借款用途；询问管理层，了解银行借款的使用安排和本次补流资金的使用计划。查阅发行人董事会决议、信息披露公告文件，并向公司管理层询问了解自本次发行相关董事会决议日前6个月起，公司是否实施或拟实施任何财务性投资。

8. 与发行人沟通了解投资相关企业的背景、原因及业务开展情况；访谈发行人管理层了解投资目的、业务合作情况及被投资公司经营情况等，取得相关业务合作协议。

9. 查阅投资协议、出资凭证等对外投资相关资料；查阅被投资企业的工商信息、官方网站，通过企查查、国家企业信用信息公示系统等外部信息系统了解被投资公司经营情况。

（四）相关案例

【案例115】

上纬新材料科技股份有限公司（以下简称上纬新材）科创板可转债项目。

1. 项目情况介绍

2021年7月30日，上交所受理上纬新材向不特定对象发行可转换公司债券申请；8月16日，上交所发出审核问询函；9月29日，上交所发出第二轮审核问询函；11月3日，上纬新材主动要求撤回注册申请文件；11月12日，上交所终止审核。

2. 审核中关注的问题

上纬新材拟以现金2.1亿元认购美佳新材向上纬新材定向发行的股份。本次美佳新材股票发行的认购价格为4.2元/股，上纬新材将认购美佳新材发行的股票5000万股，共占发行后美佳新材总股份23.81%。截至2021年3月末，上纬新材交易性金融资产金额为1000万元。需上纬新材说明：(1) 上纬新材认购美佳新材的必要性，本次收购是否存在协同效应；该事项是否构成财务性投资。(2) 结合上纬新材本次募集资金部分用于补流、收购资金部分源于银行贷款的情况，说明本次募集资金是否实质用于认购美佳新材，如是，具体分析计划投入的资金金额。(3) 上纬新材是否满足最近一期末不存在金额较大财务性投资的要求，自本次发行相关董事会决议日前6个月起至本次发行前，上纬新材实施或拟实施的财务性投资（包括金融投资）是否已从本次募集的资金中扣除。

3. 保荐机构核查情况

(1) 美佳新材是一家专门从事环氧树脂等研发、生产和销售的公司，拥有相关的生产经营资质及多项专利技术。环氧树脂是连接上游石化产业和下游电子电气、涂料、复合材料、土木建材、胶黏剂等产业的桥梁，是航天、国防、军工、风力发电等领域的主要基础材料，也是上纬新材生产产品的主要原材料之一。上纬新材本次认购美佳新材的股份与上纬新材的主营业务及战略发展方向密切相关，系上纬新材向上游产业链延伸布局，有利于提升上纬新材供应链的稳定性，降低原材料价格波动对上纬新材的不利影响，对上纬新材的业务布局和产业协同具有较强的促进作用，具有商业合理性，符合上纬新材的未来发展战略，有利于保障上市上纬新材及股东利益。因此，本次投资属于围绕产业链上下游以获取技术、原料或渠道为目的的产业投资，符合上纬新材主营业务及战略发展方向，不属于财务性投资。

(2) 上纬新材在本次募集资金投资项目中，拟投入1.5亿元补充流动资金，系用于补充上纬新材日常经营所需营运资金，为业务持续发展提供资金支持，不包括长期投资支出及银行贷款还款支出等。截至2021年6月末，上纬新材货币资金余额中除IPO募集资金外，可自由支配的货币资金余额为2.18亿元；根据最新进展，上纬新材将通过自有资金支付的方式认购美佳新材的股份，不再采用银行贷款，因此上纬新材将综合通过货币资金余额等方式支付美佳新材股份的认购款，其具备相应的支付能力。综上，上纬新材本次募集的资金部分用于补充流动资金缺口属于经营性的资金需求，具有合理性；以上纬新材截至2021年6月末的货币资金及在手票据情况，上纬新材具备足够的资金支付美佳新材的股权认购款，因此本次募集资金不是实质用于认购美佳新材。

(3) 自本次董事会决议日前6个月至今，上纬新材实施或拟实施的对外投资包括购买理财产品和拟投资美佳新材。截至2021年3月末，上纬新材交易性金融资产金额为1000万元，系上纬新材购买的结构性存款，上述交易性金融资产为期限短、安全性较高、收益波动小的结构性存款，不属于收益风险波动大且风险较高的金融产品，不构成财务性投资。自本次董事会决议日前6个月起至今，上纬新材无已经实施或拟实施的财务性投资（包括类金融投资），不存在需要从本次募集资金总额中扣除的财务性投资。

案例点评 CASE ANALYSIS

在本案例中，监管主要关注发行人的对外投资是否构成财务性投资，募集资金是否变相用于财务性投资以及自本次发行相关董事会决议日前6个月起至本次发行前，发行人实施或拟实施的财务性投资是否已从本次募集资金中扣除。保荐机构核查时详细论证了发行人的对外投资是属于围绕产业链上下游以获取技术、原料或渠道为目的的产业投资，属于外规明确规定的不界定为财务性投资情形；同时根据最新情况更新了发行人自有资金规模，定增款以自有资金支付，本次募集资金不是实质用于支付定增款；最后，分析交易性金融资产余额属于结构化存款，不属于收益风险波动大且风险较高的金融产品，不构成财务性投资。

三、关于前次募集资金使用情况的核查

（一）法律法规中的相关要求

《证券法》

第十四条　公司对公开发行股票所募集资金，必须按照招股说明书或者其他公开发行募集文件所列资金用途使用；改变资金用途，必须经股东大会作出决议。擅自改变用途，未作纠正的，或者未经股东大会认可的，不得公开发行新股。

《监管规则适用指引——发行类第7号》

7-6　前次募集资金使用情况

一、前次募集资金使用情况报告对前次募集资金到账时间距今未满五个会计年度的历次募集资金实际使用情况进行说明，一般以年度末作为报告出具基准日，如截止最近一期末募集资金使用发生实质性变化，发行人也可提供截止最近一期末经鉴证的前募报告。

二、前次募集资金使用不包含发行公司债或优先股，但应披露发行股份购买资产的实际效益与预计效益的对比情况。

三、申请发行优先股的，不需要提供前次募集资金使用情况报告。

四、会计师应当以积极方式对前次募集资金使用情况报告是否已经按照相关规定编制，以及是否如实反映了上市公司前次募集资金使用情况发表鉴证意见。

五、前次募集资金使用情况报告应说明前次募集资金的数额、资金到账时间以及资金在专项账户的存放情况（至少应当包括初始存放金额、截止日余额）。

六、前次募集资金使用情况报告应通过与前次募集说明书等相关信息披露文件中关于募集资金运用的相关披露内容进行逐项对照，以对照表的方式对比说明前次募集资金实际使用情况，包括（但不限于）投资项目、项目中募集资金投资总额、截止日募集资金累计投资额、项目达到预定可使用状态日期或截止日项目完工程度。

前次募集资金实际投资项目发生变更的，应单独说明变更项目的名称、涉及金额及占前次募集资金总额的比例、变更原因、变更程序、批准机构及相关披露情况；前次募集资金项目的实际投资总额与承诺存在差异的，应说明差异内容和原因。

前次募集资金投资项目已对外转让或置换的（前次募集资金投资项目在上市公司实施重大资产重组中已全部对外转让或置换的除外），应单独说明在对外转让或置换前使用募集资金投资该项目的金额、投资项目完工程度和实现效益，转让或置换的定价依据及相关收益，转让价款收取和使用情况，置换进入资产的运行情况（至少应当包括资产权属变更情况、资产账面价值变化情况、生产经营情况和效益贡献情况）。

临时将闲置募集资金用于其他用途的，应单独说明使用闲置资金金额、用途、使用时间、批准机构、批准程序以及收回情况。前次募集资金未使用完毕的，应说明未使用金额及占前次募集资金总额的比例、未使用完毕的原因以及剩余资金的使用计划和安排。

七、前次募集资金使用情况报告应通过与前次募集说明书等相关信息披露文件中关于募集资金投资项目效益预测的相关披露内容进行逐项对照，以对照表的方式对比说明前次募集资金投资项目最近3年实现效益的情况，包括（但不限于）实际投资项目、截止日投资项目累计产能利用率、投资项目承诺效益、最近3年实际效益、截止日累计实现效益、是否达到预计效益。实现效益的计算口径、计算方法应与承诺效益的计算口径、计算方法一致，并在前次募集资金使用情况报告中明确说明。承诺业绩既包含公开披露的预计效益，也包含公开披露的内部收益率等项目评价指标或其他财务指标所依据的收益数据。

前次募集资金投资项目无法单独核算效益的，应说明原因，并就该投资项目对公司财务状况、经营业绩的影响作定性分析。

募集资金投资项目的累计实现的收益低于承诺的累计收益20%（含20%）以上的，应对差异原因进行详细说明。

八、前次发行涉及以资产认购股份的，前次募集资金使用情况报告应对该资产运行情况予以详细说明。该资产运行情况至少应当包括资产权属变更情况、资产账面价值变化情况、生产经营情况、效益贡献情况、是否达到盈利预测以及承诺事项的履行情况。

《公开发行证券的公司信息披露内容与格式准则第60号——上市公司向不特定对象发行证券募集说明书》

第七十二条　发行人应披露最近五年内募集资金运用的基本情况，包括实际募集资金金额、募投项目及其变更情况、资金投入进度及效益等。

第七十三条　前次募集资金用途发生变更或项目延期的，发行人应披露变更或延期的原因、内容、履行的决策程序，及其实施进展和效益。科创板上市公司还应说明变更后募投项目是否属 于科技创新领域。

第七十四条　科创板上市公司应披露前次募集资金使用对发行人科技创新的作用。

第七十五条　发行人应披露会计师事务所对前次募集资金运用所出具的报告结论。

《证券期货法律适用意见第18号》

四、（二）上市公司申请增发、配股、向特定对象发行股票的，本次发行董事会决议日距离前次募集资金到位日原则上不得少于18个月。前次募集资金基本使用完毕或募集资金投向未发生变更且按计划投入的，相应间隔原则上不得少于6个月。前次募集资金包括首发、增发、配股、向特定对象发行股票，上市公司发行可转债、优先股、发行股份购买资产并配套募集资金和适用简易程序的，不适用本条规定。

（二）核查内容

首先，前次募集资金使用不规范（含擅自改变前次募集资金用途未作纠正或未经股东大会认可）为上市公司增发、定增、配股、可转债明确列明的负面情形。优先股项目虽未明确列明，但发行负面情形包括“严重损害投资者合法权益和社会公共利益的其他情形”，如上市公司优先股项目存在上述不规范情形，应当属于“严重损害投资者合法权益和社会公共利益的其他情形”。综上，如存在使用不规范情形即不符合发行条件，因此需在尽职调查时予以重点关注。

其次，存在前次募集资金的，需在尽职调查时重点关注：（1）前次募集资金到账时间，是否按要求编制前次募集资金使用情况报告；前次募集资金使用情况报告中的承诺业绩既包含公开披露的预计效益，也包括公开披露的内部收益率等项目评价指标或其他财务指标所依据的收益数据。在将实际业绩和预计效益进行对比时，应说明业绩或效益的具体口径。（2）主板、创业板、科创板上市公司增发、定增、配股的，是否满足董事会决议日距离前次募集资金到位日 18 个月/6 个月的时间间隔要求。（3）前次募集资金用途变更，是否披露变更的原因、内容、变更后募投项目的实施进展及效益。实践中，前次募集资金使用计划不及预期、后续使用计划也是关注重点。

（三）核查手段

实践中，保荐机构至少可以采取如下手段进行核查：

1. 查阅发行人历年年度报告，了解发行人发展战略、经营计划、业绩状况、历年融资及经营情况。

2. 核查发行人前次募投项目的投资进度安排和资金使用情况，了解前次募投项目建设情况，实地查看前次募投项目建设（若需要）。

3. 访谈管理层及相关负责人，了解前次融资必要性和规模合理性、了解前次募投项目的建设情况、了解项目目前所处阶段及未来建设计划。

4. 获取发行人前次募投项目可行性研究报告等，了解募投项目的背景、必要性、合理性；获取并查阅前次募投项目所涉方案、投资估算书及估算主要依据资料等文件；获取前次募投项目研发进度的影响因素、相关风险及预计完成时间。

5. 获取并查阅前次募集资金使用的银行流水、主要合同及工作成果等资料；获取前次募集资金使用情况明细表；了解存在大额未使用募集资金的原因。

6. 核查前次募集资金投资项目的使用情况台账，核查发行人前次募投项目支出的付款凭证及对应的合同/协议，核查前次募投项目资金使用情况。

7. 查阅同行业上市公司募投项目的支出金额并与发行人进行比较。

8. 查阅会计师出具的前次募集资金使用情况鉴证报告，了解前次募集资金使用情况。

9. 查阅发行人本次证券发行方案、公司定期报告及其他公告信息。

（四）相关案例

【案例116】

北京诺思兰德生物技术股份有限公司（以下简称诺思兰德）北交所定增项目。

1. 项目情况介绍

2021年12月22日，北交所受理诺思兰德向特定对象发行股票的申请；2022年1月13日，北交所发出审核问询函；3月25日，中国证监会出具注册环节反馈意见函；6月29日，诺思兰德公告决定终止向特定对象发行股票。

2. 审核中关注的问题

截至2021年9月30日，诺思兰德前次公开发行募集资金剩余1.73亿元。本次发行拟募集资金使用方向与前次公开发行一致，用于药物研发项目（含NL005）、扩建生物工程新药产业化项目和补充流动资金，其中新药产业化项目和NL005项目为前次公开发行募投项目。对于产业化项目，此次拟增加总投资预算至2.7亿元，而目前实际仅投入约310万元；对于新药研发，诺思兰德前次募投项目中NL003、NL005、NL002等项目目前进展均落后于公开发行说明书披露的预期进度。需诺思兰德补充研发管线的实施计划，包括但不限于关键阶段时间安排、已投入和预计将投入的研发力量和资金量、研发进度不及预期的原因和风险因素，说明报告期内月度研发支出规模是否与研发项目的推进工作相匹配，在研发管线较多的情况下存在大额未使用募集资金的原因及合理性。

3. 保荐机构核查情况

虽然诺思兰德的研发管线较多，但报告期内，公司重点推进处于临床阶段的NL003项目、NL005项目和NL002项目。报告期内，公司NL003项目、NL005项目和NL002项目因受新冠疫情等因素的影响，试验进度不及预期，导致项目募集资金总额结余较大。NL005项目启动阶段受新冠疫情影响较大，但由于试验涉及医院较少，入组时间较短，并且受试者招募对象为急性心肌梗死的患者，相对于慢性病其招募工作受新冠疫情影响较少，截至报告期末，募集资金剩余约700万元，结余资金较少。为尽快实现生物工程新药产业化，实现药品商业化目标，提升公司营业收入水平，公司仍需优先保障处于临床阶段研发项目及产业化的稳步推进。因此，前次募集资金虽有结余但用途明确。综上所述，公司在研发管线较多的情况下存在大额未使用募集资金具有合理性。

案例点评 CASE ANALYSIS

在本案例中，监管主要关注前次募集资金剩余资金较大且本次募集资金计划用途与前次募集资金计划用途部分一致的合理性。保荐机构核查时说明前次募集资金使用不及预期是受客观因素的影响，前次募集资金使用仍按照计划的明确用途。本次募集资金用途与前次募集资金用途重合部分系发行人规划所致且重合的部分项目前次募集资金结余较少，具有合理性。

四、控股股东、实际控制人股份高比例质押

（一）法律法规中的相关规定

《深交所上市规则》

第4.3.6条 上市公司董事、监事和高级管理人员应当关注公司控股股东及其一致行动人质押股份情况，按规定审慎核查、评估公司控股股东及其一致行动人的高比例质押行为可能对公司控制权和生产经营稳定性、股权结构、公司治理、业绩补偿义务履行等产生的影响。

《监管规则适用指引——发行类第6号》

6－11 股份质押

上市公司发行证券的，保荐机构及发行人律师应当对控股股东或实际控制人所持发行人股份被质押的情况进行核查并发表意见，如存在大比例质押情形，应当结合质押的原因及合理性、质押资金具体用途、约定的质权实现情形、控股股东和实际控制人的财务状况和清偿能力、股价变动情况等，说明是否存在较大的平仓风险，是否可能导致控股股东、实际控制人发生变更，并说明控股股东、实际控制人维持控制权稳定性的相关措施。例如，控股股东、实际控制人确实难以维持控制权稳定性的，应当充分说明控制权可能发生变化（如债务清偿的到期日、债权人已经采取的法律行动等）的时限、可能的处置方案等，以及对发行人持续经营能力的影响。向不特定对象发行证券的，发行人还应当在募集说明书中披露以上事项。

《上海证券交易所科创板上市公司自律监管指引第1号——规范运作》

第6.5.1条 科创公司董监高获悉公司控股股东及其一致行动人质押股份占其所持

股份的比例为50%以上的，应当重点关注相关融资目的与用途、相关主体财务状况与偿债能力、资信状况、对外投资情况、业绩承诺补偿情况，相关主体与科创公司之间的关联交易、资金往来、担保、共同投资情况，以及控股股东、实际控制人是否存在占用公司资金或者指使公司为其违规提供担保等情形。

（二）核查内容

股份权属清晰，实际控制人没有发生变更，不存在导致控制权可能变更的重大权属纠纷是IPO项目明确的发行条件之一。在再融资审核过程中，高比例的股权质押也属于监管层再融资审核过程中关注的重点之一。从询问角度来看，监管机构几乎是“一问到底”，如保荐机构在反馈意见环节的回复未能准确、充分地回答反馈问题，后续该问题被反复问询的可能性较大。因此，保荐机构应对高比例质押情形进行全面、详细核查，关注质押的原因及合理性、约定的质权实现情形、控股股东和实际控制人的财务状况和清偿能力、平仓风险及对上市公司治理及控制权稳定的影响等。在做好尽职调查核查的同时，保荐机构应在信息披露环节最大限度地揭示风险，此外，也可以协助发行人设计并评估控股股东、实际控制人及其一致行动人维持控制权稳定性相关措施及降低质押比例的预案，提高项目通过的概率及效率。

（三）核查手段

1. 核查结算公司出具的证券质押及司法冻结明细表、相关借款合同、股权质押合同，复核控股股东、实际控制人及其一致行动人已质押股份数量。

2. 核查发行人合并普通账户和融资融券信用账户明细数据表，确定控股股东、实际控制人及其一致行动人持股情况。

3. 核查控股股东、实际控制人及其一致行动人的征信报告，取得其出具的关于债务情况的说明，核查其债务情况；查询中国执行信息公开网、信用中国、中国裁判文书网等网站的相关记录。

4. 查询发行人历史股价并对质押股票的市值、覆盖比率、产生的利息等进行分析测算。

5. 核查控股股东、实际控制人及其一致行动人出具的关于维护控制权稳定相关措施的说明。

（四）相关案例

【案例117】

苏州中来光伏新材股份有限公司（以下简称中来股份）创业板定增项目。

1. 项目情况介绍

2021年8月10日，深交所受理中来股份向特定对象发行股票申请文件；9月30日，深交所发出审核问询函；12月6日，深交所根据中来股份申请中止审核；2022年3月4日，深交所根据中来股份申请恢复审核；3月29日，深交所发出第二轮审核问询函；4月20日，中来股份主动要求撤回注册申请文件；4月22日，深交所终止审核。

2. 审核中关注的问题

截至2021年7月底，中来股份控股股东林某伟、张某政及其一致行动人合计持有中来股份29.95%的股份，由于林某伟在2021年3月5日承诺放弃15%股份对应的表决权，弃权期间为自承诺函签署之日起18个月，上述人员目前合计持有中来股份14.95%的表决权，泰州姜堰道得新材料股权投资合伙企业（有限合伙）（以下简称姜堰道得）持有中来股份10.95%股份及表决权，两者表决权比例较为接近。林某伟、张某政及其一致行动人中所持股份中78.95%股份已被质押或冻结。目前，中来股份仍认定林某伟、张某政为中来股份控股股东。本次申报材料显示，2021年6月16日，姜堰道得出具关于不谋求上市公司控制权的承诺，承诺自承诺函出具之日后36个月内，其合伙企业及其执行事务合伙人武某不会谋求中来股份控制权。需中来股份补充说明：（1）林某伟、张某政及其一致行动人目前的股票质押情况、质押资金的主要用途、质权实现情形及其他债务情况，说明其是否存在债务逾期、质押平仓风险，是否对中来股份控制权稳定造成影响，结合本次发行前后的持股和表决权变化情况说明维持控制权稳定的相关措施；（2）姜堰道得不再谋取中来股份控制权的主要原因。

3. 保荐机构核查情况

根据结算公司出具的合并普通账户和融资融券信用账户前N名明细数据表和证券质押及司法冻结明细表，截至2022年3月18日，林某伟、张某政分别直接持有中来股份180,685,737股、135,745,704股。林某伟、张某政出质的中来股份的股份质权人为李某卫、华夏银行股份有限公司常熟支行（以下简称华夏银行），质押股份数量分别为30,000,000股、54,481,368股。林某伟、张某政债务均未到期，未出现逾期还款的情形；张某政与华夏银行的股份质押合同及林某伟与李某卫的股份质押合同均未约定补仓、平仓等条款，不存在质押平仓风险，林某伟、张某政目前所持股票质押比例较低，还可通过处置对外投资股权、房产等多种方式进行资金筹措，其偿债能力相对较强，未来质押股份被质权人强制执行的风险较小，对中来股份控制权稳定造成影响的可能性较小。林某伟、张某政出具了《关于维护控制权稳定相关措施的说明》，制定了维持上市公司控制权稳定性的相关措施，基于维持控制权稳定性的考虑，除上述机制外，姜堰道得及其实际控制人于2021年6月16日签署了《关于不谋求上市公司控制权的承诺》，截至2022年3月18日，姜堰道得减持后持股比例下降为4.95%。综上，中来股份因股票质押事项导致中来股份控股股东、实际控制人发生变更的风险较低。

中来股份在2020年10月开始筹划控制权变更，拟通过向特定对象发行股票、协议转让及表决权委托等方式实施控制权变更，如果上述方式顺利实施，则中来股份的控股股东、实际控股人将变更为姜堰道得及其实际控制人。2021年3月，因中来股份拟调整向特定对象发行股票的方案而撤回了发行股票的申请，并终止了表决权委托事宜。之后由于各方未能就中来股份重新启动向特定对象发行股票的发行价格及中来股份未来发展战略达成一致意见，经友好协商，姜堰道得不再谋取中来股份控制权，并于2021年6月16日出具关于不谋求上市公司控制权的承诺。综上，姜堰道得不再谋求中来股份控制权具有合理性。

案例点评

CASE ANALYSIS

在本案例中，监管主要关注发行人是否会因控股股东存在高比例质押及因与第二大股东表决权比例接近而造成控制权不稳定或者有丧失控制权的风险；保荐机构核查控股股东质押的原因、比例，关注质押合同是否存在强制平仓等条款，控股股东是否具备相应的偿债能力及制定维持上市公司控制权稳定性措施，从而论证高比例质押事项不会导致控制权不稳定或者丧失控制权。另外，对第二大股东不谋求控制权承诺的背景原因进行了介绍，同时更新第二大股东最新减持后的持股情况。

五、关于经营业绩的核查

（一）相关规定

《监管规则适用指引——发行类第7号》

7－7 跨年审核和发行关注事项

对于有盈利要求的再融资品种预计当年无法完成发行的，在出具三季报后关注以下事项：

一、发行人根据三季报情况预计全年满足盈利相关发行条件不存在重大不确定性的，正常推进相关工作；年报出具前启动本次发行的，重点关注全年是否仍继续符合发行条件，发行人和中介机构需结合业绩预告或快报在会后事项中对跨年后是否仍满足发行条件进行说明。

二、重点关注业绩大幅下滑（指扣非前或扣非后合并口径归属于母公司的净利润同比下降超过30%）、前三季度微利或亏损、净资产收益率符合发行条件存在重大不确定性等情形，发行人和中介机构需结合年报、快报、全年业绩预告进一步论证是否符合盈利相关发行条件。

《上市公司发行管理办法》

第四十条 上市公司应当在募集说明书或者其他证券发行信息披露文件中，以投资者需求为导向，有针对性地披露业务模式、公司治理、发展战略、经营政策、会计政策等信息，并充分揭示可能对公司核心竞争力、经营稳定性以及未来发展产生重大不利影响的风险因素。

（二）核查内容

目前再融资的法律法规除了对主板上市公司向不特定对象发行股票和可转债要求最近3个会计年度连续盈利，基本无连续盈利等业绩要求。

公司业绩虽然不是绝大部分再融资项目的发行条件，但在审核问询中仍然是常见的问题。监管机构主要关注业绩波动，尤其是出现业绩下降、亏损等情况的原因和合理性，以及当前影响经营业绩下滑的主要因素是否消除，是否持续对公司业绩和本次募投项目产生重大不利影响等方面。

（三）核查手段

实践中，建议保荐机构至少采取如下核查手段进行核查：

1. 查阅发行人定期报告，分析利润表主要项目变动情况；查阅发行人主营业收入明细表，分析主要产品销售量、销售单价、产品成本和毛利率变动情况。

2. 获取发行人报告期内分行业、分季度收入统计表，获取发行人报告期内按行业汇总的营业收入及占比，分析报告期内不同行业客户营业收入占比变动原因。

3. 查阅发行人同行业可比上市公司披露的财务数据和经营状况等信息，将发行人的主营业务收入、净利润、毛利率的变动趋势与可比公司进行比较，分析合理性。

4. 了解发行人收入确认和期间费用会计政策，对发行人收入确认及期间费用确认执行截止性测试程序，检查是否存在跨期情况。

5. 访谈公司高级管理人员，了解发行人客户需求变动的原因，分析公司收入变动的合理性、业绩的影响因素。

6. 复核管理层对公司往期业绩的原因分析是否合理。

7. 复核管理层对公司与同行业可比公司业绩差异的原因分析是否合理。

（四）相关案例

【案例 118】

江门市科恒实业股份有限公司（以下简称科恒股份）创业板定增项目。

1. 项目情况介绍

2021 年 7 月 21 日，深交所受理科恒股份向特定对象发行股票申请文件；7 月 29 日，深交所发出审核问询函；9 月 1 日，深交所发出第二轮审核问询函；9 月 23 日，深交所根据科恒股份要求中止审核；12 月 20 日，深交所根据科恒股份要求恢复审核；2022 年 2 月 18 日深交所出具审核中心意见落实函；3 月 7 日，科恒股份主动要求撤回注册申请文件；3 月 11 日，深交所终止审核。

2. 审核中关注的问题

科恒股份 2020 年扣非归母净利润为 -7.65 亿元，同比下降 6493.62%，主要原因系锂离子电池自动化生产设备收入下滑和计提相关资产减值损失。科恒股份 2020 年向大客户宁德时代销售的锂电池设备销售额同比下滑 75.58%。此外，科恒股份 2020 年经营活动产生的现金流量净额为 -12,896.61 万元，同比下滑 140.18%。需科恒股份补充说明，结合主要客户订单需求情况、同行业可比公司报告期业绩变化、报告期内产品销售单价及销售数量变化情况、产品竞争水平和发行人竞争优势情况等，说明 2020 年业绩大幅下滑的合理性，是否存在产品竞争力下滑、行业竞争程度提高、新产品替代、客户更换供应商等多种不利影响因素，是否可能造成业绩持续下滑趋势。

3. 保荐机构核查情况

（1）新能源汽车产业补贴退坡后，行业降成本压力向上游传导。同时，国内动力电池厂商加速集中，锂电设备业务市场竞争激烈，市场销售价格呈现下降的趋势。根据统计，报告期内，科恒股份涂布机、辊压机、分切机各产品销售平均单价整体呈现逐年下降的趋势。同时，受到2020年初新冠疫情影响，新能源动力电池厂商对锂电设备的订单需求下降，锂电设备生产商产品的生产、交付和验收出现不同程度的延期，2020年度科恒股份锂电设备产品销售数量同比下降。2020年度同行业可比公司中，除赢合科技2020年度锂电池专用生产设备收入同比增长外，璞泰来2020年度锂电设备收入、先导智能2020年度锂电池设备收入同比分别下降32.73%、15.05%；根据同行业可比公司披露的年度报告估算，2020年度赢合科技涂布机销售单价同比下降8.87%，2020年度璞泰来涂布机销售单价同比下降10.58%。因此，科恒股份锂电设备收入下滑符合行业惯例，具有合理性。

（2）在锂电池生产线中，涂布机是电极制作前端的核心设备，辊压机、分切机是电极制作前端的主要设备，科恒股份子公司成为国内涂布机、辊压机、分切机的主要供应商之一，并已成为宁德时代涂布机的核心供应商之一。截至2021年6月末，科恒股份主要客户宁德时代（及其关联方）、中航锂电、比亚迪（及其关联方）已下单未发货含税金额为10.72亿元、5.41亿元、2.21亿元。科恒股份锂电设备在手订单充足，为科恒股份未来的发展提供了良好的业绩支撑。因此，虽然面临激烈的市场竞争环境，科恒股份的锂电设备产品仍然具备较强的市场竞争力，在电池厂商产能加速扩张利好锂电设备生产企业发展的背景下，积极储备宁德时代、中航锂电、比亚迪等核心客户订单。科恒股份的锂电设备产品不存在产品竞争力下滑、客户更换供应商等不利因素的影响，其拥有充足的在手订单作为支撑，预计业绩持续下滑趋势的可能性较低。

案例点评

CASE ANALYSIS

在本案例中，监管主要关注发行人业绩大幅下滑的合理性以及是否会造成业绩持续下滑趋势；保荐机构核查时未回避业绩下滑的客观事实，着重从疫情、同比上市公司业绩情况等客观维度进行合理性分析。同时，披露发行人最新的在手订单、重点客户情况，预计业绩持续下滑趋势的可能性较低。

第三节

再融资持续督导

再融资业务中，保荐人的持续督导职责与IPO的持续督导职责基本类似。

《上海证券交易所上市公司自律监管指引第11号——持续督导》在第三章“首次公开发行股票和上市公司发行证券的持续督导工作”同时规定了再融资和IPO业务中的持续督导职责。《科创板上市规则》也规定了IPO和再融资业务的持续督导职责适用同一规则。《深圳证券交易所上市公司自律监管指引第13号——保荐业务》则未区分IPO和再融资业务的持续督导职责。

因此，以下仅就重要的不同点或再融资业务中的特殊内容和重点内容作概述，具体职责可参见本书IPO持续督导职责的相关章节。

一、持续督导期间

主板上市公司发行新股的，持续督导的期间为证券上市当年剩余时间及其后1个完整会计年度。创业板、科创板上市公司发行新股的，持续督导的期间为证券上市当年剩余时间及其后2个完整会计年度。

二、重点关注的事项

《回报指导意见》第6条要求，保荐机构应当对公司所预计的即期回报摊薄情况的合理性、填补即期回报措施及相关承诺主体的承诺事项，是否符合《国务院办公厅关于进一步加强资本市场中小投资者合法权益保护工作的意见》中关于保护中小投资者合法权益的精神等发表核查意见。在持续督导期间，保荐机构应督促相关承诺主体履行所承诺的事项，并在定期报告中履行持续披露义务。

在再融资的持续督导中，保荐人常因在对关联方的关注这一事项上未能勤勉尽责而遭到监管的负面评价。

例如，在广东明珠案中，广东证监局认定某证券公司的保荐代表人“未发现2016年11月至2019年末期间广东明珠存在关联方非经营性资金占用及未按规定履行信息披露义务的情况”，导致核查意见、持续督导现场检查报告、非公开发行股票之保荐总结报告书未能如实反映相关情况，违反了《保荐业务管理办法》的规定。

在北特科技案中，上海证监局认定某证券公司的保荐代表人“未勤勉尽责充分履行审慎的核查程序，未发现2017年3月17日至2017年11月27日期间北特科技存在关联方非经营性资金占用及未按规定履行信息披露义务的情况”，导致持续督导现场检查报告、2017年度之持续督导年度报告、2015年度非公开发行股票之保荐总结报告书未能如实反映相关情况，违反了《保荐业务管理办法》的规定。

在金花企业案中，上交所认为未能督促公司建立健全相关募集资金存储、使用、管理等内控制度，导致控股股东及其关联方非经营性占用募集资金。在知悉相关资金占用违规事项后，相关人员亦未及时履行报告义务，直至2020年4月30日，才在《2019年度募集资金存放与使用情况的专项核查报告》及《2019年持续督导现场检查报告》中予以披露。因而，上交所决定对持续督导保荐代表人予以监管关注。

第五章

并购重组业务尽职调查关注事项

第一节

并购重组业务概述

上市公司并购重组是一个内涵丰富的概念，参考《并购重组管理办法》第 2 条规定，并购重组包括上市公司的收购、重大资产重组、合并、分立、股份回购等对上市公司股权结构、资产和负债、收入和利润等具有重大影响的活动。其中，较为常见类型的主要是上市公司收购、上市公司重大资产重组、上市公司发行股份购买资产及重组上市。

一、上市公司收购

（一）上市公司收购的定义

根据《收购管理办法》第 5 条的规定，收购人可以通过取得股份的方式成为一个上市公司的控股股东，可以通过投资关系、协议、其他安排的途径成为一个上市公司的实际控制人，也可以同时采取上述方式和途径取得上市公司控制权。收购人包括投资者及与其一致行动的他人。由此可知，上市公司收购是为了获得或者巩固上市公司的控制权的行为。

（二）上市公司收购的方式

根据《证券法》第 62 条的规定，投资者可以采取要约收购、协议收购及其他合法方式收购上市公司。《收购管理办法》对上市公司收购的方式进行了列举，即取得股份的方式，或通过投资关系、协议或其他安排等方式，具体包含以下方式——投资者或其一致行动人可以通过二级市场交易、协议收购、要约收购、间接收购等方式成为上市公司控股股东或取得控制权，也可以因发生继承、赠与、行政划转、司法裁决等情况成为上市公司控股股东或取得其控制权。

（三）上市公司控制权的界定

根据《收购管理办法》第84条的规定，有下列情形之一的，为拥有上市公司控制权：（1）投资者为上市公司持股50%以上的控股股东；（2）投资者可以实际支配上市公司股份表决权超过30%；（3）投资者通过实际支配上市公司股份表决权能够决定公司董事会半数以上成员选任；（4）投资者依其可实际支配的上市公司股份表决权足以对公司股东大会的决议产生重大影响；（5）中国证监会认定的其他情形。

一般而言，上市公司控制权是通过表决权实现的，上述定义也是以表决权为基础对上市公司控制权进行的界定。此外，《科创板上市规则》第4.1.6条对《收购管理办法》"以表决权为基础界定控制权"进行了补充，即"可以实际支配或者决定上市公司的重大经营决策、重要人事任命等事项"也构成对上市公司的"控制"。总之，在界定上市公司控制权时，需根据股权结构、董事和高级管理人员的提名任免以及其他内部治理情况，客观、审慎地认定控制权归属。具体详见本书IPO尽职调查部分"关于实际控制人及其变更的认定"相关内容。

二、上市公司重大资产重组

（一）上市公司重大资产重组的定义

根据《重组办法》第2条的规定，上市公司重大资产重组指上市公司及其控股或者控制的公司在日常经营活动之外购买、出售资产或者通过其他方式进行资产交易达到规定的比例，导致上市公司的主营业务、资产、收入发生重大变化的资产交易行为。

上述规定有3个概念值得关注，一是"日常经营活动之外"，哪些交易属于日常经营活动相关的交易，《上海证券交易所股票上市规则》第6.2.1条作出了界定——本节所称"日常交易"，是指上市公司发生与日常经营相关的以下类型的交易：（1）购买原材料、燃料和动力；（2）接受劳务；（3）出售产品、商品；（4）提供劳务；（5）工程承包；（6）与日常经营相关的其他交易。重大资产重组交易是日常经营活动之外的重大交易。

二是"购买、出售资产或通过其他方式进行资产交易"。重组的资产包括股权资产或非股权资产。对于"其他方式进行资产交易"，《重组办法》第15条规定："本办法

第二条所称通过其他方式进行资产交易，包括：（一）与他人新设企业、对已设立的企业增资或者减资；（二）受托经营、租赁其他企业资产或者将经营性资产委托他人经营、租赁；（三）接受附义务的资产赠与或者对外捐赠资产；（四）中国证监会根据审慎监管原则认定的其他情形。上述资产交易实质上构成购买、出售资产，且达到本办法第12条、第13条规定的标准的，应当按照本办法的规定履行相关义务和程序。”

三是“导致上市公司的主营业务、资产、收入发生重大变化”，即并非所有的购买或出售资产行为均构成重大资产重组，只有达到《重组办法》第12条或第13条规定的标准，导致上市公司主营业务、资产和收入发生重大变化的交易才构成重大资产重组。

此外，上市公司按照经中国证监会注册的证券发行申请所披露的募集资金用途，使用募集资金购买资产、对外投资的行为，不适用《重组办法》。

（二）上市公司重大资产重组的标准

根据《重组办法》第12条的规定，上市公司及其控股或者控制的公司购买、出售资产，达到下列标准之一的，构成重大资产重组：(1) 购买、出售的资产总额占上市公司最近一个会计年度经审计的合并财务会计报告期末资产总额的比例达到50%以上；(2) 购买、出售的资产在最近一个会计年度所产生的营业收入占上市公司同期经审计的合并财务会计报告营业收入的比例达到50%以上，且超过5000万元人民币；(3) 购买、出售的资产净额占上市公司最近一个会计年度经审计的合并财务会计报告期末净资产额的比例达到50%以上，且超过5000万元人民币。

购买、出售资产未达到前款规定标准，但中国证监会发现涉嫌违反国家产业政策、违反法律和行政法规、违反中国证监会的规定、可能损害上市公司或者投资者合法权益等重大问题的，可以根据审慎监管原则，责令上市公司暂停交易、按照本办法的规定补充披露相关信息、聘请符合《证券法》规定的独立财务顾问或者其他证券服务机构补充核查并披露专业意见。

（三）上市公司重大资产重组的条件

根据《重组办法》的规定，上市公司实施重大资产重组应符合以下条件，上市公司应对此进行充分说明并予以披露：

1. 符合国家产业政策和有关环境保护、土地管理、反垄断、外商投资、对外投资等法律和行政法规的规定；

2. 不会导致上市公司不符合股票上市条件；

3. 重大资产重组所涉及的资产定价公允，不存在损害上市公司和股东合法权益的情形；

4. 重大资产重组所涉及的资产权属清晰，资产过户或者转移不存在法律障碍，相关债权债务处理合法；

5. 有利于上市公司增强持续经营能力，不存在可能导致上市公司重组后主要资产为现金或者无具体经营业务的情形；

6. 有利于上市公司在业务、资产、财务、人员、机构等方面与实际控制人及其关联人保持独立，符合中国证监会关于上市公司独立性的相关规定；

7. 有利于上市公司形成或者保持健全有效的法人治理结构。

此外，科创板上市公司实施重大资产重组的，拟购买资产应当符合科创板定位，所属行业应当与科创板上市公司处于同行业或者上下游，且与科创板上市公司主营业务具有协同效应。创业板上市公司实施重大资产重组的，拟购买资产所属行业应当符合创业板定位，或者与上市公司处于同行业或者上下游。

三、上市公司发行股份购买资产

（一）上市公司发行股份购买资产的定义

发行股份购买资产是指上市公司以股份作为支付对价的方式来购买资产。此外，特定对象以现金或者资产认购上市公司非公开发行的股份后，上市公司用同一次非公开发行所募集的资金向该特定对象购买资产的，视同上市公司发行股份购买资产。

需要注意的是，上市公司按照经中国证监会注册的证券发行申请所披露的募集资金用途，使用募集资金购买资产、对外投资的行为，不适用《重组办法》，进而也不属于发行股份购买资产。

上市公司发行股份购买资产应当遵守《重组办法》关于重大资产重组的规定，编制发行股份购买资产预案、发行股份购买资产报告书，并向中国证监会提出申请。

（二）上市公司发行股份购买资产的条件

《重组办法》明确上市公司发行股份购买资产，应当符合下列规定：

1. 充分说明并披露本次交易有利于提高上市公司资产质量、改善财务状况和增强持续经营能力，有利于上市公司减少关联交易、避免同业竞争、增强独立性。

2. 上市公司最近一年及一期财务会计报告被会计师事务所出具无保留意见审计报告；被出具保留意见、否定意见或者无法表示意见的审计报告的，须经注册会计师专项核查确认，该保留意见、否定意见或者无法表示意见所涉及事项的重大影响已经消除或者将通过本次交易予以消除。

3. 上市公司及其现任董事、高级管理人员不存在因涉嫌犯罪正被司法机关立案侦查或涉嫌违法违规正被中国证监会立案调查的情形。但是，涉嫌犯罪或违法违规的行为已经终止满 3 年，交易方案有助于消除该行为可能造成的不良后果，且不影响对相关行为人追究责任的除外。

4. 充分说明并披露上市公司发行股份所购买的资产为权属清晰的经营性资产，并能在约定期限内办理完毕权属转移手续。

5. 中国证监会规定的其他条件。

除以上基本条件外，独立财务顾问还应核查发行股份购买资产是否符合以下条件，即标的资产符合板块定位、认购股份锁定期要求、发行股份同时募集配套资金是否符合要求、购买资产是否存在非经营性资金占用等。具体详见本章第四节之“二、发行股份购买资产的尽职调查关注事项”部分。

四、重组上市

（一）重组上市的定义

重组上市，即“借壳上市”，是上市公司并购重组重要的交易类型之一，也是除首次公开发行之外实现曲线上市的方式，即通过取得控制权、资产注入来实现上市。

根据《重组办法》第 13 条的规定，同时触及以下情形则构成重组上市，即“上市公司控制权发生变更”“上市公司向收购人及其关联人购买资产达到一定标准，导致上市公司发生根本变化”。

1. 上市公司控制权变化，按照《收购管理办法》第 84 条的规定进行认定。上市公司股权分散，董事、高级管理人员可以支配公司重大的财务和经营决策的，视为具有上市公司控制权。

2. 自控制权发生变更之日起 36 个月内，上市公司向收购人及其关联人购买资产导致发生以下根本变化：

（1）购买的资产总额占上市公司控制权发生变更的前一个会计年度经审计的合并财

务会计报告期末资产总额的比例达到100%以上；（2）购买的资产在最近一个会计年度所产生的营业收入占上市公司控制权发生变更的前一个会计年度经审计的合并财务会计报告营业收入的比例达到100%以上；（3）购买的资产净额占上市公司控制权发生变更的前一个会计年度经审计的合并财务会计报告期末净资产额的比例达到100%以上；（4）为购买资产发行的股份占上市公司首次向收购人及其关联人购买资产的董事会决议前一个交易日的股份的比例达到100%以上；（5）上市公司向收购人及其关联人购买资产虽未达到本款第1项至第4项标准，但可能导致上市公司主营业务发生根本变化；（6）中国证监会认定的可能导致上市公司发生根本变化的其他情形。

（二）重组上市的条件

1. 基本条件

重组上市应符合《重组办法》第13条第2款的规定：

（1）符合本办法第11条、第43条规定的要求。

（2）上市公司购买的资产对应的经营实体应当是股份有限公司或者有限责任公司，且符合《首次公开发行股票注册管理办法》规定的其他发行条件、相关板块定位，以及证券交易所规定的具体条件。

（3）上市公司及其最近3年内的控股股东、实际控制人不存在因涉嫌犯罪正被司法机关立案侦查或涉嫌违法违规正被中国证监会立案调查的情形。但是，涉嫌犯罪或违法违规的行为已经终止满3年，交易方案能够消除该行为可能造成的不良后果，且不影响对相关行为人追究责任的除外。

（4）上市公司及其控股股东、实际控制人最近12个月内未受到证券交易所公开谴责，不存在其他重大失信行为。

（5）本次重大资产重组不存在中国证监会认定的可能损害投资者合法权益，或者违背公开、公平、公正原则的其他情形。

2. 重组上市财务指标要求

根据沪深证券交易所上市公司重大资产重组审核规则相关规定，上市公司实施重组上市的，标的资产对应的经营实体应当是符合《首次公开发行股票注册管理办法》规定的相应发行条件、相关板块定位的股份有限公司或者有限责任公司：

主板上市公司实施重组上市的，标的资产应当符合下列条件：最近3年净利润均为正，且最近3年净利润累计不低于人民币1.5亿元，最近1年净利润不低于人民币6000万元，最近3年经营活动产生的现金流量净额累计不低于人民币1亿元或者营业收入累计不低于人民币10亿元。

创业板上市公司实施重组上市的，标的资产应当符合下列条件之一：（1）最近2年净利润均为正，且累计净利润不低于人民币5000万元；（2）最近1年净利润为正且营业收入不低于人民币1亿元；（3）最近1年营业收入不低于人民币3亿元，且最近3年经营活动产生的现金流量净额累计不低于人民币1亿元。

科创板上市公司实施重组上市的，标的资产应当符合下列条件之一：（1）最近2年净利润均为正且累计不低于5000万元；（2）最近1年营业收入不低于3亿元，且最近3年经营活动产生的现金流量净额累计不低于1亿元。

净利润以扣除非经常性损益前后的孰低者为准，所称净利润、营业收入、经营活动产生的现金流量净额均指经审计的数值；如标的资产涉及编制合并财务报表的，净利润为合并利润表列报的归属于母公司所有者的净利润，不包括少数股东损益。

3. 重组上市涉及表决权差异安排

上市公司重组上市标的资产对应的经营实体存在表决权差异安排的，除符合《首发注册管理办法》规定的相应发行条件、相关板块定位外，其表决权安排等应当符合《上市规则》等规则的规定。

主板上市公司重组上市标的资产对应的经营实体存在表决权差异安排的，应当符合下列条件：最近1年营业收入不低于人民币10亿元，最近3年净利润均为正且累计不低于人民币1.5亿元，最近1年净利润不低于人民币6000万元。

创业板上市公司重组上市标的资产对应的经营实体存在表决权差异安排的，应当符合下列条件之一：（1）最近1年营业收入不低于人民币5亿元，且最近2年净利润均为正且累计不低于人民币5000万元；（2）最近1年营业收入不低于人民币5亿元，且最近3年经营活动产生的现金流量净额累计不低于人民币1亿元。

科创板上市公司重组上市标的资产对应的经营实体存在表决权差异安排的，除符合《注册管理办法》规定的相应发行条件、相关板块定位外，其表决权安排等应当符合《上海证券交易所科创板股票上市规则》等规则的规定，并符合下列条件之一：（1）最近1年营业收入不低于5亿元，且最近2年净利润均为正且累计不低于5000万元；（2）最近1年营业收入不低于5亿元，且最近3年经营活动产生的现金流量净额累计不低于1亿元。

第二节

并购重组业务中内幕交易核查

上市公司并购重组多数涉及上市公司资产、主营业务、收入等重大变化，而且周期较长、环节较多、参与主体多，历来是内幕交易的高发地带，也是监管机构管控、惩治内幕交易违法行为的重点。内幕交易不仅会严重阻碍并购重组交易进程，而且也会严重损害公平公正的市场秩序，侵害投资者合法权益。

证券公司及其他证券服务机构为上市公司并购重组活动提供服务时，需要督导上市公司及相关各方加强重组信息管理，做好内幕信息知情人登记及报送工作，并对相关人员股票交易情况进行核查，防范内幕交易发生，共同维护上市公司及投资者的合法权益，确保交易顺利进行。本节将就并购重组业务中内幕交易的核查进行介绍。

一、关于并购重组内幕交易核查的相关法规体系

法律层面，《证券法》对内幕信息、内幕信息知情人进行了界定，明确内幕交易为法律严格禁止的交易情形，同时对内幕交易的法律责任进行了规定。

规章及规范性文件层面，中国证监会《重组办法》《上市公司监管指引第 5 号——上市公司内幕信息知情人登记管理制度》《上市公司监管指引第 7 号——上市公司重大资产重组相关股票异常交易监管》《监管规则适用指引——上市类第 1 号》等对内幕信息知情人档案和重大事项进程备忘录填报、股票交易核查、内幕交易风险防控等进行了规定。

自律规则层面，沪、深交易所也出台了相应规则，在中国证监会法规基础上，对上

市公司内幕信息知情人档案和重大事项进程备忘录填报、防范重组中内幕交易风险提出了更为细化的措施和管理要求。

二、并购重组内幕信息相关管理要求

并购重组信息管理有系统、严格的规范，要求上市公司通过登记内幕信息知情人档案、制作重大事项进程备忘录、停复牌、股票交易自查等措施加强并购重组信息管理，防范内幕交易风险。

（一）并购重组中内幕信息知情人档案管理

1. 内幕信息知情人范围界定

内幕信息知情人是指可以接触、获取内幕信息的上市公司内部和外部相关人员。结合并购重组交易实际情况，依法依规界定内幕信息知情人范围是做好内幕信息知情人登记工作的重要前提，实践中存在部分上市公司因内幕信息知情人登记信息不完整被监管部门处罚的情况，遗漏登记人员影响严重的还可能阻碍交易进程。

根据《证券法》及相关法律法规准则规定，并购重组内幕信息知情人范围主要如下：

《证券法》第51条规定，证券交易内幕信息的知情人包括：（1）发行人及其董事、监事、高级管理人员；（2）持有公司5%以上股份的股东及其董事、监事、高级管理人员，公司的实际控制人及其董事、监事、高级管理人员；（3）发行人控股或者实际控制的公司及其董事、监事、高级管理人员；（4）由于所任公司职务或者因与公司业务往来可以获取公司有关内幕信息的人员；（5）上市公司收购人或者重大资产交易方及其控股股东、实际控制人、董事、监事和高级管理人员；（6）因职务、工作可以获取内幕信息的证券交易场所、证券公司、证券登记结算机构、证券服务机构的有关人员；（7）因职责、工作可以获取内幕信息的证券监督管理机构工作人员；（8）因法定职责对证券的发行、交易或者对上市公司及其收购、重大资产交易进行管理可以获取内幕信息的有关主管部门、监管机构的工作人员；（9）国务院证券监督管理机构规定的可以获取内幕信息的其他人员。

此外，《上海证券交易所上市公司自律监管指引第2号——信息披露事务管理》《深圳证券交易所上市公司自律监管指引第5号——信息披露事务管理》在《证券法》基础上对内幕信息知情人的范围作出了细化规定，主要增加可以接触或知悉内幕信息人员的配偶、子女和父母，其他通过直接或间接方式知悉内幕信息的人员及其配偶、子女和父母，与内幕信息相关人员存在亲属关系、业务往来关系等原因而知悉公司有关内幕信息的其他人员等。

从法律规定的范围来看，并购重组交易涉及内幕信息知情人众多，证券公司及其他证券服务机构应按照内幕信息的实际扩散情况，协助上市公司完整准确地判断内幕信息知情人的范围，避免登记信息存在错漏。协助上市公司在依法合规前提下，精简并购重组交易决策链条，尽量限制知悉内幕信息人员范围，加强保密管理，从源头防范内幕交易发生。

2. 并购重组内幕信息知情人档案填报要求

在内幕信息依法公开披露前，上市公司应当按照规定填写上市公司内幕信息知情人档案，及时记录商议筹划、论证咨询、合同订立等阶段及报告、传递、编制、决议、披露等环节的内幕信息知情人名单，及内幕信息知情人知悉内幕信息的时间、地点、依据、方式、内容等信息。内幕信息知情人应当进行确认。

（1）填报内容方面，根据《上海证券交易所上市公司自律监管指引第 2 号——信息披露事务管理》第 35 条规定，内幕信息知情人档案应当包括：①姓名或名称、身份证件号码或统一社会信用代码；②所在单位、部门，职务或岗位（如有），联系电话，与上市公司的关系；③知悉内幕信息时间、方式、地点；④内幕信息的内容与所处阶段；⑤登记时间、登记人等其他信息。上述规定的知悉内幕信息时间是指内幕信息知情人知悉或应当知悉内幕信息的第一时间；知悉内幕信息方式，包括但不限于会谈、电话、传真、书面报告、电子邮件等；内幕信息所处阶段，包括商议筹划，论证咨询，合同订立，公司内部的报告、传递、编制、决议等。

（2）填报主体方面，并购重组交易一般应由上市公司股东、实际控制人及关联方、证券公司或证券服务机构、收购人、重大资产重组交易对方等知情人填写本单位的内幕信息知情人档案，并在不晚于内幕信息公开披露时间前送达上市公司汇总。

3. 内幕信息知情人档案的监管报送要求

上市公司应当按照监管要求报送内幕信息知情人档案，根据《上海证券交易所上市公司自律监管指引第 2 号——信息披露事务管理》第 33 条规定，上市公司发生下列事项的，应当按照《上交所信息披露指引》的规定报送内幕信息知情人档案信息：（1）重大资产重组；（2）高比例送转股份；（3）导致实际控制人或第一大股东发生变更的权益变动；（4）要约收购；（5）发行证券；（6）合并、分立、分拆上市；（7）回购股份；（8）中国证监会和上交所要求的其他可能对公司股票及其衍生品种的市场价格有重大影响的事项。

报送时限方面，上市公司应当在内幕信息首次依法公开披露后5个交易日内，向交易所提交内幕信息知情人档案。因重组交易对上市公司股价影响较大，涉及披露环节较多，针对重大资产重组（含发行股份购买资产）内幕信息知情人档案的报送，具体如下：

（1）首次披露重组事项时向交易所报送内幕信息知情人档案（根据规定，首次披露重组事项是指首次披露筹划重组、披露重组预案或披露重组报告书的孰早时点）。

（2）公司首次披露重组事项至披露重组报告书期间，重组方案重大调整、终止重组的，或者首次披露重组事项未披露标的资产主要财务指标、预估值、拟定价等重要要素的，应于披露重组方案重大变化或披露重要要素时补充提交内幕信息知情人档案。

（3）首次披露重组事项后股票交易异常波动的，如交易所要求的，上市公司还应更新内幕信息知情人档案。

（二）并购重组重大事项进程备忘录

备忘录填报方面，上市公司进行收购、重大资产重组等重大事项，应当制作重大事项进程备忘录，内容包括但不限于筹划决策过程中各个关键节点的时间、参与筹划决策人员名单、筹划决策方式等。重大事项进程备忘录应当真实、准确、完整地记载重大事项的每一具体环节和进展情况，包括方案论证、接洽谈判、形成相关意向、作出相关决议、签署相关协议、履行报批手续等事项的时间、地点、参与机构和人员等。

监管报送方面，上市公司应在内幕信息依法披露后5个交易日内向本所报送重大事项进程备忘录。

（三）并购重组中的停复牌

上市公司筹划重大资产重组等重大事项，往往存在不确定性和市场信息不对称，可能对股价造成重大影响，这需要上市公司通过依法合规申请停复牌，做好及时、公平的信息披露，以减少不确定性及信息不对称对市场的影响，维护中小投资者的合法权益。并购重组停复牌历来也是监管关注的重点，证券公司作为财务顾问有必要督导上市公司做好重组信息管理，依法合规申请停复牌。下面结合中国证监会有关规章，以上交所相关自律规则为例，对涉及上市公司重组等重大事项的停复牌要求进行介绍：

1. 申请停牌情形

《重组办法》

第四十二条 ……上市公司筹划发行股份购买资产，可以按照证券交易所的有关规定申请停牌。上市公司不申请停牌的，应当就本次交易做好保密工作，在发行股份购买资产预案、发行股份购买资产报告书披露前，不得披露所筹划交易的相关信息。信息已经泄露的，上市公司应当立即披露发行股份购买资产预案、发行股份购买资产报告书，或者申请停牌。

上市公司筹划不涉及发行股份的重大资产重组，应当分阶段披露相关情况，不得申请停牌。

上市公司股票交易价格因重大资产重组的市场传闻发生异常波动时，上市公司应当及时核实有无影响上市公司股票交易价格的重组事项并予以澄清，不得以相关事项存在不确定性为由不履行信息披露义务。

《上海证券交易所上市公司自律监管指引第4号——停复牌》

第三条 上市公司筹划重大事项，应分阶段披露有关事项的具体情况，不得仅以相关事项结果尚不确定为由申请停牌。相关重大事项存在重大不确定性，可能对股票及其衍生品种交易价格产生较大影响的，公司可以按交易所的规定申请停牌。

2. 申请停牌时点

《上海证券交易所上市公司自律监管指引第4号——停复牌》

第八条 ……公司筹划发行股份购买资产拟申请停牌的，应当在首次提交披露有关事项的同时申请停牌。

3. 不停牌筹划发行股份购买资产的要求

《上海证券交易所上市公司自律监管指引第4号——停复牌》

第八条 ……公司不停牌筹划发行股份购买资产，应当做好信息保密工作，并在第一时间披露重组预案或者报告书。在上述重组预案或者报告书披露前，公司不得披露所筹划重组的相关信息。

4. 停牌期限

《上海证券交易所上市公司自律监管指引第4号——停复牌》

第八条 根据交易所停复牌规则，上市公司筹划发行股份购买资产，可以根据实际情况申请短期停牌，停牌时间不超过10个交易日。停牌期间更换重组标的的，其累计停牌时间也不得超过10个交易日。……

第十一条 ……公司无法在第八条规定的停牌期限届满前披露重组预案或者报告书，但国家有关部门对相关事项的停复牌时间另有要求的，公司可以在充分披露筹划事项的进展、继续停牌的原因和预计复牌时间后向本所申请继续停牌，但连续停牌时间原则上不得超过25个交易日。涉及国家重大战略项目、国家军工秘密等事项，对停复牌时间另有要求的，从其要求。

5. 停牌信息披露要求

《上海证券交易所上市公司自律监管指引第4号——停复牌》

第五条 上市公司因筹划重大事项申请停牌，应当披露停牌具体事由、停牌期限和预计复牌时间等内容。停牌期间，公司应当分阶段详细披露筹划重大事项的进展情况，避免笼统、概括式的信息披露，并至少每5个交易日披露一次进展公告。……

第九条 上市公司筹划发行股份购买资产申请停牌的，应当在停牌公告中披露重组标的名称、交易对手方、交易方式、本次重组的意向性文件等基本信息。……

第十条 上市公司以筹划重组涉及发行股份为由申请停牌，应当在复牌前披露截至停牌前1个交易日前10大股东的名称及持股数量、前10大流通股股东的名称及持股数量和所持股份类别。

6. 复牌及其信息披露要求

《上海证券交易所上市公司自律监管指引第4号——停复牌》

第五条 ……上市公司应当在停牌期限届满前披露经董事会审议通过的重组预案或者报告书，并申请复牌；未能按期披露重组预案或者报告书的，应当终止筹划本次重组并申请复牌。

第十一条 公司完成重大事项筹划、停牌期限届满或者终止筹划重大事项的，应当立即申请复牌。公司应当披露停牌期间筹划重大事项的主要工作、事项进展、对公司的影响以及后续安排等，并充分提示相关事项的风险和不确定性。终止筹划重大事项的，还应当披露终止筹划的具体原因及决策程序。……

7. 披露重组预案或者报告书后的停复牌要求

《上海证券交易所上市公司自律监管指引第4号——停复牌》

第十二条 上市公司披露重组预案或者报告书后，本所按规定进行信息披露问询以及公司回复本所问询函期间，公司股票及其衍生品种原则上不停牌。

第十四条 上市公司筹划发行股份购买资产，在披露重组预案或者报告书后，因需要对方案作出重大调整申请停牌的，应当在5个交易日内披露重大调整的具体情况、当前进展、后续安排以及尚需履行的程序等事项，并申请复牌。

8. 筹划要约收购或控制权变更的停复牌

《上海证券交易所上市公司自律监管指引第4号——停复牌》

第十七条 上市公司股东筹划控制权变更、要约收购等事项的，原则上应当分阶段披露筹划进展。确需公司申请停牌的，可以申请停牌不超过2个交易日，并依规履行信息披露义务。确有必要的，可以延长至5个交易日。

（四）并购重组的股票交易情况自查

1. 上市公司重大资产重组股票交易自查

为排查、防范内幕交易，上市公司开展重大资产重组，需根据监管规定对内幕信息知情人股票交易情况进行自查。

（1）股票交易自查的时点：相关交易方案提交股东大会审议之前，上市公司完成内幕信息知情人股票交易自查报告。

（2）股票交易自查对象：内幕信息知情人（上市公司及其董事、监事、高级管理人员，交易对方及其董事、监事、高级管理人员或主要负责人，相关专业机构及其他知悉本次重大资产交易内幕信息的法人和自然人，以及上述相关人员的直系亲属）。

（3）股票交易自查期间：股票交易自查期间为首次披露重组事项或就本次重组申请股票停牌（孰早）前6个月至披露重组报告书之日。上市公司披露重组报告书后重组方案进行重大调整、终止重组的，应当在相关交易方案提交股东大会审议之前补充披露股票交易自查报告，自查期间为披露重组报告书之日至披露重组方案重大调整或终止重组之日。

（4）内幕交易对重组进程的影响。

①不予受理或暂停注册：上市公司向证券交易所提出发行股份购买资产申请，如该重大资产重组事项涉嫌内幕交易被中国证监会立案调查或者被司法机关立案侦查，尚未受理的，证券交易所不予受理；已经受理的，证券交易所暂停审核、中国证监会暂停注册。

②终止审核和注册：上市公司、占本次重组总交易金额比例在20%以上的交易对方，及上述主体的控股股东、实际控制人及其控制的机构因本次重大资产重组相关的内幕交易被中国证监会行政处罚或者被司法机关依法追究刑事责任的，中国证监会终止审核并终止注册。

③一定期限不得参与重组交易：相关主体因涉嫌本次重大资产重组相关的内幕交易被立案调查或者立案侦查的，自立案之日起至责任认定前不得参与任何上市公司的重大资产重组。中国证监会作出行政处罚或者司法机关依法追究刑事责任的，上述主体自中国证监会作出行政处罚决定或者司法机关作出相关裁判生效之日起至少36个月内不得参与任何上市公司的重大资产重组。

2. 上市公司收购或权益变动股票交易情况自查

涉及上市公司收购或股份权益变动，投资者或收购人在编制、披露权益变动报告书或收购报告书时，应当披露收购人买卖被收购人股票的情况。

（1）自查期间：前6个月内通过证券交易所的证券交易买卖被收购公司股票的情况（发生权益变动的为权益变动事实发生之日起前6个月，要约收购的为要约收购提示性公告日前6个月）。

（2）自查对象：应自查收购人（含一致行动人）及其各自董事、监事、高级管理人员（或者主要负责人），以及上述人员的直系亲属，在要约收购报告书摘要公告之日起前6个月内有通过证券交易所的证券交易买卖被收购公司股票行为。

三、财务顾问对上市公司并购重组内幕交易相关事项的核查要求

（一）核查要求（见表5-1）

表5-1　财务顾问对内幕交易的核查要求

业务类型	核查要求	相关规定依据
重大资产重组	上市公司首次披露重组报告书时，独立财务顾问和律师应对内幕信息知情人登记制度的制定和执行情况发表核查意见；在相关交易方案提交股东大会审议之前，上市公司完成内幕信息知情人股票交易自查报告，独立财务顾问和律师进行核查并发表明确意见	《监管规则适用指引——上市类第1号》第1~10条并购重组内幕交易核查要求
要约收购	要约价格低于提示性公告日前30个交易日该种股票的每日加权平均价格的算术平均值的，收购人聘请的财务顾问应当就该种股票前6个月的交易情况进行分析，说明是否存在股价被操纵、收购人是否有未披露的一致行动人、收购人前6个月取得公司股份是否存在其他支付安排、要约价格的合理性等	《收购管理办法》第35条第2款
股份权益变动	投资者聘请的财务顾问应对权益变动报告书内容（含股票收购人股票交易情况）进行核查	《收购管理办法》第17条

（二）重大资产重组中对上市公司内幕信息知情人登记制度制定和执行情况的核查

独立财务顾问一般需通过查阅上市公司董事会或股东大会决议及相关制度，了解并核查上市公司信息披露制度、内幕信息知情人登记制度制定程序及内容合法合规性。对照中国证监会、交易所相关监管规定及上市公司内幕信息知情人登记制度要求，对上市公司针对本次重大资产重组交易是否采取充分且必要的保密措施，是否依法合规申请停复牌，是否依法合规进行内幕信息知情人档案登记、报送，进行交易进程备忘录填报等事项进行核查。

（三）重大资产重组内幕信息知情人在自查期间存在买卖上市公司股票的核查

根据《公开发行证券的公司信息披露内容与格式准则第26号——上市公司重大资

产重组》的规定，当事人应当书面说明其买卖股票行为是否利用了相关内幕信息；上市公司及相关方应当书面说明相关重组事项的动议时间，买卖股票人员是否参与决策，买卖行为是否与本次重组事项有关；律师事务所应当对相关当事人及其买卖股票行为进行核查，对该行为是否涉嫌内幕交易、是否对本次交易构成法律障碍发表明确意见。

此外，独立财务顾问也需要对内幕信息知情人买卖股票行为进行核查。核查一般是基于上市公司及相关方出具的书面承诺或说明。相关交易不属于内幕交易或不会对交易构成影响一般基于以下原因：比如买卖是基于上市公司公开披露的信息、证券市场交易情况及股票交易经验而进行的独立交易，与重组交易不存在关联关系；不存在重组相关内幕信息的情形；若被认定交易行为不当或构成内幕交易，相关收益将无偿转让给上市公司等。

（四）核查手段

对股票交易情况的核查，在依法合理确定自查期间及自查人员范围的基础上，主要应取得结算公司出具的信息披露义务人持股及股份变更查询证明、股东股份变更明细单等外部证据，此外，独立财务顾问可以要求买卖上市公司股票的人员出具股票买卖自查报告及说明，结合其说明承诺文件及律师的核查意见，审慎判断相关交易是否构成内幕交易。

四、相关案例

【案例119】

深圳市汇创达科技股份有限公司（以下简称汇创达）拟通过发行股份及支付现金的方式向段某刚、段某军等购买其合计持有的信为兴100%股权及与之相关的全部权益，同时向汇创达控股股东李某发行股份募集配套资金15,000元。本次交易的独立财务顾问对本次交易相关方及其有关人员的内幕信息知情人股票交易自查报告进行核查。独立财务顾问经核查发现上市公司独立董事在自查期间存在买卖上市公司股票情况。

独立财务顾问确定的自查期间为本次交易事宜停牌日前6个月至本次交易正式方案披露之日。内幕信息知情人核查范围为汇创达及其控股股东、董事、监事、高级管理人员及有关知情人员；交易对方及其主要管理人员及有关知情人员；标的公司及其有关知情人员；为本次交易提供服务的相关中介机构及其他知悉本次交易内幕信息的法人和自然人，以及上述相关自然人的直系亲属（配偶、父母、年满18周岁的成年子女）。针对汇创达独立董事存在买卖公司股票的情况，独立财务顾问根据该股票交易人员出具的自查报告及说明，认为上述主体买卖股票的行为系依据市场公开信息进行判断的投资行为，与本次交易无关联，不属于利用本次交易的内幕信息进行的内幕交易行为。在上述机构和人员所述情况属实的情况下，上述机构和人员在自查期间内买卖汇创达股票的行为不会构成本次交易的实质性法律障碍。

案例点评 CASE ANALYSIS

内幕信息知情人在特定期间交易上市公司股票，可能对重组交易带来重大影响，甚至构成实质障碍。独立财务顾问需要审慎核查并出具专业意见，但核查手段可能较为有限，本案例中独立财务顾问主要通过审阅相关主体出具的自查报告及说明文件，认为交易系相关主体依据市场公开信息判断的投资行为，排除利用重组内幕信息进行内幕交易的可能。

第三节

上市公司收购尽职调查关注事项

一、上市公司收购中财务顾问职责

财务顾问在上市公司收购活动中起着极为重要的作用，根据委托方不同，可以分为由收购人聘请的财务顾问和上市公司董事会或独立董事聘请的独立财务顾问。

（一）收购人聘请的财务顾问

根据《收购管理办法》第65条规定，收购人聘请的财务顾问应当履行以下职责：（1）对收购人的相关情况进行尽职调查；（2）应收购人的要求向收购人提供专业化服务，全面评估被收购公司的财务和经营状况，帮助收购人分析收购所涉及的法律、财务、经营风险，就收购方案所涉及的收购价格、收购方式、支付安排等事项提出对策建议，并指导收购人按照规定的内容与格式制作公告文件；（3）对收购人进行证券市场规范化运作的辅导，使收购人的董事、监事和高级管理人员熟悉有关法律、行政法规和中国证监会的规定，充分了解其应当承担的义务和责任，督促其依法履行报告、公告和其他法定义务；（4）对收购人是否符合本办法的规定及公告文件内容的真实性、准确性、完整性进行充分核查和验证，对收购事项客观、公正地发表专业意见；（5）与收购人签订协议，在收购完成后12个月内，持续督导收购人遵守法律、行政法规、中国证监会的规定、证券交易所规则、上市公司章程，依法行使股东权利，切实履行承诺或者相关约定。

（二）上市公司董事会或独立董事聘请的独立财务顾问

上市公司收购中需要聘请独立财务顾问的情形主要有以下两种：一是在要约收购

中，被收购公司董事会应当聘请独立财务顾问提出专业意见；二是上市公司管理层收购中，独立董事发表意见前，应当聘请独立财务顾问就本次收购出具专业意见。

值得注意的是，上市公司董事会或者独立董事聘请的独立财务顾问，不得同时担任收购人的财务顾问或者与收购人的财务顾问存在关联关系。

独立财务顾问的职责主要是根据委托进行尽职调查，对本次收购的公正性和合法性发表专业意见。

二、上市公司收购尽职调查关注事项

各种不同类型的收购方式的程序、条件不尽相同，财务顾问在为收购人或被收购上市公司提供财务顾问服务时，需要基于对各类不同收购方式监管要求、风险点的理解，对收购项目进行尽职调查，对公告文件进行核查。下面就收购中财务顾问尽职调查关注事项进行介绍。

（一）收购人相关的尽职调查关注事项

1. 收购人条件的核查

（1）核查内容

根据《收购管理办法》第 6 条第 2 款的规定，收购人有以下情形之一的，不得收购上市公司：收购人负有数额较大债务，到期未清偿，且处于持续状态；收购人最近 3 年有重大违法行为或者涉嫌有重大违法行为；收购人最近 3 年有严重的证券市场失信行为；收购人为自然人的，存在《公司法》第 146 条规定情形；法律、行政法规规定以及中国证监会认定的不得收购上市公司的其他情形。

同时上市公司的收购及相关股份权益变动活动，必须遵守法律、行政法规及中国证监会的规定。当事人应当诚实守信，遵守社会公德、商业道德，自觉维护证券市场秩序，接受政府、社会公众的监督。

（2）核查方法

财务顾问可以通过审阅收购人提供的经审计的最近 3 年及一期财务报告、企业信用报告等，了解收购人是否负有数额较大债务，通过查询裁判文书网、全国法院被执行人信息查询系统、全国法院失信被执行人名单信息查询系统等核查收购人是否存在未决债务诉讼纠纷等；通过公开信息查询，核查收购人最近 3 年是否有重大违法行为或者涉嫌有重大违法行为，在必要时获取收购人相关政府部门出具的报告期内的合规证明，实地走访市场监督管理、税务等相关政府部门进一步访谈确认；通过查询证券期货失信信息查询平台、中国证监会及相关派出机构、交易所等网站，了解是否存在证券市场失信行为。

收购人为自然人的，财务顾问还可通过查阅收购人的个人履历资料、查询收购人曾担任董监高的其他公司所披露信息、国家企业信息公示系统的记录，取得有关调查函，查询中国裁判文书网、国家信用信息公示系统等公开网站，核查收购人履历真实性，是否担任破产清算的公司、企业的董事或者厂长、经理，或因违法被吊销营业执照、责令关闭的公司、企业的法定代表人；通过取得收购人对应的无犯罪记录证明、走访司法机关等，调查收购人最近3年内是否存在违法犯罪记录，调查了解收购人的任职经历以及是否存在《公司法》第146条规定之情形。

2. 收购人及其一致行动人的认定

一致行动人的认定一直是上市公司收购和权益变动监管的重点问题，也是财务顾问在为收购人及上市公司提供财务顾问服务时需要重点关注的问题。一致行动人对上市公司收购及权益变动存在较大影响，其中最主要的是，上市公司收购或权益变动中，一致行动人权益需合并计算，投资者是否存在一致行动关系，影响着投资者信息披露及其他法定义务的履行。

（1）一致行动人的定义

根据《收购管理办法》第83条的规定，一致行动是指投资者通过协议、其他安排，与其他投资者共同扩大其所能够支配的一个上市公司股份表决权数量的行为或者事实。

在上市公司的收购及相关股份权益变动活动中有一致行动情形的投资者，互为一致行动人。如无相反证据，投资者有下列情形之一的，为一致行动人：①投资者之间有股权控制关系；②投资者受同一主体控制；③投资者的董事、监事或者高级管理人员中的主要成员，同时在另一个投资者担任董事、监事或者高级管理人员；④投资者参股另一投资者，可以对参股公司的重大决策产生重大影响；⑤银行以外的其他法人、其他组织和自然人为投资者取得相关股份提供融资安排；⑥投资者之间存在合伙、合作、联营等其他经济利益关系；⑦持有投资者30%以上股份的自然人，与投资者持有同一上市公司股份；⑧在投资者任职的董事、监事及高级管理人员，与投资者持有同一上市公司股份；⑨持有投资者30%以上股份的自然人和在投资者任职的董事、监事及高级管理人员，其父母、配偶、子女及其配偶、配偶的父母、兄弟姐妹及其配偶、配偶的兄弟姐妹及其配偶等亲属，与投资者持有同一上市公司股份；⑩在上市公司任职的董事、监事、高级管理人员及其前项所述亲属同时持有本公司股份的，或者与其自己或者其前项所述亲属直接或者间接控制的企业同时持有本公司股份；⑪上市公司董事、监事、高级管理人员和员工与其所控制或者委托的法人或者其他组织持有本公司股份；⑫投资者之间具有其他关联关系。

一致行动人应当合并计算其所持有的股份。投资者计算其所持有的股份，应当包括登记在其名下的股份，也包括登记在其一致行动人名下的股份。

投资者认为其与他人不应被视为一致行动人的，可以向中国证监会提供相反证据。

（2）核查方法

财务顾问对一致行动关系的核查最直接的方法就是获取并查阅一致行动协议，但根据上述定义，即便未签署一致行动协议，也存在被推定为构成一致行动关系的情形。一般而言，财务顾问可以通过以下方法核查：对收购人及相关主体进行访谈、查阅及比对《收购管理办法》关于一致行动人的相关条款，确定收购主体是否为实际控制人的一致行动人；查阅收购人及其关联方、其他投资人工商登记注册资料，核查相互间的股权及控制关系；查阅收购人报告期内的“三会”会议文件，核查收购人及一致行动人在公司股东大会上权利行使及表决情况；取得并查阅收购人或上市公司董监高等的调查表，核查董监高交叉任职、亲属持股、对外投资等可能导致的一致行动关系。

3. 收购人与上市公司同业竞争和关联交易的核查

（1）核查内容

根据《收购管理办法》第 29 条第 1 款的规定，收购人需在权益变动报告书或收购报告书披露收购人及其关联方所从事的业务与上市公司的业务之间是否存在同业竞争或潜在的同业竞争，是否存在关联交易；如存在，收购人已作出的确保收购人及其关联方与上市公司之间避免同业竞争以及保持上市公司独立性的相应安排，财务顾问应对收购人解决与上市公司同业竞争等利益冲突及保持上市公司经营独立性的方案进行分析，说明本次收购对上市公司经营独立性和持续发展可能产生的影响。

（2）核查方法

针对收购人和被收购上市公司同业竞争、关联交易的核查，财务顾问可以结合投资者、一致行动人及其控股股东、实际控制人名单，查询公开信息系统、查阅工商信息，针对工商资料列明的经营范围，核查是否存在同业竞争情况，必要时，可以通过获取调查问卷、获取客户供应商名录、获取财务报表、获取董监高及员工名单、网络信息检索、实地走访等方式识别与上市公司可能存在同业竞争的情况。如存在同业竞争情形的，财务顾问应取得收购人及相关竞争方就同业竞争情况的利益冲突的解决方案及相关承诺，并对相关承诺及同业竞争解决措施的合理性、可行性及对上市公司经营独立性的影响进行评估。

关联交易方面，财务顾问可以通过与收购人及其关联方的董监高人员、财务部门和主要业务部门负责人交谈，查阅账簿、相关合同、会议记录，查阅同类交易的市场价格数据，获取与关联交易相关的管理制度和会议资料，分析关联交易产生的利润占发行人利润总额的比例是否较高等方式，分析关联交易必要性、关联交易公允性等方面对上市公司独立性、盈利能力的影响，关联交易内控制度及实际执行情况，核查关联交易对上市公司收购交易的影响。

4. 相关案例

【案例120】

A券商财务顾问主办人B、C因对股东违规行为核查未勤勉尽责被处罚。

案情简介：A券商担任广东嘉应制药股份有限公司（以下简称嘉应制药）股东权益变动的财务顾问，存在以下违规行为：2013年12月10日，嘉应制药披露关于发行股份购买资产相关方出具承诺事项的公告，嘉应制药股东林某贤、颜某基、张某、陈某、周某军、熊某、陈某金（以下简称7名自然人股东）作出承诺："本人未来也不会与本次发行的其他交易对方达成或意图达成一致行动的安排。"（以下简称相关承诺）2017年4月8日，嘉应制药披露股东陈某洪、黄某勇、黄某民以及上述7名自然人股东于2017年4月7日签署了《一致行动人协议》。2017年4月12日，上述10名股东披露详式权益变动报告书，称一致行动人协议签署后，陈某洪等10名自然人股东成为嘉应制药控股股东及实际控制人。7名自然人股东签署一致行动协议的行为违反了其2013年出具的相关承诺。

2017年4月12日，A券商在详式权益变动报告书之财务顾问核查意见中披露"已履行勤勉尽责义务，对信息披露义务人的详式权益变动报告书的内容进行了核查和验证，未发现虚假记载、误导性陈述和重大遗漏"。作为嘉应制药股东的财务顾问主办人员，在出具核查意见时未发现并未向交易所报告嘉应制药股东的上述违规行为，未能勤勉尽责地履行核查义务，专项核查意见出现了重大遗漏，上述行为违反了《深圳证券交易所股票上市规则》（2014年修订）第1.4条、第2.23条的规定，被交易所出具监管函。

案例点评

CASE ANALYSIS

以上案例提示行业机构，对权益变动转中一致行动关系进行尽职调查核查时，除应关注信息披露义务人采取一致行动的目的、达成一致行动协议或者意向的时间、一致行动协议或者意向的内容等，还应当对相关股东出具承诺及对效力期限内承诺的履行情况进行适当关注，通过获取承诺函、一致行动协议，对上市公司及相关股东进行访谈等方式，核查股东达成一致行动关系是否与此前出具的承诺相违背，是否存在其他违规行为，对所制作、出具的文件内容的真实性、准确性、完整性进行核查和验证，保证制作、出具的文件没有虚假记载、误导性陈述或者重大遗漏。

（二）要约收购的尽职调查关注事项

1. 要约收购概述

要约收购，即投资者自愿选择以要约方式收购上市公司股份。

投资者向被收购公司发出收购其所持有的全部或者部分股份的要约，分为全面要约和部分要约。全面要约是指收购人向被收购公司所有股东发出收购其所持有的全部股份的要约；部分要约是指收购人向被收购公司所有股东发出收购其所持有的部分股份的要约。

根据要约的发出是否基于收购人的意愿，要约收购又可分为自愿要约收购和强制要约收购。自愿要约收购是指收购人自愿作出收购决定，并根据目标公司总股本确定预计收购的股份比例，在该比例范围内向目标公司所有股东发出收购要约；强制要约收购则是指在收购人持有目标公司已发行股份达到一定比例，以致获得对目标公司的控制权时，法律强制其向目标公司的所有股东发出收购要约。

2. 要约收购特征

要约收购由收购人单方面启动，其对象为上市公司的全部股东，与协议收购相比存在非协商性、公共性的特征。非协商性即相较于协议收购，要约收购的收购人发出要约无须与上市公司及其股东进行协商，只需依法编制要约收购报告书、在交易所办理履约保证手续后，即可向交易所提交收购相关的文件启动要约，前期仅需履行对上市公司的通知义务；公共性即指投资者在交易所内公开其收购的先决条件、收购价格、要约期限等信息，向上市公司的全部股东同时发出要约，信息公开透明，运作更为市场化。

3. 要约收购信息披露要点

财务顾问应关注收购人信息披露的合法合规性，提示并配合收购人做好要约收购的信息披露，并根据监管规定对信息披露文件进行核查。

（1）以要约方式收购上市公司股份的，财务顾问应协助收购人编制要约收购报告书并对其内容进行核查。通知被收购公司，同时对要约收购报告书摘要作出提示性公告。

（2）本次收购依法应当取得相关部门批准的，财务顾问应关注是否在要约收购报告书摘要中作出特别提示，收购人应在取得批准后公告要约收购报告书。

（3）收购人发出全面要约的，财务顾问应关注要约收购报告书对终止上市的风险披露是否充分；核查收购人对终止上市后收购行为完成的时间及对仍持有上市公司股份的剩余股东出售其股票是否作出后续安排。

（4）收购人自作出要约收购提示性公告后，财务顾问应对要约收购报告书的后续披露予以关注，提示收购人在提示性公告发布后60日内披露。未公告要约收购报告书的，收购人应当在期满后次一个工作日通知被收购公司，并予公告；此后每30日应当公告一次，直至公告要约收购报告书。

（5）收购人作出要约收购提示性公告后，在公告要约收购报告书之前，拟自行取消收购计划的，财务顾问应关注收购人取消收购的原因及其公告情况；自公告之日起12个月内，该收购人不得再次对同一上市公司进行收购。

4. 要约收购价格

（1）收购人进行要约收购的，对同一种类股票的要约价格，不得低于要约收购提示性公告日前6个月内收购人取得该种股票所支付的最高价格。

（2）要约价格低于提示性公告日前30个交易日该种股票的每日加权平均价格的算术平均值的，收购人聘请的财务顾问应当就该种股票前6个月的交易情况进行分析，说明是否存在股价被操纵、收购人是否有未披露的一致行动人、收购人前6个月取得公司股份是否存在其他支付安排、要约价格的合理性等。

5. 收购要约

（1）收购要约提出的各项收购条件，适用于被收购公司的所有股东。上市公司发行不同种类股份的，收购人可以针对不同种类股份提出不同的收购条件。

（2）收购要约约定的收购期限不得少于30日，并且不得超过60日，但是出现竞争要约的除外。

（3）在收购要约约定的承诺期限内，收购人不得撤销其收购要约，但是可以变更收购要约。收购人需要变更收购要约的，必须及时公告，载明具体变更事项，并通知被收购公司。变更收购要约不得存在下列情形：降低收购价格、减少预定收购股份数额、缩短收购期限、中国证监会规定的其他情形。

（4）采取要约收购方式的，收购人作出公告后至收购期限届满前，不得卖出被收购公司的股票，也不得采取要约规定以外的形式和以超出要约的条件买入被收购公司的股票。

（5）收购要约期限届满前15日内，收购人不得变更收购要约，但是出现竞争要约的除外。出现竞争要约时，发出初始要约的收购人变更收购要约距初始要约收购期限届满不足15日的，应当延长收购期限，延长后的要约期限应当不少于15日，不得超过最后一个竞争要约的期满日，并按规定追加履约保证；发出竞争要约的收购人最迟不得晚于初始要约收购期限届满前15日发出要约收购的提示性公告。

6. 要约收购的支付方式及履约保障安排

（1）支付方式

收购人可以采用现金、证券、现金与证券相结合等方式支付收购上市公司的价款，但是不能使用其他非货币性资产，如土地使用权、专利权或者固定资产。

（2）证券支付的特殊要求

收购人应当提供该证券的发行人最近3年经审计的财务会计报告、证券估值报告；收购人以在交易所上市的债券支付收购价款的，该债券的可上市交易时间应当不少于1个月；收购人以未在交易所上市交易的证券支付收购价款的，必须同时提供现金选择权。

（3）全面要约支付要求

收购人为终止上市公司的上市地位而发出全面要约的，或者因不符合免于发出要约情形而发出全面要约的，应当以现金支付收购价款；以证券支付收购价款的，应当同时提供现金方式供被收购公司股东选择。

（4）履约保障安排

收购人应当在作出要约收购提示性公告的同时，提供以下至少1项履约保障安排：

①以现金支付收购价款的，将不少于收购价款总额的20%作为履约保证金存入证券登记结算机构指定的银行；收购人以在证券交易所上市交易的证券支付收购价款的，将用于支付的全部证券交由证券登记结算机构保管，但上市公司发行新股的除外。②银行

对要约收购所需价款出具保函。③财务顾问出具承担连带保证责任书面承诺，明确如要约期满收购人不支付收购价款，财务顾问进行支付。

7. 要约收购中被收购公司董事会禁止事项

要约收购中，被收购上市公司董事会不得作出以下行为，独立财务顾问接受上市公司董事会委托提供财务顾问服务时，应关注是否存在以下情形，并及时督导上市公司董事会按照监管要求履职：

（1）被收购公司董事会不得对收购设置不适当的障碍，不得利用公司资源向收购人提供任何形式的财务资助。

（2）收购人作出提示性公告后至要约收购完成前，被收购公司除继续从事正常的经营活动或者执行股东大会已经作出的决议外，未经股东大会批准，被收购公司董事会不得通过处置公司资产、对外投资、调整公司主要业务、担保、贷款等方式，对公司的资产、负债、权益或者经营成果造成重大影响。

（3）在要约收购期间，被收购公司董事不得辞职。

8. 对要约收购相关事项的核查方法

（1）收购人如须履行全面要约收购义务，财务顾问可以通过访谈收购人及其主要负责人，查阅收购人作出收购决议的决策文件、收购人财务报表、收购资金来源、履约保障相关的借贷协议、银行保函等合同协议等，核查收购人财务状况、资金实力，进而判断收购人是否具备相应的收购实力。

（2）收购人以终止被收购公司的上市地位为目的而发出的全面要约，财务顾问应核查收购方案是否就公司退市后剩余股东的保护作出适当安排。

（3）财务顾问通过查阅报告书，核查其内容是否有要约收购价格、约定条件、要约收购的期限、要约收购的资金安排等，是否符合《收购管理办法》的规定。

（4）财务顾问应对收购人支付方式进行核查，支付手段为现金的，应关注在作出要约收购提示性公告的同时是否将不少于收购价款总额的20%作为履约保证金存入证券登记结算机构指定的银行账户。

（5）支付手段为证券时，财务顾问应获取并查阅提供该证券的发行人最近3年经审计的财务会计报告、证券估值报告；收购人如以在证券交易所上市的债券支付收购价款的，财务顾问应结合债券发行、上市交易有关文件，核查在收购完成后，该债券的可上市交易时间是否不少于1个月；收购人如以在证券交易所上市交易的证券支付收购价款的，财务顾问应通过查阅取得登记保管证明文件，将用以支付的全部证券交由证券登记结算机构保管（但上市公司发行新股的除外）；收购人如以未在证券交易所上市交易的证券支付收购价款的，是否提供现金方式供投资者选择。

（6）财务顾问可以通过取得和审阅相关当事人信息披露公告资料、文件等方式，核查相关当事人是否已经及时、真实、准确、完整地履行了报告和公告义务，相关信息是否未出现提前泄露的情形，相关当事人是否不存在正在被证券监管部门或者证券交易所调查的情况。

（7）经对收购人（包括一致行动人），收购人的董事、监事、高级管理人员及其直系亲属，为本次收购提供服务的专业机构及执业人员及其直系亲属的证券账户予以核查，通过查询结算公司出具的账户股份变更证明文件等，要求相关人员出具自查报告、承诺函等方式，核查上述人员是否不存在在本次收购前6个月内买卖被收购公司股票的行为。

（8）要约收购涉及上市公司国有股权变动的，财务顾问还应结合《上市公司国有股权监督管理办法》等相关规定，获取相应的批准、备案文件，对收购交易是否履行国资审批程序进行核查。

9. 参考案例

【案例121】

2022年2月7日，深圳市路畅科技股份有限公司（002813，以下简称路畅科技）原控股股东实际控制人郭某某女士与中联重科签署了《股权转让协议》，通过协议转让的方式转让路畅科技股份35,988,000股（占路畅科技截至协议收购完成日总股本的29.99%），协议转让价格为21.67元/股，并放弃其所持有的全部剩余股份42,999,690股的表决权，过户日期为2022年2月23日，完成过户登记后，中联重科成为路畅科技单一拥有表决权份额最大的股东，即成为路畅科技的控股股东。

2022年3月31日，路畅科技大股东中联重科向除中联重科以外的其他全体股东发出的部分要约收购，要约收购期限共计30个自然日，即2022年3月31日至4月29日，预定要约收购股份数量为28,596,000股，占路畅科技总股本的23.83%，要约收购的价格为21.67元/股。截至2022年4月29日，本次要约收购期限届满，最终收购预受要约的股份数为28,596,000股。2022年5月9日，本次要约收购涉及股份的清算过户手续已办理完毕，收购人中联重科合计持有公司64,584,000股股份，占公司总股本的

53.82%，仍为公司控股股东。

案例点评 CASE ANALYSIS

本案例是收购人通过“协议+要约”方式取得并控股路畅科技控制权的典型案例。本案例特别之处在于要约收购价格的确定及其合理性。收购人中联重科完成协议转让之后，以协议收购价格即21.67元/股，继续通过要约收购方式增持路畅科技股份，以巩固路畅科技控制权。虽然要约收购价格符合《收购管理办法》第35条第1款规定，即“收购人按照本办法规定进行要约收购的，对同一种类股票的要约价格，不得低于要约收购提示性公告日前6个月内收购人取得该种股票所支付的最高价格”，但却低于本次要约收购提示性公告日前30个交易日路畅科技股票的每日加权平均价格的算术平均值26.31元/股。

财务顾问根据《收购管理办法》的要求，对要约收购价格的合理性进行了分析，认为本次收购不以终止路畅科技上市地位为目的，收购人前6个月取得路畅科技股份不存在其他支付安排，本次要约价格与郭某某协议转让股票作价一致，且收购人不存在操纵股价的情形，不存在其他未披露的一致行动人等，本次要约价格虽然低于提示性公告日前30个交易日路畅科技股票的每日加权平均价格的算术平均值，但其具有合理性，不存在损害中小投资者利益的情形。

（三）协议收购的尽职调查关注事项

1. 协议收购概述

协议收购是指由收购人与上市公司特定的股票持有人就收购该公司股票的条件、价格、期限等有关事项达成协议，由公司股票的持有人向收购者转让股票，收购人支付现金，达到收购的目的的收购行为。

2. 协议收购价格

根据《上海证券交易所交易规则》《上海证券交易所上市公司股份协议转让业务办理指引》等相关规则，股份协议转让价格不低于转让协议签署日（当日为非交易日的顺延至次一交易日）公司股份大宗交易价格范围的下限，法律法规、本所业务规则另有规定的除外。

根据《深圳证券交易所上市公司股份协议转让业务办理指南》等相关规则，协议转让的定价以协议签署日的前一交易日转让股份二级市场收盘价为定价基准，转让价格范围下限比照大宗交易的规定执行，法律、行政法规、部门规章、规范性文件及本所业务规则等另有规定的除外。

3. 收购比例

根据交易所的相关规则，协议转让股份数量不低于上市公司境内外发行股份总数的5%，单个受让方的受让比例不得低于5%（转让双方存在实际控制关系、均受同一控制人所控制等情况除外）。

4. 转让协议

根据《公开发行证券的公司信息披露内容与格式准则第15号——权益变动报告书》（2020年修订）第23条的规定，收购人应在报告书中披露转让协议的主要内容，包括当事人、转让股份的种类、数量、比例、股份性质及性质变动情况、转让价款、股份转让的支付对价（如现金、资产、债权、股权或其他安排）、付款安排、协议签订时间、生效时间及条件、特别条款等，还应针对拟转让股份，披露并核查是否存在被限制转让的情况、本次股份转让是否附加特殊条件、是否存在补充协议、协议双方是否就股份表决权的行使存在其他安排、是否就出让人在该上市公司中拥有权益的其余股份存在其他安排；如股份转让须经有关部门批准，应当披露并说明批准部门的名称、批准进展情况等。

财务顾问可以通过获取并查阅股权转让协议等方式，对转让协议及收购人信息披露内容进行审慎核查，关注转让协议是否存在变更或补充的情形、是否存在附条件解除、生效条款，并督导发行人进行充分、合理信息披露；关注并核查拟转让股份是否存在被限制转让情形，是否附加特殊条件，是否存在补充协议，是否需经有关部门批准，关注收购方信息披露内容是否真实、准确、完整，是否与财务顾问核查情况相符。

5. 协议收购过渡期行为规范

过渡期，是指以协议方式进行上市公司收购的，自签订收购协议起至相关股份完成过户的期间。过渡期内，上市公司收购双方应遵守有关行为规范，聘请财务顾问的，财务顾问应督导上市公司收购双方遵守有关行为规范。

过渡期内，被收购公司的董事、监事和高管人员可以辞职；被收购公司可以非公开发行股票、发行公司债券、发行优先股；收购人可以向被收购公司推荐总经理、财务总监人选，并由董事会聘任后参与被收购公司的经营管理。

但根据《收购管理办法》第52条的规定，如下事项是被禁止的，即过渡期内，收购人不得通过控股股东提议改选上市公司董事会，确有充分理由改选董事会的，来自收购人的董事不得超过董事会成员的1/3；被收购公司不得为收购人及其关联方提供担保；被收购公司不得公开发行股份募集资金；被收购公司不得进行重大购买、出售资产及重大投资行为或者与收购人及其关联方进行其他关联交易，但收购人为挽救陷入危机或者面临严重财务困难的上市公司的情形除外。

6. 股权过户

收购人在收购报告书公告后30日内仍未完成相关股份过户手续的，应当立即作出公告，说明理由。在未完成相关股份过户期间，应当每隔30日公告相关股份过户办理进展情况。

7. 相关案例

【案例122】

2016年，A券商及财务顾问主办人B、C因未发现收购人信息披露存在重大遗漏，出具的财务顾问报告存在重大遗漏被处罚。

2015年11月10日，沈机集团昆明机床股份有限公司（以下简称昆明机床）第一大股东沈阳机床（集团）有限责任公司（以下简称沈机集团）与紫光卓远正式签署《沈阳机床（集团）有限责任公司和西藏紫光卓远股权投资有限公司关于沈机集团昆明机床股份有限公司股份转让协议》（以下简称《股份转让协议》），沈机集团拟将持有的昆明机床25.08%股份全部转让给紫光卓远，转让完成后紫光卓远将成为昆明机床第一大股东。该协议比以前的版本增加了以下条款，“协议的解除8.1本协议签署之日起3个月内，依照4.1条所列的生效条件不能全部获得满足的，则本协议自动解除，双方互不承担违约责任。甲方应在本协议自动解除后5个工作日内，返还3.2条所列受让保证金”（以下简称“3个月自动解除”条款），以及“生效条件4.1.4甲方（沈机集团）获得云南省有关政府部门支持乙方（紫光卓远）成为昆明机床第一大股东的书面文件，云南省工业投资控股集团有限责任公司出具书面文件支持并配合完成本协议项下股权转让事宜”（以下简称“获得云南有关部门支持”条款）。

2015年11月12日，紫光卓远通过昆明机床披露了详式权益变动报告书，该报告书未披露《股份转让协议》中“3个月自动解除”条款和包括“获得云南有关部门支持”条款在内的全部生效条件。

同日，A券商出具财务顾问声明随详式权益变动报告书一并公告，确认“已履行勤勉尽责义务，对本报告书的内容进行了核查和验证，未发现虚假记载、误导性陈述或者重大遗漏，并对此承担相应的责任”。同日，A券商出具详式权益变动报告书之财务顾问核查意见(以下简称核查意见)，认为信息披露义务人已经按照《收购管理办法》及相关配套文件的规范要求，披露了信息披露义务人的基本情况、权益变动目的等信息，披露内容真实、准确、完整。B、C作为财务顾问主办人，D作为法定代表人，在上述财务顾问声明和核查意见上签字。A券商在出具上述核查意见和声明时，未取得沈机集团和紫光卓远正式签署的《股份转让协议》，未通过核查发现该协议文本中的新增条款。

A券商未取得并核查沈机集团和紫光卓远正式签署的《股份转让协议》，未发现紫光卓远披露的详式权益变动报告书信息披露存在重大遗漏，其出具的核查意见存在重大遗漏。A券商的上述行为违反了2014年《证券法》第173条和《收购管理办法》第9条第2款的规定，构成2014年《证券法》第223条所述“证券服务机构未勤勉尽责，所制作、出具的文件有虚假记载、误导性陈述或者重大遗漏”的行为。A券商因违规行为被采取责令改正，没收业务收入300万元，并处以300万元罚款的处罚，财务顾问主办人被给予警告，并分别处以5万元罚款。

案例点评 CASE ANALYSIS

根据《公开发行证券的公司信息披露内容与格式准则第15号——权益变动报告书》（2014年）第23条的规定，通过协议转让导致信息披露义务人在上市公司中拥有权益的股份变动达到法定比例的，信息披露义务人（包括出让人和受让人）应当披露转让协议的主要内容，包括生效时间及条件、特别条款等。

股权转让协议中的附条件解除协议、生效条款均是影响交易进展的重要事项，财务顾问在核查时应重点予以关注，对收购方股权转让协议签署情况、变更情况进行持续尽职调查，特别应关注变更后协议新增或变更条款情况，核查对信息披露及交易的影响，并督导发行人做好信息披露，根据尽职调查核查情况客观、审慎、准确出具财务顾问意见。

（四）上市公司收购权益变动披露

《收购管理办法》第3条第2款规定，上市公司的收购及股份权益变动活动中的信息披露义务人，应当充分披露其在上市公司中的权益及变动情况，依法严格履行报告、公告和其他法定义务。下面就权益变动的信息披露及交易行为限制进行介绍。

1. **增持首次达或超过5%（见表5-2）**

表5-2　上市公司股份权益变动增持首次达或超过5%的信息披露

主体	方式	披露时点及要求	交易行为限制
拥有5%以下表决权股份的投资者及其一致行动人	证券交易所的证券交易（竞价交易和大宗交易）	达到上市公司已发行有表决权股份的5%时，应在该事实发生之日起3日内编制权益变动报告书，向中国证监会、交易所提交书面报告，通知该上市公司，并予公告	（1）在上述期限内，不得再行买卖该上市公司股票，中国证监会另有规定的除外。 （2）违反该规定买入上市公司有表决权的股份的，在买入后的36个月内，对该超过规定比例部分的股份不得行使表决权
	协议转让、行政划转或变更、执行法院裁定、继承、赠与等方式	拟达到或超过上市公司已发行有表决权股份的5%时，应在该事实发生之日起3日内编制权益变动报告书，向中国证监会、交易所提交书面报告，通知该上市公司，并予公告	在作出报告、公告前，不得再行买卖该上市公司股票

需要关注的是，对于证券交易所的证券交易方式而言，5%是首次披露节点；非证券交易所的证券交易方式首次披露节点可以不是5%，可以一次性直接越过5%。

2. **增持达5%～30%（见表5-3）**

表5-3　上市公司股份权益变动增持达5%～30%的信息披露

主体	方式	披露时点及要求	交易行为限制
拥有5%以上表决权股份的投资者及其一致行动人	证券交易所的证券交易（竞价交易和大宗交易）	投资者所持该上市公司已发行有表决权股份比例每增加或减少1%，应在该事实发生的次日通知该上市公司，并予公告	仅需要公告披露即可，买卖股票行为不受限制
		投资者所持该上市公司已发行有表决权股份比例每增加或减少5%，应在该事实发生之日起3日内编制权益变动报告书，向中国证监会、交易所提交书面报告，通知该上市公司，并予公告	（1）在该事实发生之日起至公告后3日内，不得再行买卖该上市公司股票。 （2）违反该规定买入上市公司有表决权的股份的，在买入后的36个月内，对该超过规定比例部分的股份不得行使表决权
	协议转让、行政划转或变更、执行法院裁定、继承、赠与等方式	投资者所持该上市公司已发行有表决权股份比例每增加或减少达到或超过5%，应在该事实发生之日起3日内编制权益变动报告书，向中国证监会、交易所提交书面报告，通知该上市公司，并予公告	在作出报告、公告前，不得再行买卖该上市公司股票

3. 关于持续权益变动的解释

中国证监会公布的《监管规则适用指引——上市类第1号》1-15上市公司收购相关事项第4条对持续权益披露进行了细化解释说明，具体如下：

（1）《收购管理办法》第13条第2款中“占该上市公司已发行股份的比例每增加或者减少5%”是指通过证券交易所的证券交易，投资者及其一致行动人拥有权益的股份“变动数量”达到上市公司已发行股份的5%时（如从11%降至9%，虽然跨越10%刻度，但不触发相关义务），应当依照相关规定进行公告。在公告后3日内，不得再行买卖该上市公司的股票。

（2）根据《证券法》第63条规定，如通过证券交易所的证券交易，投资者及其一致行动人拥有权益的股份降至5%以下时，即使“变动数量”未达到上市公司已发行股份的5%（如从5.5%降至4%），也应当披露权益变动报告书、履行相关限售义务。但上市公司披露的上市公告书中已包含权益变动信息的，可不再单独披露权益变动报告书。对于因增发股份等原因导致持股比例被动降至5%以下后又主动减持股份的，应当披露权益变动报告书、履行相关限售义务。

（3）规则中“3日”是指交易日，不含公告日当天。

4. 财务顾问对权益变动的尽职调查核查

如财务顾问接受收购人委托，根据《收购管理办法》第17条规定，对权益变动报告书所披露的内容出具核查意见，财务顾问除可参照本章关于要约收购的核查方法外，还可以采用以下方面对权益变动报告相关内容进行核查：

（1）财务顾问可通过获取、查阅相关信息披露义务人对外披露的权益变动文件等方式，核查收购人信息披露是否依法合规，如存在违规情形，财务顾问应核查原因，并督导收购人整改，严格按《证券法》及交易所信息披露规则要求履行信息披露义务。

（2）财务顾问可通过查阅内幕信息知情人名单、获取并查阅股票交易记录等方式，对收购人及其董监高、直系亲属等股票交易情况进行核查，具体详见本章第二节关于并购重组内幕交易核查的介绍。

（3）财务顾问可以通过访谈收购人及其主要负责人，获取收购人进行上市公司收购有关的方案、决议文件等方式，核查收购人的持股目的，及未来12个月内继续增加其在上市公司中拥有的权益的意向，及未来12个月内对上市公司资产、业务、人员、组织结构、公司章程等进行调整的后续计划等。

5. 相关案例

【案例123】

恒大地产集团有限公司（以下简称恒大地产）增持廊坊发展股份有限公司（以下简称廊坊发展）（600149）5%的股权比例，本次权益变动完成后，恒大地产持有廊坊发展股份57,024,552股，占廊坊发展总股本的15%。

交易所问询要求恒大地产详细说明看好上市公司发展前景的理由，并说明是否有意通过股份增持获得廊坊发展的实际控制权，是否有意参与廊坊发展的经营管理。恒大地产回复称恒大地产本次增持廊坊发展主要为充分把握京津冀一体化政策契机，看好上市公司未来发展前景。恒大地产已就历次增持依法履行信息披露义务，截至本回复出具之日合计持有廊坊发展15%股份，为上市公司第二大股东，恒大地产亦未向廊坊发展委派任何董事、监事及高管人员。根据上市公司公告，廊坊市投资控股集团有限公司目前合计持有廊坊发展15.30%股份，上市公司控股股东及实际控制人目前均未发生变化。截至本回复出具之日，恒大地产并无取得廊坊发展实际控制权的明确计划。恒大地产未来12个月内计划继续增持廊坊发展股份，增持金额不少于人民币5000万元。随着增持计划实施，恒大地产并不排除取得廊坊发展实际控制权以及行使股东权利合法参与廊坊发展经营管理的可能，具体将取决于未来证券市场整体情况、二级市场股价情况、上市公司业务发展情况以及其他上市公司股东持股数量、对上市公司董事会的提名情况等因素。如届时依据相关法律法规，恒大地产取得廊坊发展实际控制权或提名新的董事、监事等人员，其将依法履行相关披露义务。

此外，交易所问询要求收购人详细说明方案计划的具体内容，并说明是否可能造成与上市公司同业竞争等问题。

收购人回复称“截至本回复出具之日，恒大地产不存在对于上市公司主营业务进行调整的明确计划。本着有利于上市公司发展、有利于维护广大股东利益的原则，恒大地产作为上市公司股东将积极与各方探索有利于上市公司发展的业务路径，不断增强上市公司核心竞争力”。

案例点评

CASE ANALYSIS

上市公司举牌行为应当根据《收购管理办法》进行信息披露，按信息披露准则编制并公告简式或详式权益变动报告书。举牌行为本身的动机、目的，是否对上市公司经营独立性、上市公司中小股东合法权益造成影响往往是市场及监管关注的焦点。本案中恒大地产举牌行为，引发了廊坊发展股价上涨、恒大地产借壳传闻，监管对于恒大地产举牌廊坊发展的交易进行了问询，重点关注举牌动机、后续增持计划、同业竞争等，通过充分的信息披露保障上市公司及中小投资者权益。

第四节

上市公司重大资产重组尽职调查关注事项

根据《并购重组管理办法》第19条规定："财务顾问从事上市公司并购重组财务顾问业务，应当履行以下职责：（一）接受并购重组当事人的委托，对上市公司并购重组活动进行尽职调查，全面评估相关活动所涉及的风险；（二）就上市公司并购重组活动向委托人提供专业服务，帮助委托人分析并购重组相关活动所涉及的法律、财务、经营风险，提出对策和建议，设计并购重组方案，并指导委托人按照上市公司并购重组的相关规定制作申报文件；（三）对委托人进行证券市场规范化运作的辅导，使其熟悉有关法律、行政法规和中国证监会的规定，充分了解其应承担的义务和责任，督促其依法履行报告、公告和其他法定义务；（四）在对上市公司并购重组活动及申报文件的真实性、准确性、完整性进行充分核查和验证的基础上，依据中国证监会的规定和监管要求，客观、公正地发表专业意见；（五）接受委托人的委托，向中国证监会报送有关上市公司并购重组的申报材料，并根据中国证监会的审核意见，组织和协调委托人及其他专业机构进行答复；（六）根据中国证监会的相关规定，持续督导委托人依法履行相关义务；（七）中国证监会要求的其他事项。"

此外，沪、深交易所上市公司重大资产重组审核规则对独立财务顾问的职责也有原则性的规定，比如"独立财务顾问、证券服务机构应当依法对信息披露进行核查把关"，"独立财务顾问应当诚实守信、勤勉尽责，保证重大资产重组预案、报告书及其出具的独立财务顾问报告等文件的真实、准确、完整，切实履行尽职调查、报告和披露以及持续督导等职责"，"独立财务顾问应当严格遵守相关法律法规、行业自律规范的要求，严格执行内部控制制度，对申请文件进行审慎核查，对本次交易是否符合重组条件和信息披露要求作出专业判断，审慎出具相关文件"等。

结合上述职责范围规定，独立财务顾问主要应对重大资产重组条件及信息披露进行核查，这包括交易标的资产基本情况、标的资产财务会计信息、本次交易是否新增关联交易、同业竞争、募集配套资金合规性、业绩补偿等内容。

一、交易标的的尽职调查关注事项

（一）对标的资产符合板块定位及协同效应的尽职调查核查

创业板方面，《创业板上市公司持续监管办法（试行）》第18条规定，上市公司实施重大资产重组或者发行股份购买资产的，标的资产所属行业应当符合创业板定位，或者与上市公司处于同行业或者上下游。

科创板方面，《上海证券交易所上市公司重大资产重组审核规则》第8条规定，科创板上市公司实施重大资产重组的，拟购买资产应当符合科创板定位，所属行业应当与科创板上市公司处于同行业或者上下游，且与科创板上市公司主营业务具有协同效应。第16条规定，科创板上市公司应当充分披露拟购买资产是否符合科创板定位、所属行业与科创板上市公司是否处于同行业或者上下游、与公司主营业务是否具有协同效应。

以创业板、科创板为例，对于标的资产符合板块定位及协同效应的核查要求如下：

《深圳证券交易所上市公司重大资产重组审核规则》第21条规定，"独立财务顾问应当对创业板上市公司拟购买资产所属行业是否符合创业板定位，是否与上市公司处于同行业或者上下游进行核查把关，并出具专项核查意见"。

标的资产所处行业不属于上市公司同行业或者上下游的，独立财务顾问应对照《创业板上市暂行规定》的规定，对标的资产是否符合创业板定位进行详细论证分析。

独立财务顾问对标的资产板块定位核查，建议考虑以下两个方面：（1）如标的资产与上市公司现有业务属于同行业或上下游，应关注标的资产与上市公司现有业务是否存在可显著量化的协同效应，如有，进一步分析对上市公司未来业绩的影响，交易定价是否考虑了上述协同效应，本次交易定价的合理性；如不具有显著协同效应，需分析上市公司是否充分披露本次交易后的经营发展战略和业务管理模式，以及业务转型升级可能面临的风险和应对措施。(2) 如标的资产所处行业与上市公司现有业务不属于同行业或上下游的，结合披露标的资产自身的创新、创造、创意特征，是否为传统产业与新技术、新产业、新业态、新模式深度融合，所处行业情况等，对本次交易标的是否符合创业板定位进行分析核查，并根据要求审慎出具财务顾问意见。

《上海证券交易所上市公司重大资产重组审核规则》第 16 条规定，独立财务顾问应当结合拟购买资产所属行业、所属行业与科创板上市公司是否处于同行业或者上下游、与上市公司主营业务的协同效应充分论证拟购买资产符合科创板定位。具体而言，需关注发行人是否符合《科创板上市暂行规定》要求，核查是否属于相关行业领域，是否满足技术先进性、科创板支持方向及科创属性相关指标等。

在对协同效应进行核查时，需关注标的资产与上市公司在主营业务方面是否存在“(一) 增加定价权；(二) 降低成本；(三) 获取主营业务所需的关键技术、研发人员；(四) 加速产品迭代；(五) 产品或者服务能够进入新的市场；(六) 获得税收优惠；(七) 其他有利于主营业务发展的积极影响”等情形。上市公司需要对标的资产进行整合以实现协同，一般可以从业务、运营、资产、团队、管理整合等方面进行分析，说明对上市公司未来发展前景的影响。

(二) 对特定交易对方的尽职调查核查

特定交易对方一般指合伙企业、契约型私募基金、券商资管计划、信托计划、基金专户及基金子公司产品、理财产品、保险资管计划、专门为本次交易设立的公司等。如交易对手属于以上情形，应根据《公开发行证券的公司信息披露内容与格式准则第 26 号——上市公司重大资产重组》(2023 年修订) 第 15 条规定进行信息披露。

1. 核查要求

独立财务顾问对特定交易对手方的核查主要应关注穿透后股东资格适格性、锁定期安排合规性、是否履行相应的登记备案程序、是否为本次交易专门设立等。具体而言，建议对以下事项予以关注、核查：

(1) 交易对方涉及合伙企业的，各层合伙人取得相应权益的时间、出资方式、资金来源等信息；合伙企业是否专为本次交易设立，是否以持有标的资产为目的，是否存在其他投资，以及合伙协议约定的存续期限；本次重组交易对方中涉及的合伙企业的委托人或合伙人之间是否存在分级收益等结构化安排。(2) 如交易对方为本次交易专门设立的，穿透到非为本次交易设立的主体持有交易对方份额锁定期安排是否合规。(3) 交易对方涉及契约型私募基金的，是否完成私募基金备案，如未完成，是否已作出明确说明。(4) 交易对方如涉及合伙企业、契约型私募基金、券商资管计划、信托计划、基金专户及基金子公司产品、理财产品、保险资管计划、专门为本次交易设立的公司等情况的，该主体/产品存续期，存续期安排与其锁定期安排匹配性及合理性。(5) 交易对方穿透至各层股权/份额持有人的主体身份是否适格，是否符合证监会关于上市公司股东的相关要求。

此外，《监管规则适用指引——上市类第1号》1－7私募投资基金及资产管理计划第1条规定，上市公司并购重组中，独立财务顾问和律师事务所应当对本次重组是否涉及私募投资基金以及备案情况进行核查并发表明确意见。涉及私募投资基金的，应当在重组方案实施前完成备案程序。如提交申请材料时尚未完成私募投资基金备案，申请人应当在重组报告书中充分提示风险，并对备案事项作出专项说明，承诺在完成私募投资基金备案前，不能实施本次重组方案。

2. 核查方法

独立财务顾问可以通过查阅合伙企业登记信息、合伙协议、出资凭证、合伙份额转让协议等，访谈合伙企业合伙人等方式，对合伙企业设立，合伙人取得合伙权益的时间、方式，合伙人及其权益变动情况，穿透后合伙企业各层级出资人所持权益及变动情况进行核查。此外，如合伙企业上层权益主体存在变更或调整份额，需结合变更或调整是否符合商业惯例、新增上层权益持有主体对应标的资产份额锁定期等，判断上层权益调整是否构成对重组方案的重大调整。

独立财务顾问可以通过查阅合伙企业登记信息、合伙协议、合伙企业对外投资协议，访谈合伙企业执行事务合伙人等方式，核查合伙企业设立时间、是否存在其他对外投资、是否为本次交易专门设立。如是为本次交易专门设立，应进一步穿透核查到非为本次交易设立的主体（出资人、出资结构等），即合伙企业的上层主体（自然人、国有出资主体或上市公司等）。

独立财务顾问可通过查阅合伙协议、私募基金合同、资管计划合同等投资产品合同，管理人及相关产品的登记备案材料，访谈管理人等方式，核查交易对方是否符合行业监管要求进行备案，未完成备案的，应核查重组报告书相关风险揭示是否充分、合理，申请人是否出具专项承诺“未完成备案前不得实施重组”等。

通过查阅合伙协议、产品合同、相关投资主体穿透后各层出资人的工商登记信息或身份信息等，判断是否存在法律法规禁止持股的情况。

3. 相关案例

【案例 124】

2020 年 10 月，宝钢包装股份有限公司发行股份购买资产暨关联交易事项未获得中国证监会上市公司并购重组审核委员会审核通过，上市公司并购重组审核委员会认为，上市公司关于交易对手方最终出资人的披露不符合重组相关准则，信息披露不完整，不符合《重组办法》第 4 条的相关规定。此后，上市公司调整了交易方案，原方案其中一名交易对手退出交易，退出交易之前将其所持标的公司股权转让给其他交易对手。该名退出的交易对手最终出资人存在资产管理计划，资产管理计划存在多层嵌套等不符合资产管理新规的待整改规范情形。交易方案经过调整，完善了重组报告书关于交易对手最终出资人信息披露，2020 年 12 月，上市公司并购重组审核委员会有条件通过了宝钢包装股份有限公司发行股份购买资产暨关联交易项目。

案例点评 CASE ANALYSIS

重组交易对方存在资管计划、信托计划等金融产品的，应严格按照上市公司重大资产重组的信息披露准则要求进行信息披露，穿透披露至最终出资人，及最终出资人与参与本次交易的其他有关主体的关联关系，穿透至各层股权/份额持有人情况，包括主体身份是否适格，是否符合中国证监会关于上市公司股东的相关要求。 本案中因穿透后交易对方存在未按规范整改的资管产品，不符合信息披露要求进而对重组交易造成实质障碍。

（三）发行对象涉及股东人数超 200 人非上市股份有限公司（以下简称 200 人公司）的尽职调查核查

1. 核查要求

上市公司发行股份购买资产，如涉及发行股份对象超过 200 人或发行对象为 200 人公司，独立财务顾问需关注标的资产或发行对象涉及 200 人公司的合法合规性。

具体而言，根据《监管规则适用指引——上市类第 1 号》1－4 “发行对象” 规定，上市公司发行股份购买资产的发行对象数量超过200人的，标的资产应符合《非上市管理办法》及《非上市公众公司监管指引第4号——股东人数超过200人的未上市股份有限公司申请行政许可有关问题的审核指引》中关于公司依法设立、合法存续、股权清晰、经营规范、持股处理等的相关要求。

发行对象为200人公司的，上市公司应当聘请财务顾问、律师，参照《非上市公众公司监管指引第4号——股东人数超过200人的未上市股份有限公司申请行政许可有关问题的审核指引》要求，对“200人公司”合规性问题开展核查并发表明确意见。“200人公司”为标的资产控股股东、实际控制人，或者在交易完成后成为上市公司控股股东、实际控制人的，还应当按照《非上市管理办法》相关规定，申请纳入监管范围。

独立财务顾问核查主要关注标的资产是否依法设立并合法存续，股权是否清晰，经营是否规范以及公司治理与信息披露制度是否健全，是否存在未经批准擅自公开发行或变相公开发行股票的情况。如发行对象存在200人公司，则应对照上述《监管规则适用指引——上市类第1号》核查其合规性，交易后构成上市公司控股股东或实控人的，还应按照监管规定申请纳入监管范围。

2. 核查方法

标的资产或发行对象涉及200人公司，独立财务顾问在进行合规性核查时，一般可以采取以下核查方法：

（1）获取200人公司设立及发行股票取得的审批文件，属于《非上市公众公司监管指引第4号——股东人数超过200人的未上市股份有限公司申请行政许可有关问题的审核指引》规定的情形的，还应取得省级人民政府出具的确认函，说明公司股份形成、规范的过程以及存在的问题，并明确承担相应责任，核查其设立合法性。

（2）获取200人公司历次增资及股权转让协议，各方履行的审批、评估或备案等程序文件，验资报告等验资文件，股东出资凭证等，对股东进行访谈，必要时取得书面确认文件，确认增资、股权转让的真实性及合法性。

（3）通过获取集中托管托管证明、托管单位出具的托管名册及过户资料、托管情况证明文件等，对200人公司股权托管情况真实性、合法性进行核查。

（4）存在股权代持、信托持股、工会持股的，可以通过获取200人公司工商登记资料、验证报告、出资凭证或收据、代持或持股协议等核查代持情况，通过获取代持解除协议、工商变更材料，获取有关股东承诺文件，对有关股东进行访谈等方式，确认解除代持的真实性、合法性。

（四）发行股份购买资产的股份锁定期的尽职调查核查

上市公司发行股份购买资产，发行对象应承诺对获取的股份遵守锁定期要求，主要的锁定期要求有：

《重组办法》第46条规定，特定对象以资产认购而取得的上市公司股份，自股份发行结束之日起12个月内不得转让。属于下列情形之一的，36个月内不得转让：（1）特定对象为上市公司控股股东、实际控制人或者其控制的关联人；（2）特定对象通过认购本次发行的股份取得上市公司的实际控制权；（3）特定对象取得本次发行的股份时，对其用于认购股份的资产持续拥有权益的时间不足12个月。

属于重组上市的，上述条款同时规定，“上市公司原控股股东、原实际控制人及其控制的关联人，以及在交易过程中从该等主体直接或间接受让该上市公司股份的特定对象应当公开承诺，在本次交易完成后36个月内不转让其在该上市公司中拥有权益的股份；除收购人及其关联人以外的特定对象应当公开承诺，其以资产认购而取得的上市公司股份自股份发行结束之日起24个月内不得转让”。

此外，《重组办法》第47条还对特定对象延长锁定期进行了明确，“上市公司向控股股东、实际控制人或者其控制的关联人发行股份购买资产，或者发行股份购买资产将导致上市公司实际控制权发生变更的，认购股份的特定对象应当在发行股份购买资产报告书中公开承诺：本次交易完成后6个月内如上市公司股票连续20个交易日的收盘价低于发行价，或者交易完成后6个月期末收盘价低于发行价的，其持有公司股票的锁定期自动延长至少6个月。……如本次交易因涉嫌所提供或披露的信息存在虚假记载、误导性陈述或者重大遗漏，被司法机关立案侦查或者被中国证监会立案调查的，在案件调查结论明确以前，不转让其在该上市公司拥有权益的股份”。

在对股份锁定进行核查时，独立财务顾问需重点核查或关注以下内容：

1. 穿透锁定

《重组办法》对交易对方直接持有上市公司股份的锁定期进行了规定，如交易对方为合伙企业，有可能通过转让合伙份额的方式变相规避锁定期限制。因此实践中需要关注该合伙企业是否为本次交易专门设立，或是否以持有标的资产为目的，如是，则锁定的主体需穿透至该合伙企业的最终出资的法人或自然人，即承诺在锁定期届满之日，不得通过转让财产份额、新增合伙人等方式导致出资人直接或间接减持合伙份额。

2. 老股锁定

《收购管理办法》第74条第1款规定，“在上市公司收购中，收购人持有的被收购公司的股份，在收购完成后18个月内不得转让”。上市公司向控股股东、实际控制人及其控制的关联方发行股份购买资产，上述主体还应根据《收购管理办法》第74条规定，对其在交易前持有的上市公司股份进行锁定。独立财务顾问应核查上述主体是否就交易前已持有股份的锁定安排出具承诺。

（五）标的资产估值及评估情况的尽职核查

1. 评估或估值机构的核查要点

并购重组交易中，一般依据或参考标的资产的评估值来确定交易价格。独立财务顾问在全面阅读评估机构出具的专业意见基础上，重点关注评估机构、估值机构的独立性；对评估机构及参与人员的相关工作是否具有充分、可靠的基础进行评估，以判断能否合理信赖其出具的专业意见。如果存在疑问应与评估师及发行人进行充分交流，并提出修改建议。

对评估机构出具的专业报告应特别关注：（1）采用的评估方法的合理性和适用性、所选取参数的理由和合理性、评估结果的合理性等；（2）评估报告与盈利预测报告、公司管理层讨论与分析之间是否存在重大矛盾，例如，对未来销售单价、销售数量等的测算是否存在重大差异；（3）评估基准日的选择是否合理，基准日后至审核期间是否发生了重大变化，导致评估结果与资产当前公允价值已存在重大偏差；（4）标的资产在拟注入上市公司之前3年内是否进行过评估，评估值之间是否存在较大差异。

另外，交易价格不以法定评估报告为依据的交易项目。例如，上市公司吸收合并其他上市公司的交易价格以双方股票市价、独立财务顾问估值、净资产账面值等为定价依据，需关注：（1）交易价格是否充分考虑合并双方的股票市价、公司估值（资产和盈利能力）、盈利预测以及隐含资产价值（土地、无形资产）等因素；（2）是否充分考虑市盈率、市净率的市场平均值等参数；（3）是否充分揭示交易价格的影响和风险并确保投资者在知悉该风险的情况下，严格履行法定表决程序。

2. 评估方法的核查要点

根据《重组办法》第20条的规定，评估机构、估值机构原则上应当采取两种以上的方法进行评估或者估值。对于评估方法，独立财务顾问通常应关注：(1) 评估方法选择是否得当；(2) 评估参数选择是否合理；(3) 不同评估方法下评估参数取值等是否存在重大矛盾。

资产评估基本方法包括收益法、资产基础法和市场法。收益法，是指将预期收益资本化或者折现，确定评估对象价值的评估方法；资产基础法，是指以被评估单位评估基准日的资产负债表为基础，合理评估企业表内及表外各项资产、负债价值，确定评估对象价值的评估方法；市场法，是指将评估对象与可比上市公司或者可比交易案例进行比较，确定评估对象价值的评估方法。

收益法评估，通常应关注以下内容：(1) 评估的假设前提是否具有可靠性和合理性；(2) 对未来收益的预测是否有充分、合理的依据，包括但不限于是否对细分行业、细分市场的历史、现状及未来进行严谨分析，所作预测是否符合产品生命周期曲线，未来收入是否包含非经常性项目，未来收入增长是否与费用增长相匹配等；(3) 折现率的计算是否在无风险利率（通常取无风险长期国债利率）的基础上考虑了行业风险（以方差或其他形式求出）及公司个别风险并进行调整。

资产基础法评估，通常应关注以下内容：(1) 重置成本的确定是否有充分、合理的依据；(2) 成新率的计算是否符合实际；(3) 标的资产各项目的账面价值与本次评估值情况，评估增值率情况，各资产评估值与账面值差异的原因及合理性，重点核查评估增值类科目的评估过程，主要评估参数的取值依据及合理性。

市场法评估，通常应关注以下内容：(1) 具体评估模型、价值比率的取值依据是否合理；(2) 可比对象或可比案例的选取原则、调整因素和流动性折扣的取值依据及合理性；(3) 可比对象与评估标的是否具有较强的可比性，是否针对有关差异进行了全面、适当的调整。

采取收益现值法、假设开发法等基于未来收益预期的估值方法对拟购买资产进行评估或者估值并作为定价参考依据的，上市公司应当在重大资产重组实施完毕后3年内的年度报告中单独披露相关资产的实际盈利数与利润预测数的差异情况，并由会计师事务所对此出具专项审核意见；交易对方应当与上市公司就相关资产实际盈利数不足利润预测数的情况签订明确可行的补偿协议。

3. 定价合理性的核查要点

并购重组交易中，对于交易资产定价的合理性，独立财务顾问可重点关注并核查如下事项：（1）资产定价过程是否经过充分的市场博弈，交易价格是否显失公允；（2）所选取的评估或者估值方法与标的资产特征的匹配度，评估或者估值参数选取的合理性；（3）商誉确认是否符合会计准则的规定，是否足额确认可辨认无形资产；（4）结合标的资产最近3年内股权转让或增资的原因和交易背景，转让或增资价格，对应的标的资产作价情况，核查标的资产交易作价与历史交易作价是否存在重大差异及存在重大差异的合理性；（5）结合本次交易市盈率、市净率、评估增值率情况，并对比相同或者类似资产在可比交易中的估值水平，核查本次交易评估作价的合理性；（6）如采用收益法和资产基础法进行评估的，核查是否存在收益法评估结果低于资产基础法的情形，如是，核查标的资产是否存在经营性减值，对相关减值资产的减值计提情况及会计处理合规性。

4. 特殊类型资产评估的核查要点

对于采矿权、知识产权、土地使用权等特殊类型资产评估，尽职调查过程中需特别关注如下事项：

采矿权：重组交易对方是否已取得自然资源部评审备案的储量报告，评估方法是否符合矿业权评估技术基本准则、矿业权评估参数确定指导意见和收益途径评估方法等行业规范，是否对比同类、同地区资源量价格和同类采矿权交易评估案例。

知识产权：权属是否清晰、完整，评估假设的依据是否充分；实用新型专利（包括包装、外观等）、商标、专有技术等无形资产，其评估价值是否与实际价值匹配；在测算该等无形资产对收益的贡献率时，是否已较全面剔除广告开支等其他影响因素；是否存在重复计算的问题。

土地使用权与投资性房地产：是否充分说明评估所需各类参数的选取原因、选取过程，是否提供与标的土地使用权相类似的其他交易案例的评估参考数据；在对投资性房地产采用收益现值法进行评估中，折现率的选取是否充分考虑了持有物业出租与开发房屋出售的区别。

开发性房地产：土地使用权性质（依据相关权属证明认定是划拨地还是出让地，商业用地、工业用地还是综合用地等）是否与土地实际用途相符合；土地使用是否符合规划（包括容积率、绿化率等）；是否在确定评估参数（包括但不限于开发面积、土地成本、可比售价、预计售价等）时结合了目前房地产行业的政策环境、市场环境和标的公司的实际情况；是否考虑批量折扣、再次转让的税费等因素。对采用市场法进行评估的，是否已关注标的土地的地段、具体位置、规模、形状等与参照对象的可比性。

值得注意的是，在资本市场中，评估结果仅仅提供的是对标的企业价值量大小的参考意见，而并不能决定并购重组双方最终的实际交易价格。交易定价以资产价值为基础，但还需要结合具体交易背景，考虑不同因素的影响。此外，定价也受制于市场本身应有的制衡机制，由供需决定，并购重组最终的成交价格是并购双方经过一定的谈判和博弈之后达成的价格协议，实际成交价格的高低还取决于并购双方管理层的利益博弈水平。

5. 相关案例

【案例 125】

在广东创世纪智能装备集团股份有限公司（300083，以下简称创世纪）申请发行股份购买资产并募集配套资金案中，创世纪拟以发行股份方式购买港荣集团、国家制造业基金和荣耀创投持有的公司控股子公司深圳创世纪 19.13% 的少数股东股权；同时拟向不超过 35 名特定投资者以向特定对象发行股票方式募集配套资金不超过 130,000 万元。

申请文件显示：（1）最近 3 年标的资产存在 5 次交易估值作价，估值分别为 420,000.00 万元、436,927.20 万元、472,900.15 万元、680,300.00 万元、691,268.29 万元；（2）2021 年 1 月，国家制造业基金向标的资产增资 5 亿元系以中联评报字【2020】第 3431 号的资产评估报告为依据（以下简称前次评估），该评估以 2020 年 9 月 30 日为评估基准日，并以收益法评估，标的资产全部权益价值为 472,900.15 万元，增值率 41.83%，同时由于评估日后港荣集团对标的资产的债转股 5 亿元实施完毕，最终协商确定的增资前标的资产整体估值为 522,900.15 万元；（3）本次交易评估基准日为 2021 年 6 月 30 日，以收益法评估，标的资产权评估值为 680,300.00 万元，增值率为 39.24%（以下简称本次评估）；（4）本次评估毛利率预测水平低于前次预测的毛利率水平，主要是由于根据新收入准则，销售费用中的运输费调整至成本中，导致毛利率下降，剔除该因素影响后，两次评估预测毛利率不存在较大差异。

审核中就标的资产估值询问了以下问题：（1）结合近 3 年增资及股权转让中评估结果与其账面值的增减情况，分析并补充披露近 3 年评估或估值与本次标的资产估值差异的合理性。(2) 结合前次评估与本次评估预测期内运输费用的具体预测金额，分析说明在同一口径下两次评估预测毛利率的具体情况，及存在差异的具体原因。

财务顾问从不同评估基准日公司在净资产、经营规模、盈利水平等方面的差异情况，论证近3年评估或估值与本次标的资产估值差异具有合理性。财务顾问认为本次评估运输费率相比前次评估略有增加，主要是由于基准日不同，历史平均费率略有差异。剔除运输费的影响后，本次评估毛利率略高于前次评估毛利率，主要是由于基准日不同，毛利率正常波动，预测具有合理性。

案例点评 CASE ANALYSIS

在重组交易中，标的资产的估值与标的资产最近3年在相关交易、增资或改制中的评估或估值存在差异的情况比较常见，产生差异的原因及合理性往往是监管审核关注的重点，是上市公司重大资产重组信息披露准则要求披露的内容，也是独立财务顾问核查的重点。在本案中，独立财务顾问通过不同评估基准日公司财务状况存在差异的角度进行论证，对估值差异作出解释。

（六）标的资产基本情况的尽职调查核查

独立财务顾问在对标的资产进行核查时，应关注标的资产权属情况、标的资产完整性、是否存在重大诉讼仲裁及标的资产经营合规性、是否曾在新三板挂牌等情况。如果交易标的为完整经营性资产的，应对该经营性资产的历史沿革、产权或控制关系，该经营性资产及其对应的主要资产的权属状况，最近3年主营业务发展情况等进行核查；如果交易标的不构成完整经营性资产的，应对相关资产的权属状况、最近3年的运营情况等进行核查。

1. 标的资产权属情况

重大资产重组所涉及的资产应当权属清晰，且资产过户或者转移不存在法律障碍。尽职调查过程中应关注标的资产产权是否清晰，是否存在抵押、质押等权利限制，是否涉及诉讼、仲裁、司法强制执行等重大争议或者存在妨碍权属转移的其他情况。

独立财务顾问可以通过以下核查方法，对标的资产权属情况进行核查：(1) 查阅商标、专利、版权、特许经营权等无形资产以及房产、土地使用权、主要生产经营设备等主要财产的权属凭证、相关合同等资料。(2) 如标的资产为股权，应核查标的资产自公司成立以来的股份变动情况及资金实缴到位情况；标的资产是否存在出资不实或变更出资方式的情况；最近3年股权转让是否履行必要的审议和批准程序；如存在股权代持，核查股权代持形成的原因、演变情况。（3）走访房产管理、土地管理、知识产权管理、特许经营权授予机构等部门。（4）咨询其他中介机构意见。（5）通过网络公开渠道及主管单位查询。

独立财务顾问在对标的资产权属情况核查中还应考虑以下问题：

（1）标的资产权属是否存在争议或限制

如标的资产权属存在抵押、质押等担保权利限制或相关权利人未放弃优先购买权等情形的，应提出切实可行的解决措施。标的资产作为担保物对应的债务金额较大的，应核查相关债务人的偿债能力。

（2）标的资产是否已取得相应权证

标的资产权证主要涉及土地使用权、房屋建筑物权证、采矿权证、探矿权证、特许经营许可证、商标权证、专利权证等。如尚未取得相应权证，应关注权证办理的进展情况，预计办毕期限，相关费用承担方式。在明确办理权证的计划安排和时间表的基础上，关注是否提供了相应层级主管部门出具的办理权证无障碍的证明。如办理权证存在法律障碍或存在不能如期办毕的风险，关注是否有切实可行的解决措施。关注交易标的资产评估及作价是否已充分考虑前述瑕疵情况。

（3）土地使用权的特殊考虑

标的资产涉及土地使用权的，应核查土地是否涉及现行法规或政策限制或禁止交易的划拨用地或农业用地（标的公司为特殊农业公司的除外）。标的资产涉及农用地转用征收的，应核查征用农地是否已取得了相关有权部门的批准，相关程序是否完备有效，相关补偿费用是否已经依法支付，是否存在重大争议及未决事项。标的资产涉及土地授权经营的，应核查是否已提供有权自然资源主管部门对授权经营土地的授权或批准文件。

2. 标的资产是否存在重大诉讼仲裁

如存在对标的资产有重大影响的未决诉讼或仲裁事项，应核查诉讼或仲裁的具体情况，并结合相关事项的进展，论证对标的资产持续经营能力和持续盈利能力的影响并充分揭示相关风险。要考虑涉诉事项对标的资产的重要性，若标的资产核心专利、商标、技术、主要产品涉诉，应当审慎判断可能对标的资产持续经营能力或盈利能力产生的重大不利影响。如败诉涉及赔偿，应关注相关责任的承担主体、相关会计处理、或有负债计提是否充分、超过预计损失部分的补偿安排。

独立财务顾问可通过查阅与重大诉讼或仲裁事项相关的合同、协议，法院或仲裁机构受理的相关文件，访谈相关人员，查询公开网站，走访有关司法机关等程序，了解标的资产是否存在重大诉讼仲裁事项。

3. 标的资产经营合规性

标的资产经营合规性的核查，独立财务顾问主要关注标的资产的生产经营是否符合安全生产规定及环保政策，并取得从事生产经营活动所必需的经营资质等。

独立财务顾问核查标的资产经营合规性，可以使用以下核查方法：

（1）标的资产生产经营是否存在环境污染的情况，如存在，独立财务顾问可以通过实地查看标的资产的环保设备、查阅生态环境保护部门对生产的环保要求和生产工艺是否符合环境保护相关法规、取得标的资产报告期污染废弃物排放的相关资料或其他第三方出具的关于发行人环保排放的有关文件等方式，访谈标的资产主要负责人、生产负责人等方式，核查涉及环境污染的具体环节、主要污染物名称及排放量、主要处理设施及处理能力等；最近3年内环保投资和相关费用成本支出情况与标的资产生产经营所产生的污染的匹配性，核查标的资产是否符合国家关于安全生产和环境保护的要求。

（2）通过收集并查阅标的资产安全生产或污染治理制度、行业政策文件，访谈标的资产生产负责人等方法，核查标的资产进行安全生产和污染治理制度执行概况，环保设施实际运行情况。

（3）如标的资产存在涉及环保安全的重大事故或重大群体性的环保事件，独立财务顾问可以通过独立网上查询标的资产和重要关联方所在地生态环境保护部门、应急管理部门及生态环境保护部门网站的行政处罚信息、查询有关标的资产环保的媒体报道、查询第三方环评机构出具的相关报告（如有）、访谈发行人相关负责人或实地走访生态环境保护部门等方式，核查事故产生原因及经过等具体情况、相关部门的处罚、后续整改措施及整改后是否符合环保法律法规的有关规定、本次交易是否符合《重组办法》第11条的相关规定。

（4）如标的资产属于产能过剩行业或限制类、淘汰类行业，或涉及特殊政策允许投资的相关行业的，独立财务顾问可通过获取标的资产获得的有权机关的核准或备案文件，以及有权机关对相关项目是否符合特殊政策的说明，核查标的资产经营是否符合政策要求。

（5）如标的资产已建、在建或拟建项目属于“高耗能、高排放”项目，独立财务顾问应核查项目履行节能审查和环评审批程序情况，判断项目是否符合国家产业规划、产业政策等要求，并充分披露标的资产能效水平和污染物排放水平，以及相关产业政策、环境政策变化可能引致的风险。

（6）如标的资产涉及行政处罚的，独立财务顾问应关注处罚的具体事由、处罚进展或结果，可以通过获取其整改资料和罚款缴纳凭证、检索公开媒体报道、访谈相关人员、咨询律师等，核查违法行为对重组交易的影响。

（7）如标的资产业务涉及特许经营的，独立财务顾问应关注特许经营授权具有的排他性、不可撤销性等特殊属性。特许经营事项需要相关主管部门确认或批准的，独立财务顾问应获取相应的确认或批准意见。特许经营事项已有经营记录的，独立财务顾问可通过查阅经营许可文件、访谈标的资产相关负责人等方式核查过往经营记录的合规性，特许经营涉及特许经营费的，还应获取标的资产缴纳各种资费相应的证明文件。

4. 标的资产曾在新三板挂牌或申请IPO

关注标的资产在新三板挂牌期间及摘牌程序的合法合规性，是否存在在规范运作、信息披露及其他方面的违法违规情形，是否受到处罚及处罚的具体情况，本次重组方案中披露的主要财务数据等信息与挂牌期间披露的信息是否存在差异及差异的具体情况。结合交易标的盈利能力、市盈率、作价依据等因素，核查关注标的资产在挂牌期间股价与本次交易作价是否存在较大差异。关注标的资产IPO申报的具体情况，IPO被否或终止的原因，是否存在影响本次重组交易的法定条件。

独立财务顾问可以通过查阅标的资产在新三板挂牌期间的定期报告及临时信息披露文件、办理摘牌手续相关材料及披露文件、挂牌期间经审计的财务报告等资料，对标的资产新三板挂牌期间的合法合规性、信息披露差异情况进行核查。

5. 相关案例

【案例126】

河北建投能源投资股份有限公司（000600，以下简称建投能源）主要从事以电力生产为主的能源项目的投资、建设、经营管理。2019年4月，建投能源发行股份购买资产事项获中国证监会受理。根据交易方案，建投能源拟向河北建设投资集团有限责任公司（以下简称建投集团）发行股份购买其持有的张河湾公司45%股权和秦热公司40%股权。张河湾公司共有21处未办证房屋建筑物，秦热公司及子公司顺辉公司共有6处房产未办理产权登记，土地使用权均系划拨取得。出售方建投集团未就标的资产权属瑕疵的损失赔偿出具兜底承诺。

针对标的资产土地等权属问题，审核环节予以了重点关注：(1) 补充披露尚未办证的房产的面积、评估占比，相关权证办理进展情况、预计办毕期限、相关费用承担方式，办理权证是否存在法律障碍或不能如期办毕的风险，如不能如期办毕对本次交易作价、交易进程和标的资产未来生产经营的影响以及应对措施。(2) 结合《国务院关于促进节约集约用地的通知》（国发〔2008〕3 号）及其他划拨用地政策，补充披露有关划拨地的取得过程，注入建投能源是否合规。(3) 补充披露上述土地是否拟从划拨变更为出让类型，如是，补充披露变更手续办理的进展情况，预计办毕期限，相关费用承担方式，办理是否存在法律障碍或不能如期办毕的风险。(4) 补充披露有无督促、保障建投集团履行相关承诺的切实可行措施。

2019 年 7 月，上述项目未获上市公司并购重组委员会审核通过，主要因为建投能源未充分披露标的资产与建投能源主营业务具有显著协同效应；标的资产持续盈利能力的稳定性具有重大不确定性；标的资产房屋建筑物存在权属瑕疵，不符合《重组办法》第 11 条和第 43 条的相关规定。

案例点评 CASE ANALYSIS

除缺乏协同效应及盈利可持续存疑等硬伤外，上述重组项目未获审核通过主要原因之一是重组标的资产存在权属问题，即多处房产未办理产权登记，且土地为划拨，加之交易对方未对权属瑕疵导致的损失作出补偿或兜底承诺，进而导致本交易不符合重组、发行股份购买资产条件。

（七）标的资产财务会计信息的核查

独立财务顾问应当结合上市公司情况、交易标的行业特点，核查并分析标的资产的经营情况、财务状况、盈利能力，关注标的资产减值风险、收入的真实性、成本的完整性、毛利率是否存在异常。

1. 持续经营能力

重大资产重组应当有利于上市公司增强持续经营能力，对标的资产持续经营能力的核查，应重点核查如下事项：（1）持续盈利能力是否存在重大不确定性；（2）报告期业绩是否大幅增长，如是，大幅增长的原因及合理性；（3）报告期利润是否主要源于政府补助、税收优惠等非经常性损益；（4）收入是否严重依赖于重组方或其他关联方，如是，是否对该产品销售价格的合理性作出充分论证和说明；（5）是否存在大额到期借款未偿还情形，是否导致上市公司面临财务风险。

2. 资产减值风险

针对标的资产的资产减值风险，独立财务顾问主要需关注应收账款、存货、固定资产及商誉的会计处理合规性。

应收账款方面，独立财务顾问应核查应收款项主要构成、账龄结构以及坏账风险：（1）如主要应收账款客户信用或财务状况出现大幅恶化，独立财务顾问应核查具体情况以及坏账准备计提是否充分；（2）标的资产如存在逾期1年以上的应收账款，独立财务顾问应核查具体情况以及坏账准备是否计提充分；（3）标的资产如存在对某些单项或某些组合应收款项不计提坏账准备的情形，独立财务顾问应核查未计提的依据和原因是否充分；（4）独立财务顾问还应关注并核查应收账款坏账准备计提政策是否与同行业可比公司存在重大差异及原因。

存货方面，独立财务顾问应核查标的资产存货的分类构成及变动原因，可以结合原材料及产品特性、生产需求、存货库龄，确认存货计价准确性，核查是否存在大量积压或滞销情况，分析存货跌价准备计提方法的合理性、计提金额的充分性。

固定资产方面，独立财务顾问应核查固定资产分布特征与变动原因、折旧政策、是否存在减值风险，固定资产可收回金额确定方法的恰当性，减值测试方法、关键假设及参数的合理性，资产减值相关会计处理的谨慎性。

商誉方面，独立财务顾问应核查商誉会计处理准确性，是否存在减值风险，减值测试依据、相关评估的公允性和合规性（如有），减值测试的主要方法和重要参数选择的合规、合理性，如标的资产为特殊目的载体，且在前次过桥交易中已确认大额商誉的，核查标的资产是否对前次交易形成的商誉进行减值测试，减值准备计提是否充分。

3. 收入、成本、毛利率的核查

收入方面，独立财务顾问应关注收入的构成和变动情况，重点核查如下事项：（1）通过函证、实地走访、细节测试等对标的资产收入真实性、完整性进行核查；（2）核查标的资产商业模式是否激进，是否存在较大的持续经营风险；（3）报告期内标的资产收入存在较大波动的，独立财务顾问应核查波动的原因，判断与行业政策变动的相符性，与下游客户需求的匹配性，与同行业可比公司收入变动趋势、比例存在的差异；(4) 独立财务顾问还应核查标的资产未来收入快速增长的可持续性及对标的资产未来年度盈利能力稳定性的影响，并结合分析判断交易是否满足《重组办法》第 43 条的规定，可以结合标的资产在手订单、行业政策、同行业可比公司未来业绩预测、下游客户景气度等进行分析；(5) 独立财务顾问应关注收入变动及其与成本、费用等财务数据之间的配比关系及其合理性，可以通过分析季节性因素对各季度经营成果的影响，参照同行业可比公司的情况等进行核查；(6) 结合标的资产重要销售合同、客户，分析第四季度或 12 月销售收入占当期营业收入比例是否较高，如是，应进一步分析：是否存在重要销售合同收入确认周期明显短于标的资产、可比公司通常收入确认周期的情形，是否存在对个别客户的销售金额大幅增长的情形，是否存在不满足收入确认条件但提前确认收入的情形。

如标的资产经销模式收入占比较高（通常为占比超过 10%），重点核查如下事项：(1) 标的资产收入实现的真实性，经销商具体业务模式及采取经销商模式的必要性，经销商模式下收入确认是否符合企业会计准则的规定；(2) 经销商选取标准、日常管理、定价机制（包括营销、运输费用承担及补贴等）、物流（是否直接发货给终端客户）、退换货机制、销售存货信息系统等方面的内控机制是否健全并有效执行，经销商是否与标的资产存在关联关系，对经销商的信用政策是否合理；(3) 标的资产经销商销售模式、占比等情况与同行业上市公司是否存在显著差异及差异的原因；(4) 经销商模式下的收入确认原则、费用承担原则及给经销商的补贴或返利情况、经销商的主体资格及资信能力，核查关联关系，结合经销商模式检查与标的资产的交易记录及银行流水记录、经销商存货进销存与退换货情况；(5) 对经销商业务的核查方式、核查标准、核查比例、核查证据等应足以支持核查结论，应当对经销模式下收入真实性发表明确意见；(6) 标的资产主要经销商（如前五名）的基本情况、变动情况及原因。

如标的资产存在境外销售占比较高（通常为占比超过 10%）、线上销售占比较高的情形，重点核查如下事项：(1) 外销客户的基本情况，如前五名客户的销售内容、销售金额及占比、成立时间、行业地位、资质情况、订单获取方式和销售金额及占比、是否为标的资产关联方，境外客户为经销商的，主要最终客户的情况；(2) 标的资产海关出口数据、出口退税金额、境外客户应收账款函证情况与标的资产境外销售收入是否匹配；(3) 对境外销售所采取的具体核查措施、比例和结果，应当确保核查比例足以支持核查结论；（4）标的资产外销产品销售价格、毛利率是否明显高于内销相同或同类产品，如是，是否具有合理性和商业逻辑；（5）标的资产境外销售的主要地区与标的资产出口产品相关的贸易政策是否发生重大不利变化，如发生，对标的资产未来业绩是否会造成重大不利影响；（6）标的资产在出口主要结算货币的汇率报告期内是否稳定，汇兑损益对标的资产的业绩影响是否较大，标的资产是否采取了应对外汇波动风险的具体措施；（7）标的资产境外销售模式和占比与同行业可比公司是否存在显著差异，是否符合行业特征；（8）标的资产关于贸易政策、汇率影响的风险提示是否充分；（9）如因核查范围受限、历史数据丢失、信息系统缺陷、涉及商业秘密等原因，导致无法获取全部或部分运营数据，无法进行充分核查的，独立财务顾问、会计师应当考虑该等情况是否存在异常并就信息系统可靠性审慎发表核查意见，并对该等事项是否构成本次重组的实质性障碍发表明确意见。

成本方面，独立财务顾问应关注标的资产主要产品单位成本变动较大（如超过10%）、劳务外包成本占比较高（如超过10%）等情形，并重点核查以下事项：（1）结合主要产品的产量、原材料价格变化情况，核查标的资产主要产品单位成本构成；（2）根据成本构成因素分析，并结合市场和同行业企业情况判断单位成本波动是否具有合理性；（3）劳务外包金额较大的原因、是否符合行业经营特点；（4）报告期各期劳务外包金额及占当期营业成本比例、劳务外包人数及占当期标的资产员工人数比例；（5）劳务公司的经营是否合法合规，是否专门或主要为标的资产服务，与标的资产是否存在关联关系；（6）劳务公司是否存在较大变动，劳务费用定价是否公允，是否存在跨期核算情形，劳务数量及费用变动是否与标的资产经营业绩相匹配。

毛利率方面，独立财务顾问应重点关注标的资产主要产品毛利率是否存在异常，并核查如下事项：（1）结合标的资产产品单位售价、单位成本、产品供需、客户等因素变化情况，分析标的资产主要产品毛利率发生波动的原因；（2）标的资产主要产品与可比公司相同或类似产品的毛利率及毛利率变化趋势存在差异的原因，结合产品销售价格、产品用途、客户差异等判断标的资产主要产品毛利率是否正常。

此外，除以上核查方法外，还可以参照本书IPO业务尽职调查关注事项相关章节关于相关财务会计科目的核查手段和方法。

4. 相关案例

【案例 127】

2021 年，A 券商及独立财务顾问主办人 B、C 因未审慎核查欢瑞影视的营业收入及所出具的独立财务顾问报告存在虚假记载被处罚。

2015 年 8 月，A 券商为欢瑞世纪以非公开发行股份方式购买欢瑞影视股东所持有的欢瑞影视 100% 股权，并募集配套资金事项提供财务顾问服务。A 券商因财务核查未勤勉尽责等违规行为被采取责令改正，没收财务顾问业务收入 500 万元，并处以 1500 万元罚款的处罚，财务顾问主办人被处以警告及 10 万元罚款处罚。

主要违规行为：欢瑞影视 2013 年因提前确认收入虚增营业收入 69, 396, 226. 42 元，2014 年因提前确认收入虚增营业收入 27, 894, 339. 63 元。A 券商未实施充分的核查程序，未获取充分有效的资料审慎核查欢瑞影视的营业收入，在核查过程中缺乏应有的谨慎，导致未发现欢瑞影视 2013 年提前确认电视剧《古剑奇谭》《微时代之恋》营业收入，2014 年提前确认电视剧《少年四大名捕》营业收入的事实，所出具的独立财务顾问报告存在虚假记载。

处罚信息显示，A 券商认为“收入确认时点问题属于 A 券商的普通注意义务事项，A 券商可以合理信赖其他中介机构的专业意见”，但监管机构复核认为“《上市公司并购重组财务顾问业务管理办法》第二十二条第一款规定财务顾问利用其他证券服务机构专业意见的，应当进行必要的审慎核查，对委托人提供的资料和披露的信息进行独立判断。因此，A 券商采用其他中介机构专业意见的，仍然应当进行必要的审慎核查并作独立判断，有充分理由确信所作的判断与委托人提供的资料和披露的信息不存在明显的实质性差异。A 券商未获取充分证据证明母带已经在确认收入之前完成交接，未对签署日期存在疑问的合同作进一步核查，其所做的核查工作不足以支撑核查结论，不符合其工作底稿‘收入与产能产量的匹配核查’中明确注明的收入确认依据。因此，A 券商未勤勉尽责，所出具的文件有虚假记载”。

案例点评

CASE ANALYSIS

该案例提示行业机构应准确理解和执行合理信赖原则，不能简单信赖其他中介机构意见，收入确认时点等财务事项虽然属于审计机构应关注的问题，独立财务顾问仍应对该等问题保持职业怀疑，判断其他中介机构的意见是否充分、合理、审慎，对于其他中介机构意见应进行审慎核查及必要的调查、复核以排除职业怀疑，否则应承担相应监管及法律责任。

（八）本次交易是否导致新增关联交易、同业竞争

1. 是否导致新增关联交易

独立财务顾问对重组交易及标的资产所涉关联交易进行核查时，应关注关联交易的必要性、定价公允性，尤其应对标的资产是否存在关联方非经营性资金占用、本次交易是否新增关联交易等涉及重组或发行股份购买资产条件事项进行重点核查。

（1）对关联交易的必要性及定价公允性的核查，主要应关注：①结合标的资产关联方认定、报告期内关联交易信息披露的完整性，核查并说明关联交易的必要性、合理性和公允性，是否已履行关联交易的决策程序；②结合标的资产关联交易的必要性，关联交易占标的资产收入、成本费用或利润总额的比例等，核查并说明标的资产是否具备业务独立性，是否具备面向市场独立经营的能力，是否符合《重组办法》第43条的相关规定；③如标的资产与控股股东、实际控制人之间关联交易对应的收入、成本费用或利润总额占标的资产相应指标的占比较高（如达到30%），则还应结合相关关联方的财务状况和经营情况、关联交易产生的收入、利润总额合理性等，核查并说明关联交易是否影响标的资产的经营独立性、是否构成对控股股东或实际控制人的依赖，标的资产是否具备独立面向市场经营的能力，是否存在通过关联交易调节标的资产收入利润或成本费用，是否存在利益输送的情形；④核查并说明对标的资产报告期内关联交易定价公允性的核查范围、核查过程、核查方法及其有效性，并对标的资产是否存在通过关联交易调节标的资产收入、利润或成本费用，是否存在利益输送的情形审慎发表明确核查意见。

（2）对标的资产是否存在关联方非经营性资金占用，主要应关注：如存在资金占用，应说明时间、金额、原因、用途、履行的决策程序、清理进展、解决方式，是否存

在以向股东分红进行抵销的方式解决（如是，分红款是否需缴纳个税），是否已采取有效整改措施，是否构成对内控制度有效性的重大不利影响，是否构成重大违法违规，本次交易是否符合《上市公司监管指引第 9 号——上市公司筹划和实施重大资产重组的监管要求》的相关规定。

（3）对本次交易是否导致新增关联交易的核查，主要关注如下方面：

①交易完成后上市公司新增关联交易的必要性，关联交易的具体情况及未来变化趋势，核查并说明上市公司为保证关联交易价格公允拟采取的具体措施及有效性。

②结合交易完成后新增关联交易金额及占比情况等，对本次交易是否符合《重组办法》第 43 条的相关规定审慎发表核查意见。

③重组报告书是否充分披露本次重组前后的关联交易变化情况；重组是否有利于上市公司增强经营独立性，减少和规范关联交易；重组方案是否严格限制因重组而新增可能损害上市公司独立性的持续性关联交易；对于重组完成后无法避免或可能新增的关联交易，是否采取切实有效措施加以规范，相关各方是否作出了明确具体的承诺或签订了完备的协议，以提高关联交易的决策透明度和信息披露质量，促进定价公允性。

④是否充分披露关联方和关联人员。是否以列表等有效方式，充分披露交易对方及其实际控制人按产业类别划分的下属企业名录，并注明各企业在本次重组后与上市公司的关联关系性质或其他特殊联系；是否充分披露交易对方的实际控制人及其关联方向上市公司（或其控股或控制的公司）推荐或委派董事、高级管理人员及核心技术人员的情况。

⑤是否充分披露关联交易在重组前后的变化及其原因和影响。是否以分类列表等有效方式，区分销售商品、提供劳务、采购商品、接受劳务、提供担保、接受担保、许可或接受许可使用无形资产等交易类型，充分披露本次交易前后的关联交易及变化情况，披露内容包括但不限于具体的关联方、关联方与上市公司的关系性质（如母子公司、同一方控制等）、交易事项内容、交易金额、主要定价方式、占上市公司同类/同期营业收入（或营业成本、利润等核心量化指标）的比重等，同时，是否说明各类交易是属于经常性关联交易或偶发性关联交易；是否充分披露上市公司重组完成后（备考）关联销售收入占营业收入、关联采购额占采购总额、关联交易利润占利润总额等比例，相关比例较高的（如接近或超过 30%），是否充分说明对上市公司经营独立性和业绩稳定性的影响；如重组前后相关数据指标存在较大变动或波动，是否充分说明其真实性和具体原

因，并提出必要的应对解决措施。

⑥是否充分披露关联交易定价依据，以及是否详细分析交易定价公允性。是否对照市场交易价格或独立第三方价格进行充分分析说明，对于关联交易定价与市场交易价格或独立第三方价格存在较大差异，或者不具有可比的市场价格或独立第三方价格的，是否充分说明其原因，是否存在导致单方获利性交易或者导致显失公允的情形。

2. 是否导致新增同业竞争

独立财务顾问对同业竞争的核查，主要关注本次交易是否新增同业竞争：（1）结合相关各方就解决现实的同业竞争作出的明确承诺和安排，核查并说明解决同业竞争的时间进度安排是否妥当、采取特定措施的理由是否充分，具体措施是否详尽、具有可操作性，该等承诺和措施的后续执行是否仍存在重大不确定性，是否可能导致损害上市公司和中小股东的利益；（2）核查并说明重组交易对方及其控股股东、实际控制人等是否已对避免潜在的同业竞争作出承诺，承诺内容是否明确可执行；（3）结合交易完成后可能导致的现实或潜在同业竞争情况，核查并论证本次交易是否符合《重组办法》第43条的相关规定等。

独立财务顾问对同业竞争、关联交易的核查方法和手段，具体可以参见本书IPO相关章节关于IPO同业竞争、关联交易核查方法，在此不作赘述。

3. 相关案例

【案例128】

瑞泰科技股份有限公司（002066，以下简称瑞泰科技）主要从事耐火材料的生产和销售业务。2020年8月瑞泰科技公告了发行股份购买资产并募集配套资金暨关联交易（预案），瑞泰科技拟以发行股份的方式购买武钢集团持有的武汉耐材100%股权及马钢集团持有的瑞泰马钢40%股权。本次发行股份购买资产完成后，武汉耐材及瑞泰马钢将成为瑞泰科技的全资子公司。

监管审核中重点关注了关联交易、同业竞争及标的资产的持续盈利能力等相关的问题，比如关联交易方面，武汉耐材、瑞泰马钢分别为武钢集团、马钢集团钢铁业务配套企业，由于历史原因，双方已建立长期稳定的合作关系，关联交易占比较高。报告书已提示“关联交易的风险”，并称本次交易完成后预计此类关联交易仍将持续发生。武汉耐材、瑞泰马钢关联交易金额占营收比例较高。审核主要关注本次交易是否符合《重组办法》第11条第6项和第43条第1项的规定，说明本次交易完成后对减少关联交易、保障关联交易公允性的主要措施及可行性。同业竞争方面，报告书显示，本次交易完成以后中国宝武钢铁集团有限公司（以下简称中国宝武）将成为瑞泰科技实际控制人。中国宝武于2020年12月收购太原钢铁（集团）有限公司，其控制的山西禄纬堡太钢耐火材料有限公司因从事耐火材料业务，构成同业竞争关系。中国宝武已出具关于避免同业竞争的承诺。审核要求说明上述承诺如何适用《〈上市公司重大资产重组管理办法〉第十四条、第四十四条的适用意见——证券期货法律适用意见第12号》有关执行预期合并原则的规定，测算上述情况对瑞泰科技及标的公司相关指标的影响，进一步分析说明本次交易是否构成重组上市情形，如不构成，需根据当时有效的《监管指引第4号——上市公司实际控制人、股东、关联方、收购人以及上市公司承诺及履行》的规定完善相关承诺等。标的资产持续盈利能力方面，审核要求瑞泰科技结合报告期备考业绩变化、标的公司未来业务发展前景等，说明本次交易是否有利于提升瑞泰科技资产质量、增强持续盈利能力，是否符合《重组办法》第11条第5项的规定。

2021年4月，上述交易经瑞泰科技并购重组委员会审核未获通过，上市公司并购重组委员会认为，瑞泰科技未能充分披露本次交易有利于减少关联交易、避免同业竞争、增强瑞泰科技独立性和持续盈利能力的情况，不符合《重组办法》第43条相关规定。

案例点评

CASE ANALYSIS

在本案例中，标的资产关联交易占比较高，由于历史原因，标的企业与关联方已建立长期稳定的合作关系，关联交易占比较高，本次交易完成后预计此类关联交易仍将持续发生，导致本次重组交易不满足“有利于上市公司减少关联交易、增强独立性”的要求；此外，如重组交易完成后，中国宝武将成为瑞泰科技实际控制人，中国宝武持续进行钢铁行业的重组整合，该等重组整合可能会涉及耐火材料业务，从而与瑞泰科技形成同业竞争，也不满足《重组办法》关于重组交易应有利于避免同业竞争等要求。

二、发行股份购买资产的尽职调查关注事项

(一) 发行股份购买资产条件的核查

上市公司发行股份购买资产，应当符合《重组办法》第43条规定的条件；发行股份同时募集配套资金的，应当符合《〈上市公司重大资产重组管理办法〉第十四条、第四十四条的适用意见——证券期货法律适用意见第12号》《监管规则适用指引——上市类第1号》等关于审核、募集资金使用的要求；发行股份拟购买资产存在非经营性资金占用的，应当按照《上市公司监管指引第9号——上市公司筹划和实施重大资产重组的监管要求》的要求予以规范。财务顾问应当对发行股份购买资产条件逐一进行核查。以下为相关法规对发行股份购买资产条件的具体要求：

1. 上市公司发行股份购买资产应符合《重组办法》第43条第1款规定

《重组办法》第四十三条第一款

(1) 充分说明并披露本次交易有利于提高上市公司资产质量、改善财务状况和增强持续经营能力，有利于上市公司减少关联交易、避免同业竞争、增强独立性；

(2) 上市公司最近一年及一期财务会计报告被会计师事务所出具无保留意见审计报告；被出具保留意见、否定意见或者无法表示意见的审计报告的，须经会计师事务所专项核查确认，该保留意见、否定意见或者无法表示意见所涉及事项的重大影响已经消除或者将通过本次交易予以消除；

(3) 上市公司及其现任董事、高级管理人员不存在因涉嫌犯罪正被司法机关立案侦查或涉嫌违法违规正被中国证监会立案调查的情形。但是，涉嫌犯罪或违法违规的行为已经终止满三年，交易方案有助于消除该行为可能造成的不良后果，且不影响对相关行为人追究责任的除外；

(4) 充分说明并披露上市公司发行股份所购买的资产为权属清晰的经营性资产，并能在约定期限内办理完毕权属转移手续；

(5) 中国证监会规定的其他条件。

2. 发行股份同时募集配套资金，应符合《重组办法》第44条等相关规定

(1)《重组办法》

第四十四条第一款 上市公司发行股份购买资产的，可以同时募集部分配套资金，其定价方式按照相关规定办理。

（2）《〈上市公司重大资产重组管理办法〉第十四条、第四十四条的适用意见——证券期货法律适用意见第12号》

第二条　上市公司发行股份购买资产同时募集配套资金，所配套资金比例不超过拟购买资产交易价格100%的，一并适用发行股份购买资产的审核、注册程序；超过100%的，一并适用上市公司发行股份融资（以下简称再融资）的审核、注册程序。不属于发行股份购买资产项目配套融资的再融资，按照中国证监会相关规定办理。

（3）《监管规则适用指引——上市类第1号》1-1募集配套资金

第三条　考虑到募集资金的配套性，所募资金可以用于支付本次并购交易中的现金对价，支付本次并购交易税费、人员安置费用等并购整合费用和投入标的资产在建项目建设，也可以用于补充上市公司和标的资产流动资金、偿还债务。募集配套资金用于补充公司流动资金、偿还债务的比例不应超过交易作价的25%；或者不超过募集配套资金总额的50%。

3. 特定对象取得上市公司股份应符合股份锁定期的相关规定

股份锁定期要求在本章第四节"一、交易标的的尽职调查关注事项（四）发行股份购买资产的股份锁定期的尽职调查核查"已进行介绍，主要是应符合《重组办法》第46条、第48条规定，本处不作赘述。

4. 发行股份拟购买资产不存在非经营性资金占用

根据《上市公司监管指引第9号——上市公司筹划和实施重大资产重组的监管要求》第6条的规定，上市公司重大资产重组时，标的资产存在被其股东及其关联方、资产所有人及其关联方非经营性资金占用的，前述有关各方应当在证券交易所受理申请材料前，解决对标的资产的非经营性资金占用问题。

前述重大资产重组无需向证券交易所提出申请的，有关各方应当在重组方案提交上市公司股东大会审议前，解决对标的资产的非经营性资金占用问题。

5. 购买资产应符合《上市公司监管指引第9号——上市公司筹划和实施重大资产重组的监管要求》第4条规定

上市公司拟实施重大资产重组的，董事会应当就本次交易是否符合下列规定作出审慎判断，并记载于董事会决议中：

(1) 交易标的资产涉及立项、环保、行业准入、用地、规划、建设施工等有关报批事项的，应当在重大资产重组预案和报告书中披露是否已取得相应的许可证书或有关主管部门的批复文件。本次交易行为涉及有关报批事项的，应当在重大资产重组预案和报告书中详细披露已向有关主管部门报批的进展情况和尚需呈报批准的程序。重大资产重组预案和报告书中应当对报批事项可能无法获得批准的风险作出特别提示。

(2) 上市公司拟购买资产的，在本次交易的首次董事会决议公告前，资产出售方必须已经合法拥有标的资产的完整权利，不存在限制或者禁止转让的情形。

上市公司拟购买的资产为企业股权的，该企业应当不存在出资不实或者影响其合法存续的情况；上市公司在交易完成后成为持股型公司的，作为主要标的资产的企业股权应当为控股权。

上市公司拟购买的资产为土地使用权、矿业权等资源类权利的，应当已取得相应的权属证书，并具备相应的开发或者开采条件。

(3) 上市公司购买资产应当有利于提高上市公司资产的完整性（包括取得生产经营所需要的商标权、专利权、非专利技术、采矿权、特许经营权等无形资产），有利于上市公司在人员、采购、生产、销售、知识产权等方面保持独立。

(4) 本次交易应当有利于上市公司改善财务状况、增强持续经营能力，有利于上市公司突出主业、增强抗风险能力，有利于上市公司增强独立性、减少关联交易、避免同业竞争。

6. 标的资产应符合相应板块的定位

以创业板为例，标的资产应符合创业板定位，符合《创业板上市公司持续监管办法（试行）》第18条规定，上市公司实施重大资产重组或者发行股份购买资产的，标的资产所属行业应当符合创业板定位，或者与上市公司处于同行业或者上下游。

7. 发行股份应符合上市公司证券发行有关规定

不得存在《上市公司证券发行注册管理办法》第11条规定情形——上市公司存在下列情形之一的，不得向特定对象发行股票：

(1) 擅自改变前次募集资金用途未作纠正，或者未经股东大会认可。

(2) 最近一年财务报表的编制和披露在重大方面不符合企业会计准则或者相关信息

披露规则的规定；最近一年财务会计报告被出具否定意见或者无法表示意见的审计报告；最近一年财务会计报告被出具保留意见的审计报告，且保留意见所涉及事项对上市公司的重大不利影响尚未消除。本次发行涉及重大资产重组的除外。

（3）现任董事、监事和高级管理人员最近三年受到中国证监会行政处罚，或者最近一年受到证券交易所公开谴责。

（4）上市公司或者其现任董事、监事和高级管理人员因涉嫌犯罪正在被司法机关立案侦查或者涉嫌违法违规正在被中国证监会立案调查。

（5）控股股东、实际控制人最近三年存在严重损害上市公司利益或者投资者合法权益的重大违法行为。

（6）最近三年存在严重损害投资者合法权益或者社会公共利益的重大违法行为。

根据第55条、第56条规定，上市公司向特定对象发行证券，发行对象应当符合股东大会决议规定的条件，且每次发行对象不超过35名，发行价格应当不低于定价基准日前20个交易日公司股票均价的80%。

8. 重组相关主体不存在不得参与任何上市公司重大资产重组的情形

根据《上市公司监管指引第7号——上市公司重大资产重组相关股票异常交易监管》第12条规定，本规定第7条所列主体［上市公司、占本次重组总交易金额比例在20%以上的交易对方（如涉及多个交易对方违规的，交易金额合并计算），及上述主体的控股股东、实际控制人及其控制的机构；上市公司董事、监事、高级管理人员，上市公司控股股东、实际控制人的董事、监事、高级管理人员，交易对方的董事、监事、高级管理人员，占本次重组总交易金额比例在20%以下的交易对方及其控股股东、实际控制人及上述主体控制的机构，为本次重大资产重组提供服务的证券公司、证券服务机构及其经办人员，参与本次重大资产重组的其他主体等］因涉嫌本次重大资产重组相关的内幕交易被立案调查或者立案侦查的，自立案之日起至责任认定前不得参与任何上市公司的重大资产重组。中国证监会作出行政处罚或者司法机关依法追究刑事责任的，上述主体自中国证监会作出行政处罚决定或者司法机关作出相关裁判生效之日起至少36个月内不得参与任何上市公司的重大资产重组。

（二）发行股份定价合理性的核查

关注发行股份定价是否符合要求：根据《重组办法》第45条的规定，上市公司发行股份的价格不得低于市场参考价的80%。市场参考价为本次发行股份购买资产的董事会决议公告日前20个交易日、60个交易日或者120个交易日的公司股票交易均价之一。本次发行股份购买资产的董事会决议应当说明市场参考价的选择依据。

关注是否设置价格调整机制，如是，独立财务顾问应核查发行价格调整方案的具体内容，发行价格调整机制的合规性，比如触发条件，是否设置双向调整机制等，调价基准日是否明确、具体、可执行，发行价格调整可能产生的影响以及价格调整的合理性，是否有利于保护股东利益等，并对发行价格调整方案是否符合《〈上市公司重大资产重组管理办法〉第二十九条、第四十五条的适用意见——证券期货法律适用意见第15号》的规定进行审慎核查并发表明确核查意见。

（三）相关案例

【案例129】

A券商及独立财务顾问主办人B、C因重大资产购买及发行股份购买资产项目未勤勉尽责被处罚。

2015年3月6日，A券商担任美丽生态（000010，即深圳美丽生态股份有限公司，系2016年5月9日由北京深华新股份有限公司变更而来）收购江苏八达园林有限责任公司（以下简称八达园林）100%股权的独立财务顾问，以及美丽生态发行股份购买资产并募集配套资金之非公开发行的主承销商。

A券商对金沙湖项目、官塘项目未开展持续、深入的尽职调查，导致出具的独立财务顾问报告、财务顾问核查意见、补充独立财务顾问报告对官塘项目、金沙湖项目工程施工状态的描述存在误导性陈述，在获取八达园林2015年上半年的相关财务数据后，未保持应有的职业谨慎，对金沙湖项目、官塘项目2015年全年收入预测仍然沿用独立财务顾问报告中的结论，导致出具的补充独立财务顾问报告、财务顾问核查意见中对八达园林金沙湖项目、官塘项目2015年收入预测为误导性陈述。

A券商被采取责令改正、给予警告、没收独立财务顾问业务收入800万元、并处以2400万元罚款，没收承销股票违法所得1220.1万元，并处以50万元罚款的处罚。

对此，A券商认为“依法不应对A券商的证券承销业务给予行政处罚，认定A券商在财务顾问业务中未勤勉尽责，存在误导性陈述，未认定A券商的证券承销业务存在违反法律法规的事实，不应对证券承销业务进行处罚”。

值得关注的是，监管机构在处罚文件中对同时罚没财务顾问业务及承销业务进行了说明，“本案作为发行股份及支付现金购买资产并募集配套资金类的重大资产重组项目，A券商作为财务顾问的同时还担任主承销商，其作为主承销商为发行人发行股份的行为出具了相关专业文件。在发行股份环节，A券商以财务顾问名义出具的北京深华新股份有限公司发行股份及支付现金购买资产并募集配套资金暨关联交易实施情况暨新增股份上市报告书，以财务顾问并主承销商名义出具的北京深华新股份有限公司发行股份及支付现金购买资产并募集配套资金暨关联交易非公开发行股票发行方案等文件将发行股份配套募集资金的额度描述为‘不超过本次发行股份购买资产之对价的100%，即八达园林49%股权价值81,340.00万元’，A券商前述描述是基于其作为财务顾问对拟收购标的股权作价进行的评估，但由于A券商作为财务顾问对金沙湖项目、官塘项目的施工进展和收入预测存在误导性陈述，影响了其对八达园林49%股权价值的评估，A券商在证券承销环节出具的相关文件也存在误导性陈述。此外，对于发行股份及支付现金购买资产并募集配套资金类的重大资产重组项目，发行股份与重大资产重组是项目中两个不同的业务环节，A券商在该两个环节均从事了相关违法行为，其收到美丽生态支付的承销费用1220.1万元是基于美丽生态整个重大资产重组能顺利实施的前提条件，该承销费用的取得不能独立于重大资产重组项目，因此，对承销所得进行罚没具有充分的事实和法律依据”。

案例点评

CASE ANALYSIS

上述案例可以给行业机构以下警示——证券公司在从事财务顾问业务时，一般会实施交易估值、方案设计、出具专业意见等数个行为，如重组交易中还涉及发行股份，则证券公司作为财务顾问的同时还担任主承销商，为发行人发行股份的行为出具相关专业文件。虽然发行股份与重大资产重组是项目中两个不同的业务环节，但相互影响，相互关联，不能完全独立或割裂看待，独立财务顾问对标的资产收入预测或对标的资产估值的核查或判断，会直接影响承销环节发行股份的额度或价格，前期核查不到位可能导致在两个业务环节都存在违规情形。这就要求行业机构对重组及发行股份各环节、各方面进行全面、持续、深入尽职调查，保持合理职业怀疑，强化对重大异常事项的核查，防范执业风险。

三、募集配套资金的尽职调查关注事项

（一）募集配套资金的相关要求

1. 募集配套资金规模的计算

《证券期货法律适用意见第12号》规定，“上市公司发行股份购买资产同时募集配套资金，所配套资金比例不超过拟购买资产交易价格百分之一百的，一并适用发行股份购买资产的审核、注册程序”。根据《监管规则适用指引——上市类第1号》“拟购买资产交易价格”指本次交易中以发行股份方式购买资产的交易价格，不包括交易对方在本次交易停牌前6个月内及停牌期间以现金增资入股标的资产部分对应的交易价格，但上市公司董事会首次就重大资产重组作出决议前该等现金增资部分已设定明确、合理资金用途的除外。

2. 募集配套资金用途及其必要性的核查

（1）考虑到募集资金的配套性，所募资金可以用于支付本次并购交易中的现金对价，支付本次并购交易税费、人员安置费用等并购整合费用和投入标的资产在建项目建设，也可以用于补充上市公司和标的资产流动资金、偿还债务。

（2）募集配套资金用于补充公司流动资金、偿还债务的比例不应超过交易作价的25%；或者不超过募集配套资金总额的50%。

（3）募集配套资金用途必要性的核查，主要需关注：

①结合公司现有货币资金、资产负债结构、现金流状况、上市公司及标的资产的现有经营规模及变动趋势、未来资金需求、可用融资渠道、前次募集资金使用效率等，核查并说明本次募集配套资金的原因及必要性；②结合本次募投项目中预备费、铺底流动资金、支付工资/货款、不符合资本化条件的研发支出等情况，核查并说明本次发行补充流动资金及偿还债务的规模是否符合《监管规则适用指引——上市类第1号》1－1的规定。

（二）核查方法

独立财务顾问对募集配套资金必要性进行核查，可以采取以下核查方法——可以通过获取报告期内标的公司可用银行综合授信情况及相关授信协议等，核查其可用融资渠道；可以通过查阅报告期内标的公司的审计报告，向标的公司财务负责人了解报告期末货币资金主要用途，分析标的公司现金流量变动情况；可通过查阅同行业可比公司资产

负债率情况，分析上市公司及标的公司资产负债率水平；可结合报告期内上市公司及标的公司经营业绩增长情况，对未来3年营运资金需求进行测算分析。

募集配套资金用于募投项目的，还可以通过查阅本次募投项目的可行性研究报告，对照本次募投项目拟投入设备明细，收集相关产品历史采购价格、市场公开报价等信息，核查设备单价合理性，对比测算表与标的公司各岗位员工薪酬情况，分析是否存在重大差异；访谈标的公司生产部门负责人、项目建设负责人，了解募投项目定位及未来建设安排，以及现有生产基地人员及设备配置情况，分析募投项目投入测算的合理性等。

（三）相关案例

【案例130】

在广东创世纪智能装备集团股份有限公司（300083，以下简称创世纪）申请发行股份购买资产并募集配套资金案中，创世纪拟以发行股份方式购买港荣集团、国家制造业基金和荣耀创投持有的公司控股子公司深圳创世纪19.13%的少数股东股权；同时拟向不超过35名特定投资者以向特定对象发行股票方式募集配套资金不超过130,000万元。本次募集配套资金在扣除相关中介机构费用及相关税费后拟用于标的公司募投项目建设以及创世纪补充流动资金。

审核问询中关注到募集配套资金的问题，要求进一步披露本次募集资金的必要性。独立财务顾问经核查认为标的公司现有货币资金余额主要用于维持日常生产运营，随着营业规模快速增长，营运资金需求显著提升；创世纪及标的公司资产负债率高于同行业平均水平，发行股份募集配套资金有助于优化资本结构，有利于创世纪及标的公司的长远发展；报告期内，标的公司业务经营情况良好，经营活动现金流增加促进现金及现金等价物净增长；基于目前所处发展阶段和主营业务发展状况，创世纪及标的公司未来仍有较大资金需求，本次募投项目实施也将持续巩固创世纪及标的公司核心竞争力，故本次募集资金具有必要性。

案例点评

CASE ANALYSIS

创世纪重组中募集配套资金的必要性是审核关注要点，也是重组信息披露准则要求核查和披露的内容。本案例中，独立财务顾问结合标的资产的可用融资渠道、现有货币资金、资产负债结构、近年来现金流状况、创世纪及标的资产的现有经营规模及变动趋势、未来资金需求等进行综合分析，认为募配具有必要性。

四、业绩补偿

（一）业绩补偿的相关要求

1. 业绩补偿范围

《重组办法》第35条第1款规定，“采取收益现值法、假设开发法等基于未来收益预期的方法对拟购买资产进行评估或者估值并作为定价参考依据的……交易对方应当与上市公司就相关资产实际盈利数不足利润预测数的情况签订明确可行的补偿协议”。

具体适用范围如下：

（1）无论标的资产是否为其所有或控制，也无论其参与此次交易是否基于有关暂时性安排，上市公司的控股股东、实际控制人或者其控制的关联人均应以其获得的股份和现金进行业绩补偿。

（2）在交易定价采用资产基础法估值结果的情况下，如果资产基础法中对于一项或几项资产采用了基于未来收益预期的方法，上市公司的控股股东、实际控制人或者其控制的关联人也应就此部分进行业绩补偿。

2. 业绩补偿方式

交易对方为上市公司控股股东、实际控制人或者其控制的关联人，应当以其获得的股份和现金进行业绩补偿。如构成借壳上市的，应当以拟购买资产的价格进行业绩补偿的计算，且股份补偿不低于本次交易发行股份数量的90%。业绩补偿应先以股份补偿，不足部分以现金补偿。

3. 业绩补偿期限

业绩补偿期限一般为重组实施完毕后的3年，对于拟购买资产作价较账面值溢价过高的，视情况延长业绩补偿期限。

4. 业绩补偿保障措施

上市公司重大资产重组中，交易对方拟就业绩承诺作出股份补偿安排的，应当确保相关股份能够切实用于履行补偿义务。如业绩承诺方拟在承诺期内质押在重组中获得的、约定用于承担业绩补偿义务的股份（以下简称对价股份），重组报告书应当载明业绩承诺方保障业绩补偿实现的具体安排，包括但不限于就以下事项作出承诺：

（1）业绩承诺方保证对价股份优先用于履行业绩补偿承诺，不通过质押股份等方式逃废补偿义务；未来质押对价股份时，将书面告知质权人，根据业绩补偿协议上述股份具有潜在业绩承诺补偿义务情况，并在质押协议中就相关股份用于支付业绩补偿事项等与质权人作出明确约定。

（2）上市公司发布股份质押公告时，应当明确披露拟质押股份是否负担业绩补偿义务，使质权人知悉相关股份具有潜在业绩补偿义务的情况，以及上市公司与质权人就相关股份在履行业绩补偿义务时处置方式的约定。

（二）核查方法

1. 查阅业绩承诺及补偿协议、相关方的承诺、本次交易履行的内部决策文件，了解本次业绩承诺补偿的具体安排、本次交易方案是否履行了必要的审批程序。

2. 查阅标的公司在手订单、历史财务数据，了解同行业上市公司业绩情况，访谈相关人员，分析标的公司业绩承诺的可实现性。

3. 核查业绩承诺安排是否符合《重组办法》第 35 条、《监管规则适用指引——上市类第 1 号》1 - 2 的相关规定，并结合业绩补偿安排的触发条件、本次评估方法选取的合理性、标的资产报告期内的经营业绩、行业特点及发展趋势、行业竞争格局、同行业主要竞争对手、近期可比收购案例业绩承诺情况等，对本次交易业绩承诺的可实现性，是否存在规避业绩补偿情形，相关业绩承诺安排是否有利于保护上市公司和中小股东利益发表核查意见；业绩补偿义务人是否已出具承诺并保证业绩补偿的足额按时履约，相关承诺是否符合《监管规则适用指引——上市类第 1 号》1 - 2 的规定。

4. 结合业绩奖励总额上限、业绩奖励对象及确定方式等，核查本次交易相关奖励安排是否符合《监管规则适用指引——上市类第 1 号》1 - 2 的规定，是否有利于保护上市公司和中小股东利益。

（三）相关案例

【案例 131】

在厦门弘信电子科技集团股份有限公司（300657，以下简称弘信电子）发行股份购买资产并募集配套资金案中，弘信电子拟通过发行股份及支付现金的方式购买巫某峰、朱某燕、颜某洪、华扬同创合计持有的华扬电子 100% 的股权，同时本次交易拟向不超过 35 名符合条件的特定对象发行股份募集配套资金。

根据申请文件，本次交易业绩承诺方承诺，标的资产 2021 年度、2022 年度及 2023 年度业绩承诺期归属于母公司所有者的净利润累计不低于 1.23 亿元。审核问询中关注到了上述业绩承诺情况，并问询了如下问题：(1) 标的资产业绩承诺期承诺净利润的计算口径，并结合在手订单数、历史业绩情况、同行业公司业绩增长速度、市场竞争状况等，披露标的资产业绩承诺的可实现性；(2) 鉴于本次交易已无法在 2021 年实施完成，请补充披露交易对方对标的资产的业绩承诺是否相应调整或顺延，如是，请披露具体安排。

独立财务顾问经核查认为：

(1) 本次交易标的公司业绩承诺口径是扣除非经常性损益后归属于母公司所有者的净利润；弘信电子已在重组报告书中结合在手订单数、历史业绩情况、同行业公司业绩增长速度、市场竞争状况等方面，补充披露标的公司业绩承诺的可实现性。

(2) 本次交易业绩承诺补偿未安排调整或顺延。本次交易业绩承诺补偿不属于《重组办法》第 35 条强制性要求，系由交易双方根据市场化原则自主协商确定的，且交易方案已经履行了必要的授权和批准程序；本次交易有望产生良好的协同效应，标的公司核心管理团队、核心技术人员在本次交易完成后保持稳定，并设置了较长股份锁定期，有利于保障弘信电子及中小股东利益；本次交易方案中已约定标的公司的滚存未分配利润由弘信电子享有，不存在损害弘信电子及中小股东利益的情形。因此，本次业绩承诺补偿未安排调整或顺延具有合理性。

案例点评 CASE ANALYSIS

业绩承诺安排的合法合规性、可实现性等是独立财务顾问核查的重点，独立财务顾问通常需要根据标的资产报告期内的经营业绩、行业特点及发展趋势、行业竞争格局、同行业主要竞争对手、近期可比收购案例业绩承诺情况等，对本次交易业绩承诺的可实现性，是否存在规避业绩补偿情形进行核查。在本案例中，独立财务顾问结合标的资产报告期内经营业绩、在手订单数、历史业绩情况、同行业公司业绩增长速度、市场竞争状况等对业绩承诺情况进行了补充核查和披露。

第五节

持续督导阶段尽职调查关注事项

一、并购重组持续督导职责概述

独立财务顾问在并购重组实施后的一定期限内对上市公司履行持续督导职责，区别于首发、再融资持续督导，并购重组作为上市公司的一项重大交易，要求独立财务顾问关注并督导并购重组交易实施情况、资产交易或过户情况、交易各方当事人承诺的履行情况等。

中国证监会《并购重组财务顾问办法》《收购管理办法》《重组办法》对并购重组业务独立财务顾问持续督导职责范围进行了界定。此外，《上交所持续督导指引》、沪深交易所上市公司重大资产重组审校规则在中国证监会文件的基础上，对独立财务顾问持续督导职责进行了细化。相关法规对财务顾问持续督导职责的规定详见表5－4。

表5－4 并购重组持续督导职责

<table>
<tr><td colspan="3">各类并购重组项目应统一遵循的持续督导职责</td></tr>
<tr><td>督促并购重组方案的规范实施</td><td>督促并购重组当事人或上市公司按照相关程序规范实施并购重组方案，督促和检查其履行方案中约定的相关义务以及中国证监会和交易所要求的相关事项，及时办理资产产权过户、债务转移等手续，并依法履行报告和信息披露义务</td><td rowspan="7">《上交所持续督导指引》第31～37条，《收购管理办法》第71条，《并购重组管理办法》第31条</td></tr>
<tr><td>督促上市公司规范运作</td><td>督促并购重组当事人、上市公司及其董事、监事和高级管理人员、控股股东、实际控制人按照中国证监会有关上市公司治理的规定和《上海证券交易所股票上市规则》等自律规则的要求规范运作，勤勉尽责，建立健全良好的公司治理结构和规范的内部控制制度</td></tr>
<tr><td>督促、检查后续计划及承诺履行</td><td>督促和检查并购重组当事人或上市公司落实并购重组方案后续计划，切实履行其作出的承诺</td></tr>
<tr><td>审阅信息披露文件，关注关联交易及对外担保</td><td>及时审阅上市公司发布的临时公告，督促上市公司和相关信息披露义务人按照《上海证券交易所股票上市规则》的要求及时、公平地披露信息，确保所披露的信息真实、准确、完整，并特别关注关联交易的公允性与对外担保的合规性</td></tr>
<tr><td>检查并购重组方案实施情况</td><td>结合上市公司发布的定期报告，核查并购重组方案是否按计划实施，实施效果是否与财务顾问发表的专业意见存在较大差异，是否实现相关盈利预测或管理层预计达到的业绩目标</td></tr>
<tr><td>对相关主体违规行为进行尽职调查</td><td>就上市公司控股股东、实际控制人、董事、监事、高级管理人员可能损害上市公司利益的行为进行现场尽职调查。如发现存在损害上市公司利益的情况，财务顾问应当及时向交易所报告，并督促其提供解决方案</td></tr>
<tr><td>督促解决违规行为</td><td>在持续督导期间，有充分理由确信上市公司或相关当事人可能存在违反《上海证券交易所股票上市规则》及中国证监会相关规定的行为，应当督促上市公司或相关当事人予以说明并限期纠正；情节严重的，财务顾问应当及时向交易所报告</td></tr>
<tr><td colspan="3">上市公司收购项目还应遵循以下职责</td></tr>
<tr><td>督促股权过户</td><td>督促收购人及时办理股权过户手续，并依法履行报告和公告义务。自收购人公告上市公司收购报告书之日起30日内未完成股权过户手续的，应当督促上市公司及时履行信息披露义务，说明未完成股权过户的原因</td><td rowspan="2">《收购管理办法》第71条、第72条，《上交所持续督导指引》第38条</td></tr>
<tr><td>对上市公司重大事项进行核查并按季度报告</td><td>结合上市公司披露的临时公告，在每季度前3个交易日内就上一季度对上市公司影响较大的投资、购买或出售资产、关联交易、主营业务调整以及董事、监事、高级管理人员的更换、职工安置、收购人履行承诺等情况向交易所报告</td></tr>
</table>

续表

督促如实进行信息披露	如发现收购人在上市公司收购报告书中披露的信息与事实不符的，应当督促收购人如实披露相关信息，并及时向交易所报告	
核查还款计划落实情况	涉及管理层收购的，应当核查被收购公司定期报告中披露的相关还款计划的落实情况与事实是否一致	
出具持续督导意见	结合上市公司披露的季度报告、半年度报告和年度报告，在相关公告披露后15日内出具持续督导意见，报本所备案，意见内容应当包含本指引的要求，并重点关注相关当事人及上市公司是否违反公司治理和内控制度的相关规定、控股股东或实际控制人是否存在损害上市公司利益的情形	
上市公司重大资产重组项目应遵循以下职责		
对重组实施情况出具持续督导意见	独立财务顾问应当结合上市公司重大资产重组当年和实施完毕后的第一个会计年度的年报，自年报披露之日起15日内，对重大资产重组实施的下列事项出具持续督导意见，并予以公告： （1）交易资产的交付或者过户情况； （2）交易各方当事人承诺的履行情况； （3）已公告的盈利预测或者利润预测的实现情况； （4）管理层讨论与分析部分提及的各项业务的发展现状，以及上市公司对所购买资产整合管控安排的执行情况； （5）公司治理结构与运行情况； （6）与已公布的重组方案存在差异的其他事项。 独立财务顾问还应当结合《重组办法》第13条规定的重大资产重组实施完毕后的第二、三个会计年度的年报，自年报披露之日起15日内，对前款第2～6项事项出具持续督导意见，并予以公告	《重组办法》第38条

续表

一般性职责	独立财务顾问应当勤勉尽职，通过日常沟通、定期回访等方式，结合上市公司信息披露情况，履行下列持续督导职责： （1）就督促上市公司按照相关规定实施重组方案，及时办理资产的交付或者过户手续，履行相关信息披露义务； （2）辅导和督促标的资产主要股东、主要管理人员以及核心技术人员知晓并遵守上市公司信息披露、规范运作要求； （3）关注并督促上市公司有效控制、整合、运营标的资产； （4）关注并督促上市公司披露对标的资产持续经营能力、核心竞争力有重大不利影响的风险或者负面事项； （5）关注并督促相关方履行承诺； （6）关注并督促上市公司按照《企业会计准则》的有关规定，对商誉进行确认和计量； （7）《重组办法》《并购重组管理办法》规定的其他持续督导职责。 前款各项所涉事项对上市公司或者标的资产产生重大影响，或者与重大资产重组报告书等申请文件披露或者预测情况存在重大差异的，独立财务顾问应当督促上市公司及时披露，并于公司披露公告时，就披露信息是否真实、准确、完整，是否存在其他未披露重大风险发表意见并披露	沪深交易所上市公司重大资产重组审校规则
对重大违规事项进行现场核查	存在下列情形之一的，独立财务顾问应当对上市公司或者标的资产进行现场核查，出具核查报告并披露： （1）标的资产存在重大财务造假嫌疑； （2）上市公司可能无法有效控制标的资产； （3）标的资产可能存在未披露担保； （4）标的资产可能存在非经营性资金占用； （5）标的资产股权可能存在重大未披露质押。 独立财务顾问进行现场核查的，应当就核查情况、提请上市公司及投资者关注的问题、本次现场核查结论等事项出具现场核查报告，并在现场核查结束后 5 个工作日内披露	

续表

对业务承诺相关情况进行核查	上市公司实施重大资产重组，交易对方作出业绩承诺并与上市公司签订补偿协议的，独立财务顾问应当在业绩补偿期间内，持续关注业绩承诺方的资金、所持上市公司股份的质押等履约能力保障情况，督促其及时、足额履行业绩补偿承诺。 相关方丧失履行业绩补偿承诺的能力或者履行业绩补偿承诺存在重大不确定性的，独立财务顾问应当督促上市公司及时披露风险情况，并就披露信息是否真实、准确、完整，是否存在其他未披露重大风险发表意见并披露。 相关方未履行业绩补偿承诺或者履行业绩补偿承诺数额不足的，独立财务顾问应当督促上市公司在前述事项发生的10个工作日内，制订并披露追偿计划，并就追偿计划的可行性以及后续履行情况发表意见并披露	
督促重组方案实施并披露实施情况	督促上市公司在中国证监会核准文件有效期内及时实施重组方案，并于实施完毕之日起3个交易日内配合上市公司编制实施情况报告书，向本所提交书面报告，并予以公告。 对重组实施过程、资产过户事宜和相关后续事项的合规性及风险进行核查，按照《重组办法》的规定发表明确的结论性意见，并将该等意见与实施情况报告书同时予以报告、公告。 涉及上市公司发行股份购买资产的，在相关资产过户完成后3个交易日内，对资产过户事宜和相关后续事项的合规性及风险进行核查，并发表明确意见并予以公告	《上交所持续督导指引》第39条
对盈利预测实现情况进行核查	上市公司就并购重组事项出具盈利预测报告的，在相关并购重组活动完成后，凡不属于上市公司管理层事前无法获知且事后无法控制的原因，上市公司或购买资产实现的利润未达到盈利预测报告或资产评估报告预测金额80%的，财务顾问及其财务顾问主办人应当按照《并购重组管理办法》的规定，在相关定期报告披露后2个交易日内，报告、公告说明上市公司未实现盈利预测的原因，并在年度股东大会和指定媒体上向股东和社会公开道歉	
对重组方案实质性变动进行核查	上市公司在实施重组过程中发生重大事项，导致原重组方案发生实质性变动的，应当在知悉相关事项后及时进行核查，出具核查意见并予以报告、公告	

二、并购重组持续督导期限

上市公司收购项目：根据《收购管理办法》第 71 条的规定，上市公司收购项目的持续督导期限为自收购人公告上市公司收购报告书至收购完成后 12 个月。

根据《重组办法》的规定，独立财务顾问应当按照中国证监会的相关规定，以及证券交易所的相关规则，对实施重大资产重组的上市公司履行持续督导职责。持续督导的期限自本次重大资产重组实施完毕之日起，应当不少于一个会计年度。实施本办法第 13 条规定的重大资产重组，持续督导的期限自本次重大资产重组实施完毕之日起，应当不少于 3 个会计年度。持续督导期限届满后，仍存在尚未完结的督导事项的，独立财务顾问应当就相关事项继续履行持续督导职责。

三、并购重组持续督导关注要点

（一）督促规范实施重组方案

涉及上市公司收购的，督促收购人及时办理股权过户手续；上市公司实施重组或发行股份购买资产的，应督促上市公司及相关交易各方及时办理标的资产的交付及过户手续，独立财务顾问可结合有关股份登记信息、标的资产变更登记信息、上市公司披露的公告文件等判断过户或交付是否按方案约定完成。

实施过程中发生重大事项导致对并购重组方案构成重大实质影响的，独立财务顾问应及时进行核查并披露核查意见。

方案实施完毕的，应督促上市公司及时披露信息，并对披露内容的真实性、准确性和完整性，是否存在其他未披露重大风险事项进行核查。此外，独立财务顾问还应通过日常沟通、定期回访、查阅上市公司信息披露文件等方式关注并购重组后续事项，比如并购重组整合情况，注入资产的经营情况，上市公司是否能有效控制、整合和运营标的资产，是否存在对标的资产持续经营、核心竞争力存在重大不利影响的风险，并购重组是否达到预期目标、实施效果是否与此前披露内容存在较大差异等。

（二）督导承诺履行

上市公司并购重组各方当事人作出的承诺一般包括但不限于以下：股份锁定的承诺、避免同业竞争的承诺、减少和规范关联交易的承诺、保持上市公司独立性的承诺、盈利预测及补偿承诺等。独立财务顾问应持续跟进相关主体履行承诺的进展情况，督促相关主体及时、充分履行承诺。如相关主体披露、履行或者变更承诺事项存在违规情形的，应及时进行核查并提出督导意见，督促相关主体及时采取纠正或补救措施。如相关主体履行能力存在重大不利变化或出现履约风险，应督促相关主体及上市公司及时披露风险情况，并进行核查、发表意见。

（三）督导规范运作

除督导上市公司规范运作之外，独立财务顾问应重点对上市公司收购项目的收购人、重组项目标的资产的主要股东、主要管理人员或核心技术人员进行辅导并督促其遵守上市公司信息披露及规范运作要求。此外，重大资产重组或发行股份购买资产项目，如持续督导期间标的资产或上市公司存在的涉嫌违规情形，独立财务顾问还应当按中国证监会或交易所要求进行现场核查，并出具现场核查报告予以披露，这些情形主要包括标的资产存在重大财务造假嫌疑、上市公司可能无法有效控制标的资产、标的资产可能存在未披露担保或非经营性资产占用、标的资产股权可能存在重大未披露质押等。

四、相关案例

【案例 132】

2021 年，A 券商及独立财务顾问主办人 B、C 因上市公司并购重组持续督导未勤勉尽责被处罚。

2014 年 6 月，A 券商成为西南药业重大资产置换及发行股份、购买左某某等人持有的哈尔滨奥瑞德光电技术股份有限公司股权并募集配套资金事项的独立财务顾问。2015 年 7 月，哈尔滨奥瑞德光电技术股份有限公司完成重组，西南药业更名为奥瑞德。西南药业此次重大资产重组并募集配套资金实施完毕后，A 券商作为独立财务顾问对奥瑞德履行持续督导职责，督导期为 2015 年至 2018 年年底。持续督导期间，A 券商因以下违规行为，被采取责令改正，没收财务顾问业务收入 100 万元，并处以 300 万元罚款的处罚，财务顾问主办人也被处以警告和罚款。

主要表现为：(1) A 券商未对奥瑞德违规对外担保事项保持充分关注，出具的文件存在虚假记载。处罚信息显示，在履行核查义务方面，A 券商针对奥瑞德对外担保事项，仅执行了询问及检查“三会”记录、用印记录等程序，未获取当期奥瑞德企业信用报告并保存于奥瑞德持续督导工作底稿中，未对当期奥瑞德企业信用报告进行必要的审阅和查看，导致未能发现奥瑞德违规对外提供担保事项，未能发现奥瑞德相关信息披露存在遗漏。监管认为A券商未充分履行持续督导义务，导致其出具的2017年度现场检查报告存在虚假记载。

（2）A券商未保持合理职业怀疑对奥瑞德涉及的民间借贷事项进行充分核查和验证，出具的文件存在虚假记载。监管机构调取了A券商关于奥瑞德2017年度持续督导工作底稿，显示其在持续督导过程中仅获取了奥瑞德董事会出具的书面声明等内部证据，未获取相关借款合同、起诉状、法院相关法律文书等外部客观证据，未执行向法院及案件代理律师等第三方进行核查的工作程序，未通过法院庭审公开网等公开渠道检索有关案件信息，导致未能发现奥瑞德未依法披露其与朱某某重大借款合同及公司实际控制人占用奥瑞德资金等事项。监管机构据此认为A券商持续督导工作涉嫌存在未能勤勉尽责情形。因A券商未能发现民间借贷，进而导致其的2017年度持续督导意见和2017年度现场检查报告存在虚假记载。

案例点评　CASE ANALYSIS

上述案例警示行业机构，即便是持续督导阶段，仍应保持高度的执业审慎，对应予关注和核查的事项保持合理职业怀疑，不能放过疑点或线索，重视风险苗头，并开展实质核查，避免让核查工作流于形式，切实发挥资本市场“看门人”作用。